普通高等教育"十三五"规划教材

税务会计教程

（第三版）

苏喜兰／主编

谷景立　姚爱科／副主编

立信会计出版社

LIXIN ACCOUNTING PUBLISHING HOUSE

图书在版编目(CIP)数据

税务会计教程 / 苏喜兰主编. —3 版. —上海:
立信会计出版社,2019.2
ISBN 978 - 7 - 5429 - 6064 - 1

Ⅰ.①税… Ⅱ.①苏… Ⅲ.①税收会计-高等学校-
教材 Ⅳ.①F810.42

中国版本图书馆 CIP 数据核字(2019)第 019318 号

责任编辑 王斯龙

税务会计教程(第三版)

Shuiwu Kuaiji Jiaocheng

出版发行	立信会计出版社	
地　　址	上海市中山西路 2230 号	邮政编码　200235
电　　话	(021)64411389	传　　真　(021)64411325
网　　址	www.lixinaph.com	电子邮箱　lxaph@sh163.net
网上书店	www.shlx.net	电　　话　(021)64411071
经　　销	各地新华书店	

印　　刷	浙江省临安市曙光印务有限公司
开　　本	787 毫米×1092 毫米　　1/16
印　　张	22
字　　数	513 千字
版　　次	2019 年 2 月第 3 版
印　　次	2019 年 2 月第 1 次
印　　数	1—3100
书　　号	ISBN 978 - 7 - 5429 - 6064 - 1/F
定　　价	46.00 元

如有印订差错,请与本社联系调换

第三版前言 FOREWORD

税务会计是介于税收学与会计学之间的一门新兴边缘学科,融国家税收法令和会计处理为一体,将会计的基本理论、基本方法与企业纳税活动相结合。税务会计必须以会计准则(制度)为基础,以现行税法为准绳,如实地对纳税人整个纳税过程进行反映和监督。作为会计学科的一个分支,税务会计对于纳税人及征税机关都至关重要,它不仅解决现行税制下的会计实务操作,而且也为纳税人的纳税检查和税收筹划提供借鉴,同时也是税务机关开展税务稽查的重要工具。

近几年,我国会计准则与税法基于各自不同的目的进行了一系列改革,同时也加大了税务会计与财务会计的差异。为了及时反映会计、税法的变化及其对纳税实务的影响,我们结合多年的税务会计教学经验对本书进行了修订再版。

本书第一章介绍了税收基础知识与税务会计的基本理论。第二章至第十章从各税种的税制构成要素、应纳税额的计算和纳税申报以及会计核算等方面,对我国现行的各主要税种进行了全面系统地阐述。

本书的特色主要体现在:

(1)注重时效性。以新的企业会计准则体系、新的税收法律法规为依据,知识新颖,信息丰富,反映本专业前沿动态。并且,我们将会及时关注会计准则和税法的新变化,随着相关准则、税法的调整变化而适时修订,以最大限度地解决教材知识陈旧的弊病。

(2)注重税法与税务会计有机整合。在长期的教学过程中,我们发现税务会计教学中存在一个普遍问题:税法与税务会计的分割。很多院校先开设税法课程,再开税务会计课程,致使学习税务会计时出现了一种尴尬:如果直接讲涉税事项的会计处理,用到的税法学生又记不起。如果先讲税法,再讲涉税事项会计处理,不仅与之前税法课程重复,加之课时有限,使税务会计讲授及学习事倍功半。为了解决这一矛盾,我们将税法和税务会计两门课程合二为一。既节约了时间,又可提高教学效果。

(3) 注重知识体系的逻辑性和完整性。在本书大纲的拟定及整个写作过程中,充分考虑知识体系的逻辑性,对问题的阐述深入浅出,尽量使复杂的问题简单化,便于读者理解。把税务会计理论与实务、税收法律规定与会计核算方法密切结合,从而构成了税务会计的完整体系。

(4) 注重实务操作性。在每章开始设置本章导读,阐述本章的地位、主要内容和技能要求,目的是让学生对本章内容有一个总括了解,把握应掌握的基本知识和达到的基本技能。用大量篇幅对我国现行的各主要税种的税收法律法规及会计操作实务进行了全面系统地阐述,并通过案例,将会计处理方法与税法有机地结合起来。在每章最后,编排了思考题和练习题,由此强化本章的重点和难点,使学生在操作中能够快速地掌握税务会计的基本理论和基本方法。

本次修订的主要内容:

(1) 结合全国范围内全面推开"营改增"试点和国家各项减税政策的实施,对增值税会计、消费税会计和出口退免税会计的内容进行了全面修订。

(2) 随着 2018 年 12 月《中华人民共和国个人所得税法实施条例》第四次修订,《个人所得税专项附加扣除暂行办法》的发布,我国个人所得税的改革力度之大前所未有。本次依据最新的个人所得税改革内容对个人所得税会计一章进行了重新编写,充分体现本书的时效性特点。

(3) 结合我国环境保护税的开征,在其他税会计中增加了环境保护税会计一节内容。

(4) 结合 2018 年企业所得税预缴和年终汇算清缴等有关税收政策的改革,对企业所得税会计一章进行了修订。

(5) 将各种税收的最新法律法规体现在了相关章节中。另外,结合第二版使用中发现的问题进行了修订和完善。

本次修订的分工是:苏喜兰教授修订第一章、第八章、第九章、第十章;王会兰教授修订第二章、第三章、第五章;谷景立教授修订第四章;姚爱科副教授修订第六章、第七章。苏喜兰负责全书的总撰和修改。

本书既可作为高等院校财经类相关专业的本科及高职院校教学使用,也可作企业财会人员及财政、税务、审计等部门的专业人员业务学习使用,还可作为注册会计师和注册税务师考试的参考用书。

本书是作者在多年税务会计教学积淀的基础上,经过反复修改、完善而成的。在编写过程中,作者参考了大量的相关专著、教材和网络资源,在此,谨向所有参考文献的作者表示诚挚的感谢,对立信会计出版社赵新民编辑及本书其他各位编辑的支持和帮助表示衷心感谢!尽管每位参与编写的教师都非常敬业和努力,但书中难免有疏漏之处,敬请广大读者批评指正,以便再版时进一步完善。

苏喜兰

2019 年 2 月

目录 CONTENTS

第一章　税务会计概论

本章导读

　　税务会计是介于税收学与会计学之间的一门新兴边缘学科,融国家税收法令和会计处理为一体。对整个纳税过程,税务会计必须以会计规范为基础,以税法为准绳如实地进行反映和监督,在国家现行税法范围内进行会计政策选择。要学习税务会计,首先必须熟悉有关税收和纳税的基本知识。在此基础上,学习税务会计的基本理论。

　　本章按照这一基本思路,主要介绍税收的特征与分类、税收制度及其构成要素、企业纳税的业务流程、税务会计的特点及模式等内容。通过本章学习,应熟练掌握税收的概念、特征及其分类;税收制度及其构成要素;税务会计的概念、特点及模式;税务会计与财务会计的关系。熟悉企业纳税的基本程序。

第一节　税收的特征与分类

一、税收的概念

　　国家存在的客观基础是履行公共职能和管理公共事务,而国家在实现公共职能的过程中必然要消耗相应的人力和物力,形成一定的财政支出,这些支出,主要靠税收形式最终由居民和经济组织来承担。马克思从税收与国家的关系上,把税收看作是国家存在的经济体现,是国家实现其职能的工具,没有税收国家机器就不能存在和运转。列宁从无偿性的角度认识税收,认为赋税就是国家不付任何报酬而向居民取得东西。

　　社会产品的分配形式表现为利润、利息、地租、工资、税收等,不论哪一种分配形式都要以一定的权力为依托,参与分配的权力包括财产权力和政治权力。财产权力也就是所有者的权力,凭借资本所有权可以取得利润、利息,凭借土地所有权可以取得地租,凭借劳动力所有权可以取得工资收入。政治权力即国家权力。国家为了实现其职能参与社会产品分配,既可以凭借拥有的财产权力,也可以凭借其拥有的政治权力。国家凭借财产权力进行的分配,如国有企业利润收入等;而国家凭借政治权力进行的强制、无偿的分配就是税收,换言之,税收分配的依据既不是生产资料所有权,也不是劳动力所有权,而是国家的政治权力。

政府征税会直接影响纳税人的经济利益。征收与不征收、对谁征收和对什么东西征收、征收多少以及在哪些环节征收等,不仅直接影响着纳税人的投资与消费选择以及投资能力与消费能力,进而影响着社会需求的总量与结构,而且也直接或间接地影响着不同产业和不同产品的盈利水平以及社会供给的总量与结构。因此,税收是现代市场经济国家用来调节经济运行、收入分配和诱导资源流动的一个重要手段。

综上所述,税收的概念应界定为:税收是政府为了满足社会公共需要,凭借政治权力,强制、无偿地取得财政收入的一种重要形式。税收的本质是一种分配关系,是国家凭借政治权力进行的强制、无偿的社会产品分配。

二、税收的特征

税收特征是指税收分配形式区别于其他财政分配形式的质的规定性。税收特征是由税收的本质决定的,是税收本质属性的外在表现,是区别税与非税的外在尺度和标志。税收的特征通常概括为无偿性、强制性和固定性。

(一)无偿性

税收的无偿性是指国家征税以后,税款即归国家所有,不再直接归还给原纳税人,也不直接向纳税人支付任何报酬或代价。税收的无偿性是就具体的单个纳税人而言的,而不是针对全体纳税人。即国家征税不是与单个纳税人之间进行等量财富的交换或补偿,而是纳税人无偿地向国家交纳财富,国家不需要对原纳税人直接地返还已交纳的税款,也不需要对原纳税人提供与所缴税款相对等的产品、服务或给予相应的特许权利,是财富所有权的单方面转移。但是,就国家与全体纳税人的关系而言,税收又具有整体报偿性特征,即国家将税款用来提供各种公共品,如公共安全、教育等,全体纳税人都会从公共品的消费中直接或间接地受益,其差别主要是税款交纳与公共品受益在量上有所不同。

无偿性是税收的关键特征,它使税收明显地区别于国有资产收益、国债收入等财政收入形式,决定了税收是国家筹集财政收入的主要手段,并成为调控经济和调节社会分配的有力工具。

(二)强制性

税收的强制性是指国家凭借政治权力并运用法律、法规的形式加以规定和征收,是对社会产品进行的强制性分配,而非纳税人的一种自愿交纳,纳税人必须依法纳税,否则会受到法律制裁。税收的强制性是与国家的政治权力紧密地联系在一起的,因而它不受生产资料所有权归属的限制,对不同所有者都可以行使国家征税权。税收的强制性包含两层含义。

1. 税收分配关系具有强制性

税收分配关系是国家凭借政治权力通过立法程序确定的,税法一旦颁布并实施,税收征纳的法律关系就确立了,不管纳税人愿意与否以及自觉纳税意识程度是高是低,都必须履行税法规定的纳税义务。

2. 税收的征收具有强制性

国家借助于税法形式来保证税收分配的实现,税收征收过程是国家强制地要求纳税人服从其意志的过程,税收征收的结果是一部分社会财富的所有权单向的强制性转移,纳税人必须服从税法的要求。因此,税收是国家取得财政收入的最普遍和最可靠的形式。

强制性是国家权力在税收上的法律体现,是国家取得税收收入的根本前提。它也是与税收的无偿性特征相对应的一个特征。正因为税收具有无偿性,才需要通过税收法律的形式规范征纳双方的权利和义务。

（三）固定性

税收的固定性是指国家通过法律形式预先规定了纳税人、征税对象、税目、税率、纳税期限等税制要素,并保持相对的连续性和稳定性,征纳双方都必须共同遵守,不能随意变动。税收的固定性包括两层含义。

1. 税法具有相对稳定性

税收分配是按照税法事先确定的标准和程序进行的,税法是确定和调整税收征纳关系的法律规范,一经公布实施,就具有相对稳定性。当然,税法也不是一成不变的,随着政治条件和社会经济的发展变化,国家可以相应修改税法,调整税收的各项规定。但是,税法的调整也要事先经过总体研究与判断之后,通过一定法律程序,以法律法令的形式进行。因而,在一定时期内税法是相对稳定的。

2. 税收征收数量具有有限性

税收分配不是随意的、无界定地转移财富的所有权,而是征纳双方必须依照事先确定的法律标准和程序进行分配。纳税人只要取得了应税收入、财产或发生了应税行为,就必须按照预先规定的标准纳税。同样,国家对纳税人征税,也只能按照预先规定的标准进行,不得任意提高或降低预定标准。税收的固定性,既有利于国家稳定、可靠地取得财政收入,也能够使纳税人的税收负担相对稳定,并对自己的生产经营活动可以预期。

税收三大特征是一个完整的统一体,它们相辅相成、缺一不可。其中,无偿性是核心,强制性是保障,固定性是对强制性和无偿性的一种规范和约束。政府提供各种公共品需要垫付生产成本与公共品免费消费的矛盾,决定了税收的无偿性;税收的无偿性又必须以税收的强制性作保障。对单个纳税人来说,国家征税是无偿的,因而国家必须凭借政治权力,依照法律强制地实现无偿征收,没有无偿性,也就不需要强制性。税收的无偿性和强制性又决定了税收的固定性。如果税收只具有无偿性和强制性,而不具有固定性,国家随意地、无界定地转移财富的所有权,就会打乱现存的所有制关系,使正常的经济活动无法维持下去,从而危及国家政权本身的存在。

三、税收的职能作用

税收职能是指税收所具有的内在功能,由税收本质所决定。税收作用是对象化了的税收职能,是行使税收职能产生的效果,是税收职能在一定政治经济条件下的具体体现。由于税收作用与职能存在密切的联系,故人们又经常把二者合并起来,统称为"税收职能作用"。在不同的历史阶段,税收职能发挥着不同的作用。现阶段,税收的职能作用主要表现在三个方面。

1. 组织财政收入

税收的基本职能是组织财政收入。国家为了实现其职能,需要大量的财政资金。税收作为国家依照法律规定参与剩余产品分配的活动,承担着筹集财政收入的重要任务。税收具有强制性、无偿性、固定性的特点,筹集财政收入稳定可靠。税收的这种特点,使其成为世界各国政府组织财政收入的基本形式。目前,我国税收收入已占国家财政收入的90%以上。

2. 调控经济运行,调节收入分配

经济决定税收,税收反作用于经济。这既反映了经济是税收的来源,也体现了税收对经济的调控作用。税收作为国家强制参与社会产品分配的主要形式,在筹集财政收入的同时,也改变了各阶级、阶层、社会成员及各经济组织的经济利益。物质利益的多寡,诱导着他们的社会经济行为。因此,国家有目的地利用税收体现其有关的社会经济政策,通过对各种经济组织和社会成员的经济利益进行调节,使其微观经济行为尽可能符合国家预期的社会经济发展方向,以有助于社会经济的顺利发展,从而使税收成为国家调节社会经济活动的重要经济杠杆。税收作为经济杠杆,通过增税与减免税等手段来影响社会成员的经济利益,引导企业、个人的经济行为,规范政府、企业和个人之间的分配关系。从不同税种的功能来看,他们在分配领域发挥着不同的作用。税收对资源配置和社会经济发展产生影响,从而达到调控宏观经济运行的目的。政府运用税收手段,既可以调节宏观经济总量,也可以调节经济结构。

3. 监督经济活动

税收涉及社会生产、流通、分配、消费各个领域,能够综合反映国家经济运行的质量和效率。国家既可以通过税收收入的增减及税源的变化,及时掌握宏观经济的发展变化趋势,也可以在税收征管活动中了解微观经济状况,发现并纠正纳税人在生产经营及财务管理中存在的问题,从而促进国民经济持续健康发展。

此外,由于税收管辖权是国家主权的组成部分,是国家权益的重要体现,所以在对外交往中,税收还具有维护国家权益的重要作用。

组织财政收入、调控经济运行、监督社会经济活动是税收职能作用的整体内容。组织财政收入是税收的基本职能,是调控经济运行和监督社会经济活动的基础条件。随着市场经济的发展,调控经济运行、监督社会经济活动的职能作用也变得越来越重要。

四、税收的分类

(一)按课税对象分类

按照课税对象不同,全部税种可划分为流转税、所得税、财产税、资源税和行为税。

1. 流转税

流转税,又称商品或劳务税,是指对商品或劳务的交易额课征的税收。流转税的经济前提是商品经济,其计税依据是增值额、销售额等,从而形成了不同的税种,包括增值税、消费税和关税等,主要在生产、流通或者服务业中发挥调节作用。流转税对生产、流通、分配各个环节都可以课税,纳税人取得收入后就要交纳税款,不受成本费用的影响。流转课税与商品生产、流通、消费有密切关系,对什么商品征税、税率多高,对商品经济活动都有直接的影响,易于发挥对经济的宏观调控作用。

2. 所得税

所得税,又称收益税,是指对纳税人的所得或收益课征的税收。所得也称收益,是指自然人、法人和其他经济组织从事生产、经营等各项活动所获得的收入,减去相应的成本费用之后的余额,包括企业所得税、个人所得税。所得税主要是在国民收入形成后,直接调节生产经营者的利润和个人的纯收入。对所得课税能使税收收入比较准确地反映国民收入的增减变化情况,并且征纳双方的关系比较明确,税收的增减变动对物价也不会产生直接影响,有利于更好地发挥税收的调节作用。对所得课税往往受到经济波动和企业经营管理水平的影响,因而不能保证财政收入的稳定性,另外,其稽征技术也比较复杂。

3. 财产税

财产税是指对纳税人所拥有的财产课征的税收。财产课税的经济来源是财产的收益或财产所有人的收入。目前我国的房产税、车船税、契税等税种都属于财产税。财产课税既可以调节社会成员的财产收入水平,避免私人财产过分集中的现象产生,又可以为地方财政提供稳定的收入来源。但是由于财产课税在收入上弹性小,课征范围难以普及到纳税人的全部财产,并且财产课税采取从价征收,估价工作极为困难,所以,世界各国的税制中都没有将其作为主体税种,只是税制结构中的辅助税种。

4. 资源税

资源税是指对开发和利用自然资源课征的税收,包括资源税、土地增值税和城镇土地使用税,主要是对因开发和利用自然资源差异而形成的级差收入发挥调节作用。这些税种既有对资源级差收入的调节,也有对资源收益的征收。因而资源税对调节级差收益,促进公平竞争,使企业加强经济核算,提高经济效益具有十分重要的作用。

5. 行为税

行为税是指对纳税人的某种特定经济行为课征的税收。行为税是为了贯彻国家某项政策的需要而课征的。目前我国的印花税等税种属于行为税。

按课税对象分类是一种最基本的税收分类方法,因为税收制度的核心要素是征税对象,不同税种以课税对象作为相互区别的主要标志。这样分类能够充分把握税收的具体作用,并据此制定体现国家政策意图的税收制度。中国和西方国家税制基本上都是以课税对象作为分类标准。因此,按课税对象分类也是最重要的一种税收分类方法。

(二)按计税依据分类

按计税依据不同,税收可分为从价税、从量税与复合税。

1. 从价税

从价税是指以征税对象的价格为依据,按一定比例课征的税收,如增值税、关税等。从价税的应纳税额随商品价格的变化而变化,能够体现合理负担政策,从价税的税收负担随价格波动而增减。

2. 从量税

从量税是指以征税对象的特定标准(重量、面积、数量、件数等)为计税依据,按预先确定的单位税额课征的税收,如车船税和城镇土地使用税等。从量税有利于鼓励企业改进商品包装,计算也比较简单,税收负担不随价格波动而增减。

3. 复合税

复合税是课税时采用从量税和从价税同时征收的一种方法,以两种税额之和作为该种商品的税额。复合税按从量、从价的主次不同又可分为两种情况:一种是以从量税为主加征从价税;另一种是以从价税为主加征从量税,如卷烟、白酒的消费税就采用这种形式。

(三)按税负能否转嫁分类

按税负能否转嫁可将税收分为直接税和间接税。

1. 直接税

直接税是指由纳税人直接负担税款,税负不易转嫁的税收,如所得税、财产税等。这类税种大都设置在分配环节,是对收入、利润或财产占有与财产转移所课征的税收,与价格没有直接的联系,纳税人交纳了税款后,难以将税收负担转嫁给他人,因此,直接税的纳税人与负税人往往是统一的。

2. 间接税

间接税是指纳税人能将税负转嫁给他人负担的税收,主要是对商品流转额课征的各种税,如消费税、增值税等。这类税种的课税对象与商品价格紧密地联系在一起,纳税人向国家交纳了税款后,可能通过提高商品的销售价格将税收负担转嫁给购买者,也可能通过降低原材料的进价或压低工资把税收负担转嫁给原材料提供者或工人。在这种情况下,间接税的纳税人与负税人就发生了分离,纳税人虽依法履行了纳税义务,但最终却没有或没有全部负担税款;负税人虽不负有纳税义务,但却是税负的最终承担者。

(四)按税收与价格的关系分类

按税收和价格的关系不同,税收可分为价内税和价外税。

1. 价内税

价内税是指税金作为商品价格组成部分的税收,如消费税等。价内税的优点在于税金包含在商品价格内,容易为人们所接受;税金随商品价格的实现而实现;税额随商品价格的提高而增加,使税收入有一定的弹性;计税简便,征收费用低。但价内税易发生商品价格与价值背离的情况,造成价格失真,并易发生税负转嫁。

2. 价外税

价外税是指税金作为价格附加的税收,如增值税。价外税的优点是价税分离,税金明确,税额不受价格变动的限制,收入较稳定,税负与纳税人的利益不直接挂钩,从而有利于促进企业降低生产成本、提高产品质量;有利于引导社会经济活动达到预期的目标。但价外税容易导致税负不合理现象。

(五)按税收管理和税款使用权限划分

按税收管理和税款使用权限划分,税收可分为中央税、地方税和中央地方共享税。

1. 中央税

中央税是指由中央政府统一征收管理、其收入归中央支配的税收。一般地,中央税属于税源集中、涉及面广、需要中央统一管理和实施宏观调控的税种。中央税包括消费税(含进口环节海关代征的部分）、车辆购置税、证券交易印花税、关税、海关代征的进口环节增值税等。

2. 地方税

地方税是指由各级地方政府负责征收管理、其收入归地方政府支配的税收。地方税属于税源零星分散，需要在统一规定基础上由地方因地制宜管理的税种。地方税包括城镇土地使用税、耕地占用税、土地增值税、房产税、车船税、契税、环境保护税等。

3. 中央地方共享税

中央地方共享税是指由国家税务总局负责征收管理、收入由中央和地方共同管理和使用的税收。共享税属于税源普遍、收入高、能够兼顾中央和地方利益、具有调节中央与地方财政收支平衡功能的税种。由中央和地方按一定比例分配后各自支配使用。中央地方共享税的分享情况见表1-1。

表1-1

中央地方共享税一览表

税种	中央政府分享	地方政府分享
增值税（不含进口环节由海关代征的部分）	50%	50%（注）
企业所得税	铁路总公司、各银行总行及海洋石油企业交纳的部分；其余部分的60%	其余部分的40%
个人所得税（不含储蓄存款利息所得的个人所得税）	60%	40%
资源税	海洋石油企业交纳的部分	其余部分
城市维护建设税	铁路总公司、各银行总行、各保险总公司集中交纳的部分	其余部分
印花税	证券交易印花税收入	除证券交易印花税以外的其他印花税收入

注：《全面推开营改增试点后调整中央与地方增值税收入划分过渡方案》，国发〔2016〕26号。

第二节　税收制度及其构成要素

一、税收制度

（一）税收制度的概念及类型

1. 税收制度的概念及内容

税收制度又称税收法律制度，简称"税制"，它是在税收分配活动中税收征纳双方所应遵守的行为规范的总和。其内容主要包括各税种的法律法规以及为了保证这些税法得以实施的税收征管制度和税收管理体制。它规定了国家与纳税人之间的征纳关系，是国家向纳税人征税的法律依据。

税收制度的内容主要有三个层次:

(1) 不同的要素构成税种。构成税种的要素主要包括纳税人、征税对象、税目、税率、纳税环节、纳税期限、减税免税等。(详见本节"税制构成要素")

(2) 不同的税种构成税收制度。构成税收制度的具体税种,国与国之间差异较大,但一般都包括流转税、所得税及其他税种。

(3) 规范税款征收程序的法律法规,如税收征收管理法等。

一个国家制定什么样的税收制度,是生产力发展水平、生产关系性质、经济管理体制以及税收应发挥的作用决定的。不同社会制度或同一社会制度的不同历史发展时期,税收制度是不相同的或不完全相同的。符合客观经济规律的税收制度对生产力的发展可以起促进作用,而违反客观经济规律要求的税收制度会阻碍社会生产力的发展。

2. 税收制度的类型

税收制度的类型包括单一税制和复合税制。在一个税收管辖权范围内,只征收一种税的税制称为单一税制,同时征收两种以上税种的税制称为复合税制。税收管辖权是指主权国家根据其法律所拥有和行使的征税权力,是国际法公认的国家基本权力。在现代社会中,世界各国一般都采用多种税并存的复合税收制度,但由于各国社会经济发展水平、政策取向及税收管理水平的差异,构成其复合税制的主体税种也有所不同,有的以所得税为主体税种,有的以流转税为主体税种,或二者兼而有之。一个国家为了有效取得财政收入或调节社会经济活动,必须设置一定数量的税种,并规定每种税的征收和交纳办法,包括对什么征税、向谁征税、征多少税以及何时纳税、何地纳税、按什么手续纳税、不纳税如何处理等。

（二）税收制度与税法的关系

税法是国家制定的用以调整国家与纳税人之间在征纳税方面的权利及义务关系的法律规范的总称。税法的本质是正确处理国家与纳税人之间因税收而产生的税收法律关系和社会关系,既要保证国家税收收入,也要保护纳税人的权利。它是国家及纳税人依法征税、依法纳税的行为准则,其目的是保障国家利益和纳税人的合法权益,维护正常的税收秩序,保证国家的财政收入。

税法一般包括税法通则、各税税法(条例)、实施细则、具体规定四个层次。其中,税法通则规定一个国家的税种设置和每个税种的立法精神,各税税法(条例)分别规定每种税的征税办法,实施细则是对各税税法(条例)的详细说明和解释,具体规定则是根据不同地区、不同时期的具体情况制定的补充性法规。目前,世界上只有少数国家单独制定税法通则,大多数国家都把税法通则的有关内容包含在各税税法(条例)之中,我国的税法就属于这种情况。税法的构成要素是指各种单行税法具有的共同的基本要素的总称,一般包括总则、纳税义务人、征税对象、税目、税率、纳税环节、纳税期限、纳税地点、减税免税、罚则、附则等项目。

税收制度与税法既有区别,也有联系。税法是法律范畴,是调整国家与纳税人之间权利和义务的法律规范。税制是指一个国家税收的基本模式、税收要素、税款在各级政府间的分配、税收的征管方式等。

两者的关系是税制决定税法,税法为税制服务,税法是税制的核心内容。税制必须经过立法,得到国家和政府的确认、保护和推动,才能充分发挥其职能作用。税制有很大一部分是通过税法规定的,但也有一部分并不形成税法。

(三)我国现行的税收制度

改革开放以来,我国税收制度日臻完善。改革开放初期的税制改革以适应对外开放需要,建立涉外税收制度为突破口。之后,又先后分两步实施国有企业"利改税"改革,把国家与企业的分配关系以税收的形式固定下来。1994年,围绕建立社会主义市场经济体制的目标,积极构建适应社会主义市场经济体制要求的税制体系。国家实施了新中国成立以来规模最大、范围最广、成效最显著、影响最深远的一次税制改革。2003年以来,按照科学发展观的要求和十六届三中全会的部署,围绕完善社会主义市场经济体制和全面建设小康社会的目标,分步实施了税制改革和出口退税机制改革。

目前,中国实际征收的共有增值税、消费税、企业所得税、个人所得税、资源税、城镇土地使用税、房产税、城市维护建设税、耕地占用税、土地增值税、车辆购置税、车船税、印花税、契税、烟叶税、关税、船舶吨税和环境保护税等税种。其中,关税和船舶吨税由海关征收,进口货物的增值税、消费税由海关代征,其余税种由税务部门负责征收。

二、税收制度的构成要素

税收制度的基本要素包括纳税义务人、课税对象、税目、课税依据、税率、纳税环节、纳税期限、减税免税与加减征收等。

(一)纳税义务人(纳税主体)

纳税义务人(纳税主体)简称纳税人,是税法规定的直接负有纳税义务的单位和个人,纳税人是税收制度构成的最基本要素之一,任何税种都有纳税人。

纳税人包括法人和自然人两种。一般情况下,会计主体应是纳税主体,但特殊情况下,会计主体不一定是纳税主体,纳税主体也不一定是会计主体。

与纳税人有关的两个概念是扣缴义务人和负税人。

所谓扣缴义务人是指法律、行政法规规定负有代扣代缴、代收代缴税款义务的单位和个人。对税法规定的扣缴义务人,税务机关应向其颁发代扣代缴证书,并付给扣缴义务人代扣代缴手续费。同时,扣缴义务人虽不负有纳税义务,但负有代扣代缴义务,必须严格履行其职责,并按税法规定限期缴库。国家一般在收入分散、纳税人分散时,采用源泉控制的征收方法,在税法上明确规定扣缴义务人,以保证国家财政收入,防止偷漏税,简化纳税手续。如我国个人所得税法规定,以支付所得的单位和个人为扣缴义务人。

所谓负税人就是最终负担国家征收税款的单位和个人。税法中并没有负税人的规定,国家在制定税法时,只规定由谁负责交纳税款,并不规定税款最终由谁负担,但政府在制定税收政策和设计税收制度时,必须认真研究税收负担及其分布问题。

纳税人与负税人是两个既有联系又有区别的概念。有的税种,税负不易转嫁,税款由纳税人自己负担,纳税人本身就是负税人,如各种所得税一般就属于这种情况。但是,有的税种税负较易转嫁,纳税人和负税人往往是不一致的。

（二）课税对象

课税对象又称征税对象,是税法规定的征税的目的物。课税对象是一个税种区别于另一种税种的主要标志,是税收制度的基本要素之一。每一种税都必须明确规定对什么征税,体现着税收范围的广度。一般来说,不同的税种有着不同的课税对象,不同的课税对象决定着税种的不同性质。课税对象在税收制度中具有非常重要的作用。

1. 课税对象是征税与不征税的界限

每一种税的设立,都必须首先确定它的征税对象,被选择作为某种税的征税对象的,就属于该税的征税范围,就要征这种税;未被选作征税对象的,就不属于该税的征税范围,就不征这种税。

2. 课税对象是不同税种相互区别的主要标志

税种名称的由来以及税种在性质上的差别,主要取决于课税对象。因此,设置一种税,必须首先明确对什么征税,不能与其他税种有重复的地方,否则就会造成征管上的混乱。

3. 课税对象限定了税收调节的范围

由于课税对象是课税与否的分界线,税收调节的范围必然被限制在税制所规定的课税对象范围之内。所以,一个国家课税对象选择范围的大小,不仅直接关系到财政收入的多少,而且影响到税收调节职能的发挥。

（三）税目

税目是课税对象的具体化,反映了具体的课税范围。一般当课税对象比较复杂,且税种内部不同课税对象之间又需要采取不同税率进行调节时,就需要对课税对象作进一步的界限划分,即税目。例如,我国现行消费税划分了烟、酒、高档化妆品、贵重首饰及珠宝玉石、鞭炮焰火、成品油、小汽车等 15 个税目,分别列举征收范围,规定适用不同税率。

（四）课税依据

课税依据又称计税依据,是税收制度中规定的计算应纳税额的根据,在理论上也称为税基。课税依据解决税款的计算问题,纳税人的应交税款是根据课税依据乘以税率计算出来的。不同税种的课税依据不同,有的税种其课税对象和计税依据是一致的,但是有的税种则不一致。如果课税依据是价值形态,课税对象与课税依据一致,如各种所得税,课税对象和计税依据都是应税所得额;如果课税依据是实物形态,以课税对象的数量、重量等作为计税依据,则课税对象与课税依据一般不一致,如车船税,其课税对象是各种车辆、船舶,而计税依据则是车船的吨位等;消费税的课税对象是应税消费品,计税依据则是消费品的销售收入或销售数量。

（五）税率

税率是应纳税额与课税对象(计税依据)之间的比例。它是计算纳税人应纳税额的尺度,反映征税的深度。税收的固定性特征主要是通过税率来体现的,在课税对象已经明确的前提下,国家征税的数量和纳税人的负担水平取决于税率,也就是说,税率的高低直接关系到国家财政收入和纳税人的负担水平,国家一定时期的税收政策也主要体现在税率方面。因此,税率是税收制度的中心环节。科学合理地设计税率是正确处理国家、企业、个人之间的分配关系,充分发挥税收经济杠杆作用的关键。按照税率的表现形式不同,可将其分为比例税率、定额税率、累进税率三大类。

1. 比例税率

比例税率即对同一课税对象,不论数额多少,均按同一比例征税的一种税率制度。它是我国现行税率中最重要的一种形式。比例税率包括单一比例税率、差别比例税率和幅度比例税率。

2. 定额税率

定额税率又称固定税额,是按照课税对象的一定计量单位规定一定的税额,而不是规定征收比例。它是用绝对量表示税率的一种特殊形式,一般适用于从量定额征收的商品或税种。

3. 累进税率

累进税率是按征税对象数额的大小,划分为若干等级,不同等级规定高低不同的税率,征税对象数额越大税率越高,数额越小税率越低。按照税率的累进依据的性质,累进税率分为"额累"和"率累"两种。额累是按课税对象数量的绝对额分级累进,率累是按与课税对象有关的某一比率分级累进。累进税率按累进依据的构成又可分为"全累"和"超累"。全额累进税率是指征税对象的全部数额都按其相应等级的累进税率计算征税。超额累进税率是指分别以征税对象数额超过前一级部分的数额,计算应纳税额的累进税率。"全累"税负重,"超累"税负轻。

超额累进税率是各国普遍采用的一种税率。为解决超额累进税率计算税款比较复杂的问题,在实际工作中引进了"速算扣除数"这个概念,速算扣除数是为简化计税程序而按全额累进税率计算超额累进税额时所使用的扣除数额。反映的具体内容是按全额累进税率和超额累进税率计算的应纳税额的差额。通过预先计算出的速算扣除数,即可直接计算应纳税额,不必再分级分段计算。采用速算扣除数方法计算的应纳税额同分级分段计算的应纳税额,其结果完全一样,但方法简便得多。通常,速算扣除数事先计算出来后,附在税率表中,并与税率表一同颁布。

比例税率、定额税率、累进税率都是法律上的税率形式,即税法中可能采用的税率。如果从经济分析的角度划分,税率又可以分为名义税率、实际税率等。名义税率是税法上规定的税率,是应纳税额与征税对象数额的比率。实际税率是纳税人实纳税额占征税对象数额的比率。因税率制度、计税依据、减税、免税、加成加倍征税等原因造成纳税人的实际税率与名义税率不相等。

（六）纳税环节

纳税环节是指对处于不断运动中的纳税对象选定应该交纳税款的环节。税法对每一种税都要确定纳税环节,但有的税种纳税环节比较明确、固定,而有的税种则需要在许多流转环节中选择和确定。从对流转额的课税来看,由于商品从生产到消费往往需要经过多个流转环节,如工业品一般要经过工业生产、商业批发、商品零售等环节,可以选择只对商品流转过程中的一个环节征税、对其他环节不征税的"一次课征制";也可以在应税产品生产和零售两个环节征税,即实行"两次课征制";还可以在商品流通过程中选择多个环节征税,即实行"多次课征制"。例如,我国现行的增值税制度规定,商品每流转一次,就应按商品的增值额征一次增值税。

进行税制设计时应慎重选择纳税环节,要以有利于生产发展、有利于商品流通、有利于控制税源、保证财政收入和方便纳税人为原则。纳税环节一经确定,不得随意变动。

（七）纳税期限

纳税期限是指税法规定的纳税人向国家交纳税款的时间。规定纳税期限是为了促使纳税人及时依法纳税,以保证国家能及时地取得财政收入,均衡地满足经常性政府公共财政支出的需要。它是税收强制性和固定性特点在时间上的体现。与纳税期限有关的概念如下。

1. 纳税义务发生时间

纳税义务发生时间,是指应税行为发生的时间。如采取赊销和分期收款方式销售货物,其增值税纳税义务发生时间为书面合同约定的收款日期,无书面合同的或者书面合同没有约定收款日期的,为货物发出的当天。

2. 纳税申报期限

我国现行税制中规定的纳税期限,大致有以下几种形式:

（1）按天交纳,即以1天、3天、5天、10天、15天等为纳税期限。

（2）按月交纳,即以1个月为纳税期限。

（3）按季交纳,即以1个季度为纳税期限。

（4）按年交纳,即以1个年度为纳税期限。

（5）按次交纳,即不规定具体纳税的时间,纳税人每发生一次纳税义务,则交纳一次税。

纳税人的具体纳税期限,由主管税务机关根据纳税人应纳税额的大小分别核定;不能按照固定期限纳税的,可以按次纳税。

3. 缴库期限

缴库期限即税法规定的纳税期满后,纳税人将应纳税款缴入国库的期限。如《增值税暂行条例》规定,纳税人以1个月或者1个季度为1个纳税期的,自期满之日起15日内申报纳税;以1日、3日、5日、10日或者15日为1个纳税期的,自期满之日起5日内预缴税款,于次月1日起15日内申报纳税并结清上月应纳税款。

一般地,纳税人发生纳税义务后,应将其在会计上予以确认,在规定的纳税期限内进行纳税申报,并按规定的缴库期限交纳税款。

（八）减税免税与加成征收

1. 减税免税

减税免税是指税法规定的对某些特殊情况给予减轻或免除税收负担的一种税收优惠措施或特殊调节手段。其中,减税是对应征税款减少征收一部分;免税是全部免除其税收负担。减免税体现了国家一定时期的经济和社会政策,有较强的政策目的性和针对性,是一个重要的税制要素。减免税把税收的严肃性和必要的灵活性正确地结合起来,有利于贯彻国家的税收政策,有利于因地制宜、因事制宜地处理税收方面的特殊情况。但是,减免税只能是一种临时性、补充性的措施,是一种特殊的调节手段,它只能在税法规定的范围内进行,超出税法规定随意减免税,则会导致不公平竞争,造成税款流失,不仅会严重损害国家和社会的整体利益,甚至会最终损害某些减免税单位本身的利益。

2. 特殊方式的免税和减税——即征即退、先征后退

即征即退是指对按税法规定交纳的税款，由税务机关在征税时部分或全部退还纳税人的一种税收优惠。先征后退又称先征后返，是指对按税法规定交纳的税款，由税务机关征收入库后，再由税务机关或财政部门按规定的程序给予部分或全部退税或返还已纳税款的一种税收优惠。与即征即退相比，先征后退具有严格的退税程序和管理规定，但税款返还滞后，特别是在一些财政比较困难的地区，存在税款不能及时返还甚至政策落实不到位的问题。先征后退办法主要适用于交纳流转税的纳税人和个别交纳企业所得税的纳税人。即征即退仅限于交纳增值税的个别纳税人。

3. 加成征收

加成征收是指对某些纳税人按应纳税额加征一定成数、成倍数的税款，是限制某些生产经营或调节纳税人取得过多利润而采取的加重征税的一种措施和方法，实际上是税率的一种延伸。税收加征包括地方附加、加成征收和加倍征收三种形式。例如，我国现行的个人所得税税制，对劳务报酬所得一次收入畸高的，就规定可以实行加成征收的办法。

第三节 企业纳税的业务流程

根据《中华人民共和国税收征收管理法》及相关规定，我国企业纳税的业务流程主要包括税务登记、纳税申报、税款交纳、税务检查和违章处理五个基本环节。

一、税务登记

税务登记是税务机关依据税法规定对纳税人的基本情况及生产经营范围、注册资本等进行登记管理的一项基本制度。其目的是以书面形式确认征纳双方的权利义务关系。税务登记是纳税人必须履行的一项法定手续，是纳税人履行纳税义务的第一步，是整个纳税程序的首要环节。

（一）税务登记的内容

税务登记包括设立登记，变更登记，停业、复业登记，注销登记和外出经营报验登记等。

1. 设立登记

从事生产、经营的纳税人应当自领取营业执照之日起 30 日内，向生产、经营地或者纳税义务发生地的主管税务机关申报办理税务登记，如实填写税务登记表，并按照税务机关的要求提供有关证件、资料。纳税人提交的证件和资料齐全且税务登记表的填写内容符合规定的，税务机关应及时发放税务登记证件。纳税人办理下列有关税务事项时，必须持税务登记证件（按照规定不需要发给税务登记证件的除外）：开立银行账户；申请减税、免税、退税；申请办理延期申报、延期交纳税款；领购发票；申请开具外出经营活动税收管理证明；办理停业、歇业等。

2. 变更登记

变更税务登记是指纳税人税务登记内容发生变化时向税务机关申报办理的税务登记手续。

3. 停业、复业登记

实行定期定额征收方式的纳税人,在营业执照核准的经营期限内需要停业的,应当向税务机关提出停业登记,说明停业理由、停业期限、停业前的纳税情况和发票的领、用、存情况,并结清应纳税款、滞纳金、罚款。税务机关应收存其税务登记证件及副本、发票领购簿、未使用完的发票和其他税务证件。纳税人应当于恢复生产经营之前,向税务机关申报办理复业登记,如实填写《停、复业报告书》,领回并启用税务登记证件、发票领购簿及其停业前领购的发票。

4. 注销登记

纳税人发生解散、破产、撤销以及其他情形,依法终止纳税义务的,应当在向工商行政管理机关或者其他机关办理注销登记前,应当向税务机关结清应纳税款、滞纳金、罚款,缴销发票、税务登记证件和其他税务证件。持有关证件和资料向原税务登记机关申报办理注销税务登记。

5. 外出经营报验登记

纳税人到外县(市)临时从事生产经营活动的,应当在外出生产经营以前,持税务登记证向主管税务机关申请开具《外出经营活动税收管理证明》,并向经营地或提供劳务地税务机关报验登记。外出经营活动结束,应当向经营地税务机关填报《外出经营活动情况申报表》,并结清税款、缴销发票。

(二)税务登记制度改革——"三证合一、一照一码"登记制度

"三证合一、一照一码"登记制度是指按照"一窗受理、互联互通、信息共享"模式,将企业登记时依次申请,分别由工商部门核发工商营业执照、质监部门核发组织机构代码证、税务部门核发税务登记证,改为一次申请、由工商部门核发加载法人和其他组织统一社会信用代码营业执照的登记制度。2015 年 10 月 1 日起在全国全面推行"三证合一、一照一码"登记制度,已取得统一社会信用代码的法人和其他组织,其纳税人识别号使用 18 位的"统一社会信用代码",用于办理涉税业务。

"三证合一"后,纳税人办理涉税事项的变化:

一是不用进行税务登记,不再领取税务登记证。企业办理涉税事宜时,在完成补充信息采集后,凭加载统一代码的营业执照可代替税务登记证使用。

二是对于工商登记已采集信息,税务机关不再重复采集;其他必要涉税基础信息,可在企业办理有关涉税事宜时,及时采集,陆续补齐。发生变化的,由企业直接向税务机关申报变更,税务机关及时更新税务系统中的企业信息。

三是企业办理注销登记,须先向税务主管机关申报清税,填写《清税申报表》。企业可向主管税务机关提出清税申报,税务机关根据清税结果向纳税人统一出具《清税证明》。

2016 年 10 月,在"三证合一、一照一码"的基础上,又整合社会保险登记证和统计登记证,实现"五证合一、一照一码"。2017 年 4 月,在全国全面推行"多证合一、一照一码",在更大范围、更深层次实现信息共享和业务协同,对重塑营商环境具有重要意义。

二、纳税申报

纳税申报是纳税人按税法规定的期限和内容,向税务机关提交有关纳税事项书面报告

的法律行为,是纳税人履行纳税义务、界定法律责任的主要依据。

（一）纳税申报的对象及内容

纳税申报的对象为纳税人和扣缴义务人。纳税人在纳税期内没有应纳税款的,也应当按照规定办理纳税申报。纳税人享受减税、免税待遇的,在减税、免税期间应当按照规定办理纳税申报。

纳税申报的内容,主要在各税种的纳税申报表和代扣代缴、代收代缴税款报告表中体现,还有的是随纳税申报表附报的财务报表和有关纳税资料中体现。

纳税人必须依照法律、法规规定的申报期限、申报内容如实办理纳税申报。纳税申报时一般需要填制纳税申报表,连同财务会计报表及税务机关要求的其他纳税资料一并报送。不同税种的纳税申报表内容及格式不同(详见以后各章的纳税申报)。

实行"一照一码"登记模式后,纳税人在办理工商登记,领取营业执照时,等同于办理了税务登记证,应在领取营业执照之日起15日内将其财务、会计制度或财务、会计处理办法报送主管税务机关备案,在开立存款账户之日起15日内,向主管税务机关报告全部账号,并按规定进行申报纳税。

纳税人、扣缴义务人因不可抗力,不能按期办理纳税申报或者报送代扣代缴、代收代缴税款报告表的,可以延期办理;但是,应当在不可抗力情形消除后立即向税务机关报告。税务机关应当查明事实,予以核准。

（二）纳税申报方式

纳税申报方式包括直接申报、邮寄申报和数据电文申报三种。

直接申报是指纳税人自行到税务机关办理纳税申报,是一种传统申报方式。

邮寄申报是指经税务机关批准的纳税人使用统一规定的纳税申报特快专递专用信封,通过邮政部门办理交寄手续,并向邮政部门索取收据作为申报凭据的方式。

数据电文申报是指经税务机关确定的电话语音、电子数据交换和网络传输等的电子纳税申报方式。例如,目前纳税人的网上申报,就是数据电文申报方式的一种形式。

另外,实行定期定额交纳税款的纳税人,可以实行简易申报、简并征期等纳税申报方式。简易申报是指纳税人在法律、法规规定的期限内或税务机关确定的期限内交纳税款,税务机关可视同申报。简并征期是指纳税人经税务机关批准,可以采取将纳税期限合并为按季、半年、年的方式交纳税款。

三、税款征收与交纳

（一）税款征收方式

税款征收方式是指税务机关根据各税种的不同特点、征纳双方的具体条件而确定的计算征收税款的方法和形式。按税款的确定方式不同,税款征收方式分为查账征收、查定征收、查验征收、定期定额征收。

1. 查账征收

查账征收是指税务机关按照纳税人提供的账表所反映的经营情况,依照适用税率计算交纳税款的方式。这种方式一般适用于财务会计制度较为健全,能够认真履行纳税义务的纳税单位。

2. 查定征收

查定征收是指税务机关根据纳税人的从业人员、生产设备、采用原材料等因素,对其产生的应税产品查实核定产量、销售额并据以征收税款的方式。这种方式一般适用于账册不够健全,但是能够控制原材料或进销货的纳税单位。

3. 查验征收

查验征收是指税务机关对纳税人应税商品,通过查验数量,按市场一般销售单价计算其销售收入并据以征税的方式。这种方式一般适用于经营品种比较单一,经营地点、时间和商品来源不固定的纳税单位。

4. 定期定额征收

定期定额征收是指税务机关通过典型调查,逐户确定营业额和所得额并据以征税的方式。这种方式一般适用于无完整考核依据的小型纳税单位。

(二)税款交纳方式

税款交纳方式,是指纳税人、扣缴义务人向税务机关交纳税款的方法和形式。

1. 按交纳税款的方法划分

与税款征收方式相对应,纳税人、扣缴义务人的交纳方式主要有以下几种:

(1)自核自缴(三自纳税),是指纳税人、扣缴义务人自行计算应纳税额,自行填开缴款书,自行到银行交纳税款的方式。纳税人、扣缴义务人自行计算应纳税额、填写纳税申报表,自行填开缴款书向其开户银行解缴税款,并在规定的申报期限内向税务机关办税服务厅申报纳税窗口报送纳税申报表及其他纳税资料。适用于生产经营规模较大,财务制度健全,会计核算准确,一贯依法纳税的企业。

(2)申报核实交纳,生产经营正常,财务制度基本健全,账册、凭证完整,会计核算较准确的企业依照税法规定计算应纳税款,自行填写纳税申报表,按照规定向主管国家税务机关办理纳税申报;并报送纳税资料和财务会计报表,经主管国家税务机关审核,填开税收缴款书,纳税人按规定期限到开户银行交纳税款。

(3)申报查验交纳,对于财务制度不够健全,账簿凭证不完备的固定业户,应当如实向主管国家税务机关办理纳税申报并提供其生产能力、原材料、能源消耗情况及生产经营情况等,经主管国家税务机关审查测定或实地查验后,填开税收缴款书或者完税证,纳税人按规定期限到开户银行或者税务机关交纳税款。

(4)定额申报交纳,对于生产规模较小,无建账能力或者账目不健全,不能提供准确纳税资料的固定业户,按照国家税务机关核定的营业(销售)额和征收率按规定期限向主管国家税务机关申报交纳税款。

2. 按税款支付方式划分

(1)转账缴税,是指纳税人、扣缴义务人根据税务机关填制的缴款书通过其开户银行转账交纳税款的方式。纳税人、扣缴义务人凭已填制的缴款书到其开户银行解缴税款。

（2）支票缴税，是指纳税人、扣缴义务人用支票交纳税款方式。支票缴税需在税务机关、银行、国库实现计算机联网后方可实施。纳税人、扣缴义务人自行计算应纳税款并在规定的期限内持申报表（包括附报资料）和支票向税务机关申报纳税窗口办理申报事宜。

（3）现金缴税，是指纳税人、扣缴义务人用现金交纳税款的一种方式。纳税人、扣缴义务人自行计算应纳税款并在规定的期限内持申报表（包括附报资料）和现金（有纳税手册的，应同时提供）向税务机关办税服务厅申报纳税窗口办理申报事宜。

（4）信用卡缴税，是指纳税人、扣缴义务人用信用卡交纳税款的方式。纳税人、扣缴义务人自行计算应纳税款并在规定的期限内持申报表（或纳税手册）和信用卡到税务机关办税服务厅申报纳税窗口或有关银行网点办理交纳税款事宜。

（5）预储账户缴税，是指纳税人在指定银行开设税款预储账户，按期提前存入当期应纳税款，同时在法定期限内向税务机关办理申报事项，税务机关收到纳税申报资料后，通过税银联网实时查询纳税人预储税款，并通知银行及时划解税款的方式。

纳税人采取何种方式交纳税款，由主管国家税务机关确定。

（三）完税凭证

完税凭证是指税务机关征收税款、扣缴义务人代扣或代收税款时，向纳税人开具的、证明纳税人履行纳税义务的书面凭证，包括各种由国家税务局制定的完税证、缴款书、印花税票、扣（收）税凭证以及其他完税证明。

纳税人交纳税款时，税务机关必须给纳税人开具完税凭证，它既是纳税人依法履行纳税义务的法定证明，也是税务机关实际征收税款、进行税务检查管理的原始依据。

四、税务检查

税务检查又称纳税检查，是税务机关以国家法律、法规为依据，对纳税人、扣缴义务人履行纳税义务和扣缴义务的情况进行的审查监督活动。

（一）税务检查的形式

税务检查的形式主要包括重点检查、分类计划检查、集中性检查、临时性检查、专项检查等。重点检查是指对公民举报、上级机关交办或有关部门转来的有偷税行为或偷税嫌疑的，纳税申报与实际生产经营情况有明显不符的纳税人及有普遍逃税行为的行业的检查。分类计划检查是指根据纳税人历来纳税情况、纳税人的纳税规模及税务检查间隔时间的长短等综合因素，按事先确定的纳税人分类、计划检查时间及检查频率而进行的检查。集中性检查是指税务机关在一定时间、一定范围内，统一安排、统一组织的税务检查，这种检查一般规模比较大，如以前年度的全国范围内的税收、财务大检查就属于这类检查。临时性检查是指由各级税务机关根据不同的经济形势、偷逃税趋势、税收任务完成情况等综合因素，在正常的检查计划之外安排的检查。专项检查是指税务机关根据税收工作实际，对某一税种或税收征收管理某一环节进行的检查，如增值税一般纳税专项检查等。

（二）税务检查内容

税务检查内容主要包括：

（1）检查纳税人的账簿、记账凭证、报表和有关资料，检查扣缴义务人代扣代缴、代收代缴税款账簿、记账凭证和有关资料。

（2）到纳税人的生产、经营场所和货物存放地检查纳税人应纳税的商品、货物或者其他财产，检查扣缴义务人与代扣代缴、代收代缴税款有关的经营情况。

（3）责成纳税人、扣缴义务人提供与纳税或者代扣代缴、代收代缴税款有关的文件、证明材料和有关资料。

（4）询问纳税人、扣缴义务人与纳税或者代扣代缴、代收代缴税款有关的问题和情况。

（5）到车站、码头、机场、邮政企业及其分支机构检查纳税人托运、邮寄应纳税商品、货物或者其他财产的有关单据、凭证和有关资料。

（6）经县以上税务局（分局）局长批准，凭全国统一格式的检查存款账户许可证明，查询从事生产、经营的纳税人、扣缴义务人在银行或者其他金融机构的存款账户。

五、违章处理

违章处理是对纳税人违反税法行为所采取的处罚措施。它是税收强制性特征在税制上的具体体现，是维护国家税法严肃性、完成税收任务、严肃财经纪律的保证。违反税收法律法规的行为主要包括违反税收征收管理法、偷税、欠税、抗税、骗税和其他违法行为。对税务违章行为，国家规定了一系列的处罚措施，包括罚款、补税并加收滞纳金、补税并罚款、强制执行等，对纳税人严重违反税收法规并构成犯罪的，还必须提请司法机关追究刑事责任。

（一）违反税收征收管理法的法律责任

违反税收征收管理法的行为是指纳税人未按规定办理税务登记、纳税申报、建立及保存账簿、提供纳税资料、拒绝接受税务机关监督检查等行为。

1. 违反税务管理基本规定的法律责任

纳税人有下列行为之一的，由税务机关责令限期改正，可以处 2 千元以下的罚款；情节严重的，处 2 千元以上 1 万元以下的罚款：①未按照规定的期限申报办理税务登记、变更或者注销登记的；②未按照规定设置、保管账簿或者保管记账凭证和有关资料的；③未按照规定将财务、会计制度或者财务、会计处理办法和会计核算软件报送税务机关备查的；④未按照规定将其全部银行账号向税务机关报告的；⑤未按照规定安装、使用税控装置，或者损毁、擅自改动税控装置的。

纳税人不办理税务登记的，由税务机关责令限期改正；逾期不改正的，经税务机关提请，由工商行政管理机关吊销其营业执照。纳税人未按照规定使用税务登记证件，或者转借、涂改、损毁、买卖、伪造税务登记证件的，处 2 千元以上 1 万元以下的罚款；情节严重的，处 1 万元以上 5 万元以下的罚款。纳税人不按规定办理税务登记证件的验审和更换的，就相当于逾期不办理税务登记。

扣缴义务人未按照规定设置、保管代扣代缴、代收代缴税款账簿或者保管代扣代缴、代收代缴税款记账凭证及有关资料的,由税务机关责令限期改正,可以处 2 000 元以下的罚款;情节严重的,处 2 000 元以上 5 000 元以下的罚款。

2. 未按规定进行纳税申报的法律责任

纳税人未按照规定的期限办理纳税申报和报送纳税资料的,或者扣缴义务人未按照规定的期限向税务机关报送代扣代缴、代收代缴税款报告表和有关资料的,由税务机关责令限期改正,可以处 2 000 元以下的罚款;情节严重的,可以处 2 000 元以上 10 000 元以下的罚款。

纳税人、扣缴义务人编造虚假计税依据的,由税务机关责令限期改正,并处 50 000 元以下的罚款。纳税人不进行纳税申报,不缴或者少缴应纳税款的,由税务机关追缴其不缴或者少缴的税款、滞纳金,并处不缴或者少缴的税款 50% 以上五倍以下的罚款。

（二）偷税的法律责任

偷税是指纳税人有意违反税收法规,采取欺骗、隐瞒等手段逃避纳税的行为。纳税人伪造、变造、隐匿、擅自销毁账簿、记账凭证,或者在账簿上多列支出或者不列、少列收入,或者经税务机关通知申报而拒不申报或者进行虚假的纳税申报,不缴或者少缴应纳税款的,均为偷税。对纳税人偷税的,由税务机关追缴其不缴或者少缴的税款、滞纳金,并处不缴或者少缴的税款 50% 以上五倍以下的罚款;构成犯罪的,依法追究刑事责任。扣缴义务人采取上述手段,不缴或者少缴已扣、已收税款,由税务机关追缴其不缴或者少缴的税款、滞纳金,并处不缴或者少缴的税款 50% 以上五倍以下的罚款;构成犯罪的,依法追究刑事责任。

（三）欠税的法律责任

欠税是指纳税人未按照规定期限交纳税款,扣缴义务人未按照规定期限解缴税款的行为。纳税人欠缴应纳税款,采取转移或者隐匿财产的手段,妨碍税务机关追缴欠缴的税款的,由税务机关追缴欠缴的税款、滞纳金,并处欠缴税款 50% 以上五倍以下的罚款;构成犯罪的,依法追究刑事责任。

扣缴义务人不履行扣缴义务,应扣未扣、应收而不收税款的,由税务机关向纳税人追缴税款,对扣缴义务人处应扣未扣、应收未收税款 50% 以上三倍以下的罚款。

（四）骗税的法律责任

骗税是指纳税人利用假报出口等欺骗手段,骗取国家出口退税款的行为。以假报出口或者其他欺骗手段,骗取国家出口退税款,由税务机关追缴其骗取的退税款,并处骗取税款一倍以上五倍以下的罚款;构成犯罪的,依法追究刑事责任。对骗取国家出口退税款的,税务机关可以在规定期间内停止为其办理出口退税。

（五）抗税的法律责任

抗税是指纳税人拒绝遵照税收法规履行纳税义务的行为。以暴力、威胁方法拒不交纳税款的,除由税务机关追缴其拒缴的税款、滞纳金外,依法追究刑事责任。情节轻微,未构成犯罪的,由税务机关追缴其拒缴的税款、滞纳金,并处拒缴税款一倍以上五倍以下的罚款。

(六)非法印制发票的法律责任

非法印制发票的,由税务机关销毁非法印制的发票,没收违法所得和作案工具,并处 1 万元以上 5 万元以下的罚款;构成犯罪的,依法追究刑事责任。

(七)不配合税务机关依法检查或处理的法律责任

纳税人、扣缴义务人逃避、拒绝或者以其他方式阻挠税务机关检查的,由税务机关责令改正,可以处 1 万元以下的罚款;情节严重的,处 1 万元以上 5 万元以下的罚款。

纳税人、扣缴义务人的开户银行或者其他金融机构拒绝接受税务机关依法检查纳税人、扣缴义务人存款账户,或者拒绝执行税务机关做出的冻结存款或者扣缴税款的决定,或者在接到税务机关的书面通知后帮助纳税人、扣缴义务人转移存款,造成税款流失的,由税务机关处 10 万元以上 50 万元以下的罚款,对直接负责的主管人员和其他直接责任人员处 1 千元以上 1 万元以下的罚款。

纳税人、扣缴义务人、纳税担保人同税务机关在纳税上发生争议时,必须先依照税务机关的纳税决定交纳或者解缴税款及滞纳金或者提供相应的担保,然后可以依法申请行政复议;对行政复议决定不服的,可以依法向人民法院起诉。

当事人对税务机关的处罚决定、强制执行措施或者税收保全措施不服的,可以依法申请行政复议,也可以依法向人民法院起诉。当事人对税务机关的处罚决定逾期不申请行政复议也不向人民法院起诉、又不履行的,做出处罚决定的税务机关可依法强制执行,或者申请人民法院强制执行。纳税人、扣缴义务人行为涉嫌犯罪的,税务机关应当依法移交司法机关追究刑事责任。从事生产、经营的纳税人、扣缴义务人有税收违法行为,拒不接受税务机关处理的,税务机关可以收缴其发票或者停止向其发售发票。

第四节　税务会计的特点及模式

一、税务会计的产生与发展

如果将纳税人向国家缴税与其会计记录相融合视为税务会计产生的标志,那么早在公元前 18 世纪的古巴比伦王国就已经有税务会计了。然而,企业税务的会计处理还不能算作税务会计,充其量也只是孕育在企业会计母体中的税务会计胚胎。因为如果一个国家征收税款十分简单,以致不需要进行账目的调整,可以直接依据会计的记录计算税额,那么也就不需要建立税务会计,其税务活动完全可以由企业财务会计来承担。

税务会计在企业会计母体中的孕育,从 19 世纪后半叶至 20 世纪前期持续了一个相当长的时期。在税务会计的产生和发展过程中,现代所得税法的诞生和不断完善对其影响最大,科学先进的增值税的产生和不断完善也对税务会计的发展起了重要作用。随着会计理论的发展和人们对税法目标与企业目标认识的深化，以及市场的完善和相应法律的健全，税务会计出现了独立的倾向。

税务会计是商品经济发展到市场经济阶段的必然产物。税务会计独立于财务会计的时间，最早可以追溯到 20 世纪 20 年代美国税法与会计惯例出现分歧的时候。进入 20 世纪 80 年代以后，企业税务会计被人们当作一门学科加以研究。目前在西方许多国家，税务会计早已从财务会计中独立出来，形成了一套独立的税务会计体系，它与财务会计、管理会计一起成为现代会计的三大支柱。

我国在 1993 年会计改革之前，长期实行"财政决定财务，财务决定会计"的会计管理模式，财务会计在国有企业中的作用主要表现在为国家宏观经济服务，税法的规定直接以《企业财务制度》的形式明确下来，税务会计包含于财务会计之中。1992 年党的第十四次全国代表大会将我国经济体制改革的目标，确定为建立社会主义市场经济体制以后，会计改革先行一步，并牵动了财税、金融体制在 1994 年初的配套改革，企业独立商品生产经营者的主体地位和财务信息多元使用者的不同利益要求，才使得企业会计目标多元化。同时，建立和维护市场经济新秩序的客观要求，又使经济管理法治化成为必然。由此，法治管理下的市场经济体制使税法目标同会计目标产生了分离，继而为税务会计与财务会计的分离提供了现实条件。

总之，随着税制的逐步健全和会计规范的日趋完善，税务会计越来越复杂，最终从传统的财务会计中分离出来，成为一门相对独立的会计学科。

二、税务会计的概念及特点

（一）税务会计的概念

税务会计是企业会计的一个分支，是融税收法规和会计规范于一体的一种管理活动。国内外学者对税务会计概念的表述不尽一致。

日本著名税务会计专家武田昌辅认为，税务会计是为计算法人税法中的应税所得而设立的会计，它不是制度会计，是以企业会计为依据，按税法的要求对既定的盈利进行加工、修正的会计。[①]

台湾税务会计专家卓敏枝、卢联生、庄傅成认为，税务会计是一门以法令规定为准绳，以会计技术为工具，平时负责汇集企业各项交易活动、股东可抵扣税额与未分配盈余计算之合法凭证，并加以整理、记录、分类、汇总，进而年度终了加以结算、编表、申报、纳税的社会（人文）科学。[②]

天津财经大学税务会计专家盖地教授认为，税务会计是以所涉税境的现行税收法规为准绳，运用会计学的理论、方法和程序，对企业经营过程中的涉税事项进行计算、调整和税款交纳、补退等，即对企业涉税会计事项进行确认、计量、记录和申报（报告），以实现企业最

① 武田昌辅. 新编税务会计通论［M］. 日本森山书店出版社，1985.
② 卓敏枝，卢联生，庄傅成. 税务会计［M］. 台北：三民书局，2005.

大税收利益的一门专业会计。①

北京国家会计学院于长春教授认为,税务会计是以现行税收法令为准绳,运用会计学的理论和技术,并融汇其他学科的方法,以货币计价的形式,连续、系统、全面地综合反映、监督和筹划纳税人的税务活动,以便正确、及时、足额、经济地交纳税金,并将这一信息提供给纳税人管理当局和税务机关的一种专门会计。②

综上所述,税务会计是指以国家现行税收法规为准绳,以货币为主要计量单位,运用会计理论与方法,连续、系统、全面地反映和监督纳税人应纳税款的形成、计算和交纳等税务活动所引起的资金运动的一门专业会计。

由于各国税收制度不同,从世界范围看,税务会计主要包括三种类型:以所得税为主的税务会计、以流转税为主的税务会计及所得税与流转税并重的税务会计。目前,我国实行以流转税与所得税并重的税收制度,采用流转税和所得税并重的税务会计。

（二）税务会计的特点

1. 双重约束性

双重约束性是指税务会计既要遵守会计规范,又直接受税收法律的约束。税收法律是调节税企关系的准则,制约着征纳双方的分配关系。企业发生应税行为或应税业务时,必须按税法规定履行纳税义务。税务会计是介于税收学与会计学之间的一门新兴边缘学科,融国家税收法令和会计处理为一体。对整个纳税过程,税务会计必须以会计规范为基础,以税法为准绳如实地进行反映和监督,在国家现行税法范围内进行会计政策选择。当会计规范与现行税法不一致时,纳税人必须按税法要求进行纳税调整或重新计算,保证依法、及时、足额纳税。

2. 专业性

税务会计是企业会计的一个分支,专业性是指它具有自身独特的技术方法。这种专业性主要表现在计税依据的确定、税款的计算及纳税调整、纳税申报等方面,既要依据各种税收法律法规提出的专业要求来组织会计核算活动,又要依据各行各业的特点来组织会计核算与监督活动。

3. 广泛性

按税法规定,法人和自然人都可能成为纳税人。法定纳税人的广泛性决定了税务会计的广泛性。对企业来说,不论所属行业、所有制形式及其规模大小,一律要按税法规定进行税款的计算与交纳等事项。

三、税务会计的对象与任务

（一）税务会计的对象

税务会计对象是指税务会计反映和监督的内容,是纳税人因涉税事项所引起的资金运

---

① 盖地.税务会计与税务筹划(第五版)[M].北京:中国人民大学出版社,2010.
② 于长春.税务会计研究[M].大连:东北财经大学出版社,2001.

动，包括税款的形成、计算、交纳、补退及罚款等经济活动。

1. 计税依据的确定

计税依据是计算纳税人应纳税额的根据，是课税对象的数量表现。纳税人的各种应交税款是根据该税的计税依据乘以相应税率计算的，国家在设计税制时都规定了计税依据。计税依据的数额同税额成正比例，计税依据的数额越多，应纳税额也越多。不同税种的计税依据不同，主要包括销售额、增值额（率）、所得额等。

计税依据与课税对象反映的都是课税的客体，但两者要解决的问题不同。课税对象解决对什么征税的问题，计税依据则是在确定了课税对象之后，解决如何计量的问题。有些税种的计税依据与课税对象一致，但多数税种的课税对象与计税依据不同，如企业所得税，课税对象是企业所得额，但并不是所有的所得额都要征税，国家可选择部分所得额来课税，这部分所得额就是计税依据。

2. 税款核算

税款核算包括应交税款的计算与会计处理。在按税法规定正确确认计税依据的基础上，计算每一税种的应纳税额并进行相应的会计处理是税务会计核算与监督的基本内容。

3. 税款交纳、减免及退补

按照不同税种的规定及时进行纳税申报，及时足额交纳税款时纳税人应尽的义务。税款的交纳反映资金流出企业，税务会计应及时进行会计处理。同时对企业税务活动中多缴税款的退回、应补缴的税款、减免税款等也应及时办理并进行相应的会计处理。

4. 税收滞纳金及罚款

企业因违反税法规定或逾期交纳税款而支付的各项税收滞纳金、罚款等，是税收的附加支出，也应及时支付并进行相应的会计处理。

（二）税务会计的任务

税务会计的任务是双方面的，既要以税法为标准，促使纳税人认真履行纳税义务，又要在税法允许的范围内，保护纳税人的合法利益。税务会计的任务主要包括：

（1）反映和监督企业对国家税法的贯彻执行情况。按照国家税法规定正确计算纳税人应交纳的各种税款，并进行相应的会计处理。

（2）正确编制、报送会计报表和纳税申报表，及时进行纳税申报。

（3）按照税务机关的规定，及时足额地交纳各种税金，并进行相应的会计处理。

（4）进行纳税人税务活动的分析，保证正确执行税法，维护企业的利益。充分利用税收法规所赋予企业的各种权利，认真分析企业各种税务活动，不断提高涉税核算和税务管理水平，积极进行税务筹划，降低企业的纳税成本，实现企业税收利益最大化。

四、税务会计与财务会计的关系

（一）税务会计与财务会计的联系

税务会计是从财务会计中分离出来的，是企业会计的一个特殊领域，以财务会计为基础，世界各国的税法条款都在不断吸收会计的概念和方法。税务会计资料大多来源于财务会计,根据财务会计系统整理的资料进行核算调整。对财务会计与税法不一致的事项,以税法为依据,按税务会计方法进行计算、调整,并将调整处理后的结果记录在财务会计账簿或列示在财务会计报表体系中。

(二) 税务会计与财务会计的区别

1. 目标不同

企业财务会计的目标是向管理部门、投资者、债权人及其他相关的报表使用者提供财务状况、经营成果和现金流量的信息,便于信息使用者做出决策。而企业税务会计的主要目标是为企业执行国家税收法律、法规服务,向国家税务部门填制纳税申报表,保证税款的及时足额上缴,便于税务部门征税。财务会计目标的实现方式是提供财务报表,税务会计目标的实现方式是进行纳税申报。

2. 法律依据不同

企业财务会计的主要法律依据是《中华人民共和国会计法》《企业会计准则》等会计核算方面的法规。企业财务会计依据这些法规对会计要素进行确认和计量,提供真实、客观、公允的会计信息,为众多需求群体提供服务。而企业税务会计依据的主要法律是税法,对企业的收入、费用及收益进行计量和确认,以协调国家和企业之间的关系。财务会计与税务会计的法律依据不同导致其核算内容不同。

3. 核算对象不同

企业财务会计核算对象是企业以货币计量的经济事项,包括企业生产经营资金的投入、循环、周转与退出等全部资金运动。而税务会计核算与监督的对象只是与计税有关的经济事项,即企业资金运动中的税务资金运动。

4. 核算基础不同

财务会计以权责发生制为核算基础,以应收应付作为确认收入、费用的标准,能使收入费用恰当的配比,便于确定各期经营成果,使会计信息更加准确、相关和有用。税务会计主要以收付实现制为核算基础,既操作简便,又可防止纳税人偷税漏税行为。在税法和税务会计实务中,世界上大多数国家采用修正的权责发生制原则,即优先考虑税款货币资金支付能力,使纳税人在最有能力支付时支付税款。同时要求收入和费用的实际实现具有确定性,以保护政府的税收收入。

五、税务会计的模式

目前,国际上普遍将税务会计模式分为税会合一与税会分离两种类型。

(一) 税会合一模式

税会合一模式是指企业对会计事项的处理严格按照税法的规定执行,税法的任何变动都会影响到财务会计的计量与报告,财务会计与税务会计完全统一,都面向政府,是政府进行宏观管理的手段。法国、德国是这种模式的典型代表,所以该模式又被称为法德模式。

该模式下,会计规范与税法相协调,财务会计与税务会计合二为一,紧密结合,税法实际上有效地决定着会计规范,直接以税前会计利润作为应纳税所得额。税会合一模式以税收为导向,突出特点是强调会计要为国家调控宏观经济服务,为政府税收管理提供便利,且核算简化、成本小,但不能满足投资者、债权人甚至企业管理当局对会计信息的需求。企业应纳税所得额与税前会计利润相差不大,没有必要建立独立的税务会计。

（二）税会分离模式

税会分离模式是指会计完全不受税法约束,其遵循的会计规范几乎独立于税法之外,以提供真实、公允财务信息,满足投资者和潜在投资者的需求为主要目的。税收也不受会计规范的制约,从税基确定到税款交纳都以税法为依据,无须通过对会计数据的调整来实现。英国、美国是这种模式的典型代表,所以该模式又被称为英美模式。

该模式下,税法对会计事务不产生直接影响,平常对会计要素进行确认、计量、报告,可以暂不考虑税法的规定。财务会计与税务会计完全分离,按税法规定计算的应税所得额和税前会计利润之间,往往存在着数额巨大的差异。在实务中,尽管计算应纳税所得额以税前会计利润为前提,但两者计算各自相对独立。由于会计计价方法和标准遵循会计规范的要求,不受税法的约束,提供的会计信息更加公允、真实,能反映企业的财务状况和经营成果,满足投资者、债权人和企业管理当局的决策需要。为了适应纳税的需要,从财务会计中分离出完全脱离会计规范,以税法的目标为基础,从税基的计算到税款的交纳始终贯彻税法规定的专门会计系统——税务会计。这一模式增加了会计核算和纳税调整的工作量。

另外,其他国家的税务会计形态各异,但大多介于上述两大模式之间,只是程度不同而已,也有人称之为"混合模式"。

税务会计的不同模式,是在特定的社会经济、政治法律、历史文化等条件下形成的。例如,英美政府不直接干预经济,法律对经济的约束较笼统、灵活,会计职业界力量强大,其会计准则由会计职业团体制定,企业在会计处理上有很大的自由度,因此形成了税会分离的模式;以德国和法国为代表的国家中央政府权力相对集中,政府通过完备的法律对经济活动进行干预,会计规范由政府主导,会计的主要目标是满足国家对税务管理的需要,企业应纳税所得额与税前会计利润相差不大,因此形成了税会合一的模式。就发展趋势而言,由于企业财务会计和税务会计分离的深化和国际会计准则委员会的倡导,税务会计的分离和独立,将在世界范围内普及。

（三）我国税务会计模式的变化

1. 计划经济时期的合一模式

在计划时期,我国一直奉行"财政（包括税务）决定财务,财务决定会计"的格局。在这种机制下,税收目标就是会计目标,两者达到了高度的统一,会计规范和税法在收入确认与计量、成本费用的列支范围与标准等问题上的规定是完全一致的。

2. 改革开放后的分离模式

税务会计的分离模式是社会经济发展到一定阶段的必然趋势。会计规范的改革为企业财务会计与税务会计的分离提供了重要的前提条件。随着 1993 年会计改革序幕的拉开,传统的会计管理模式发生了改变,实现了会计体系的规范化,增强了企业的自主权,完全改变了过去高度集中的会计模式。2006 年企业会计准则体系的建立,实现了与国际会计准则的趋同。"在我国,要使会计制度得以很好的贯彻,并与国际会计惯例协调,必须遵循会计与税收相分离的原则"。①

税制的改革为企业财务会计和税务会计的分离提供了实施依据。目前,我国已逐步建立了多税种、多环节、多层次的税收调节体系。同时,税收管理工作进一步纳入了法制化、规范化、系统化的轨道。税法与会计规范之间的差距呈现增大之势,为企业税务会计的具体操作提供了可靠的依据。

随着我国市场经济的发展和现代企业制度的建立,经济业务日渐复杂,会计核算更加详细和重要。会计信息使用者日益增加,会计目标不再单纯满足宏观经济管理的需要,它显示出与税收目标的差异,而频频出现的税制改革与会计改革措施使得税收与会计分离的趋势愈发明显,特别是近年的会计改革一直致力于与国际会计准则的接轨,其国际趋同的程度要高于税收国际化的程度,这加剧了税收制度与会计规范之间的差异。实现两者的分离能在一定程度上简化会计信息的复杂性。同时,出于竞争的需要,企业必然会强化经营管理,建立更加完善、有效的会计系统,这为企业财务会计与企业税务会计分离提供了先决条件。

为了顺应国际化的潮流,推动我国经济体制的市场化进程,目前我国采用了税务会计的混合模式,即在税务会计确认、计量和申报环节,主要体现税法导向;在会计记录环节,则体现税务会计与财务会计的"混合"②。在实际核算中,会计规范与税收制度存在不一致或不能协调时,会计应按会计规范进行核算,纳税时再按税法规定作相应的调整。

六、税务会计凭证、账簿管理

从事生产、经营的纳税人应当自领取营业执照或者发生纳税义务之日起 15 日内,按照国家有关规定设置账簿(总账、明细账、日记账以及其他辅助性账簿),并将其财务、会计制度或者财务、会计处理办法报送主管税务机关备案。纳税人使用计算机记账的,应当在使用前将会计电算化系统的会计核算软件、使用说明书及有关资料报送主管税务机关备案。纳税人建立的会计电算化系统应当符合国家有关规定,并能正确、完整核算其收入或者所得。

生产、经营规模小又确无建账能力的纳税人,可以聘请经批准从事会计代理记账业务的专业机构或者经税务机关认可的财会人员代为建账和办理账务;聘请上述机构或者人员有实际困难的,经县以上税务机关批准,可以按照税务机关的规定,建立收支凭证粘贴簿、进货销货登记簿或者使用税控装置。所谓税控装置,是能够正确记录、反映纳税人收入情况,保证计税依据和有关数据的正确生成、安全传递及可靠储存,并能实现税收控制和管理的器具,包括支持该器具正常运行的内部芯片、软件程序。使用税控装置能够遏止交易过程中的作弊行为、有效控制税源,能够提高征管效率、降低征管成本。例如,税控收款机、税控加油机等。纳税人应当按照税务机关的要求安装、使用税控装置,并按照税务机关的规定报送有关数据和资料。

扣缴义务人应当自税收法律、法规规定的扣缴义务发生之日起 10 日内,按照所代扣、代

---

① 刘玉廷. 企业会计制度的中国特色与国际惯例的协调[J]. 会计研究,2001(3).

② 盖地. 税务会计与纳税筹划(第 5 版)(新概念会计本)[M]. 大连:东北财经大学出版社,2009.

收的税种,分别设置代扣代缴、代收代缴税款账簿。

纳税人、扣缴义务人会计制度健全,能够通过计算机正确、完整计算其收入和所得或者代扣代缴、代收代缴税款情况的,其计算机输出的完整的书面会计记录,可视同会计账簿。否则,应当建立总账及与纳税或者代扣代缴、代收代缴税款有关的其他账簿。

账簿、记账凭证、报表、完税凭证、发票、出口凭证以及其他有关涉税资料应当合法、真实、完整,不得伪造、变造或者擅自损毁,并应保存10年;法律、行政法规另有规定的除外。

思 考 题

1. 我国的税制结构体系是什么?
2. 税制要素具体有哪些项目?
3. 实行"一照一码"登记模式后,纳税人如何办理纳税申报?
4. 什么是纳税申报?纳税申报的方式是什么?
5. 什么是偷税、漏税、抗税、欠税、骗税?
6. 什么是税务会计?它有哪些特点?
7. 税务会计的对象和任务是什么?
8. 简述税务会计与财务会计的区别和联系。

第二章 增值税会计

本章导读

增值税是我国的第一大税种,由于其具有普遍征收、多环节征收等特点,在我国的税制结构中占有非常重要的地位。

本章主要介绍增值税的税制构成要素、应纳税额的计算与纳税申报及会计处理。学习本章,学生应了解增值税的概念及类型、征税范围及税率等内容;理解并掌握增值税一般纳税人销项税额的计算、进项税额的抵扣及进项税额转出的相关内容,能够正确计算应纳税额并做出涉税经济业务活动的会计处理;掌握小规模纳税人税款的计算及会计处理方法;熟悉增值税的纳税申报等内容。

第一节 增值税概述

一、增值税的概念及特点

(一) 增值税的概念

增值税(Value-added Tax)是以应税销售行为(包括销售货物、劳务、服务、无形资产和不动产,下同)在流转过程中各个环节产生的增值额作为计税依据而征收的一种流转税。从理论上讲,增值额是指从销售额中扣除当期购进商品、劳务或服务的价值差额后余下的价值量,即企业或个人在生产经营过程中新创造的那部分价值,相当于产品总价值 c+v+m 中的 v+m 部分。

在实行增值税的国家,据以征税的增值额都是指法定增值额,而并非理论上的增值额。所谓法定增值额是指各国政府根据各自的国情、政策要求,在增值税制度中人为地确定的增值额。法定增值额可以等于理论上的增值额,也可以大于或小于理论上的增值额。造成法定增值额与理论增值额不一致的一个重要原因是各国在规定扣除范围时,对外购固定资产的处理方式不同。

实行增值税的国家无论以哪种法定增值额作为课税基数,在实际计算增值税税款时都不是直接以增值额作为计税依据,也就是说,各国计算增值税时都不是先求出各生产经营环节的增值额,然后再据此计算增值税,而是采取从销售总额的应纳税款中扣除外购项目已纳税款的税款抵扣法。

按照我国增值税暂行条例及实施细则和"营改增"的规定,增值税是指对在我国境内销售货物或者提供加工、修理修配劳务、销售服务、无形资产、不动产,以及进口货物的单位和个人,就其货物、服务、无形资产及不动产销售、劳务提供的增值额和货物进口金额为计税依据而课征的一种流转税。

(二)增值税的类型

外购固定资产处理方式不同,形成不同的增值税类型,具体可划分为生产型增值税、收入型增值税和消费型增值税。

1. 生产型增值税

生产型增值税是指计算增值税时,不允许扣除任何外购固定资产的价款。对整个社会来说,增值额相当于国民生产总值,故称为生产型增值税。此种类型的增值税对固定资产存在重复征税,也不利于鼓励投资,但可以保证财政收入。

2. 收入型增值税

收入型增值税是指计算增值税时,对外购固定资产价款只允许扣除当期计入产品价值的折旧费部分。对整个社会来说,增值额相当于国民收入额,故称为收入型增值税。此种类型的增值税从理论上讲是一种标准的增值税,但由于外购固定资产价款是以计提折旧的方式分期转入产品价值的,且转入部分没有逐笔对应的外购凭证,故给凭发票扣税的计算方法带来困难,从而影响了这种方法的广泛采用。

3. 消费型增值税

消费型增值税是指计算增值税时,允许将当期购入的固定资产价款一次全部扣除,使纳税人用于生产应税产品所耗用的全部外购项目(包括生产资料)的价值都可以彻底扣除。对整个社会来说,增值额只限于国民收入中用于消费资料的部分,故称为消费型增值税。此种类型的增值税可以彻底消除重复计税带来的种种弊端,将增值税对投资的不利影响减少到最低限度,有利于加速设备更新,推动技术进步。而且这种类型的增值税最宜规范凭发票扣税的计算方法,是三种类型中最简便、最能体现增值税优越性的一种类型。

生产型增值税税基最大,不利于企业扩大投资,存在重复课税现象,但有充足的增值税收入;收入型增值税税基稍小于生产型增值税,既有利于保证财政收入,对于固定资产投资也有较大的鼓励作用;消费型增值税税基最小,有利于刺激企业投资、加速设备更新,但不利于保证财政收入。

一般来说,经济发达国家大都采用消费型或收入型增值税,发展中国家则较多采用生产型增值税,我国的增值税经历了由生产型增值税转向消费型增值税的发展历程。为了充分利用劳动力资源并抑制固定资产投资,我国 1994 年以来采用的是生产型增值税。2004 年,在东北地区首先进行消费型增值税的试点改革,2007 年试点扩大到中部地区,2009 年 1 月 1 日开始在全国范围内实行消费型增值税。从 2012 年 1 月 1 日起,在部分地区和行业开展"营改增"改革试点,2016 年 5 月 1 日起,在全国范围内推开"营改增"试点,营业税退出历史舞台。

(三)增值税的特点

增值税具有以下特点:

1. 保持税收中性

税收的中性原则要求税收保持中立,尽量减少对经济的干预,以免影响纳税人的经济决策。增值税以增值额作为征税对象,对同一商品而言,无论流转环节的多与少,只要增值额相同,税负就相等,从而有效地排除了重复征税的因素。

2. 既普遍又多环节征收

增值税的征税对象非常广泛,且在商品、应税劳务和应税服务等流通转让环节道道征收。

3. 税收负担由最终消费者承担

增值税税款随着货物的销售逐环节转移,最终消费者是全部税款的承担者,但政府并不直接向消费者征税,而是在生产经营的各个环节分段征收,各环节的纳税人并不承担增值税税款。

4. 以票扣税为主

增值税以增值额为课税对象,以销售额为计税依据,同时实行税款抵扣的计税方式,以避免重复征税。我国实行凭购货发票进行抵扣为主、计算抵扣为辅的扣税方法。

5. 划分两类纳税人

增值税的纳税人按照一定的标准划分为一般纳税人和小规模纳税人。这两类纳税人在税款计算方法、适用税率以及管理办法上都有所不同。

6. 实行价外计征

在计税时,作为计税依据的销售额中不包含增值税税额,增值税是一种价外税。

二、增值税的纳税人

(一)增值税纳税人的概念

在中华人民共和国境内销售货物或者加工、修理修配劳务、销售服务、无形资产、不动产,以及进口货物的单位和个人,为增值税的纳税义务人。

单位是指企业、行政单位、事业单位、军事单位、社会团体及其他单位。个人是指个体工商户和其他个人。单位以承包、承租、挂靠方式经营的,承包人、承租人、挂靠人(以下称承包人)以发包人、出租人、被挂靠人(以下称发包人)名义对外经营并由发包人承担相关法律责任的,以该发包人为纳税人。否则,以承包人为纳税人。

中华人民共和国境外的单位或者个人在境内提供应税劳务和应税服务,在境内未设有经营机构的,以其境内代理人为扣缴义务人;在境内没有代理人的,以购买方或接受方为扣缴义务人。

(二)增值税纳税人的分类

增值税纳税人按会计核算水平和经营规模划分为一般纳税人和小规模纳税人两类。

1. 小规模纳税人

小规模纳税人是指年应税销售额在规定标准以下,并且会计核算不健全,不能按规定报送有关税务资料的增值税纳税人。现行标准为年应税销售额 500 万元(含本数)以下。

2. 一般纳税人

一般纳税人是指年应税销售额超过规定的小规模纳税人标准的企业和企业性单位。

增值税一般纳税人资格实行登记制,登记事项由增值税纳税人向其主管税务机关办理。

纳税人兼有销售货物、提供加工修理修配劳务以及应税服务的,应税货物及劳务销售额与应税服务销售额分别计算,分别适用增值税一般纳税人资格登记标准。纳税人年应税销售额超过小规模纳税人标准的,应当向主管税务机关办理一般纳税人资格登记手续。

年应税销售额未超过小规模纳税人标准的纳税人,会计核算健全,能够提供准确税务资料的,也可以向主管税务机关办理增值税一般纳税人资格登记。

三、增值税的征税范围

在中华人民共和国境内(以下简称境内)销售货物、提供加工修理修配劳务或者销售服务、无形资产、不动产以及进口货物的单位和个人,应当交纳增值税。

(一)征税范围的一般规定

1. 销售或者进口货物

货物是指有形动产,包括电力、热力、气体在内。销售货物,是指有偿转让货物的所有权。有偿,是指从购买方取得货币、货物或者其他经济利益。进口货物,是指报关进口的应税货物。

2. 提供加工、修理修配劳务

加工是指受托加工货物,即委托方提供原料及主要材料,受托方按照委托方的要求制造货物并收取加工费的业务;修理修配是指受托对损伤和丧失功能的货物进行修复,使其恢复原状和功能的业务。提供加工、修理修配劳务(以下称应税劳务),是指有偿提供加工、修理修配劳务。单位或者个体工商户聘用的员工为本单位或者雇主提供的加工、修理修配劳务,不包括在内。

3. 销售服务

提供应税服务是指提供交通运输服务、邮政服务、电信服务、建筑服务、金融服务、现代服务、生活服务。

(1) 交通运输服务,是指使用运输工具将货物或者旅客送达目的地,使其空间位置得到转移的业务活动,包括陆路运输服务、水路运输服务、航空运输服务和管道运输服务。

(2) 邮政服务,是指中国邮政集团公司及其所属邮政企业提供邮件寄递、邮政汇兑、机要通信和邮政代理等邮政基本服务的业务活动,包括邮政普遍服务(指函件、包裹等邮件寄递,以及邮票发行、报刊发行和邮政汇兑等业务活动)、邮政特殊服务(指义务兵平常信函、机要通信、盲人读物和革命烈士遗物的寄递等业务活动)和其他邮政服务(指邮册等邮品销售、邮政代理等业务活动)。中国邮政速递物流股份有限公司及其子公司(含各级分支机构),不属于中国邮政集团公司所属邮政企业。

(3) 电信服务,是指利用有线、无线的电磁系统或者光电系统等各种通信网络资源,提供语音通话服务,传送、发射、接收或者应用图像、短信等电子数据和信息的业务活动。包括基础电信服务(是指利用固网、移动网、卫星、互联网,提供语音通话服务的业务活动,以及出租或者出售带宽、波长等网络元素的业务活动)和增值电信服务(是指利用固网、移动网、卫星、互联网、有线电视网络,提供短信和彩信服务、电子数据和信息的传输及应用服务、互联网接入服务等业务活动)。卫星电视信号落地转接服务,按照增值电信服务计算交纳增值税。

(4) 建筑服务,是指各类建筑物、构筑物及其附属设施的建造、修缮、装饰,线路、管道、设备、设施等的安装以及其他工程作业的业务活动。包括工程服务、安装服务、修缮服务(是指对建筑物、构筑物进行修补、加固、养护、改善,使之恢复原来的使用价值或者延长其使用期限的工程作业)、装饰服务和其他建筑服务。

(5) 金融服务,是指经营金融保险的业务活动。包括贷款服务、直接收费金融服务、保险服务和金融商品转让(是指转让外汇、有价证券、非货物期货和其他金融商品所有权的业务活动)。

(6) 现代服务,是指围绕制造业、文化产业、现代物流产业等提供技术性、知识性服务的业务活动。包括研发和技术服务、信息技术服务、文化创意服务、物流辅助服务、租赁服务、鉴证咨询服务、广播影视服务、商务辅助服务和其他现代服务。

(7) 生活服务,是指为满足城乡居民日常生活需求提供的各类服务活动。包括文化体育服务、教育医疗服务、旅游娱乐服务、餐饮住宿服务、居民日常服务和其他生活服务。

4. 销售无形资产

销售无形资产,是指转让无形资产所有权或者使用权。无形资产,是指没有实物形态,但能带来经济利益的资产,包括技术、商标、著作权、商誉、自然资源使用权和其他权益性无形资产。

5. 销售不动产

销售不动产,是指转让不动产所有权的业务活动。不动产,是指不能移动或者移动后会引起性质、形状改变的财产,包括建筑物、构筑物等。

上述销售服务、无形资产、不动产,是指有偿销售服务、无形资产、不动产,但属于下列非经营活动的情形除外:

(1) 行政单位收取的同时满足以下条件的政府性基金或者行政事业性收费。①由国务院或者财政部批准设立的政府性基金,由国务院或者省级人民政府及其财政、价格主管部门批准设立的行政事业性收费;②收取时开具省级以上(含省级)财政部门监(印)制的财政票据;③所收款项全额上缴财政。

(2) 单位或者个体工商户聘用的员工为本单位或者雇主提供取得工资的服务。

(3) 单位或者个体工商户为聘用的员工提供服务。

(4) 财政部和国家税务总局规定的其他情形。

(二) 征税范围的特殊行为

1. 视同销售货物行为

单位或者个体工商户的下列行为,视同销售货物:

(1) 将货物交付其他单位或者个人代销。

(2) 销售代销货物。

(3) 设有两个以上机构并实行统一核算的纳税人,将货物从一个机构移送至其他机构用于销售,但相关机构设在同一县(市)的除外。

(4) 将自产、委托加工的货物用于非增值税应税项目。

(5) 将自产、委托加工的货物用于集体福利或者个人消费。

(6) 将自产、委托加工或者购进的货物作为投资,提供给其他单位或者个体工商户。

(7) 将自产、委托加工或者购进的货物分配给股东或者投资者。

(8) 将自产、委托加工或者购进的货物无偿赠送其他单位或者个人。

2. 视同销售服务、无形资产或者不动产行为

营改增试点纳税人的下列行为,视同销售服务、无形资产或者不动产:

(1) 单位或者个体工商户向其他单位或者个人无偿提供服务,但用于公益事业或者以社会公众为对象的除外。

(2) 单位或者个人向其他单位或者个人无偿转让无形资产或者不动产,但用于公益事业或者以社会公众为对象的除外。

(3) 财政部和国家税务总局规定的其他情形。

对上述行为视同销售行为按规定计算销售额并交纳增值税,一是为了防止通过这些行为逃避纳税,造成税款流失;二是为了避免税款抵扣链条的中断,导致各环节间税负的不均衡。

3. 混合销售行为

一项销售行为如果既涉及货物又涉及服务,为混合销售。从事货物的生产、批发或者零售的单位和个体工商户的混合销售行为,按照销售货物交纳增值税;其他单位和个体工商户的混合销售行为,按照销售服务交纳增值税。

4. 兼营行为

兼营行为是指纳税人在销售货物或提供应税劳务的同时,还销售服务、无形资产或者不动产,且从事的各项活动之间并无直接的联系和从属关系。

纳税人销售货物、加工修理修配劳务、服务、无形资产或者不动产适用不同税率或者征收率的,应当分别核算适用不同税率或者征收率的销售额,未分别核算销售额的,为减轻企业税负,一般纳税人在销售自产机器设备的同时提供安装服务,应分别核算机器设备和安装服务的销售额,安装服务可以按照"甲供工程"选择适用简易计税方法计税。一般纳税人在销售外购机器设备的同时提供安装服务,如果已经按照兼营的有关规定,分别核算机器设备和安装服务的销售额,安装服务可以按照"甲供工程"选择适用简易计税方法计税。纳税人对安装运行后的机器设备提供的维护保养服务,按照"其他现代服务"缴纳增值税。例如一般纳税人在销售电梯的同时提供安装服务,其安装服务可以按照"甲供工程"选择适用简易计税方法按3%征收率计税。

（三）不征收增值税的项目

(1) 基本建设单位和从事建筑安装业务的企业附设工厂、车间在建筑现场制造的预制构件,凡直接用于本单位或本企业建筑工程的。

(2) 供应或开采未经加工的天然水。

(3) 国家相关管理部门发放的执照、牌照和有关证书等取得的工本费收入。

(4) 体育彩票的发行收入。

(5) 对增值税纳税人收取的会员费收入。

(6) 在资产重组过程中,通过合并、分立、出售、置换等方式,将全部或者部分实物资产以及与其相关联的债权、负债和劳动力一并转让给其他单位和个人,其中涉及的货物、不动产、土地使用权转让行为。

(7) 取得的中央财政补贴。

(8) 试点纳税人根据国家指令无偿提供的铁路运输服务、航空运输服务。

(9) 存款利息。

(10) 被保险人获得的保险赔付。

(11) 房地产主管部门或者其指定机构、公积金管理中心、开发企业以及物业管理单位代收的住宅专项维修资金。

(12) 纳税人代有关行政管理部门收取的费用,凡同时符合以下条件的,不属于价外费用,不征收增值税。①经国务院、国务院有关部门或省级政府批准;②开具经财政部门批准使用的行政事业收费专用票据;③所收款项全额上缴财政或虽不上缴财政但由政府部门监管,专款专用。

四、增值税的税率和征收率

(一) 增值税的税率

(1) 16%。增值税纳税人销售货物、劳务、有形动产租赁服务或者进口货物,除适用10%税率或零税率外,税率均为16%。

(2) 10%。纳税人销售交通运输、邮政、基础电信、建筑、不动产租赁服务,销售不动产,转让土地使用权,销售或者进口下列货物,税率为10%:① 粮食等农产品、食用植物油、食用盐;② 自来水、暖气、冷气、热水、煤气、石油液化气、天然气、二甲醚、沼气、居民用煤炭制品;③ 图书、报纸、杂志、音像制品、电子出版物;④ 饲料、化肥、农药、农机、农膜;⑤ 国务院规定的其他货物。

(3) 6%。纳税人销售服务、无形资产,除另有规定外,税率为6%。

(4) 0。纳税人出口货物,税率为零;但是,国务院另有规定的除外。境内单位和个人跨境销售国务院规定范围内的服务、无形资产,税率为零。

(二) 征收率

小规模纳税人和采用简易计税方法计算增值税的一般纳税人,适用的征收率有3%和5%两种。

1. 征收率3%

(1) 小规模纳税人增值税征收率为3%。小规模纳税人销售自己使用过的固定资产,减按2%的征收率征收增值税,并且只能开具普通发票。

(2) 一般纳税人销售自产的下列货物,可选择按照简易办法依照3%的征收率计算交纳增值税:①县级及县级以下小型水力发电单位生产的电力;②建筑用和生产建筑材料所用的砂、土、石料;③以自己采掘的砂、土、石料或其他矿物连续生产的砖、瓦、石灰(不含黏土实心砖、瓦);④用微生物、微生物代谢产物、动物毒素、人或动物的血液或组织制成的生物制品;⑤自来水;⑥商品混凝土(仅限于以水泥为原料生产的水泥混凝土)。

(3)一般纳税人销售货物属于下列情形之一的,暂按简易办法依照3%征收率计算交纳增值税:①寄售商店代销寄售物品(包括居民个人寄售的物品在内);②典当业销售死当物品;③经国务院或国务院授权机关批准的免税商店零售的免税品。

(4)"营改增"一般纳税人发生下列应税行为可以选择简易办法按照3%的征收率计税:①公共交通运输服务;②经认定的动漫企业为开发动漫产品提供的相关服务,以及在境内转让动漫版权(包括动漫品牌、形象或者内容的授权及再授权);③电影放映服务、仓储服务、装卸搬运服务、收派服务和文化体育服务;④以纳入"营改增"试点之日前取得的有形动产为标的物提供的经营租赁服务,在纳入"营改增"试点之日前签订的尚未执行完毕的有形动产租赁合同;⑤以清包工方式提供的建筑服务、为甲供工程提供的建筑服务、为建筑工程老项目(房地产老项目、建筑工程老项目,均指《建筑工程施工许可证》注明的合同开工日期在2016年4月30日前的房地产项目或建筑工程项目)提供的建筑服务及跨县(市)提供建筑服务;⑥公路经营企业收取试点前开工的高速公路的车辆通行费。

2. 征收率5%

5%的征收率主要适用于符合下列规定的不动产的出售和出租行为。

(1)小规模纳税人及个人发生的下列行为:①小规模纳税人销售其取得(不含自建)的不动产(不含个体工商户销售购买的住房和其他个人销售不动产);②小规模纳税人销售其自建的不动产;③房地产开发企业中的小规模纳税人,销售自行开发的房地产项目;④其他个人销售其取得(不含自建)的不动产(不含其购买的住房);⑤小规模纳税人出租其取得的不动产(不含个人出租住房);⑥其他个人出租其取得的不动产(不含住房);⑦个人转让其购买的住房;⑧个人出租住房,按照5%的征收率减按1.5%计税。

(2)一般纳税人发生的下列应税行为:①纳税人销售其2016年4月30日前取得(不含自建)的不动产;②纳税人销售其2016年4月30日前自建的不动产;③纳税人销售自行开发的房地产老项目;④纳税人出租其2016年4月30日前取得的不动产。

一般纳税人选择简易办法计算交纳增值税后,36个月内不得变更。

五、增值税的减税、免税

免税是对货物或应税劳务在本环节的应纳税额全部免缴增值税。对以前环节所交纳的税款不予退还。因此免税货物仍然承担一定的增值税税负。

1. 我国增值税暂行条例规定的免税项目

(1)农业生产者销售的自产农产品。农产品,是指种植业、养殖业、林业、牧业、水产业生产的各种植物、动物的初级产品。农业生产者包括从事农业生产的单位和个人。

(2)避孕药品和用具。

(3)古旧图书。古旧图书,是指向社会收购的古书和旧书。

(4)直接用于科学研究、科学试验和教学的进口仪器、设备。

(5)外国政府、国际组织无偿援助的进口物资和设备。

(6)由残疾人组织的直接进口供残疾人专用的物品。

（7）销售自己使用过的物品。自己使用过的物品，是指其他个人自己使用过的物品。

除上述规定外，增值税的免税、减税项目由国务院规定。任何地区、部门均不得规定免税、减税项目。

2. 财政部、国家税务总局规定的减、免税项目

（1）纳税人销售自产的资源综合利用产品和提供资源综合利用劳务，可享受增值税即征即退政策。

（2）蔬菜流通环节免征增值税。

（3）除豆粕以外的其他粕类饲料产品，免征增值税。

（4）制种企业在规定的生产经营模式下生产销售种子，属于农业生产者销售自产农业产品，免征增值税。

（5）节能服务公司实施符合条件的合同能源管理项目，将项目中的增值税应税货物转让给用能企业，暂免征收增值税。

（6）小规模纳税人发生的增值税应税销售行为，合计月销售额未超过 10 万元（以一个季度为一个纳税期的，季度销售额未超过 30 万元）的，免征增值税。合计月销售额超过 10 万元，但扣除本期发生的销售不动产的销售额后未超过 10 万元的，其销售货物、劳务、服务、无形资产取得的销售额免征增值税。

（7）对电影制片企业销售电影拷贝（含数字拷贝）、转让版权取得的收入，电影发行企业取得的电影发行收入，电影放映企业在农村的电影放映收入，自 2014 年 1 月 1 日至 2018 年 12 月 31 日免征增值税。

（8）下列跨境服务免征增值税：①工程、矿产资源在境外的工程勘察勘探服务；②会议展览地点在境外的会议展览服务；③存储地点在境外的仓储服务；④标的物在境外使用的有形动产租赁服务；⑤为出口货物提供的邮政业服务和收派服务。

（9）纳税人销售其自行开发生产的软件产品，按 16% 税率征收增值税后，对其增值税实际税负超过 3% 的部分实行即征即退政策。

（10）对非营利性医疗机构自产自用的制剂，免征增值税。非营利性医疗机构的药房分离为独立的药品零售企业，应按规定征收各项税收。

（11）营改增试点过渡政策规定的免征增值税项目：托儿所、幼儿园提供的保育和教育服务；养老机构提供的养老服务；残疾人福利机构提供的育养服务；婚姻介绍服务；殡葬服务；残疾人员本人为社会提供的服务；医疗机构提供的医疗服务；从事学历教育的学校提供的教育服务；学生勤工俭学提供的服务；纪念馆、博物馆、文化馆、文物保护单位管理机构、美术馆、展览馆、书画院、图书馆在自己的场所提供文化体育服务取得的第一道门票收入；寺院、宫观、清真寺和教堂举办文化、宗教活动的门票收入；个人转让著作权；个人销售自建自用住房；纳税人提供技术转让、技术开发和与之相关的技术咨询、技术服务；福利彩票、体育彩票的发行收入。

（12）增值税的起征点。增值税起征点的适用范围仅限于个人，纳税人销售货物或提供应税劳务的，为月销售额 5 000～20 000 元；按次纳税的，为每次（日）销售额300～500 元。

（13）自 2011 年 12 月 1 日起，增值税纳税人初次购买增值税税控系统专用设备支

付的费用以及交纳的技术维护费可在增值税应纳税额中全额抵减。增值税纳税人非初次购买增值税税控系统专用设备支付的费用,由其自行负担,不得在增值税应纳税额中抵减。

纳税人销售货物、提供应税劳务或者应税服务适用免税、减税规定的,可以放弃免税、减税,按规定交纳增值税。放弃免税、减税后,36个月内不得再申请免税、减税。

六、增值税的征收管理

(一)增值税的纳税义务发生时间

增值税暂行条例和"营改增"明确规定了增值税纳税义务的发生时间。纳税义务发生时间,是纳税人发生应税行为应当承担纳税义务的起始时间。

(1)销售货物、提供应税劳务或者应税服务,为收讫销售款项或者取得索取销售款项凭据的当天;先开具发票的,为开具发票的当天。按销售结算方式的不同,具体为:①采取直接收款方式销售货物,不论货物是否发出,均为收到销售款或者取得索取销售款凭据的当天;②采取托收承付和委托银行收款方式销售货物,为发出货物并办妥托收手续的当天;③采取赊销和分期收款方式销售货物,为书面合同约定的收款日期的当天,无书面合同的或者书面合同没有约定收款日期的,为货物发出的当天;④采取预收货款方式销售货物,为货物发出的当天,但生产销售生产工期超过12个月的大型机械设备、船舶、飞机等货物,为收到预收款或者书面合同约定的收款日期的当天;纳税人提供建筑服务、租赁服务采取预收款方式的,为收到预收款的当天;⑤委托其他纳税人代销货物,为收到代销单位的代销清单或者收到全部或者部分货款的当天。未收到代销清单及货款的,为发出代销货物满180天的当天;⑥提供应税劳务,为提供应税劳务同时收讫销售款或者取得索取销售款凭据的当天;⑦纳税人发生除委托代销和受托代销以外的视同销售货物行为,为货物移送的当天;纳税人发生视同销售服务、无形资产或者不动产情形的,其纳税义务发生时间为服务、无形资产转让完成的当天或者不动产权属变更的当天。

(2)进口货物,为报关进口的当天。

(3)增值税扣缴义务发生时间为纳税人增值税纳税义务发生的当天。

(二)增值税的纳税期限

增值税的纳税期限分别为1日、3日、5日、10日、15日、1个月或者1个季度。纳税人的具体纳税期限,由主管税务机关根据纳税人应纳税额的大小分别核定;不能按照固定期限纳税的,可以按次纳税。以1个季度为纳税期限的规定适用于小规模纳税人以及财政部和国家税务总局规定的其他纳税人;"营改增"行业以1个季度为纳税期限的规定适用于小规模纳税人、银行、财务公司、信托投资公司、信用社,以及财政部和国家税务总局规定的其他纳税人。

纳税人以1个月或者1个季度为1个纳税期的,自期满之日起15日内申报纳税;以1日、3日、5日、10日或者15日为1个纳税期的,自期满之日起5日内预缴税款,于次月1日起15日内申报纳税并结清上月应纳税款。

扣缴义务人解缴税款的期限,依照上述规定执行。

纳税人进口货物,应当自海关填发海关进口增值税专用缴款书之日起 15 日内交纳税款。

（三）增值税的纳税地点

（1）固定业户应当向其机构所在地的主管税务机关申报纳税。总机构和分支机构不在同一县（市）的,应当分别向各自所在地的主管税务机关申报纳税;经国务院财政、税务主管部门或者其授权的财政、税务机关批准,可以由总机构汇总向总机构所在地的主管税务机关申报纳税。

（2）固定业户到外地销售货物或者应税劳务纳税地点的确定。固定业户到外县（市）销售货物或者应税劳务,应当向其机构所在地的主管税务机关申请开具外出经营活动税收管理证明,并向其机构所在地的主管税务机关申报纳税;未开具证明的,应当向销售地或者劳务发生地的主管税务机关申报纳税;未向销售地或者劳务发生地的主管税务机关申报纳税的,由其机构所在地的主管税务机关补征税款。

（3）非固定业户销售货物或者应税劳务纳税地点的确定。非固定业户销售货物或者应税劳务,应当向销售地或者劳务发生地的主管税务机关申报纳税;未向销售地或者劳务发生地的主管税务机关申报纳税的,由其机构所在地或者居住地的主管税务机关补征税款。

（4）其他个人提供建筑服务,销售或者租赁不动产,转让自然资源使用权,应向建筑服务发生地、不动产所在地、自然资源所在地主管税务机关申报纳税。

（5）纳税人跨县（市）提供建筑服务,在建筑服务发生地预缴税款后,向机构所在地主管税务机关进行纳税申报。

（6）纳税人销售不动产,在不动产所在地预缴税款后,向机构所在地主管税务机关进行纳税申报。

（7）纳税人租赁不动产,在不动产所在地预缴税款后,向机构所在地主管税务机关进行纳税申报。

一般纳税人跨省（自治区、直辖市或者计划单列市）提供建筑服务或者销售、出租取得的与机构所在地不在同一省（自治区、直辖市或者计划单列市）的不动产,在机构所在地申报纳税时,计算的应纳税额小于已预缴税额,且差额较大的,由国家税务总局通知建筑服务发生地或者不动产所在地省级税务机关,在一定时期内暂停预缴增值税。

（8）进口货物,应当向报关地海关申报纳税。

（9）扣缴义务人应当向其机构所在地或者居住地的主管税务机关申报交纳其扣缴的税款。

（四）增值税征收管理机关

增值税由税务机关负责征收,进口环节增值税由海关代征。

七、增值税专用发票的使用和管理

专用发票是增值税一般纳税人销售货物、提供加工修理修配劳务及销售服务、无形资产或者转让不动产开具的,是购买方支付增值税额并可按照增值税有关规定据以抵扣增值税进项税额的凭证。一般纳税人应通过增值税防伪税控系统(以下简称防伪税控系统)使用专用发票。使用,包括领购、开具、缴销、认证纸质专用发票及其相应的数据电文。

(一)专用发票的联次

专用发票由基本联次或者基本联次附加其他联次构成,基本联次为三联:发票联、抵扣联和记账联。发票联,作为购买方核算采购成本和增值税进项税额的记账凭证;抵扣联,作为购买方报送主管税务机关认证和留存备查的凭证;记账联,作为销售方核算销售收入和增值税销项税额的记账凭证。其他联次用途,由一般纳税人自行确定。

(二)专用发票的开具范围

一般纳税人销售货物、提供加工修理修配劳务及销售服务、无形资产或者转让不动产,应向购买方开具专用发票。

一般纳税人有下列销售情形,不得开具专用发票:

(1)一般纳税人会计核算不健全,或者不能够提供准确税务资料的。

(2)应当办理一般纳税人资格登记而未办理的。

(3)商业企业一般纳税人零售的烟、酒、食品、服装、鞋帽(不包括劳保专用部分)、化妆品等消费品。

(4)向消费者个人销售服务、无形资产或者不动产。

(5)适用免征增值税规定的应税行为。

(6)试点纳税人提供有形动产融资性售后回租服务,向承租方收取的有形动产价款本金,不得开具增值税专用发票。

(7)提供旅游服务,从全部价款和价外费用中扣除的对外支付旅游费用,不得开具增值税专用发票,可以开具普通发票。

(8)提供劳务派遣服务选择差额纳税的纳税人,向用工单位收取用于支付给劳务派遣员工工资、福利和为其办理社会保险及住房公积金的费用,不得开具增值税专用发票,可以开具普通发票。

(9)纳税人提供人力资源外包服务,按照经纪代理服务交纳增值税,其销售额不包括受客户单位委托代为向客户单位员工发放的工资和代理交纳的社会保险、住房公积金。向委托方收取并代为发放的工资和代理交纳的社会保险、住房公积金,不得开具增值税专用发票,可以开具普通发票。

(10)金融商品转让,不得开具增值税专用发票。

销售旧货以及自己使用过的不能抵扣或未抵扣进项税额的固定资产不得开具专用发票,法律、法规及国家税务总局另有规定的除外。

小规模纳税人需要开具专用发票的,可向主管税务机关申请代开,符合规定的可以自行开具。

(三)专用发票的开具要求

(1)项目齐全,与实际交易相符。

（2）字迹清楚，不得压线、错格。

（3）发票联和抵扣联加盖财务专用章或者发票专用章。

（4）按照增值税纳税义务的发生时间开具。

对不符合上述要求的专用发票，购买方有权拒收。

（四）专用发票与不得抵扣进项税额的规定

用于抵扣增值税进项税额的专用发票应经税务机关认证相符（国家税务总局另有规定的除外）。认证相符的专用发票应作为购买方的记账凭证，不得退还销售方。所称认证，是税务机关通过防伪税控系统对专用发票所列数据的识别、确认。所称认证相符，是指纳税人识别号无误，专用发票所列密文解译后与明文一致。

1. 不得作为增值税进项税额抵扣凭证的情形

经认证，有下列情形之一的，不得作为增值税进项税额的抵扣凭证，税务机关退还原件，购买方可要求销售方重新开具专用发票。

（1）无法认证。无法认证，是指专用发票所列密文或者明文不能辨认，无法产生认证结果。

（2）纳税人识别号认证不符。纳税人识别号认证不符，是指专用发票所列购买方纳税人识别号有误。

（3）专用发票代码、号码认证不符。专用发票代码、号码认证不符，是指专用发票所列密文解译后与明文的代码或者号码不一致。

2. 暂不得作为增值税进项税额抵扣凭证的情形

经认证，有下列情形之一的，暂不得作为增值税进项税额的抵扣凭证，税务机关扣留原件，查明原因，分别情况进行处理。

（1）重复认证。重复认证是指已经认证相符的同一张专用发票再次认证。

（2）密文有误。密文有误是指专用发票所列密文无法解译。

（3）认证不符。认证不符是指纳税人识别号有误，或者专用发票所列密文解译后与明文不一致。

第二节　增值税的计算与纳税申报

一、增值税的计税方法

增值税的计税方法，包括一般计税方法、简易计税方法和扣缴计税方法。

（一）一般计税方法

一般纳税人销售货物、提供加工修理修配劳务、销售服务、无形资产或者不动产适用一般计税方法计税。

一般计税方法是国际上通行的购进扣税法，即先按当期销售额和适用税率计算出销项税额,然后对当期购进项目向对方支付的税款进行抵扣,从而间接计算出对当期增值额部分的应纳税额。因此,增值税一般纳税人当期应纳增值税税额的大小主要取决于销项税额和进项税额两个因素,其计算公式为:

$$当期应纳税额＝当期销项税额－当期进项税额$$

一般纳税人提供财政部和国家税务总局规定的特定应税行为,可以选择适用简易计税方法计税,但一经选择,36 个月内不得变更。

(二)简易计税方法

一般纳税人符合规定的条件可以选择简易计税方法计税;小规模纳税人发生应税行为适用简易计税方法计税。其计算公式为:

$$当期应纳增值税额＝当期销售额×征收率$$

(三)扣缴计税方法

中华人民共和国境外单位或者个人在境内发生应税行为,在境内未设有经营机构的,以购买方为增值税扣缴义务人。扣缴义务人按照下列公式计算应扣缴税额:

$$应扣缴税额＝接受方支付的价款÷(1＋税率)×税率$$

二、一般计税方法下应纳税额的计算

(一)销项税额

销项税额是指纳税人销售货物、提供应税劳务、销售服务、无形资产或者不动产,按照销售额或提供应税劳务收入金额(统称为销售额)和规定的税率计算并向购买方收取的增值税税额。销项税额的计算公式为:

$$销项税额＝销售额×适用税率$$

在增值税适用税率一定的情况下,计算销项税额的关键在于正确、合理地确定销售额。

1. 销售额的一般规定

销售额是指纳税人销售货物、提供应税劳务、销售服务、无形资产或者不动产向购买方收取的全部价款和价外费用,但是不包括收取的销项税额。

价外费用包括价外向购买方收取的手续费、补贴、基金、集资费、返还利润、奖励费、违约金、滞纳金、延期付款利息、赔偿金、代收款项、代垫款项、包装费、包装物租金、储备费、优质费、运输装卸费以及其他各种性质的价外收费。但下列项目不包括在内:

(1)受托加工应征消费税的消费品所代收代缴的消费税。

(2)同时符合以下条件的代垫运输费用:①承运部门的运输费用发票开具给购买方的;②纳税人将该项发票转交给购买方的。

(3)同时符合以下条件代为收取的政府性基金或者行政事业性收费:①由国务院或者

财政部批准设立的政府性基金,由国务院或者省级人民政府及其财政、价格主管部门批准设立的行政事业性收费;②收取时开具省级以上财政部门印制的财政票据;③所收款项全额上缴财政。

(4)销售货物的同时代办保险等而向购买方收取的保险费以及向购买方收取的代购买方交纳的车辆购置税、车辆牌照费。

上述四项是销售方代为收取的有关费用,这些费用确实没有形成销售方的收入,不计入价外费用。

销售额以人民币计算。纳税人按人民币以外的货币结算销售额的,应选择销售额发生当天或者当月1日的人民币汇率中间价将外币折算为人民币。纳税人应在事先确定采用何种折合率,确定后1年内不得变更。

2. 特殊销售方式销售额的确定

(1)折扣方式销售货物。折扣销售(商业折扣)是指销售方在销售货物或提供应税劳务时,因购买方需求量大等原因,而给予的价格方面的优惠。纳税人采取折扣方式销售货物,如果销售额和折扣额在同一张发票上分别注明(是指销售额和折扣额在同一张发票上的"金额"栏分别注明),可以按折扣后的销售额征收增值税;如果将折扣额标注在发票的"备注"栏或另开发票,不论其在财务上如何处理,均不得从销售额中减除折扣额。

需要注意的是:①销售折扣(现金折扣)不得从销售额中减除;②折扣销售仅限于货物的价格折扣,实物折扣应作为视同销售计算销售额;③销售折让可以以折让后的货款为销售额。

(2)以旧换新方式销售货物。以旧换新销售,是纳税人在销售货物过程中,折价收回同类旧货物,并以折价款部分冲减新货物价款的一种销售方式。纳税人采取以旧换新方式销售货物的,应按新货物的同期销售价格确定销售额(金银首饰除外)。

(3)以物易物方式销售货物。以物易物是指购销双方不是以货币结算,而是以同等价款的货物相互结算,实现货物购销的一种方式。以物易物双方都应作购销处理,以各自发出的货物核算销售额并计算销项税额,以各自收到的货物按规定核算购货额并计算进项税额。应注意,在以物易物活动中,应分别开具合法的票据,如收到的货物不能取得相应的增值税专用发票或其他合法票据的,不能抵扣进项税额。

(4)还本方式销售货物。还本销售是指纳税人在销售货物后,到一定期限由销售方一次或分次退还给购货方全部或部分价款。这种方式实际上是一种筹资,是以货物换取资金的使用价值,到期还本不付息的方法。采取还本销售方式销售货物,其销售额就是货物的销售价格,不得从销售额中减除还本支出。

(5)包装物押金。包装物是指纳税人包装本单位货物的各种物品。为了促使购货方尽早退回包装物以便周转使用,一般情况下,销货方向购货方收取包装物押金,购货方在规定的期间内退回包装物,销货方返还包装物押金。

纳税人为销售货物而出租、出借包装物收取的押金,单独记账核算、又未逾期的,不并入销售额征税。因逾期未收回包装物不再退还的押金,应并入销售额征税。"逾期"是指按合同约定实际逾期或以1年为期限,对收取1年以上的押金,无论是否退还均应并入销售额征税。对于个别包装物周转使用期限较长的,报经税务机关确定后,可适当放宽逾期期限。

对销售除啤酒、黄酒以外的其他酒类产品而收取的包装物押金,无论是否返还以及会计上如何核算，均应并入当期销售额计税。对销售啤酒、黄酒所收取的押金，按上述一般押金的规定处理。

需要注意的是，包装物押金为含税收入，需要换算成不含税价按所包装货物的适用税率计算。另外，包装物租金不能与包装物押金混淆，包装物租金属于价外费用，在收取时便并入销售额征税。

（6）销售自己使用过的物品。自 2009 年 1 月 1 日起，一般纳税人销售自己使用过的物品按照下列处理政策：

销售自己使用过的属于不得抵扣且未抵扣进项税额的固定资产，按照简易计税方法依 3% 的征收率减 2% 按征收增值税，其计算公式为：

$$销售额＝含税销售额÷(1＋3\%)$$

$$应纳税额＝销售额×2\%$$

销售自己使用过的其他固定资产以及除固定资产以外的物品，按正常销售货物适用税率征收增值税，其计算公式为：

$$销售额＝含税销售额÷(1＋16\%)$$

$$应纳税额＝销售额×16\%$$

3. 视同销售行为销售额的确定

纳税人的视同销售行为一般没有销售额，另外，有时纳税人销售货物或提供应税劳务的价格明显偏低且无正当理由，在上述情况下，主管税务机关有权按照下列顺序核定其计税销售额：

（1）按纳税人最近时期同类货物的平均销售价格确定。

（2）按其他纳税人最近时期同类货物的平均销售价格确定。

（3）按组成计税价格确定。组成计税价格的公式为：

$$组成计税价格＝成本×(1＋成本利润率)$$

属于应征消费税的货物，其组成计税价格中应加计消费税税额，其组成计税价格公式为：

$$组成计税价格＝成本×(1＋成本利润率)＋消费税税额$$

或： $$组成计税价格＝成本×(1＋成本利润率)÷(1－消费税税率)$$

公式中"成本"是指：销售自产货物的为实际生产成本，销售外购货物的为实际采购成本，"成本利润率"由国家税务总局确定。

4. "营改增"试点行业的销售额

"营改增"纳税人销售服务、无形资产或者不动产的销售额，是指纳税人发生应税行为取得的全部价款和价外费用，财政部和国家税务总局另有规定的除外。

价外费用，是指价外收取的各种性质的收费，但不包括代为收取并符合规定的政府性基金或者行政事业性收费和以委托方名义开具发票代委托方收取的款项。

根据现行的"营改增"政策，"营改增"各项业务的销售额按照以下规定确定：

（1）贷款服务，以提供贷款服务取得的全部利息及利息性质的收入为销售额。

（2）直接收费金融服务，以提供直接收费金融服务收取的手续费、佣金、酬金、管理费、服务费、经手费、开户费、过户费、结算费、转托管费等各类费用为销售额。

（3）金融商品转让，按照卖出价扣除买入价后的余额为销售额。转让金融商品出现的正负差，按盈亏相抵后的余额为销售额。若相抵后出现负差，可结转下一纳税期与下期转让金融商品销售额相抵，但年末时仍出现负差的，不得转入下一个会计年度。金融商品的买入价，可以选择按照加权平均法或者移动加权平均法进行核算，选择后 36 个月内不得变更。金融商品转让，不得开具增值税专用发票。

（4）经纪代理服务，以取得的全部价款和价外费用，扣除向委托方收取并代为支付的政府性基金或者行政事业性收费后的余额为销售额。向委托方收取的政府性基金或者行政事业性收费，不得开具增值税专用发票。

（5）融资租赁和融资性售后回租业务：①经人民银行、银监会或者商务部批准从事融资租赁业务的试点纳税人，提供融资租赁服务，以取得的全部价款和价外费用，扣除支付的借款利息（包括外汇借款和人民币借款利息）、发行债券利息和车辆购置税后的余额为销售额。②经人民银行、银监会或者商务部批准从事融资租赁业务的试点纳税人，提供融资性售后回租服务，以取得的全部价款和价外费用（不含本金），扣除对外支付的借款利息（包括外汇借款和人民币借款利息）、发行债券利息后的余额作为销售额。③纳税人根据 2016 年 4 月 30 日前签订的有形动产融资性售后回租合同，在合同到期前提供的有形动产融资性售后回租服务，可继续按照有形动产融资租赁服务交纳增值税。

（6）航空运输企业的销售额，不包括代收的机场建设费和代售其他航空运输企业客票而代收转付的价款。

（7）纳税人提供客运场站服务，以其取得的全部价款和价外费用，扣除支付给承运方运费后的余额为销售额。

（8）纳税人提供旅游服务，可以选择以取得的全部价款和价外费用，扣除向旅游服务购买方收取并支付给其他单位或者个人的住宿费、餐饮费、交通费、签证费、门票费和支付给其他接团旅游企业的旅游费用后的余额为销售额。

（9）中国移动通信集团公司、中国联合网络通信集团有限公司、中国电信集团公司及其成员单位通过手机短信公益特服号为公益性机构接受捐款服务，以其取得的全部价款和价外费用，扣除支付给公益性机构捐款后的余额为销售额。

（10）房地产开发企业销售自行开发的房地产项目，适用一般计税方法计税，按照取得的全部价款和价外费用，扣除当期销售房地产项目对应的土地价款后的余额计算销售额。销售额的计算公式如下：

$$销售额 = （全部价款和价外费用 - 当期允许扣除的土地价款）\div（1 + 10\%）$$

$$\begin{matrix}当期允许扣除\\的土地价款\end{matrix} = \left(\begin{matrix}当期销售房地产\\项目建筑面积\end{matrix} \div \begin{matrix}房地产项目可供\\销售建筑面积\end{matrix}\right) \times \begin{matrix}支付的\\土地价款\end{matrix}$$

当期销售房地产项目建筑面积，是指当期进行纳税申报的增值税销售额对应的建筑面积。房地产项目可供销售建筑面积，是指房地产项目可以出售的总建筑面积，不包括销售房地产项目时未单独作价结算的配套公共设施的建筑面积。支付的土地价款，是指向政府、土地管理部门或受政府委托收取土地价款的单位直接支付的土地价款。

纳税人按照上述（3）-（10）款的规定从全部价款和价外费用中扣除的价款，应当取得符合法律、行政法规和国家税务总局规定的有效凭证。否则,不得扣除。

纳税人取得的上述凭证属于增值税扣税凭证的,其进项税额不得从销项税额中抵扣。

(11)纳税人跨县(市)提供建筑服务,适用一般计税方法计税的,应以取得的全部价款和价外费用为销售额计算应纳税额。纳税人应以取得的全部价款和价外费用扣除支付的分包款后的余额,按照2%的预征率在建筑服务发生地预缴税款。

(12)纳税人销售其2016年5月1日后取得(不含自建)的不动产,以取得的全部价款和价外费用为销售额计算应纳税额。纳税人应以取得的全部价款和价外费用减去该项不动产购置原价或者取得不动产时的作价后的余额,按照5%的预征率在不动产所在地预缴税款。

(13)纳税人销售其2016年5月1日后自建的不动产,以取得的全部价款和价外费用为销售额计算应纳税额。纳税人应以取得的全部价款和价外费用,按照5%的预征率在不动产所在地预缴税款。

(14)纳税人出租其2016年5月1日后取得的、与机构所在地不在同一县(市)的不动产,应按照3%的预征率在不动产所在地预缴税款。

(15)纳税人销售其2016年4月30日前取得的不动产(不含自建),适用一般计税方法计税的,以取得的全部价款和价外费用为销售额计算应纳税额。上述纳税人应以取得的全部价款和价外费用减去该项不动产购置原价或者取得不动产时的作价后的余额,按照5%的预征率在不动产所在地预缴税款。

(16)房地产开发企业中的一般纳税人销售房地产老项目,以及一般纳税人出租其2016年4月30日前取得的不动产,适用一般计税方法计税的,应以取得的全部价款和价外费用,按照3%的预征率在不动产所在地预缴税款。

(17)纳税人销售其2016年4月30日前自建的不动产,适用一般计税方法计税的,应以取得的全部价款和价外费用为销售额计算应纳税额。纳税人应以取得的全部价款和价外费用,按照5%的预征率在不动产所在地预缴税款。

5.含税销售额的换算

增值税是价外税,即纳税人向购买方销售货物或提供应税劳务、销售服务等所收取的价款中不应包含增值税税款,价款和税款在增值税专用发票上分别注明。作为增值税税基的只是增值税专用发票上单独列明的不含增值税税款的销售额。对于一般纳税人销售货物或者提供应税劳务、销售服务等采用销售额和销项税额合并定价方法的,按下列公式计算销售额:

$$不含税销售额=含税销售额÷(1+税率)$$

通常需要进行销售额换算的情形有:价税合计金额;商业企业零售价;普通发票上注明的销售额;包装物押金;价外费用等。

(二)进项税额

纳税人购进货物、劳务、服务、无形资产或者不动产,支付或者负担的增值税额,为进项税额。进项税额与销项税额是相互对应的两个概念,在购销业务中,对于销货方而言,在收回货款的同时,收回销项税额;对于购货方而言,在支付货款的同时,支付进项税额。也就是说,销货方收取的销项税额就是购货方支付的进项税额。

每一个增值税一般纳税人都会有收取的销项税额和支付的进项税额,增值税的核心就是用纳税人收取的销项税额抵扣其支付的进项税额,其余额为纳税人应交纳的增值税税额。需要注意的是,并不是所有购进货物、加工修理修配劳务、服务、无形资产或者不动产所支付或者负担的增值税都可以作为进项税额去抵减销项税额,税法对哪些进项税额可以抵扣、哪些进项税额不能抵扣作了严格的规定。

1. 准予从销项税额中抵扣的进项税额

(1) 从销售方取得的增值税专用发票上注明的增值税税额。

(2) 从海关取得的海关进口增值税专用缴款书上注明的增值税税额。

(3) 纳税人购进农产品,取得一般纳税人开具的增值税专用发票或海关进口增值税专用缴款书的,以增值税专用发票或海关进口增值税专用缴款书上注明的增值税税额为进项税额;纳税人购进用于生产销售或委托加工 16% 税率货物的农产品,按照 12% 的扣除率计算进项税额;从按照简易计税方法依照 3% 征收率计算缴纳增值税的小规模纳税人取得增值税专用发票的,以增值税专用发票上注明的金额和 10% 的扣除率计算进项税额;取得(开具)农产品销售发票或收购发票的,以农产品销售发票或收购发票上注明的农产品买价和 10% 的扣除率计算进项税额。

(4) 接受境外单位或者个人提供的服务、无形资产或者不动产,从税务机关或者境内代理人取得的税收缴款凭证上注明的增值税额。

(5) 2016 年 5 月 1 日后取得并在会计制度上按固定资产核算的不动产或者不动产在建工程,其进项税额应自取得之日起分 2 年从销项税额中抵扣,第一年抵扣比例为 60%,第二年抵扣比例为 40%。

融资租入的不动产以及在施工现场修建的临时建筑物、构筑物,其进项税额不适用上述分 2 年抵扣的规定。

按照规定不得抵扣且未抵扣进项税额的固定资产、无形资产、不动产,发生用途改变,用于允许抵扣进项税额的应税项目,可在用途改变的次月按照下列公式计算可以抵扣的进项税额:

$$可以抵扣的进项税额=固定资产、无形资产、不动产净值/(1+适用税率)×适用税率$$

2. 不得从销项税额中抵扣的进项税额

不得从销项税额中抵扣的进项税额包括两类:一类是纳税人购进货物、劳务、服务、无形资产或者不动产,取得的增值税扣税凭证不符合法律、行政法规或者国务院税务主管部门有关规定;一类是税法规定的个别项目的进项税额。根据《增值税暂行条例》和"营改增"有关规定,下列项目的进项税额不得从销项税额中抵扣:

(1) 用于简易计税方法计税项目、免征增值税项目、集体福利或者个人消费的购进货物、加工修理修配劳务、服务、无形资产和不动产。其中涉及的固定资产、无形资产、不动产,仅指专用于上述项目的固定资产、无形资产(不包括其他权益性无形资产)、不动产。

纳税人的交际应酬消费属于个人消费。

(2) 非正常损失的购进货物及相关的加工修理修配劳务和交通运输业服务。

(3) 非正常损失的在产品、产成品所耗用的购进货物(不包括固定资产)、加工修理修配劳务和交通运输服务。

（4）非正常损失的不动产、不动产在建工程，以及所耗用的购进货物、设计服务和建筑服务。

纳税人新建、改建、扩建、修缮、装饰不动产，均属于不动产在建工程。

（5）购进的旅客运输服务、贷款服务、餐饮服务、居民日常服务和娱乐服务。

（6）增值税纳税人初次购买增值税税控系统专用设备支付的费用以及交纳的技术维护费在增值税应纳税额中全额抵减的，其进项税额不得从销项税额中抵扣。

（7）财政部和国家税务总局规定的其他情形。

非正常损失，是指因管理不善造成货物被盗、丢失、霉烂变质，以及因违反法律法规造成货物或者不动产被依法没收、销毁、拆除的情形。

（8）适用一般计税方法的纳税人，兼营简易计税方法计税项目、免征增值税项目而无法划分不得抵扣的进项税额，按照下列公式计算不得抵扣的进项税额：

$$\begin{matrix} \text{不得抵扣的} \\ \text{进项税额} \end{matrix} = \begin{matrix} \text{当期无法划分的} \\ \text{全部进项税额} \end{matrix} \times \left(\begin{matrix} \text{当期简易计税方法} \\ \text{计税项目销售额} \end{matrix} + \begin{matrix} \text{免征增值税} \\ \text{项目销售额} \end{matrix} \right) \div \begin{matrix} \text{当期全部} \\ \text{销售额} \end{matrix}$$

（三）应纳税额的计算

在确定了销项税额和进项税额后，就可以得出实际应纳税额，基本计算公式为：

当期应纳税额＝当期销项税额－当期准予抵扣的进项税额

1. 计算应纳税额的时间限定

（1）销项税额的时间限定。增值税纳税人销售货物、提供应税劳务、销售服务、无形资产或者不动产后，什么时间计算销项税额，关系到当期销项税额的大小。关于销项税额的确定时间，总的要求是确认时间不得滞后。具体确认当期销项税额的时间为增值税的纳税义务发生时间。

（2）进项税额抵扣的时间限定。进项税额是纳税人购进货物或者接受应税劳务所支付或负担的增值税额，进项税额的大小，直接影响纳税人的应纳税额的多少，而进项税额的抵扣时间，则影响纳税人不同纳税期的应纳税额。关于进项税额的抵扣时间，总的原则是进项税额的抵扣不得提前。税法对不同扣税凭证的抵扣时间作了详细的规定。

增值税一般纳税人取得增值税专用发票和税控机动车销售统一发票，应在开具之日起360日内到税务机关办理认证，并在认证通过的次月申报期内，向主管税务机关申报抵扣进项税额。

纳税人进口货物取得的属于增值税扣税范围的海关缴款书，应自开具之日起360天内向主管税务机关报送《海关完税凭证抵扣清单》（电子数据），申请稽核比对，对稽核比对结果相符的海关缴款书，纳税人应在税务机关提供稽核比对结果的当月纳税申报期内申报抵扣。

增值税一般纳税人取得增值税专用发票、税控机动车销售统一发票以及海关缴款书，未在规定期限内到税务机关办理认证、申报抵扣或者申请稽核比对的，不得作为合法的增值税扣税凭证，不得计算进项税额抵扣。

纳税信用 A 级、B 级、M 级、C 级增值税一般纳税人取得销售方使用增值税发票系统升级版开具的增值税发票,可以不再进行扫描认证,通过增值税发票税控开票软件登录本省增值税发票查询平台,查询、选择用于申报抵扣或者出口退税的增值税发票信息。纳税人取得增值税发票,通过增值税发票查询平台未查询到对应发票信息的,仍可进行扫描认证。

对增值税一般纳税人发生真实交易但由于客观原因造成增值税扣税凭证逾期的,经主管税务机关审核、逐级上报,由国家税务总局认证、稽核比对后,对比对相符的增值税扣税凭证,允许纳税人继续抵扣其进项税额。

客观原因包括如下类型:因自然灾害、社会突发事件等不可抗力因素造成增值税扣税凭证逾期;增值税扣税凭证被盗、抢,或者因邮寄丢失、误递导致逾期;有关司法、行政机关在办理业务或者检查中,扣押增值税扣税凭证,纳税人不能正常履行申报义务,或者税务机关信息系统、网络故障,未能及时处理纳税人网上认证数据等导致增值税扣税凭证逾期;买卖双方因经济纠纷,未能及时传递增值税扣税凭证,或者纳税人变更纳税地点,注销旧户和重新办理税务登记的时间过长,导致增值税扣税凭证逾期;由于企业办税人员伤亡、突发危重疾病或者擅自离职,未能办理交接手续,导致增值税扣税凭证逾期;国家税务总局规定的其他情形。

2. 扣减当期销项税额的规定

一般纳税人因销售货物退回或者折让而退还给购买方的增值税额,应从发生销售货物退回或者折让当期的销项税额中扣减。一般纳税人销售货物或者应税劳务,开具增值税专用发票后,发生销售货物退回或者折让、开票有误等情形,应按国家税务总局的规定开具红字增值税专用发票。未按规定开具红字增值税专用发票的,增值税额不得从销项税额中扣减。

3. 扣减当期进项税额的规定

(1) 进货退回或折让的税务处理。一般纳税人因进货退回或折让而从销货方收回的增值税额,应从发生进货退回或折让当期的进项税额中扣减。如不按规定扣减,造成进项税额虚增,不纳或少纳增值税的,属于偷税行为,按偷税予以处罚。

(2) 已经抵扣进项税额的购进货物发生用途改变的税务处理。由于增值税实行以当期销项税额抵扣当期进项税额的“购进扣税法”,当期购进的货物或应税劳务如果事先并未确定将用于非生产经营项目,其进项税额会在当期销项税额中予以抵扣。但已抵扣进项税额的购进货物或应税劳务如果事后改变用途,应当将该项购进货物或者应税劳务的进项税额从当期的进项税额中扣减;无法确定该项进项税额的,按当期实际成本计算应扣减的进项税额。

(3) 向供货方收取返还收入的税务处理。对商业企业向供货方收取的与商品销售量、销售额挂钩(如以一定比例、金额、数量计算)的各种返还收入,均应按平销返利行为的有关规定冲减当期增值税进项税额。冲减进项税额的计算公式为:

$$\text{当期应冲减的进项税额} = \frac{\text{当期取得的返还资金}}{1 + \text{所购进货物适用增值税税率}} \times \text{所购进货物适用增值税税率}$$

商业企业向供货方收取的各种返还收入,一律不得开具增值税专用发票。

4. 计算应纳税额时进项税额不足抵扣的处理

纳税人在计算应纳税额时，如果当期销项税额小于当期进项税额不足抵扣的部分，可以结转下期继续抵扣。

【例2-1】 某工业企业为增值税一般纳税人，8月份的有关生产经营业务如下：

（1）销售甲产品给某商场，开具增值税专用发票，取得不含税销售额100万元；另外，开具增值税专用发票，取得销售甲产品的送货运输收入4.68万元（含税），同时取得甲产品的包装物押金8万元。以上各项收入均分别核算。

（2）销售乙产品，开具普通发票，取得含税销售额34.8万元，由于购买方在当月15日内付清货款，给予其3%的销售折扣。

（3）将试制的一批新产品赠送给客户，成本价为18万元，成本利润率为10%，该新产品无同类产品市场销售价格。

（4）向农业生产者购进免税农产品一批用于乙产品的生产，支付收购价40万元，取得相关的合法票据。当月集体福利项目领用外购农产品的30%。

（5）购进原材料取得增值税专用发票，注明支付的货款70万元、进项税额11.2万元；另外支付购货的运输费用6万元（含税），取得增值税专用发票上注明的运费5.454 5万元，增值税0.545 5万元。

（6）初次购买增值税税控系统专用设备支付价款20 000元，增值税税额3 200元，取得增值税专用发票。

根据上述资料，分别计算该企业8月份的销项税额、进项税额及应缴纳的增值税税额。

（1）计算销项税额：

$$销售甲产品的销项税额=100×16\%+4.68÷(1+10\%)×10\%=16.43（万元）$$
$$销售乙产品的销项税额=34.8÷(1+16\%)×16\%=4.8（万元）$$
$$赠送新产品的销项税额=18×(1+10\%)×16\%=3.17（万元）$$

（2）计算进项税额：

$$外购免税农产品应抵扣的进项税额=40×12\%×(1-30\%)=3.36（万元）$$
$$外购原材料应抵扣的进项税额=11.2+0.5455=11.75（万元）$$

（3）计算应纳税额：

$$8月份应纳增值税税额=16.43+4.8+3.17-3.36-11.75-2.32=6.97（万元）$$

【例2-2】 某工业企业为增值税一般纳税人，10月份的有关生产经营业务如下：

（1）销售A产品50台，每台不含税价款6 000元，单位送货上门，取得不含税运费收入3 000元。销售商品和运输收入分别核算。

（2）采取分期收款结算方式销售B产品一批，价税合计116 000元，货已发出，合同规定本月到期货款69 600元，实收30 000元。

（3）采取以旧换新方式销售C产品20件，每件C产品收取现金6 500元，每件旧C产品作价520元。

（4）自产产品对外投资，无同类产品售价，产品成本36 000元。

（5）企业向电力部门支付电费18 000元，增值税2 880元，其中，80%用于经营活动，

20％用于家属宿舍。

(6) 家属宿舍维修领用库存生产用甲材料一批,材料实际成本 60 000 元。

(7) 被盗窃乙材料一批,经盘查,该批材料的账面价值为 5 000 元,适用 16％增值税税率。

(8) 上月销售的 A 产品中,有两台因质量问题在本月退回,企业退还购货方价款和税金共计 13 920 元。

(9) 上月未抵扣进项税额 30 000 元。

假定以上相关票据均符合税法的规定且能在本月申报抵扣,计算该企业 10 月份的销项税额、进项税额及应纳的增值税税额。

(1) 计算销项税额:

销售 A 产品的销项税额＝$6\ 000 \times 50 \times 16\% + 3\ 000 \times 10\% = 48\ 300$(元)

销售 B 产品的销项税额＝$69\ 600 \div (1 + 16\%) \times 16\% = 9\ 600$(元)

销售 C 产品的销项税额＝$(6\ 500 + 520) \div (1 + 16\%) \times 20 \times 16\% = 19\ 365.52$(元)

新产品投资的销项税额＝$36\ 000 \times (1 + 10\%) \times 16\% = 6\ 336$(元)

销售退回可抵减的销项税额＝$13\ 920 \div (1 + 16\%) \times 16\% = 1\ 920$(元)

(2) 计算进项税额:

支付电费应抵扣的进项税额＝$2\ 880 \times 80\% = 2\ 304$(元)

家属宿舍维修领用甲材料应转出的进项税额＝$60\ 000 \times 16\% = 9\ 600$(元)

乙材料被盗应转出的进项税额＝$5\ 000 \times 16\% = 800$(元)

(3) 计算应纳税额:

10 月份应纳增值税税额＝$(48\ 300 + 9\ 600 + 19\ 365.52 + 6\ 336 - 1\ 920) - (2\ 304 - 9\ 600 - 800) - 30\ 000$
＝$59\ 777.52$(元)

【例 2-3】 甲建筑公司为增值税一般纳税人,2018 年 5 月 1 日承接 A 工程项目,5 月 30 日发包方按进度支付工程价款 220 万元,A 项目当月发生工程成本为 100 万元,取得增值税专用发票上注明的金额为 50 万元,税率 16％。同月 3 日承接 B 工程项目,5 月 31 日发包方支付工程价款 110 万元,B 项目工程成本为 80 万元,取得增值税专用发票上注明的金额为 60 万元,税率 16％。对两个工程项目甲建筑公司按照一般计税方法计算应纳税额,计算该公司 5 月份应纳增值税。

5 月份销项税额＝$(220 + 110) \div (1 + 10\%) \times 10\% = 30$(万元)

5 月份进项税额＝$(50 + 60) \times 16\% = 17.6$(万元)

5 月份应纳增值税税额＝$30 - 17.6 = 12.4$(万元)

【例 2-4】 乙房地产企业(一般纳税人)自行开发 A 房地产项目,施工许可证注明的开工日期是 2017 年 4 月 15 日,2018 年 1 月 15 日开始预售房地产,至 2018 年 5 月 30 日共取得预收款 10 500 万元。2018 年 6 月开具增值税普通发票 21 000 万元,同时办理房产产权转移手续。

至 2018 年 6 月,取得建筑服务等增值税专用发票上注明的增值税税额为 520 万元,经计算,本期允许扣除的土地价款为 3 000 万元。乙房地产企业在 7 月申报期应申报多少增值税税款?

$$6月份已预缴税款=10\ 500\div(1+10\%)\times3\%=286.36(万元)$$
$$7月份销项税额=(21\ 000-3\ 000)\div(1+10\%)\times10\%=1\ 636.36(万元)$$
$$7月份进项税额=520(万元)$$
$$7月份应纳税额=1\ 636.36-520=1\ 116.36(万元)$$
$$7月份应补税额=1\ 116.36-286.36=830(万元)$$

【例2-5】 某市运输公司具有国际运输资质,认定为增值税一般纳税人,6月份经营情况如下:

(1)从事运输服务,开具增值税专用发票,不含税运输费320万元、装卸费36万元。

(2)从事仓储服务,开具增值税专用发票,不含税仓储收入110万元、装卸费18万元。

(3)从事国内运输服务,价税合计277.5万元;运输至香港、澳门,运输费共计51.06万元。

(4)出租客货两用车,取得含税收入60.32万元。

(5)销售使用过的未抵扣过进项税额的固定资产,开具普通发票3.09万元。

(6)国内购进小汽车,取得增值税专用发票,价款80万元,增值税12.8万元。

(7)购买汽车配件,增值税专用发票上注明的价款2万元,增值税0.32万元。购买矿泉水用于职工福利,取得增值税专用发票,价款3万元,增值税0.48万元。

要求:计算该公司6月份的销项税额、进项税额及应纳的增值税税额。

(1)计算销项税额:

$$提供运输和装卸搬运服务的销项税额=320\times10\%+36\times6\%=34.16(万元)$$
$$提供仓储和装卸搬运服务的销项税额=110\times6\%+18\times6\%=7.68(万元)$$
$$提供国内运输服务的销项税额=277.5\div1.10\times10\%=25.23(万元)$$

提供的港澳台运输服务,适用增值税零税率。

$$出租客货两用车的销项税额=60.84\div1.16\times16\%=8.39(万元)$$
$$销售固定资产应缴纳的增值税=3.09\div(1+3\%)\times2\%=0.06(万元)$$

(2)计算进项税额:

$$国内购进小汽车的进项税额=12.8(万元)$$
$$购买汽车配件的进项税额=0.32(万元)$$

购买矿泉水的进项税额不允许抵扣。

(3)计算应纳增值税税额:

$$6月份应纳增值税税额=34.16+7.68+25.23+8.39+0.06-12.8-0.32=62.4(万元)$$

【例2-6】 某商业零售企业为增值税一般纳税人,1月份购进货物取得增值税专用发票,发票上所列价款120 000元,增值税19 200元;从供货方取得与商品销售量、销售额挂钩的返还收入58 000元;销售货物取得含税销售收入580 000元。计算该企业1月份应缴纳的增值税。

$$该企业1月份应缴纳的增值税=580\ 000\div(1+16\%)\times16\%-[19\ 200-58\ 000\div(1+16\%)\times16\%]$$
$$=68\ 800(元)$$

三、简易计税方法下应纳税额的计算

纳税人销售货物、提供加工修理修配劳务及销售服务、无形资产或者转让不动产适用简易计税方法的,按照销售额和征收率计算应纳税额,并且不得抵扣进项税额。

(一)小规模纳税人应纳税额的计算

1. 销售额的一般规定

小规模纳税人销售货物、提供加工修理修配劳务及销售服务、无形资产或者转让不动产的销售额,包括向购买方收取的全部价款和价外费用,但是不包括按 3% 或 5% 的征收率收取的增值税税额。

2. 销售额的特殊规定

(1)小规模纳税人跨县(市)提供建筑服务,以取得的全部价款和价外费用扣除支付的分包款后的余额为销售额。

(2)小规模纳税人销售其取得(不含自建)的不动产(不含个体工商户销售购买的住房和其他个人销售不动产),应以取得的全部价款和价外费用减去该项不动产购置原价或者取得不动产时作价后的余额为销售额。

(3)其他个人销售其取得(不含自建)的不动产(不含其购买的住房),应以取得的全部价款和价外费用减去该项不动产购置原价或者取得不动产时作价后的余额为销售额。

【例2-7】 某企业为增值税小规模纳税人,主要从事汽车修理和装潢业务。5月提供汽车修理业务取得收入 27 万元,销售汽车装饰用品取得收入 16 万元;购进的修理用配件被盗,账面成本 1 万元。计算该企业 5 月份应纳增值税。

$$应纳增值税=(27+16)÷(1+3\%)×3\%=1.25(万元)$$

【例2-8】 某商业零售企业为增值税小规模纳税人,9月发生如下业务:本月购进货物取得普通发票,共计支付金额 120 000 元;初次购进增值税税控系统专用设备一套,取得增值税专用发票,注明不含税价款 2 000 元,增值税税额 340 元;本月销售货物取得零售收入共计 158 080 元。计算该企业本月应交纳的增值税。

$$该企业本月应纳增值税=158 080÷(1+3\%)×3\%-(2 000+340)=2 264.27(元)$$

【例2-9】 某房地产开发公司为小规模纳税人,5 月份将一栋自行开发的楼房销售给 M 公司,价税总计 1 000 万元。经过计算这栋楼对应的土地成本为 300 万元,购买各种建筑材料价款 200 万元,增值税 34 万元。计算该房地产公司应交纳的增值税。

$$该公司应交纳的增值税=10 000 000÷(1+5\%)×5\%=476 190.48(元)$$

(二)一般纳税人应纳税额的计算

1. 销售额的一般规定

一般纳税人适用简易计税方法的销售额,应包括向购买方收取的全部价款和价外费用,但是不包括按 3% 或 5% 的征收率收取的增值税税额。

2. 销售额的特殊规定

（1）一般纳税人销售其2016年4月30日前取得（不含自建）的不动产，选择简易计税方法的，以取得的全部价款和价外费用减去该项不动产购置原价或者取得不动产时的作价后的余额为销售额，按照5％的征收率计算应纳税额。

（2）以清包工方式（施工方不采购建筑工程所需的材料或只采购辅助材料，并收取人工费、管理费或者其他费用）提供的建筑服务，选择简易计税方法的，以取得的全部价款和价外费用扣除支付的分包款后的余额为销售额，按照3％的征收率计算应纳税额。

（3）为甲供（全部或部分设备、材料、动力由工程发包方自行采购）工程提供的建筑服务，选择简易计税方法的，以取得的全部价款和价外费用扣除支付的分包款后的余额为销售额，按照3％的征收率计算应纳税额。

（4）为建筑工程老项目提供的建筑服务，选择简易计税方法的，以取得的全部价款和价外费用扣除支付的分包款后的余额为销售额，按照3％的征收率计算应纳税额。

（5）纳税人跨县（市）提供建筑服务，选择简易计税方法的，以取得的全部价款和价外费用扣除支付的分包款后的余额为销售额，按照3％的征收率计算应纳税额。

【例2-10】 沿用［例2-4］资料，若纳税人选择简易计税方法，按照适用征收率计算交纳增值税。乙房地产企业在7月申报期应申报多少增值税税款？

$$6月份已预缴税款 = 10\,500 \div (1 + 5\%) \times 3\% = 300（万元）$$
$$7月份应纳增值税 = 21\,000 \div (1 + 5\%) \times 5\% = 1\,000（万元）$$
$$7月份应补税额 = 1\,000 - 300 = 700（万元）$$

【例2-11】 某企业为一般纳税人，于2018年销售2014年购入的办公楼一栋，取得全部价款和价外费用5\,550万元，开具增值税专用发票，销售时采用简易计税方法，征收率5％，购进原值4\,500万元，预征率5％。

$$预征税额 = (5\,550 - 4\,500) \div (1 + 5\%) \times 5\% = 50（万元）$$
$$应纳税额 = (5\,550 - 4\,500) \div (1 + 5\%) \times 5\% - 50 = 0$$

四、扣缴计税方法下应扣缴税额的计算

境外单位或者个人在境内提供应税服务，在境内未设有经营机构的，以购买方为增值税扣缴义务人。在境内提供应税服务，是指应税服务提供方或者接受方在境内。

下列情形不属于在境内提供应税服务：

（1）境外单位或者个人向境内单位或者个人提供完全在境外消费的应税服务。

（2）境外单位或者个人向境内单位或者个人出租完全在境外使用的有形动产。

（3）财政部和国家税务总局规定的其他情形。

境内的购买方为境外单位和个人扣缴增值税时使用的税率，应当为所发生应税服务的适用税率，不区分扣缴义务人是增值税一般纳税人还是小规模纳税人。

【例2-12】 2月，境外公司与我国境内A公司签订特许权使用费合同，合同含税价款200万元（合同约定税款由境外公司承担），A公司如何计算扣缴的增值税款？

$$应扣缴增值税＝200÷(1+6\%)×6\%＝11.32(万元)$$

五、进口货物应纳税额的计算

不论是一般纳税人还是小规模纳税人进口货物,均按进口货物的组成计税价格和适用税率计算应纳税额,计算公式为:

$$应纳税额＝组成计税价格×税率$$

其中

$$组成计税价格＝关税完税价格＋关税＋消费税$$

或

$$组成计税价格＝\frac{关税完税价格＋关税＋消费税定额税}{1－消费税税率}$$

一般贸易项下进口货物的关税完税价格是以海关审定的成交价格为基础的到岸价格。所谓成交价格是一般贸易项下进口货物的买方为购买该项货物向卖方实际支付或应当支付的价格;到岸价格是包括货价、货物运抵我国关境内输入地点起卸前的包装费、运费、保险费和其他劳务费等费用构成的一种价格。

【例2-13】 某外贸进出口公司(一般纳税人)经营各种进出口货物,5月份进口办公设备500台,该批设备在国外的买价为500万元,运抵我国海关起卸前发生的运输费、保险费、包装费等共计40万元。货物报关后,该公司按规定交纳了进口环节的增值税并取得了海关开具的完税凭证。当月该批进口设备在国内销售400台,取得不含税销售额600万元。另支付销货运费2万元,增值税0.2万元,取得增值税专用发票。

假定货物进口关税税率20%,增值税税率16%。计算该公司应交纳的进口关税、进口环节的增值税及国内销售环节应交纳的增值税税额。

（1）计算应交纳的进口关税:

$$关税完税价格＝500＋40＝540(万元)$$

$$应交纳进口关税税额＝540×20\%＝108(万元)$$

（2）计算进口环节应交纳的增值税:

$$进口环节应纳增值税的组成计税价格＝540＋108＝648(万元)$$

$$进口环节应纳增值税税额＝648×16\%＝103.68(万元)$$

（3）计算国内销售环节应交纳的增值税:

$$国内销售环节的销项税额＝600×16\%＝96(万元)$$

$$国内销售环节应交纳的增值税税额＝96－103.68－0.2＝－7.88(万元)$$

六、增值税的纳税申报

中华人民共和国境内增值税纳税人均应按照规定进行增值税纳税申报。

（一）纳税申报资料

纳税申报资料包括纳税申报表及其附列资料和纳税申报其他资料。

1. 纳税申报表及其附列资料

（1）增值税一般纳税人纳税申报表及其附列资料包括：

a.《增值税纳税申报表（一般纳税人适用）》。

b.《增值税纳税申报表附列资料（一）》（本期销售情况明细）。

c.《增值税纳税申报表附列资料（二）》（本期进项税额明细）。

d.《增值税纳税申报表附列资料（三）》（服务、不动产和无形资产扣除项目明细）。

一般纳税人销售服务、不动产和无形资产，在确定服务、不动产和无形资产销售额时，按照有关规定可以从取得的全部价款和价外费用中扣除价款的，需填报《增值税纳税申报表附列资料（三）》。其他情况不填写该附列资料。

e.《增值税纳税申报表附列资料（四）》（税额抵减情况表）。

f.《增值税纳税申报表附列资料（五）》（不动产分期抵扣计算表）。

g.《固定资产（不含不动产）进项税额抵扣情况表》。

h.《本期抵扣进项税额结构明细表》。

i.《增值税减免税申报明细表》。

（2）增值税小规模纳税人纳税申报表及其附列资料包括：

a.《增值税纳税申报表（小规模纳税人适用）》。

b.《增值税纳税申报表（小规模纳税人适用）附列资料》。

c.《增值税减免税申报明细表》。

小规模纳税人销售服务，在确定服务销售额时，按照有关规定可以从取得的全部价款和价外费用中扣除价款的，需填报《增值税纳税申报表（小规模纳税人适用）附列资料》，其他情况不填写该附列资料。

2. 纳税申报其他资料

（1）已开具的税控机动车销售统一发票和普通发票的存根联。

（2）符合抵扣条件且在本期申报抵扣的增值税专用发票（含税控机动车销售统一发票）的抵扣联。

（3）符合抵扣条件且在本期申报抵扣的海关进口增值税专用缴款书、购进农产品取得的普通发票的复印件。

（4）符合抵扣条件且在本期申报抵扣的税收完税凭证及其清单，书面合同、付款证明和境外单位的对账单或者发票。

（5）已开具的农产品收购凭证的存根联或报查联。

（6）纳税人销售服务、不动产和无形资产，在确定服务、不动产和无形资产销售额时，按照有关规定从取得的全部价款和价外费用中扣除价款的合法凭证及其清单。

（7）主管税务机关规定的其他资料。

3. 相关要求

纳税申报表及其附列资料为必报资料。纳税申报其他资料的报备要求由各省、自治区、直辖市和计划单列市国家税务局确定。

（二）其他资料要求

纳税人跨县(市)提供建筑服务、房地产开发企业预售自行开发的房地产项目、纳税人出租与机构所在地不在同一县(市)的不动产,按规定需要在项目所在地或不动产所在地主管国税机关预缴税款的,需填写《增值税预缴税款表》。

（三）纳税申报表

纳税人不论有无销售额,均应按主管税务机关核定的纳税期限按期填报增值税纳税申报表,并于次月1日起15日内,向当地税务机关申报。增值税纳税申报表见表2-1、表2-2。

表2-1

增值税纳税申报表
（一般纳税人适用）

税款所属时间:自 年 月 日至 年 月 日 填表日期: 年 月 日

金额单位:元至角分

纳税人识别号														所属行业:			

纳税人名称	（公章）	法定代表人姓名		注册地址		生产经营地址	
开户银行及账号		登记注册类型			电话号码		

项　目		栏次	一般项目		即征即退项目	
			本月数	本年累计	本月数	本年累计
销售额	（一）按适用税率计税销售额	1				
	其中:应税货物销售额	2				
	应税劳务销售额	3				
	纳税检查调整的销售额	4				
	（二）按简易办法计税销售额	5				
	其中:纳税检查调整的销售额	6				
	（三）免、抵、退办法出口销售额	7			—	—
	（四）免税销售额	8			—	—
	其中:免税货物销售额	9			—	—
	免税劳务销售额	10			—	—
税款计算	销项税额	11				
	进项税额	12				
	上期留抵税额	13			—	
	进项税额转出	14				
	免、抵、退应退税额	15			—	—

项　　目	栏次	一般项目		即征即退项目	
		本月数	本年累计	本月数	本年累计
税款计算 按适用税率计算的纳税检查应补缴税额	16			—	—
应抵扣税额合计	17＝12＋13－14－15＋16			—	—
实际抵扣税额	18(如 17＜11,则为 17,否则为 11)				
应纳税额	19＝11－18				
期末留抵税额	20＝17－18				—
简易计税办法计算的应纳税额	21				
按简易计税办法计算的纳税检查应补缴税额	22			—	—
应纳税额减征额	23				
应纳税额合计	24＝19＋21－23				
税款缴纳 期初未缴税额(多缴为负数)	25				
实收出口开具专用缴款书退税额	26			—	—
本期已缴税额	27＝28＋29＋30＋31				
① 分次预缴税额	28			—	—
② 出口开具专用缴款书预缴税额	29			—	—
③ 本期交纳上期应纳税额	30				
④ 本期交纳欠缴税额	31				
期末未缴税额(多缴为负数)	32＝24＋25＋26－27				
其中:欠缴税额(≥0)	33＝25＋26－27			—	—
本期应补(退)税额	34＝24－28－29				
即征即退实际退税额	35	—	—		
期初未缴查补税额	36			—	—
本期入库查补税额	37			—	—
期末未缴查补税额	38＝16＋22＋36－37				

授权声明	如果你已委托代理人申报,请填写下列资料: 　　为代理一切税务事宜,现授权 (地址)　　为本纳税人的代理申报人,任何与本申报表有关的往来文件,都可寄予此人。 　　　　　　　　　　　　授权人签字:	申报人声明	本纳税申报表是根据国家税收法律法规及相关规定填报的,我确定它是真实的、可靠的、完整的。 　　　　　　　　　　　声明人签字:

主管税务机关:　　　　　　　　　接收人:　　　　　　　　　接收日期:

表 2-2

增值税纳税申报表

(小规模纳税人适用)

纳税人识别号：□□□□□□□□□□□□□□□□□□□□

纳税人名称(公章)：　　　　　　　　　　　　　　　　　　　金额单位:元至角分

税款所属期：　年　月　日至　年　月　日　　　　　　填表日期：　年　月　日

项　目	栏次	本期数		本年累计	
		货物及劳务	服务、不动产和无形资产	货物及劳务	服务、不动产和无形资产
一、计税依据	(一)应征增值税不含税销售额(3％征收率)	1				
	税务机关代开的增值税专用发票不含税销售额	2				
	税控器具开具的普通发票不含税销售额	3				
	(二)应征增值税不含税销售额(5％征收率)	4	—		—	
	税务机关代开的增值税专用发票不含税销售额	5	—		—	
	税控器具开具的普通发票不含税销售额	6	—		—	
	(三)销售使用过的固定资产不含税销售额	7(7≥8)		—		—
	其中:税控器具开具的普通发票不含税销售额	8		—		—
	(四)免税销售额	9＝10＋11＋12				
	其中:小微企业免税销售额	10				
	未达起征点销售额	11				
	其他免税销售额	12				
	(五)出口免税销售额	13(13≥14)				
	其中:税控器具开具的普通发票销售额	14				
二、税款计算	本期应纳税额	15				
	本期应纳税额减征额	16				
	本期免税额	17				
	其中:小微企业免税额	18				
	未达起征点免税额	19				
	应纳税额合计	20＝15－16				
	本期预缴税额	21			—	—
	本期应补(退)税额	22＝20－21			—	—

纳税人或代理人声明：	如纳税人填报,由纳税人填写以下各栏：	
本纳税申报表是根据国家税收法律法规及相关规定填报的,我确定它是真实的、可靠的、完整的。	办税人员：	财务负责人：
	法定代表人：	联系电话：
	如委托代理人填报,由代理人填写以下各栏：	
	代理人名称(公章)：　　　经办人：　　　联系电话：	

主管税务机关：　　　　　　接收人：　　　　接收日期：

第三节　增值税会计核算的基础

一、一般纳税人增值税会计科目的设置

为了便于核算与交纳增值税,一般纳税人应在"应交税费"科目下设置"应交增值税""未交增值税""预交增值税""待抵扣进项税额""待认证进项税额""待转销项税额""增值税留抵税额""简易计税""转让金融商品应交增值税""代扣代交增值税"等明细科目。

(一)"应交税费——应交增值税"科目

增值税一般纳税人应在"应交增值税"明细账内设置"进项税额""销项税额抵减""已交税金""出口抵减内销产品应纳税额""转出未交增值税""减免税款""销项税额""出口退税""进项税额转出""转出多交增值税"等专栏。

1. 借方专栏

(1)"进项税额"专栏,记录一般纳税人购进货物、加工修理修配劳务、服务、无形资产或不动产而支付或负担的、准予从销项税额中抵扣的增值税额。

(2)"销项税额抵减"专栏,记录一般纳税人按照现行增值税制度规定因扣减销售额而减少的销项税额。

(3)"已交税金"专栏,记录一般纳税人已交纳的当月应交增值税额。

(4)"出口抵减内销产品应纳税额"专栏,记录实行"免、抵、退"办法的一般纳税人按规定计算的出口货物的进项税抵减内销产品的应纳税额。

(5)"转出未交增值税"专栏,记录一般纳税人月度终了转出当月应交未交的增值税额。

(6)"减免税款"专栏,记录一般纳税人按现行增值税制度规定准予减免的增值税额。

2. 贷方专栏

(1)"销项税额"专栏,记录一般纳税人销售货物、加工修理修配劳务、服务、无形资产或不动产应收取的增值税额,以及从境外单位或个人购进服务、无形资产或不动产应扣缴的增值税额。

(2)"出口退税"专栏,记录一般纳税人出口产品按规定退回的增值税额。

(3)"进项税额转出"专栏,记录一般纳税人购进货物、加工修理修配劳务、服务、无形资产或不动产等发生非正常损失以及其他原因而不应从销项税额中抵扣,按规定转出的进项税额。

(4)"转出多交增值税",记录一般纳税人月度终了转出当月多交的增值税额。

(二)"应交税费——未交增值税"科目

核算一般纳税人月度终了从"应交增值税"或"预交增值税"明细科目转入当月应交未交、多交或预缴的增值税额,以及当月交纳以前期间未交的增值税额。

(三)"应交税费——预交增值税"科目

核算一般纳税人转让不动产、提供不动产经营租赁服务、提供建筑服务、采用预收款方

式销售自行开发的房地产项目等，以及其他按现行增值税制度规定应预缴的增值税额。

（四）"应交税费——待抵扣进项税额"科目

核算一般纳税人已取得增值税扣税凭证并经税务机关认证，按照现行增值税制度规定准予以后期间从销项税额中抵扣的进项税额。包括：一般纳税人自2016年5月1日后取得并按固定资产核算的不动产或者2016年5月1日后取得的不动产在建工程，按现行增值税制度规定准予以后期间从销项税额中抵扣的进项税额；实行纳税辅导期管理的一般纳税人取得的尚未交叉稽核比对的增值税扣税凭证上注明或计算的进项税额。

（五）"应交税费——待认证进项税额"科目

核算一般纳税人由于未经税务机关认证而不得从当期销项税额中抵扣的进项税额。包括：一般纳税人已取得增值税扣税凭证、按照现行增值税制度规定准予从销项税额中抵扣，但尚未经税务机关认证的进项税额；一般纳税人已申请稽核但尚未取得稽核相符结果的海关缴款书进项税额。

（六）"应交税费——待转销项税额"科目

核算一般纳税人销售货物、加工修理修配劳务、服务、无形资产或不动产，已确认相关收入（或利得）但尚未发生增值税纳税义务而需于以后期间确认为销项税额的增值税额。

（七）"应交税费——增值税留抵税额"科目

核算兼有销售服务、无形资产或者不动产的原增值税一般纳税人，截止到纳入营改增试点之日前的增值税期末留抵税额按照现行增值税制度规定不得从销售服务、无形资产或不动产的销项税额中抵扣的增值税留抵税额。

（八）"应交税费——简易计税"科目

核算一般纳税人采用简易计税方法发生的增值税计提、扣减、预缴、交纳等业务。

（九）"应交税费——转让金融商品应交增值税"科目

核算一般纳税人转让金融商品发生的增值税额。

（十）"应交税费——代扣代交增值税"科目

核算一般纳税人购进在境内未设经营机构的境外单位或个人在境内的应税行为代扣代缴的增值税。

二、一般纳税人"应交税费——应交增值税"明细账的设置

企业可根据自身经营业务的特点设置增值税会计账簿，自行设计账页格式，"应交税费——应交增值税"明细账应采用专用的多栏式账簿，具体参考格式如表2-3所示。

表2-3

应交增值税明细账

年		凭证		摘要	借方							贷方					借或贷	余额
月	日	种类	编号		合计	进项税额	销项税额抵减	已交税金	出口抵减内销产品应纳税额	转出未交增值税	减免税款	合计	销项税额	出口退税	进项税额转出	转出多交增值税		

期末,分别计算"应交税费——应交增值税"科目的借方和贷方各项目的发生额合计,再计算出本科目的余额,然后将确认的当期应交未交或多交的增值税额结转到"应交税费——未交增值税"科目。

三、小规模纳税人会计科目的设置

(一)"应交税费——应交增值税"科目

小规模纳税人采用简易办法计算征收增值税,由于不得抵扣进项税额,只需要设置"应交税费——应交增值税"二级科目,无须再设置专栏。该科目的借方反映企业已交纳的增值税,贷方反映企业应交纳的增值税,期末借方余额反映企业多交的增值税,贷方余额反映企业应交未交的增值税。

(二)"应交税费——转让金融商品应交增值税"科目

核算小规模纳税人转让金融商品发生的增值税额。

(三)"应交税费——代扣代交增值税"科目

核算小规模纳税人购进在境内未设经营机构的境外单位或个人在境内的应税行为代扣代缴的增值税。

小规模纳税人"应交税费——应交增值税"明细账,可以采用三栏式明细账。

第四节 增值税进项税额及其转出的会计处理

一、增值税进项税额的会计处理

增值税采用税款抵扣制,被确认的进项税额均可以从当期销项税额中抵扣。一般纳税人购进货物、加工修理修配劳务、服务、无形资产、不动产等而支付的增值税进项税额,主要是凭法定扣税凭证直接扣税,还可以凭特定普通发票计算扣税。

对于不得抵扣的进项税额,将支付的增值税进项税额计入外购货物或应税劳务成本之中。下面分不同情况介绍增值税进项税额的会计处理。

（一）取得资产或接受劳务等业务进项税额的会计处理

1. 采购等业务进项税额允许抵扣的会计处理

一般纳税人购进货物、服务、无形资产或不动产,按应计入相关成本费用的金额,借记"在途物资"或"原材料""库存商品""生产成本""无形资产""固定资产""管理费用"等科目,按当月已认证的可抵扣增值税,借记"应交税费——应交增值税（进项税额）"科目,按当月未认证的可抵扣增值税,借记"应交税费——待认证进项税额"科目,按应付或实际支付的金额,贷记"应付账款""应付票据""银行存款"等科目。发生退货的,如原增值税专用发票已认证,应根据红字增值税专用发票做相反的会计分录;如原增值税专用发票未认证,应将发票退回并做相反的会计分录。

【例 2-14】 甲公司（一般纳税人）8 月份购入 A 材料 4 000 千克,不含税价格 5 元/千克;支付不含税运费 2 000 元,增值税 220 元。取得增值税专用发票,款项用银行存款支付,材料验收入库。甲公司的会计处理为:

（1）假设增值税专用发票当月已认证:

$$A 材料的进项税额 = 4\ 000 \times 5 \times 16\% = 3\ 200（元）$$
$$运费的进项税额 = 220 元$$

借:原材料——A 材料		22 000
应交税费——应交增值税（进项税额）		3 400
贷:银行存款		25 400

（2）假设增值税专用发票当月未认证,以后期间得以认证:

① 购入时:

借:原材料——A 材料		22 000
应交税费——待认证进项税额		3 400
贷:银行存款		25 400

② 全部认证后:

借:应交税费——应交增值税（进项税额）		3 400
贷:应交税费——待认证进项税额		3 400

【例 2-15】 甲公司购进 C 材料一批,后因上述材料存在质量问题退回部分材料,取得销售方开具的红字增值税专用发票,退回价款 20 000 元,增值税款 3 200 元。甲公司的会计处理为:

借:银行存款		23 200
应交税费——应交增值税（进项税额）		3 200
贷:原材料——C 材料		20 000

2. 采购等业务进项税额不得抵扣的会计处理

一般纳税人购进货物、服务、无形资产或不动产,用于简易计税方法计税项目、免征增值税项目、集体福利或个人消费等，其进项税额按照现行增值税制度规定不得从销项税额中抵扣的，取得增值税专用发票时，应借记相关成本费用或资产科目，借记"应交税费——待认证进项税额"科目，贷记"银行存款""应付账款"等科目，经税务机关认证后，应借记相关成本费用或资产科目，贷记"应交税费——应交增值税（进项税额转出）"科目。

【例2-16】 甲公司购进一批丙材料用于生产免税药品，取得的增值税专用发票上注明价款80 000元，税款12 800元，材料已验收入库；同月购入一台生产用设备，该设备并非专用于免税药品的生产，取得的增值税专用发票上注明设备价款100万元，税款16万元，设备已运抵公司，款项均以银行存款支付。甲公司的会计处理为：

（1）取得的增值税专用发票本期未进行认证：

借：原材料——丙材料　　　　　　　　　　　　　　　　　　　　80 000
　　应交税费——待认证进项税额　　　　　　　　　　　　　　　 12 800
　　贷：银行存款　　　　　　　　　　　　　　　　　　　　　　　 92 800

借：固定资产　　　　　　　　　　　　　　　　　　　　　　　 1 000 000
　　应交税费——待认证进项税额　　　　　　　　　　　　　　　160 000
　　贷：银行存款　　　　　　　　　　　　　　　　　　　　　 1 160 000

（2）增值税专用发票通过认证：

借：应交税费——应交增值税（进项税额）　　　　　　　　　　　172 800
　　贷：应交税费——待认证进项税额　　　　　　　　　　　　　172 800

（3）转出购入丙材料的进项税额：

借：原材料——丙材料　　　　　　　　　　　　　　　　　　　　 12 800
　　贷：应交税费——应交增值税（进项税额转出）　　　　　　　　 12 800

【例2-17】 甲公司12月份购入一批饮料用于年终职工福利，取得的增值税专用发票上注明价款30万元，税款4.8万元，款项未付。增值税专用发票本期通过认证。甲公司的会计处理为：

借：生产成本等　　　　　　　　　　　　　　　　　　　　　　　300 000
　　应交税费——应交增值税（进项税额）　　　　　　　　　　　　48 000
　　贷：应付职工薪酬——职工福利　　　　　　　　　　　　　　348 000

借：生产成本等　　　　　　　　　　　　　　　　　　　　　　　 48 000
　　贷：应交税费——应交增值税（进项税额转出）　　　　　　　　 48 000

借：应付职工薪酬——职工福利　　　　　　　　　　　　　　　　348 000
　　贷：应付账款　　　　　　　　　　　　　　　　　　　　　　348 000

3. 购进不动产或不动产在建工程按规定进项税额分年抵扣的会计处理

一般纳税人自2016年5月1日后取得并按固定资产核算的不动产或者不动产在建工程，其进项税额按现行规定自取得之日起分2年从销项税额中抵扣的，应当按取得成本，借记"固定资产""在建工程"等科目，按当期可抵扣的增值税额，借记"应交税费——应交增值税（进项税额）"科目，按以后期间可抵扣的增值税额，借记"应交税费——待抵扣进项税额"

科目,按应付或实际支付的金额,贷记"应付账款""应付票据""银行存款"等科目。尚未抵扣的进项税额待以后期间允许抵扣时,按允许抵扣的金额,借记"应交税费——应交增值税(进项税额)"科目,贷记"应交税费——待抵扣进项税额"科目。需要注意的是:对不同的不动产和不动产在建工程,纳税人应分别核算其待抵扣进项税额。

【例 2-18】 甲公司 2016 年 8 月购进一项不动产,含税总价 1 100 万元,取得增值税专用发票,开出转账支票支付全部款项。则:

(1)计算进项税额:

$$进项税额=1\ 100 \div (1+10\%) \times 10\% = 100(万元)$$

(2)取得扣税凭证的当期通过认证:

$$2016 年 8 月可抵扣进项税额=100 \times 60\% = 60(万元)$$

借:固定资产 10 000 000
　　应交税费——应交增值税(进项税额) 600 000
　　应交税费——待抵扣进项税额 400 000
　贷:银行存款 11 000 000

(3)取得扣税凭证的当月起第 13 个月:

$$2017 年 8 月可抵扣进项税额=100 \times 40\% = 40(万元)$$

借:应交税费——应交增值税(进项税额) 400 000
　贷:应交税费——待抵扣进项税额 400 000

4. 购进货物等已验收入库但尚未取得增值税扣税凭证的会计处理

一般纳税人购进的货物等已到达并验收入库,但尚未收到增值税扣税凭证并未付款的,应在月末按货物清单或相关合同协议上的价格暂估入账,不需要将增值税的进项税额暂估入账。下月初,用红字冲销原暂估入账金额,待取得相关增值税扣税凭证并经认证后,按应计入相关成本费用或资产的金额,借记"原材料""库存商品""固定资产""无形资产"等科目,按可抵扣的增值税额,借记"应交税费——应交增值税(进项税额)"科目,按应付金额,贷记"应付账款"等科目。

【例 2-19】 甲公司购入 C 材料一批,材料到达并已验收入库,但至月末没有收到发票账单,货款也尚未支付。该批材料按合同上的价格确定暂估金额为 23 400 元。据此应作会计分录如下:

(1)月末购入材料验收入库时:

借:原材料 23 400
　贷:应付账款——暂估应付账款 23 400

(2)下月初用红字冲销原暂估入账金额:

借:原材料 23 400
　贷:应付账款——暂估应付账款 23 400

(3)取得相关增值税扣税凭证并经认证后:

借：原材料	20 000
应交税费——应交增值税（进项税额）	3 400
贷：应付账款	23 400

5. 购买方作为扣缴义务人的会计处理

境外单位或个人在境内发生应税行为，在境内未设有经营机构的，以购买方为增值税扣缴义务人。境内一般纳税人购进服务、无形资产或不动产，按应计入相关成本费用或资产的金额，借记"生产成本""无形资产""固定资产""管理费用"等科目，按可抵扣的增值税额，借记"应交税费——应交增值税（进项税额）"科目，按应付或实际支付的金额，贷记"应付账款"等科目，按应代扣代缴的增值税额，贷记"应交税费——代扣代交增值税"科目。实际交纳代扣代缴增值税时，按代扣代缴的增值税额，借记"应交税费——代扣代交增值税"科目，贷记"银行存款"科目。

【例 2-20】 境外 M 公司在境内没有设立经营机构，6 月份在境内转让一项专利给甲公司（合同约定增值税款由 M 公司承担），甲公司须履行增值税扣缴义务。该项专利含税总价款 80 万元，款项已经支付。据此甲公司应作会计分录如下：

（1）购入专利时：

借：无形资产	754 716.98
应交税费——应交增值税（进项税额）	45 283.02
贷：银行存款	754 716.98
应交税费——代扣代交增值税	45 283.02

（2）甲公司交纳代扣代交的增值税：

| 借：应交税费——代扣代交增值税 | 45 283.02 |
| 贷：银行存款 | 45 283.02 |

（二）购进免税农产品进项税额的会计处理

企业购进除烟叶之外的免税农产品，按应计入采购成本的金额，借记"原材料""库存商品"等科目，按买价和规定扣除率计算可抵扣的增值税额，借记"应交税费——应交增值税（进项税额）"科目，按应付或实际支付的价款，贷记"应付账款""银行存款""库存现金"等科目。

【例 2-21】 甲公司 3 月份收购免税农产品一批，农产品收购凭证上注明价款为 30 万元，收购的农产品已验收入库，款项通过银行转账支付。甲公司会计处理为：

$$可抵扣进项税额＝30×10\%＝3（万元）$$

借：原材料	270 000
应交税费——应交增值税（进项税额）	30 000
贷：银行存款	300 000

（三）国外进口货物进项税额的会计处理

企业进口货物，按照海关提供的完税凭证上注明的增值税额，借记"应交税费——应交增值税(进项税额)"科目,按照进口货物应计入采购成本的金额,借记"材料采购""原材料"等科目,按照应付或实际支付的金额,贷记"应付账款""银行存款"等科目。

【例 2-22】 甲公司从国外进口 A 材料(非应税消费品)一批,关税完税价格 3 000 000元,关税为 600 000 元,增值税税率为 16%。另外支付国内运费 20 000 元,增值税 2 000 元,取得增值税专用发票。采购的材料已入库,增值税专用发票已经认证,海关缴款书稽核相符。甲公司的会计处理为:

(1)支付货款时:

借:材料采购 3 000 000
　　贷:银行存款 3 000 000

(2)支付进口关税和增值税时:

增值税组成计税价格＝3 000 000＋600 000＝3 600 000(元)
增值税进项税额＝3 600 000×16%＝576 000(元)

借:材料采购 600 000
　　应交税费——应交增值税(进项税额) 576 000
　　贷:银行存款 1 176 000

(3)支付国内运费时:

借:材料采购 20 000
　　应交税费——应交增值税(进项税额) 2 000
　　贷:银行存款 22 000

(4)材料验收入库时:

借:原材料 3 620 000
　　贷:材料采购 3 620 000

(四)委托加工材料、接受应税劳务进项税额的会计处理

企业委托加工材料、接受应税劳务,按照专用发票上注明的增值税额,借记"应交税费——应交增值税(进项税额)"科目,按照专用发票上记载的应计入加工、修理修配等货物成本的金额,借记"其他业务成本""制造费用""委托加工物资""销售费用""管理费用"等科目,按应付或实际支付的金额,贷记"应付账款""银行存款"等科目。

【例 2-23】 甲公司委托某木材加工厂加工产品包装箱一批,发出材料成本 30 000 元,取得的增值税专用发票上注明的加工费 4 000 元、增值税 640 元;取得承运部门的增值税专用发票,运费 500 元,增值税 50 元,上述款项均以库存现金支付。增值税专用发票本期已经认证。甲公司的会计处理为:

(1)发出材料时:

借:委托加工物资 30 000
　　贷:原材料 30 000

(2)支付加工费时:

借：委托加工物资   4 000

  应交税费——应交增值税（进项税额）   640

贷：库存现金   4 640

（3）支付运费时：

借：委托加工物资   500

  应交税费——应交增值税（进项税额）   50

贷：库存现金   550

（4）结转加工物资成本时：

借：周转材料——包装物   34 500

贷：委托加工物资   34 500

【例 2-24】 甲公司的基本生产车间 10 月份委托某修理厂修理设备，取得的增值税专用发票上注明修理费 12 000 元，增值税 1 920 元，相关款项已付。增值税专用发票本期已经认证。甲公司的会计处理为：

借：管理费用   12 000

  应交税费——应交增值税（进项税额）   1 920

贷：银行存款   13 920

（五）投资转入货物进项税额的会计处理

企业接受投资者投入的货物，按取得增值税专用发票上注明的增值税额，借记"应交税费——应交增值税（进项税额）"科目，按确定的货物价值（不含增值税）借记"原材料"等科目，按其在注册资本中所占的份额，贷记"实收资本"科目，按其差额借记或贷记"资本公积"科目。

【例 2-25】 甲公司接受 B 公司投入原材料一批，取得的增值税专用发票上注明双方确认的价款 600 000 元，增值税 102 000 元，该项投资属于注册资本份额内的金额为 500 000 元。增值税专用发票本期已经认证。甲公司的会计处理为：

借：原材料   600 000

  应交税费——应交增值税（进项税额）   102 000

贷：实收资本   500 000

  资本公积——资本溢价   202 000

（六）接受捐赠非货币资产进项税额的会计处理

企业接受捐赠实质上是一种利得，应作为营业外收入。企业接受的非货币资产捐赠，如果捐赠方提供了有关凭证，按凭据上标明的金额加上应支付的相关税费作为入账价值；如果凭据上标明的金额与受赠资产的公允价值相差较大或捐赠方没有提供有关凭据，受赠资产应当以其公允价值作为入账价值；如果没有注明价值且没有活跃市场、不能可靠取得公允价值的，应当以资产预计未来现金流量的现值计量。

企业取得的货物捐赠，应借记"原材料""应交税费——应交增值税（进项税额）"等科目,贷记"营业外收入"科目,按企业因接受捐赠资产支付或应付的金额,贷记"银行存款""应交税费"等科目。

【例2-26】 甲公司6月份接受A公司捐赠现金10 000元及原材料一批,A公司开出的增值税专用发票上注明材料价款50 000元,增值税8 000元,增值税专用发票本期已经认证。甲公司用现金支付原材料运费300元,取得普通发票。甲公司的会计处理为:

借:库存现金	10 000
原材料	50 300
应交税费——应交增值税(进项税额)	8 000
贷:营业外收入	68 000
库存现金	300

二、进项税额抵扣情况发生改变的会计处理

(一)购进货物用于职工福利进项税额转出的会计处理

购进货物因用于职工福利或改变用途等,原已计入进项税额但按现行规定不得从销项税额中抵扣的,借记"应付职工薪酬"等科目,贷记"应交税费——应交增值税(进项税额转出)""应交税费——待抵扣进项税额"或"应交税费——待认证进项税额"科目。

【例2-27】 甲公司4月份购进10吨生产用材料白糖,取得的增值税专用发票上注明白糖价款60 000元,增值税额9 600元,款项已支付,增值税专用发票4月份已经认证。6月份将其中的2吨作为福利发给职工。甲公司的会计处理为:

(1)4月份购进时:

借:原材料——白糖	60 000
应交税费——应交增值税(进项税额)	9 600
贷:银行存款	69 600

(2)6月份作为福利发给职工时:

借:应付职工薪酬——职工福利	13 920
贷:原材料	12 000
应交税费——应交增值税(进项税额转出)	1 920

(二)购进货物用于免税项目进项税额转出的会计处理

如果企业生产的产品全部是免税项目,则其购进货物的进项税额全部不能抵扣,应计入采购货物的成本当中。如果企业购进的货物既用于应税项目又用于免税项目,而进项税额不能分别核算时,月末应按免税项目销售额占全部销售额的比重分摊不予抵扣的进项税额,借记"主营业务成本"等科目,贷记"应交税费——应交增值税(进项税额转出)"科目。

【例2-28】 某制药厂3月份销售抗生素药品取得含税收入116万元,销售免税药品50万元,以前月份购入生产用原材料一批,取得增值税专用发票上注明税款6.4万元,增值税专用发票以前期间已经认证。抗生素药品与免税药品无法划分耗料情况。甲公司的会计

处理为：

$$生产免税药品不能抵扣的进项税额＝64\ 000×50÷(100＋50)＝21\ 333.33(元)$$

借：主营业务成本——免税药品　　　　　　　　　　　　　　　21 333.33

　　贷：应交税费——应交增值税（进项税额转出）　　　　　　　　　　21 333.33

（三）非正常损失货物进项税额转出的会计处理

企业因管理不善造成货物被盗、发生变质等损失属于非正常损失。非正常损失有可能是购进的货物，也有可能是在产品和产成品。根据税法规定，非正常损失的购进货物和非正常损失的在产品、产成品所耗用的购进货物或者应税劳务的进项税额不得抵扣，如已抵扣过进项税额的，应在发生损失时，将其进项税额和损失货物的成本一起转出。借记"待处理财产损溢"科目，贷记"原材料""应交税费——应交增值税（进项税额转出）"科目。

企业应正确界定正常损失与非正常损失。对正常损失，不作"进项税额转出"处理。

需要注意的是，税法与会计上所指的非正常损失不同，会计上的非正常损失一般指自然灾害损失。而税法对自然灾害造成的损失不作为非正常损失处理，其损失货物的进项税额不予转出，体现了税收法规的人性化。

【例2-29】 甲公司由于管理不善毁损产品一批，损失A产品账面价值为60 000元。当期该批产品总的生产成本为480 000元，其中耗用外购材料、低值易耗品等价值为360 000元，外购货物均适用16%增值税税率。其损失应由责任人赔偿10 000元，其余的转为管理费用。甲公司的会计处理为：

（1）批准前：

$$损失产品成本中所耗外购货物的购进额＝60\ 000×360\ 000÷480\ 000＝45\ 000(元)$$
$$应转出进项税额＝45\ 000×16\%＝7\ 200(元)$$

借：待处理财产损溢——待处理流动资产损溢　　　　　　　　　　67 200

　　贷：库存商品——A产品　　　　　　　　　　　　　　　　　　60 000

　　　　应交税费——应交增值税（进项税额转出）　　　　　　　　　7 200

（2）批准后：

借：其他应收款　　　　　　　　　　　　　　　　　　　　　　10 000

　　管理费用　　　　　　　　　　　　　　　　　　　　　　　57 200

　　贷：待处理财产损溢——待处理流动资产损溢　　　　　　　　　67 200

（四）购进货物改变用途进项税额允许抵扣的会计处理

原不得抵扣且未抵扣进项税额的固定资产、无形资产等，因改变用途等用于允许抵扣进项税额的应税项目的，应当在用途改变的次月调整相关资产账面价值，按允许抵扣的进项税额，借记"应交税费——应交增值税（进项税额）"科目，贷记"固定资产""无形资产"等科目；固定资产、无形资产经上述调整后，应按调整后的账面价值在剩余尚可使用寿命内计提折旧或摊销。

可以抵扣的进项税额＝固定资产、无形资产、不动产净值÷（1＋适用税率）×适用税率

【例 2-30】 甲公司 5 月份将两年前购进的一项固定资产由免税产品专用转为免税、应税产品共用，该项固定资产的原值 600 万元，已提折旧 114 万元，适用的税率为 16％。甲公司 6 月份应作会计处理为：

可以抵扣的进项税额＝（600－114）÷（1＋16％）×16％＝67.03（万元）

借：应交税费——应交增值税（进项税额）　　　　　　　　　　　　　　　670 300
　　贷：固定资产　　　　　　　　　　　　　　　　　　　　　　　　　　　　670 300

（五）购进货物改变用途进项税额需要分次抵扣的会计处理

一般纳税人购进时已全额抵扣进项税额的货物或服务等转用于不动产在建工程的，原已抵扣进项税额的 40％部分应于转用当期转出，借记"应交税费——待抵扣进项税额"科目，贷记"应交税费——应交增值税（进项税额转出）"科目。

【例 2-31】 甲公司将购进的一批生产用原材料转用于厂房的建造，该批原材料的价款为 100 万元，已抵扣的增值税税额为 16 万元。甲公司应作会计处理为：

借：在建工程　　　　　　　　　　　　　　　　　　　　　　　　　　　1 000 000
　　应交税费——待抵扣进项税额　　　　　　　　　　　　　　　　　　　　　64 000
　　贷：原材料　　　　　　　　　　　　　　　　　　　　　　　　　　　1 000 000
　　　　应交税费——应交增值税（进项税额转出）　　　　　　　　　　　　　　64 000

第五节　增值税销项税额的会计处理

一、一般销售方式下销项税额的会计处理

企业销售货物、加工修理修配劳务、服务、无形资产或不动产，应当按应收或已收的金额，借记"应收账款""应收票据""银行存款"等科目，按取得的收入金额，贷记"主营业务收入""其他业务收入""固定资产清理"等科目，按现行规定计算的销项税额或采用简易计税方法计算的应纳增值税额，贷记"应交税费——应交增值税（销项税额）""应交税费——简易计税"科目。

【例 2-32】 甲公司向乙公司销售 A 商品一批，开具的增值税专用发票上注明价款 500 000元，增值税 80 000 元，甲公司已收到货款并将提货单送交乙公司；该批商品成本 320 000元。甲公司会计处理为：

（1）确认收入时：

借：银行存款　　　　　　　　　　　　　　　　　　　　　　　　　　　　580 000
　　贷：主营业务收入　　　　　　　　　　　　　　　　　　　　　　　　　　500 000
　　　　应交税费——应交增值税（销项税额）　　　　　　　　　　　　　　　　80 000

（2）结转成本时：

借：主营业务成本   320 000

    贷：库存商品   320 000

二、预收款方式下销项税额的会计处理

（一）预收款时不形成纳税义务

企业采取预收货款方式销售货物，应于货物发出的当天确认纳税义务。企业在收到预收款项时，借记"银行存款"科目，贷记"预收账款"科目；在发出货物时，确认收入或补收货款，借记"预收账款""银行存款"等科目，贷记"主营业务收入""其他业务收入""应交税费——应交增值税（销项税额）"等科目，同时结转已销产品成本。

【例2-33】 甲公司与乙公司签订协议，采用预收款方式销售C商品一批。协议约定该批商品的不含税销售价格为120 000元，增值税为19 200元；乙公司应在签订协议时预付货款的50%（按不含税销售价格计算），剩余货款于3个月后支付，该批商品的成本为70 000元。甲公司的会计处理为：

（1）收到50%的预收款时：

借：银行存款   60 000

    贷：预收账款   60 000

（2）收到剩余款项时：

借：银行存款   79 200

    预收账款   60 000

    贷：主营业务收入   120 000

        应交税费——应交增值税（销项税额）   19 200

（3）结转成本：

借：主营业务成本   70 000

    贷：库存商品   70 000

【例2-34】 甲公司（房地产开发企业）为增值税一般纳税人，采用一般计税办法，相关业务资料及会计处理如下：

（1）5月10日与市土地局签订土地受让合同，受让A地块土地面积30万平方米，支付土地出让金9.90亿元，取得合法财政票据。

借：开发成本——土地成本   990 000 000

    贷：银行存款   990 000 000

（2）甲公司8月启动开发A地块，商品房可售建筑面积36万平方米。预售商品房12万平方米，取得预售房款13.2亿元。

①收到预售房款：

借：银行存款   1 320 000 000

 贷：预收账款   1 320 000 000

②预交增值税：

$$应预交增值税＝1\ 320\ 000\ 000÷1.1×3\%＝36\ 000\ 000（元）$$

借：应交税费——预交增值税   36 000 000

 贷：银行存款   36 000 000

（3）甲公司预售的商品房一年后交付业主，申报增值税。

①确认收入：

借：预收账款   1 320 000 000

 贷：主营业务收入   1 200 000 000

   应交税费——应交增值税（销项税额）   120 000 000

②抵减销项税额：

$$扣除土地价款＝(120\ 000÷360\ 000)×990\ 000\ 000＝326\ 700\ 000（元）$$
$$应抵减销项税额＝326\ 700\ 000÷1.1×10\%＝29\ 700\ 000（元）$$

借：应交税费——应交增值税（销项税额抵减）   29 700 000

 贷：开发成本   29 700 000

③结转预交的增值税：

借：应交税费——未交增值税   36 000 000

 贷：应交税费——预交增值税   36 000 000

④转出未交增值税：

借：应交税费——应交增值税（转出未交增值税）   90 300 000

 贷：应交税费——未交增值税   90 300 000

（二）预收款时形成纳税义务

【例 2-35】 乙公司为注册在某省 A 市的建筑公司，属于一般纳税人，6 月 7 日与同省 B 市的某房地产公司签订建设合同，合同签订时取得预收款 1 100 000 元。不存在其他可以选择简易计税的情形。乙公司的会计处理为：

（1）6 月 7 日收到预收款时：

借：银行存款   1 100 000

 贷：预收账款   1 100 000

（2）6 月 7 日按照 2‰的预征率预交增值税时：

$$预交增值税＝1\ 100\ 000÷(1＋10\%)×2\%＝20\ 000（元）$$

借：应交税费——预交增值税   20 000

 贷：银行存款   20 000

（3）申报 6 月份增值税时：

$$销项税额＝1\,100\,000÷(1＋10\%)×10\%＝100\,000(元)$$

借：预收账款   1 100 000
 贷：主营业务收入   1 000 000
  应交税费——应交增值税(销项税额)   100 000

三、分期收款方式下销项税额的会计处理

分期收款销售是指销货方按照合同规定,商品发出在前、分次收款在后的销售。采取分期收款方式销售货物,其增值税纳税义务发生时间为书面合同约定的收款日期,无书面合同的或者书面合同没有约定收款日期的,为货物发出的当天。而依照现行会计准则的规定,分期收款销售商品具有融资性质,应当按照应收的合同或协议价款的现值确定其公允价值。因此,分期收款方式销售商品,存在按照会计制度确认收入的时点早于按照增值税制度确认增值税纳税义务发生时点的问题,应将相关销项税额记入"应交税费——待转销项税额"科目,待实际发生纳税义务时再转入"应交税费——应交增值税(销项税额)"或"应交税费——简易计税"科目。

【例 2-36】 甲公司 1 月 1 日采用分期收款方式向乙公司销售 D 产品 10 台,销售价格为 2 100 万元,合同约定款项分 3 次于每年 12 月 31 日等额收取。该批产品的成本为 1 600万元。在现销方式下,D 产品的销售价格为 1 800 万元。假定甲公司发出商品时,其有关的增值税纳税义务尚未发生,在合同约定的收款日期,发生有关的增值税纳税义务。甲公司采用实际利率法摊销未实现融资收益,年实际利率为 8%。

(1)1 月 1 日销售实现时:

借：长期应收款   24 360 000
 贷：主营业务收入   18 000 000
  应交税费——应交增值税(待转销项税额)   3 360 000
  未实现融资收益   3 000 000

借：主营业务成本   16 000 000
 贷：库存商品   16 000 000

(2)第 1 年 12 月 31 日:

借：银行存款   7 000 000
 贷：长期应收款   7 000 000

借：应交税费——应交增值税(待转销项税额) 1 120 000
 贷：应交税费——应交增值税(销项税额)   1 120 000

借：未实现融资收益   1 440 000
 贷：财务费用   1 440 000

(3)第 2～第 3 年年末,会计处理与第 1 年相同,未实现融资收益各期的摊销金额不同。

四、特殊销售方式下销项税额的会计处理

（一）折扣方式销售的会计处理

折扣方式销售货物在会计中分为两种：折扣销售和现金折扣。

1. 折扣销售

纳税人销售货物并向购买方开具增值税专用发票后，由于购货方在一定时期内累计购买货物达到一定数量，或者由于市场价格下降等原因，销货方给予购货方相应的价格优惠或补偿等折扣、折让行为，销货方可按现行《增值税专用发票使用规定》的有关规定开具红字增值税专用发票。企业销售商品涉及商业折扣的，应当按照扣除商业折扣后的金额确定销售商品收入金额。

2. 现金折扣

现金折扣是债权人为鼓励债务人在规定的期限内付款而向债务人提供的债务扣除。企业销售商品涉及现金折扣的，应当按照扣除现金折扣后的金额确定销售商品收入金额。

【例2-37】 甲公司制造的E产品每件不含税售价500元，若客户购买100件（含100件）以上可享受10%的折扣销售，并规定现金折扣条件为：2/10，N/30。红星公司9月8日从甲公司赊购E产品200件；甲公司9月12日收取全部款项。甲公司的会计处理为：

（1）9月8日销售实现时：

借：应收账款——红星公司   102 600
  贷：主营业务收入   88 200
    应交税费——应交增值税（销项税额）   14 400

（2）9月20日收到货款时：

借：银行存款   102 600
  贷：应收账款——红星公司   102 600

（二）销售折让与退回的会计处理

1. 销售折让

对于销售折让，企业应分不同情况进行处理：

（1）购货方尚未进行会计处理，原票退回。如果销售方也未进行会计处理，则销售方应在原开具的增值税专用发票的所有联次上注明"作废"字样；并按折让后的金额重新开具增值税专用发票；如果销售方已进行会计处理，销售方应在收到购货方转来的原开具的增值税专用发票上注明"作废"字样，并按折让后的价款和增值税款重新开具增值税专用发票。原开具的增值税专用发票上注明的金额与新开具的增值税专用发票上注明的金额之间的差额，冲销当月的收入和当月的销项税额，借记"主营业务收入""应交税费——应交增值税（销项税额）"科目，贷记"应收账款"等科目。

【例2-38】 甲公司8月20日采用托收承付结算方式（验货付款）销售给光明公司A产品80 000元，增值税税额12 800元，由于质量原因，双方协商折让30%。9月18日收到光

明公司转来增值税专用发票的发票联和抵扣联。甲公司的会计处理为：

（1）8月20日销售实现时：

借：应收账款——光明公司 92 800
　　贷：主营业务收入 80 000
　　　　应交税费——应交增值税（销项税额） 12 800

（2）9月18日转来增值税专用发票时按扣除折让后的价款56 000元即80 000元×（1－30％）和增值税税额8 960元即12 800元×（1－30％），重新开具专用发票，冲销主营业务收入24 000元和增值税税额3 840元。

借：应收账款——光明公司 27 840
　　贷：主营业务收入 24 000
　　　　应交税费——应交增值税（销项税额） 3 840

（2）购货方已进行会计处理，原票不能退还。这时，销售方一般也已进行了会计处理，销售方应在收到购货方转来的"开具红字增值税专用发票通知单"后，按折让金额开具红字增值税专用发票，作为冲销当期收入和销项税额的依据。

（3）已确认收入的销售折让属于资产负债表日后事项的，应当按照有关资产负债表日后事项的相关规定进行会计处理。

2. 销售退回

销售退回包括部分退回和全部退回，部分退回的处理原则与方法同销售折让。对于全部退回，企业应分别不同情况进行会计处理：

（1）购货方尚未入账，能够原票退回专用发票。如果销售方尚未进行会计处理，则销售方应在原开具的增值税专用发票的所有联次上注明"作废"字样；如果销售方已进行会计处理，则应红字冲销原入账金额。

（2）购货方已进行会计处理，原票不能退还时，销售方应在收到购货方转来的"开具红字增值税专用发票通知单"后，按原金额开具红字增值税专用发票。

（3）已确认收入的售出商品发生的销售退回属于资产负债表日后事项的，应当按照有关资产负债表日后事项的相关规定进行会计处理。

【例2-39】甲公司8月15日赊销给天明公司的丁产品发生全部退货，9月10收到对方转来的增值税专用发票的发票联和抵扣联，上列价款80 000元、税额12 800元，并转来原代垫运费（运费900元，增值税90元）及退货运费（运费900元，增值税90元）两份增值税专用发票，该批商品的成本60 000元。甲公司的会计处理为：

（1）8月15日销售实现时：

借：应收账款——天明公司 93 790
　　贷：主营业务收入 80 000
　　　　应交税费——应交增值税（销项税额） 12 800
　　　　银行存款 990

借：主营业务成本 60 000
　　贷：库存商品 60 000

（2）9月10日退货时：

借：应收账款——天明公司　　　　　　　　　　　　　 93 790
　　应交税费——应交增值税（进项税额）　　　　　　　 90
　　销售费用　　　　　　　　　　　　　　　　　　 900
　　贷：主营业务收入　　　　　　　　　　　　　　　 80 000
　　　　应交税费——应交增值税（销项税额）　　　　 12 800

借：主营业务成本　　　　　　　　　　　　　　　　 60 000
　　贷：库存商品　　　　　　　　　　　　　　　　 60 000

同时：

借：销售费用　　　　　　　　　　　　　　　　　　 900
　　应交税费——应交增值税（进项税额）　　　　　　 90
　　贷：其他应付款——天明公司　　　　　　　　　　 990

（三）"平销"销售方式的会计处理

所谓"平销"，就是生产企业以商业企业经销价或高于商业企业经销价的价格将货物销售给商业企业，商业企业再以进货成本甚至低于进货成本的价格进行销售，生产企业则以返还利润等方式弥补商业企业的进销差价损失。

由于返利是供货商对商业企业进销差价损失的弥补，且一般是在商业企业将商品售出后结算的，因而供货方作冲减"主营业务收入"，商业企业作冲减"主营业务成本"处理。

【例2-40】　甲公司为某商场的商品供应商，每期期末按商场销售本公司商品金额的5％进行平销返利，3月末商场共销售甲公司商品232万元，按约定收到现金返利11.6万元。双方各自的会计处理为：

（1）甲公司支付现金返利时，开具红字增值税专用发票：

借：银行存款　　　　　　　　　　　　　　　　　 116 000
　　贷：主营业务收入　　　　　　　　　　　　　　 100 000
　　　　应交税费——应交增值税（销项税额）　　　　 16 000

（2）商场收到现金返利时：

借：银行存款　　　　　　　　　　　　　　　　　 116 000
　　贷：主营业务成本　　　　　　　　　　　　　　 100 000
　　　　应交税费——应交增值税（进项税额转出）　　 16 000

（3）假定甲公司支付的是11.6万元的实物返利：

实物返利时要视同销售：一方面，开具视同销售的蓝字发票；另一方面，开具红字增值税发票。甲公司的会计处理为：

借：主营业务收入　　　　　　　　　　　　　　　　　　　　　　100 000
　　应交税费——应交增值税(销项税额)　　　　　　　　　　　　16 000
　贷：库存商品　　　　　　　　　　　　　　　　　　　　　　　100 000
　　　应交税费——应交增值税(销项税额)　　　　　　　　　　　16 000

（4）商场收到实物返利时：

借：库存商品　　　　　　　　　　　　　　　　　　　　　　　　116 000
　贷：主营业务成本　　　　　　　　　　　　　　　　　　　　　100 000
　　　应交税费——应交增值税(进行税额转出)　　　　　　　　　16 000

（四）"以物易物"销售方式的会计处理

以物易物双方都应作购销处理，以各自发出的货物核算销售额并计算销项税额，以各自收到的货物按规定核算购货额并计算进项税额。应注意的是，在以物易物活动中，应分别开具合法的票据，如收到的货物不能取得相应的增值税专用发票或其他合法票据的，不能抵扣进项税额。

【例 2-41】 甲公司以自产的产品一批换取光华公司的同等价值打印机一批，换入的打印机作为固定资产管理。双方均为增值税一般纳税人，适用的增值税税率为 16％，在交换过程中均开具了增值税专用发票。甲公司该批商品的成本为 180 000 元，在交换日的不含税市场售价 200 000 元，甲公司的会计处理为：

$$换出商品的销项税额＝200\ 000×16％＝32\ 000(元)$$
$$换入打印机的进项税额＝200\ 000×16％＝32\ 000(元)$$

借：固定资产——打印机　　　　　　　　　　　　　　　　　　200 000
　　应交税费——应交增值税(进项税额)　　　　　　　　　　　32 000
　贷：主营业务收入　　　　　　　　　　　　　　　　　　　　200 000
　　　应交税费——应交增值税(销项税额)　　　　　　　　　　32 000

借：主营业务成本　　　　　　　　　　　　　　　　　　　　　180 000
　贷：库存商品　　　　　　　　　　　　　　　　　　　　　　180 000

（五）"以旧换新"销售方式的会计处理

1. 一般商品以旧换新

采取以旧换新方式销售货物的，应按新货物的同期销售价格确定销售额，不得扣减旧货物的收购价格，收回的旧货物不能计算进项税额。

【例 2-42】 某商场销售 A 牌液晶电视机，零售价 6 960 元/台，若顾客交还同品牌旧电视机作价 600 元，交差价 6 360 元就可换回全新液晶电视。当月采用此种方法销售 A 牌液晶电视机 100 台，收入款项已存入银行。该商场的会计处理为：

借：银行存款　　　　　　　　　　　　　　　　　　　　　　　636 000
　　库存商品——旧电视　　　　　　　　　　　　　　　　　　60 000
　贷：主营业务收入　　　　　　　　　　　　　　　　　　　　600 000
　　　应交税费——应交增值税(销项税额)　　　　　　　　　　96 000

2. 金银首饰以旧换新

考虑到金银首饰以旧换新业务的特殊情况，对金银首饰以旧换新业务，可以按销售方实际收取的不含增值税的全部价款征收增值税。

【例 2-43】 某金银首饰商店为增值税一般纳税人，主要经营金银首饰销售，并兼营金银首饰的来料加工、翻新改制、以旧换新业务。5 月份销售金银首饰取得不含税收入 800 000 元；以旧换新业务收入 400 000 元，其中收回旧金银首饰作价 284 000 元，实际收取现金 116 000 元，收入款项已存入银行。该金银首饰商店的会计处理为：

$$增值税销项税额＝(800\ 000＋116\ 000÷1.16)×16\%＝144\ 000(元)$$
$$应确认的收入金额＝(800\ 000＋116\ 000÷1.16)＋284\ 000＝1\ 184\ 000(元)$$

借：银行存款	1 044 000
库存商品——旧金银	284 000
贷：主营业务收入	1 184 000
应交税费——应交增值税（销项税额）	144 000

五、视同销售行为销项税额的会计处理

视同销售是一种税收术语，是指企业或纳税人在会计上不作为销售核算，而在税收上要作为销售确认收入计缴税金的资产转移或提供劳务的行为。《增值税暂行条例》及营改增相关规定列举的视同销售行为中，哪些应确认销售收入、哪些不确认销售收入，需要认真甄别其业务的实质，以判断是会计销售行为还是应税销售行为。

将自产、委托加工或者购进的货物无偿赠送其他单位或者个人，向其他单位或者个人无偿提供服务，向其他单位或者个人无偿转让无形资产或者不动产的视同销售行为，因不满足会计上确认收入的条件，不具有销售实质，在会计上不做销售处理，而按成本转账。

企业将自产、委托加工或者购进的货物作为投资提供给其他单位或者个体工商户，将自产、委托加工的货物用于集体福利或者个人消费，将自产、委托加工或者购进的货物分配给股东或者投资者的视同销售行为，具有销售实质，属于会计销售，在货物移送时，会计上作销售处理，应通过"主营业务收入""其他业务收入"等账户核算，并按正常销售计算交纳各种税费。

（一）将货物交付其他单位或者个人代销

将货物交付其他单位或者个人代销，是指纳税人（委托方）以支付手续费等经济利益为条件，委托他人代销货物而将自己的货物交付受托方的行为。

委托其他纳税人代销货物，委托方的纳税义务发生时间为收到代销单位的代销清单或者收到全部或者部分货款的当天。未收到代销清单及货款的，为发出代销货物满 180 天的当天。

代销方式有两种：视同买断方式和收取手续费方式，二者会计处理方法有所不同。

1. 视同买断方式

视同买断方式代销商品，是指委托方和受托方签订合同或协议，委托方按合同或协议

收取代销的货款,实际售价由受托方自定,实际售价与合同或协议价之间的差额归受托方所有。委托方在交付商品时通常不确认收入,受托方也不作购进商品处理,受托方将商品销售后,按实际售价确认销售收入,并向委托方开具代销清单,委托方收到代销清单时,再确认本企业的销售收入。

【例2-44】 甲公司3月份委托乙商场(一般纳税人)销售商品200件,双方协议价为500元/件(不含税),成本为380元/件。乙商场当月售出120件,每件售价600元(不含税),并于月末将代销清单交给甲公司。甲公司收到代销清单后开具增值税专用发票,注明价款60 000元,税款9 600元,款项已收存银行。甲公司的会计处理为:

(1)发出代销商品时:

借:委托代销商品 76 000
　贷:库存商品 76 000

(2)收到乙商场的代销清单时:

借:应收账款 69 600
　贷:主营业务收入 60 000
　　　应交税费——应交增值税(销项税额) 9 600

同时结转委托代销产品成本:

借:主营业务成本 45 600
　贷:委托代销商品 45 600

(3)收到乙商场支付的款项时:

借:银行存款 69 600
　贷:应收账款 69 600

2.收取手续费方式

收取手续费方式的代销,是指受托方必须按委托方规定的价格进行销售,销售收入归委托方所有,受托方按协议要求收取一定比例的手续费。

【例2-45】 承[例2-44],假定代销协议规定,乙商场以500元/件的价格销售该商品,甲公司按销售价款的8％支付代销手续费。甲公司的会计处理为:

(1)发出代销商品时:

借:委托代销商品 76 000
　贷:库存商品 76 000

(2)收到乙商场的代销清单时:

借:应收账款 69 600
　贷:主营业务收入 60 000
　　　应交税费——应交增值税(销项税额) 9 600

同时结转委托代销产品成本时:

借:主营业务成本 45 600
　贷:发出商品——委托代销商品 45 600

（3）收到乙商场开具的手续费专用发票及支付的款项时：

借：银行存款　　　　　　　　　　　　　　　　　　　64 800
　　销售费用　　　　　　　　　　　　　　　　　　　4 528.30
　　应交税费——应交增值税（进项税额）　　　　　　271.70
　　　贷：应收账款　　　　　　　　　　　　　　　　　　　　69 600

（二）销售代销货物

与委托代销货物相对应，销售代销货物也包括视同买断和收取手续费两种方式。

1. 视同买断方式

【例2-46】　承[例2-44]，受托方乙商场的会计处理为：

（1）收到代销商品时：

借：受托代销商品　　　　　　　　　　　　　　　　　100 000
　　贷：受托代销商品款　　　　　　　　　　　　　　　　　100 000

（2）实际销售受托代销商品时：

借：银行存款　　　　　　　　　　　　　　　　　　　83 520
　　贷：主营业务收入　　　　　　　　　　　　　　　　　　72 000
　　　　应交税费——应交增值税（销项税额）　　　　　　11 520

同时结转受托代销产品成本：

借：主营业务成本　　　　　　　　　　　　　　　　　60 000
　　贷：受托代销商品　　　　　　　　　　　　　　　　　　60 000

（3）收到甲公司开来的增值税专用发票时：

借：受托代销商品款　　　　　　　　　　　　　　　　60 000
　　应交税费——应交增值税（进项税额）　　　　　　9 600
　　　贷：应付账款　　　　　　　　　　　　　　　　　　　69 600

（4）支付代销商品款时：

借：应付账款　　　　　　　　　　　　　　　　　　　69 600
　　贷：银行存款　　　　　　　　　　　　　　　　　　　　69 600

2. 收取手续费方式

【例2-47】　承[例2-45]，受托方乙商场的会计处理为：

（1）收到代销商品时：

借：受托代销商品　　　　　　　　　　　　　　　　　100 000
　　贷：受托代销商品款　　　　　　　　　　　　　　　　　100 000

（2）销售受托代销商品时：

借：银行存款　　　　　　　　　　　　　　　　　　　69 600
　　贷：应付账款　　　　　　　　　　　　　　　　　　　　60 000
　　　　应交税费——应交增值税（销项税额）　　　　　　9 600

（3）给委托方开具代销清单后,从委托方取得专用发票时:

借:应交税费——应交增值税(进项税额)　　　　　　　　　　9 600
　　贷:应付账款　　　　　　　　　　　　　　　　　　　　　　9 600

借:受托代销商品款　　　　　　　　　　　　　　　　　　　60 000
　　贷:受托代销商品　　　　　　　　　　　　　　　　　　　　60 000

（4）支付委托单位的货款并计算手续费时:

借:应付账款　　　　　　　　　　　　　　　　　　　　　　69 600
　　贷:银行存款　　　　　　　　　　　　　　　　　　　　　　64 800
　　　　其他业务收入　　　　　　　　　　　　　　　　　　　4 528.30
　　　　应交税费——应交增值税(销项税额)　　　　　　　　　271.70

（三）将货物从一个机构移送至其他机构用于销售

设有两个以上机构并实行统一核算的纳税人,将货物从一个机构移送至其他机构用于销售[相关机构设在同一县(市)的除外],是指售货机构发生以下情形之一的经营行为:①向购货方开具发票;②向购货方收取货款。

售货机构的货物移送行为有上述两项情形之一的,应当向所在地税务机关交纳增值税;未发生上述两项情形的,则应由总机构统一交纳增值税。

该项视同销售属于会计销售行为,应确认销售收入并按规定计算交纳增值税。同时应注意的是,此项规定仅限于不在同一县(市)的相关机构相互间移送用于销售的货物,而不包括相关机构相互间移送原料或半成品等用于生产而非用于销售的货物。

【例2-48】　假定在A地的甲公司在B地设有一个销售分公司(一级批发站),8月份从A地向B地分公司移送商品100件,开具的增值税专用发票上注明价款100 000元,税款16 000元,款项未收。该批商品的成本为800元/件,同类一级批发价为1 000元/件,零售价为1 200元/件。双方均为增值税一般纳税人,增值税税率16%。甲公司的会计处理为:

借:应收账款　　　　　　　　　　　　　　　　　　　　　116 000
　　贷:主营业务收入　　　　　　　　　　　　　　　　　　　100 000
　　　　应交税费——应交增值税(销项税额)　　　　　　　　　16 000

（四）将自产、委托加工的货物用于集体福利或者个人消费

企业以其自产或委托加工收回的产品作为非货币性福利用于集体福利或个人消费的,应当按照该产品的公允价值和相关税费,计量应计入成本费用的职工薪酬金额。相关收入及其成本的确认计量和相关税费的处理,与正常商品销售相同。以外购商品作为非货币性福利用于集体福利或个人消费的,应当按照该商品的公允价值和相关税费,计量应计入成本费用的职工薪酬金额。

【例2-49】　某公司为一家生产饮料的企业,共有职工200名,春节将公司生产的饮料发给职工,每人2瓶,饮料的成本为5元/瓶;同时将外购的每台不含税价格为600元的电暖气作为春节福利发放给公司职工。该种饮料的市场不含税售价为每瓶7元,适用的增值税税率为16%;公司购买电暖气取得了增值税专用发票(当期通过认证),增值税税率16%。

假定在 200 名职工中,120 名为直接参加生产的职工,30 名为车间管理人员,50 名为总部管理人员。该公司的会计处理为:

(1) 发放饮料的会计处理为:

$$饮料的售价总额=7×2×200=2\ 800(元)$$
$$饮料的增值税销项税额=2\ 800×16\%=448(元)$$

借:生产成本　　　　　　　　　　　　　　　　　　　　　　　　1 948.80
　　制造费用　　　　　　　　　　　　　　　　　　　　　　　　487.20
　　管理费用　　　　　　　　　　　　　　　　　　　　　　　　812
　　贷:应付职工薪酬——非货币性福利　　　　　　　　　　　　3 248

借:应付职工薪酬——非货币性福利　　　　　　　　　　　　　　3 248
　　贷:主营业务收入　　　　　　　　　　　　　　　　　　　　2 800
　　　　应交税费——应交增值税(销项税额)　　　　　　　　　　448

借:主营业务成本　　　　　　　　　　　　　　　　　　　　　　2 000
　　贷:库存商品　　　　　　　　　　　　　　　　　　　　　　2 000

(2) 发放电暖气的会计处理为:

$$电暖气的售价金额=600×200=120\ 000(元)$$
$$电暖气的进项税额=120\ 000×16\%=19\ 200(元)$$

借:应付职工薪酬——非货币性福利　　　　　　　　　　　　　　120 000
　　应交税费——应交增值税(进项税额)　　　　　　　　　　　　19 200
　　贷:银行存款　　　　　　　　　　　　　　　　　　　　　　139 200

借:生产成本　　　　　　　　　　　　　　　　　　　　　　　　83 520
　　制造费用　　　　　　　　　　　　　　　　　　　　　　　　20 880
　　管理费用　　　　　　　　　　　　　　　　　　　　　　　　34 800
　　贷:应付职工薪酬——非货币性福利　　　　　　　　　　　　120 000
　　　　应交税费——应交增值税(进项税额转出)　　　　　　　　19 200

(五) 将自产、委托加工或者购进的货物作为投资,提供给其他单位或者个体工商户

【例 2-50】 甲公司将自产的实际成本为 200 万元的产品投资于 A 公司,双方协商以该商品的公允价值 348 万元(含税价)作价。甲公司的投资占 A 公司全部股份的 10%,甲公司的会计处理为:

借:其他权益工具投资　　　　　　　　　　　　　　　　　　　　3 480 000
　　贷:主营业务收入　　　　　　　　　　　　　　　　　　　　3 000 000
　　　　应交税费——应交增值税(销项税额)　　　　　　　　　　480 000

借:主营业务成本　　　　　　　　　　　　　　　　　　　　　　2 000 000
　　贷:库存商品　　　　　　　　　　　　　　　　　　　　　　2 000 000

（六）将自产、委托加工或者购进的货物分配给股东或者投资者

企业将自产、委托加工或购进的货物分配给股东或投资者，属于会计销售行为，作为销售收入处理。在货物移送时，按移送货物的售价或组成计税价格乘以适用税率计算应纳增值税额。

【例2-51】 甲公司以自产的一批产品作为股利分配给投资者，该批产品的成本为150万元，市场不含税售价200万元，适用的增值税税率为16%。甲公司的会计处理为：

借：利润分配——应付股利	2 320 000
贷：应付股利	2 320 000
借：应付股利	2 320 000
贷：主营业务收入	2 000 000
应交税费——应交增值税（销项税额）	320 000
借：主营业务成本	1 500 000
贷：库存商品	1 500 000

（七）将自产、委托加工或者购进的货物无偿赠送其他单位或者个人

企业将自产、委托加工或购买的货物无偿赠送他人，属于应税销售行为，不作销售收入处理，只需按成本转账即可。在货物移送时，按移送货物的售价或组成计税价格乘以适用税率计算应纳增值税税额。

【例2-52】 甲公司8月份将自产的产品一批赠送给灾区，该批产品的成本为200 000元，市场不含税售价250 000元。甲公司的会计处理为：

借：营业外支出	240 000
贷：库存商品	200 000
应交税费——应交增值税（销项税额）	40 000

六、差额征税的会计处理

（一）企业发生相关成本费用允许扣减销售额的账务处理

按现行增值税制度规定企业发生相关成本费用允许扣减销售额的，发生成本费用时，按应付或实际支付的金额，借记"主营业务成本""存货""工程施工"等科目，贷记"应付账款""应付票据""银行存款"等科目。待取得合规增值税扣税凭证且纳税义务发生时，按照允许抵扣的税额，借记"应交税费——应交增值税（销项税额抵减）"科目，贷记"主营业务成本""存货""工程施工"等科目。

【例2-53】 某A公司为增值税一般纳税人，提供客运场站服务，5月取得含税收入106万元，当月应支付承运方运费21.2万元，取得增值税发票。

借：应收账款   1 060 000
    贷：主营业务收入   1 000 000
        应交税费——应交增值税（销项税额）   60 000

借：主营业务成本   212 000
    贷：应付账款   212 000

借：应交税费——应交增值税（销项税额抵减）   12 000
    贷：主营业务成本   12 000

【例2-54】 上海旅游服务经营企业A公司于5月承接了上海某单位的旅游服务业务，合同含税总价1 091 800元，约定游览上海、浙江省际沿路景点，并同意由B旅游公司分包浙江景点游览服务，分包金额436 720元。A公司安排客人游览上海境内若干景区，旅途发生住宿费235 500元、餐饮费184 210元、交通费65 370元、门票费60 820元、游客人身意外险保费21 850元、购物费37 040元，均取得普通发票。本月A公司取得水、电费等增值税专用发票进项税额2 550元，无其他业务发生。

分析：A公司销售额可扣除费用不含游客人身意外险保费、购物费，因此本月可扣除销售额为235 500＋184 210＋65 370＋60 820＋436 720＝982 620元，扣除后的销售额为1 091 800－982 620＝109 180元。

A公司本月应纳增值税额＝109 180÷(1＋6％)×6％－2 550＝3 630(元)

(1) 取得旅游服务收入时：

借：银行存款   1 091 800
    贷：主营业务收入   1 030 000
        应交税费——应交增值税（销项税额）   61 800

(2) 支付B公司旅游服务分包款时：

借：主营业务成本   412 000
    应交税费——应交增值税（销项税额抵减）   24 720
    贷：银行存款   436 720

(3) 住宿费、餐饮费、交通费、门票费入账时：

借：主营业务成本   515 000
    应交税费——应交增值税（销项税额抵减）   30 900
    贷：银行存款   545 900

(二) 金融商品转让的会计处理

金融商品转让时，以盈亏相抵后的余额作为销售额。金融商品实际转让月末，如产生转让收益，则按应纳税额借记"投资收益"等科目，贷记"应交税费——转让金融商品应交增值税"科目；如产生转让损失，则按可结转下月抵扣税额，借记"应交税费——转让金融商品应交增值税"科目，贷记"投资收益"等科目。交纳增值税时，应借记"应交税费——转让金融商品应交增值税"科目，贷记"银行存款"科目。年末，本科目如有借方余额，则借记"投资收益"等科目，贷记"应交税费——转让金融商品应交增值税"科目。

【例 2-55】 丁为一家金融企业,10 月初,以 742 万元的价格从证券市场购入股票 100 万股,作为交易性金融资产核算和管理。10 月末,将其全部转让,卖出价为 848 万元。丁企业的会计处理为:

借:交易性金融资产   7 420 000
  贷:银行存款   7 420 000

借:银行存款   8 480 000
  贷:交易性金融资产   7 420 000
    投资收益   1 060 000

借:投资收益   60 000
  贷:应交税费——转让金融商品应交增值税   60 000

七、包装物销项税额的会计处理

(一)随同产品出售出租的包装物

企业在销售产品的同时向购买方收取的包装物租金属于向购买方收取的价外费用,应并入销售额计算应纳增值税额。出租包装物实际上是企业的一项附营业务,因此其租金收入应记入"其他业务收入"科目,成本记入"其他业务成本"科目。

【例 2-56】 甲公司 8 月份销售 Y 产品一批,开具普通发票上注明价款 139 200 元。另外,开具的普通发票上注明收取包装物租金 5 220 元,收取款项存入银行。该批产品成本 80 000 元,包装物成本 2 300 元,适用的增值税税率 16%。甲公司的会计处理为:

(1)确认收入:

$$增值税销项税额＝(139\ 200＋5\ 220)÷1.16×16\%＝19\ 920(元)$$

借:银行存款   144 420
  贷:主营业务收入   120 000
    其他业务收入   4 500
    应交税费——应交增值税(销项税额)   19 920

(2)结转成本:

借:主营业务成本   80 000
  其他业务成本   2 300
  贷:库存商品   80 000
    周转材料——包装物   2 300

(二)销售货物收取的包装物押金

纳税人为销售货物(不含除啤酒、黄酒外的其他酒类产品)而出租出借包装物收取的押金,单独记账核算且时间在 1 年以内又未过期的,不并入销售额中计税。但对因逾期未收回包装物而不再退还的押金,应先将该押金换算成不含税价按所包装货物的适用税率计算增值税销项税额。

【例2-57】 甲公司9月份销售Z产品一批,增值税专用发票上注明价款200 000元,增值税税款32 000元;另外收取包装物押金3 480元,包装物回收期限2个月,收取款项存入银行。甲公司的会计处理为:

(1)销售实现时:

借:银行存款 235 480
 贷:主营业务收入 200 000
  应交税费——应交增值税(销项税额) 32 000
  其他应付款——包装物押金 3 480

(2)假定包装物到期收回,退回押金时:

借:其他应付款——包装物押金 3 480
 贷:银行存款 3 480

(3)假定包装物到期未收回,没收押金时:

$$增值税销项税额=3\ 480÷1.16×16\%=480(元)$$

借:其他应付款——包装物押金 3 480
 贷:其他业务收入 3 000
  应交税费——应交增值税(销项税额) 480

八、销售固定资产销项税额的会计处理

一般纳税人销售固定资产涉及增值税的有两种情况:一是纳税人销售未抵扣过进项税额的固定资产;二是纳税人销售已抵扣过进项税额的固定资产,两者增值税的处理方式有所不同。

(一)销售未抵扣过进项税额的固定资产

纳税人销售自己使用过的属于不得抵扣且未抵扣进项税额的固定资产,视同旧货销售,按照简易征税办法依不含税销售额的3%减按2%征收增值税。

【例2-58】 甲公司12月份将不需用的部分资产进行处理,销售一台已经使用6年的固定资产,取得收入(含税)20 000元。该固定资产原值100 000元,已提折旧60 000元,另支付清理费用5 000元,相关业务均以银行存款结算。甲公司的会计处理为:

(1)固定资产转入清理:

借:固定资产清理 40 000
 累计折旧 60 000
 贷:固定资产 100 000

(2)销售固定资产:

$$增值税销项税额=20\ 000÷(1+3\%)×2\%=388.35(元)$$

借:银行存款 20 000.00
 贷:固定资产清理 19 611.65
  应交税费——简易计税 388.35

（3）支付清理费用：

借：固定资产清理   5 000

    贷：银行存款   5 000

（4）结转销售固定资产净损益：

借：资产处置损益   25 388.35

    贷：固定资产清理   25 388.35

（二）销售已抵扣过进项税额的固定资产

纳税人销售已抵扣过进项税额的固定资产，按正常销售货物适用16%的税率征收增值税。

【例2-59】 甲公司10月份销售上年购入的已抵扣过进项税额的设备一台，该设备原价120 000，已计提折旧20 000元，转让时取得含税价款139 200元；另支付清理费用3 000元，相关业务均以银行存款结算。甲公司的会计处理为：

（1）固定资产转入清理：

借：固定资产清理   100 000

    累计折旧   20 000

    贷：固定资产   120 000

（2）销售固定资产：

$$增值税销项税额 = 139\ 200 \div (1 + 16\%) \times 16\% = 19\ 200（元）$$

借：银行存款   139 200

    贷：固定资产清理   120 000

      应交税费——应交增值税（销项税额）   19 200

（3）支付清理费用：

借：固定资产清理   3 000

    贷：银行存款   3 000

（4）结转销售固定资产净损益：

借：固定资产清理   17 000

    贷：资产处置损益   17 000

第六节　增值税减免与交纳的会计处理

一、直接减免增值税的会计处理

对于直接销售免征增值税的货物时，不必计提销项税额。为生产免税货物而购进的原材料，其进项税额已转入存货成本；购进原材料既可用于应税项目又可用于免税项目的，用于免税项目原材料的进项税额作转出处理,记入"主营业务成本"科目。

（1）销售免税货物时：

借：银行存款等　　　　　　　　　　　　　　　　　　　　　　　×××
　　贷：主营业务收入等　　　　　　　　　　　　　　　　　　　　　×××

（2）购进材料时：

借：原材料（或主营业务成本等）　　　　　　　　　　　　　　　　　×××
　　贷：应交税费——应交增值税（进项税额转出）　　　　　　　　　×××

这样处理之后,免税货物销售收入减去相应的销售成本即为免税货物的销售毛利,自然并入企业的利润总额交纳企业所得税。

对于税法规定的其他直接减免增值税的优惠规定,账务处理为：

借：应交税费——应交增值税（减免税款）
　　贷：营业外收入

二、即征即退增值税的会计处理

税法规定对符合条件的应税事项,采用增值税即征即退的办法,即企业在向主管税务机关办理增值税的纳税同时,办理增值税的退税手续,现金并没有实际流动。到税务机关办理即征即退手续后,凭有关票据借记"应交税费——应交增值税（已交税金）""应交税费——未交增值税"等科目,贷记"银行存款"科目;同时,按即退税额,借记"银行存款"科目,贷记"其他收益"科目。

三、先征后退、先征后返增值税的会计处理

"先征后退""先征后返"大同小异。先征后退的税款由税务机关退还,先征后返的税款由财政机关返还。收到的退（返）还税款应记入"其他收益"科目。

【例2-60】　M公司生产一种特殊的模具产品,按照国家的相关规定,M公司生产的这种产品适用增值税先征后返政策,按实际交纳的增值税税额的60%进行返还,2月份该公司实际交纳增值税1 200 000元,4月底实际收到返还的增值税款720 000元。M公司的会计处理为：

（1）实际交纳2月份的税款时：

借：应交税费——未交增值税　　　　　　　　　　　　　　　　1 200 000
　　贷：银行存款　　　　　　　　　　　　　　　　　　　　　　1 200 000

（2）计提应退（返）还的增值税时：

借：其他应收款　　　　　　　　　　　　　　　　　　　　　　　720 000
　　贷：其他收益　　　　　　　　　　　　　　　　　　　　　　　720 000

（3）收到退（返）还的增值税时：

借：银行存款   720 000

   贷：其他应收款   720 000

四、增值税的期末结转与交纳

（一）增值税的期末结转

月度终了，一般纳税人应当将当月应交未交或多交、预交的增值税自"应交增值税""预交增值税"明细科目转入"未交增值税"明细科目。

对于当月应交未交的增值税：

借：应交税费——应交增值税（转出未交增值税）   ×××

   贷：应交税费——未交增值税   ×××

对于当月多交、预交的增值税

借：应交税费——未交增值税   ×××

   贷：应交税费——应交增值税（转出多交增值税）   ×××

             ——预交增值税（房地产开发企业等预交增值税后，应直至纳税义务

                发生时方可转入未交增值税）   ×××

（二）增值税的交纳

如果按日作为纳税期限，则当月需要交纳当月应交的增值税；如果按月作为纳税期限，则本月应交的增值税到下月 15 日之前交纳。两者的会计处理也有不同。

（1）交纳当月应交增值税

借：应交税费——应交增值税（已交税金）   ×××

   贷：银行存款   ×××

（2）交纳以前期间未交增值税

借：应交税费——未交增值税   ×××

   贷：银行存款   ×××

（3）预缴增值税

借：应交税费——预交增值税   ×××

   贷：银行存款   ×××

第七节　简易计税方法下增值税的会计处理

一、一般纳税人采用简易计税方法增值税的会计处理

一般纳税人购进货物、加工修理修配劳务、服务、无形资产或不动产，用于简易计税方

法计税项目等,其进项税额按照现行增值税制度规定不得从销项税额中抵扣,取得增值税专用发票时,应借记相关成本费用或资产科目,借记"应交税费——待认证进项税额"科目,贷记"银行存款""应付账款"等科目;经税务机关认证后,应借记相关成本费用或资产科目,贷记"应交税费——应交增值税(进项税额转出)"科目。

一般纳税人销售货物、劳务、服务等,应设置"应交税费——简易计税"科目核算采用简易计税方法应交纳的增值税额。

（一）一般纳税人提供劳务派遣服务的会计处理

【例2-61】 M公司为一般纳税人,提供劳务派遣服务,选择简易计税方法适用差额征税。6月份支付电费(含税)4 640元,取得增值税专用发票并认证;从用工单位丁公司取得含税销售额100万元;支付给劳务派遣员工工资、福利和为其办理社会保险及住房公积金的费用80万元,征收率5%。

$$增值税进项税额=4\,640\div(1+16\%)\times16\%=640(元)$$
$$应纳增值税税额=(1\,000\,000-800\,000)\div(1+5\%)\times5\%=9\,523.81(元)$$

（1）支付电费:

借:管理费用	4 000
应交税费——应交增值税(进项税额)	640
贷:银行存款	4 640
借:管理费用	640
贷:应交税费——应交增值税(进项税额转出)	640

（2）确认收入时:

借:银行存款	1 000 000
贷:主营业务收入	952 380.95
应交税费——简易计税	47 619.05

（3）支付给劳务派遣员工工资、福利和为其办理社会保险及住房公积金:

借:主营业务成本	800 000
贷:银行存款	800 000

（4）取得合规的扣税凭证:

借:应交税费——简易计税	38 095.24
贷:主营业务成本	38 095.24

（5）交纳增值税:

借:应交税费——未交增值税	9 523.81
贷:银行存款	9 523.81

（二）一般纳税人提供建筑服务的会计处理

【例2-62】 河南的甲公司承包了河北一个合同值为1 000万元的工程项目,并把其中300万元的部分项目分包给具有相应资质的乙公司,工程完工后,该工程项目最终结算值为

1 000 万元。假设该项目属于老项目,甲乙公司均采取简易计税。甲公司完成工程累计发生合同成本 500 万元。

(1) 甲公司完成合同成本:

借:工程施工——合同成本   5 000 000
 贷:原材料等   5 000 000

(2) 甲公司收到总承包款:

借:银行存款   10 000 000.00
 贷:工程结算   9 708 737.86
  应交税费——简易计税   291 262.14

(3) 向项目所在地预交增值税:

$$预交增值税 = (1\ 000 - 300) \div (1 + 3\%) \times 3\% = 203\ 883.50(元)$$

借:应交税费——预交增值税   203 883.50
 贷:银行存款   203 883.50

(4) 分包工程结算:

借:工程施工——合同成本   2 912 621.36
 应交税费——简易计税   87 378.64
 贷:应付账款——乙公司   3 000 000.00

(5) 全额支付分包工程款:

借:应付账款——乙公司   3 000 000
 贷:银行存款   3 000 000

(6) 甲公司确认该项目收入与费用:

借:主营业务成本   7 912 621.36
 工程施工——合同毛利   1 796 116.50
 贷:主营业务收入   9 708 737.86

(7) 工程结算与工程施工对冲结平:

借:工程结算   9 708 737.86
 贷:工程施工——合同成本   7 912 621.36
    ——合同毛利   1 796 116.50

(8) 结转预交增值税:

借:应交税费——简易计税   203 883.50
 贷:应交税费——预交增值税   203 883.50

简易计税情况下,一般预交税款等于向机构所在地主管税务机关纳税申报的税额。甲公司按差额计算税额 $= (1\ 000 - 300) \div (1 + 3\%) \times 3\% = 203\ 883.50$ 元,在河南主管税务机关进行纳税申报。

(三) 房地产开发企业销售不动产的会计处理

【例 2-63】 丙公司为房地产开发企业,具有一般纳税人资格,机构所在地为 A 区,开发的房地产项目也在 A 区。项目《建筑工程施工许可证》登记的开工日期在 2016 年 4 月 30 日前,计税方法选择简易征收。2016 年 5 月 5 日预售,取得预收款 100 000 000 元。2016 年 12 月 20 日,丙公司将不动产交付给买受人。丙公司的会计处理为:

(1) 2016 年 5 月 5 日,收到预收款时:

借:银行存款 　　　　　　　　　　　　　　　　　　　　　　　　100 000 000
　　贷:预收账款 　　　　　　　　　　　　　　　　　　　　　　　100 000 000

(2) 2016 年 5 月 5 日,按照 3% 的预征率预交增值税时:

预交增值税＝100 000 000÷(1＋5%)×3%＝2 857 142.86(元)

借:应交税费——预交增值税 　　　　　　　　　　　　　　　　　2 857 142.86
　　贷:银行存款 　　　　　　　　　　　　　　　　　　　　　　　2 857 142.86

(3) 2016 年 12 月 20 日,将不动产交付给买受人时:

应纳增值税＝10 000 000÷(1＋5%)×5%＝4 761 904.77(元)

借:预收账款 　　　　　　　　　　　　　　　　　　　　　　　100 000 000.00
　　贷:主营业务收入 　　　　　　　　　　　　　　　　　　　　95 238 095.23
　　　　应交税费——简易计税 　　　　　　　　　　　　　　　　4 761 904.77

(4) 结转预交增值税时:

借:应交税费——简易计税 　　　　　　　　　　　　　　　　　　2 857 142.86
　　贷:应交税费——预交增值税 　　　　　　　　　　　　　　　2 857 142.86

(5) 补交增值税时:

借:应交税费——简易计税 　　　　　　　　　　　　　　　　　　1 904 761.91
　　贷:银行存款 　　　　　　　　　　　　　　　　　　　　　　1 904 761.91

二、小规模纳税人购进货物和接受应税劳务、服务的会计处理

小规模纳税人采用简易计税方法交纳增值税,不能抵扣进项税额,所以其购买货物、服务、无形资产或不动产所支付的增值税直接记入货物或劳务的成本,借记"原材料"等科目,贷记"应付账款""银行存款"等科目。

【例 2-64】 恒瑞公司为增值税小规模纳税人,购入一批原材料,取得的增值税专用发票上注明价款 10 000 元,税款 1 600 元。购入包装物一批,取得的普通发票上所列价款 3 000 元。采购的物资已验收入库,款项已支付。该公司的会计处理为:

借:原材料 　　　　　　　　　　　　　　　　　　　　　　　　　11 600
　　周转材料——包装物 　　　　　　　　　　　　　　　　　　　3 000
　　贷:银行存款 　　　　　　　　　　　　　　　　　　　　　　14 600

三、小规模纳税人销售货物或提供应税劳务的会计处理

小规模纳税人销售货物、加工修理修配劳务、服务、无形资产或不动产,按实际收取或

应收取的款项,借记"银行存款""应收账款"等科目;按实现的不含税销售额,贷记"主营业务收入""其他业务收入"等科目,按不含税销售额乘以征收率计算的增值税额,贷记"应交税费——应交增值税"科目。

【例2-65】 恒瑞公司为增值税小规模纳税人,9月份销售货物一批,开具的普通发票上注明价款为15 450元,货款尚未收到。该公司的会计处理为:

$$应纳增值税税额＝15\ 450÷(1+3\%)×3\%＝450(元)$$

借:应收账款　　　　　　　　　　　　　　　　　　　　　　　　　15 450
　贷:主营业务收入　　　　　　　　　　　　　　　　　　　　　　　15 000
　　　应交税费——应交增值税　　　　　　　　　　　　　　　　　　　450

四、小规模纳税人交纳增值税的会计处理

小规模纳税人按规定的纳税期限上缴增值税时,应借记"应交税费——应交增值税"科目,贷记"银行存款"科目。收到退回多缴的增值税时,作相反的会计分录。

【例2-66】 假定恒瑞公司12月份"应交税费——应交增值税"科目的贷方余额为35 000元,按规定申报交纳增值税时的会计处理为:

借:应交税费——应交增值税　　　　　　　　　　　　　　　　　　　35 000
　贷:银行存款　　　　　　　　　　　　　　　　　　　　　　　　　35 000

思 考 题

1. 如何区分增值税的一般纳税人和小规模纳税人?
2. 增值税的征税范围如何规定?
3. 一般纳税人和小规模纳税人在应纳税额计算上有何差异?
4. 什么是视同销售行为?具体包括什么内容?
5. 什么是进项税额?进项税额的抵扣有何规定?进项税额的转出情形有哪些?
6. 一般纳税人的"应交税费——应交增值税"科目下如何设置明细科目?

练 习 题

习题一

一、目的:练习增值税应纳税额的计算。

二、资料:某工业企业(增值税一般纳税人)购销业务情况如下:

(1)购进生产原料一批,已验收入库,取得的增值税专用发票上注明的货价、税款分别为23万元、3.68万元。另支付运费3万元,增值税0.3万元,取得运输部门开具的增值税专用发票。假设增值税专用发票本期未进行认证。

(2)上述业务取得的增值税专用发票通过认证。

(3)购进钢材20吨,已验收入库,取得的增值税专用发票上注明的货价、税款分别为8

万元、1.28 万元。假设增值税专用发票本期进行认证。

(4) 直接向农民收购用于生产加工的农产品一批,经税务机关批准的收购凭证上注明价款为 42 万元。

(5) 销售产品一批,货已发出并办妥托收手续,但货款尚未收到,向买方开具的专用发票上注明销售额 42 万元。

(6) 将上月库存的同价钢材 20 吨移送本企业集体福利项目使用。

(7) 期初留抵进项税额 0.5 万元。

三、要求:计算企业 10 月份应纳增值税税额。

习题二

一、目的:练习企业进项税额、进项税额转出和销项税额的会计处理。

二、资料:某企业为增值税一般纳税人,8 月份发生以下经济业务(假设所取得的增值税专用发票均在本期进行认证):

(1) 购进甲材料 2 000 件,每件不含税价 15 元,收到增值税专用发票,注明进项税额 4 800 元,材料验收入库,款项用银行存款支付。

(2) 购买乙材料一批,取得的普通发票上注明价款 15 000 元,材料验收入库,款项用银行存款支付。

(3) 因企业生产需要,进口一台设备,关税完税价格 100 000 元,已纳关税 20 000 元,款项已付。

(4) 销售产品 500 件,每件价税合计 348 元,用自备汽车运输,向购买方收取运费 2 340 元,收到款项存入银行,未分别核算产品销售额和运输服务销售额。

(5) 将自产的一批成本 20 000 元、公允价值 25 000 元的产品捐赠给希望小学。

(6) 库存的一批账面价值 3 000 元的甲材料由于管理不善霉烂变质,经批准,应由责任人赔偿 1 000 元,其余转为管理费用。

三、要求:按顺序编制该企业上述业务的会计分录。

习题三

一、目的:综合练习企业增值税的计算及会计处理。

二、资料:某企业为增值税一般纳税人,生产并销售 B 产品,10 月份发生以下经济业务(假设所取得的增值税专用发票均在本期进行认证):

(1) 4 日,上交上月的增值税 43 690 元。

(2) 5 日,外购电暖气发给职工,取得的增值税专用发票上注明价款 48 000 元,税款 7 680 元,款项已付。

(3) 6 日,销售 B 产品给消费者个人,价税合计 58 000 元,款已收存银行,B 产品的实际成本为 42 000 元。

(4) 8 日,从 D 公司购入一台不需要安装的生产用设备一台,取得的增值税专用发票上注明价款 300 000 元,增值税 48 000 元。不含税运费 10 000 元,增值税 1 000 元,取得运输部门开具的增值税专用发票。上述款项已付。

(5) 12 日,将 B 产品一批分配给投资者,该批产品的不含税市场售价 100 000 元,成本 80 000 元。

(6) 15 日,上月销售的 B 产品发生部分退货,不含税价款 40 000 元,收到购货方转来的进货退出证明单。

(7) 20 日,盘亏库存商品账面价值 15 000 元。外购项目的金额占全部生产成本的 70%,适用增值税税率 16%。

(8) 25 日,用以旧换新方式向消费者销售 B 产品 200 000 元(已扣除收购旧货物支付的款项 50 000 元),款已收存银行。

(9) 28 日,没收逾期包装物押金 6 000 元。

(10) 结转 10 月份"应交税费——应交增值税"科目的期末余额。

三、要求:计算应交纳的增值税,并编制相关业务的会计分录。

习题四

一、目的:练习企业增值税的计算及会计处理。

二、资料:甲企业为房地产开发企业,具有一般纳税人资格,2018 年发生以下经济业务:

(1) 5 月 15 日与市土地管理部门签订土地受让合同,受让 A 地块土地面积 10 万平米,支付土地价款 4 亿元,取得合法票据。项目《建筑工程施工许可证》登记的开工日期为 2018 年 6 月 30 日。

(2) 甲企业 7 月启动开发 A 地块,商品房可售建筑面积 12 万平方米。预售商品房 12 万平方米,取得预售房款 15 亿元。

(3) 甲企业购入一台不需要安装的施工用机械,以银行存款支付价款 30 万元,增值税 4.8 万元,取得增值税专用发票并进行认证。

(4) 12 月 20 日,甲企业将不动产交付给买受人。

三、要求:计算甲企业应交纳的增值税,并编制相关业务的会计分录。

第三章 消费税会计

本章导读

消费税是指对消费品和特定的消费行为按消费流转额征收的一种流转税,消费税作为增值税的补充,两税实现优势互补。

本章主要介绍消费税的税制构成要素、消费税的计算与纳税申报、消费税的会计处理。学习本章内容,应了解消费税的纳税人、征税范围、税目、税率等基本内容;重点掌握生产销售、委托加工、自产自用以及进口环节应纳消费税的计算及涉税账务处理;了解消费税纳税申报等内容。

第一节 消费税概述

一、消费税的概念与特点

（一）消费税的概念

消费税是对在我国境内从事生产、委托加工和进口应税消费品的单位和个人,就其应税消费品的销售额或销售数量在特定环节征收的一种流转税。

我国消费税的征收具有较强的选择性,在对所有货物普遍征收增值税的基础上,再选择少数应税消费品征收一道消费税,目的是为了调节产品结构,引导消费方向,保证国家财政收入。

（二）消费税的特点

与增值税相比,具有以下几个显著特点。

1. 征收范围具有选择性

我国目前征收消费税的应税消费品只有 14 个税目,征税范围有限。只有消费税税目税率表上列举的应税消费品才征收消费税,没有列举的则不征收消费税。

2. 征税环节具有单一性

只有卷烟在生产、批发两个环节同时交纳,其他的应税消费品在指定的生产、委托加工、进口、零售环节一次性交纳,其他环节不再交纳,即单一环节纳税。

3. 平均税率水平比较高且税负差异大

为了有效体现国家政策,消费税的平均税率水平一般定得比较高,并且不同征收项目的税负差异较大,对需要限制或控制消费的消费品,通常税负较重,对一般鼓励性的应税消费品规定较低税率。我国现行消费税同增值税相互配合设置,从而对某些需要特殊调节的消费品形成一种交叉调节的间接税体系。

4. 征收方法具有灵活性

根据应税消费品的具体特点,分别采用从价定率、从量定额和复合计税三种方式征收。目前,对卷烟和白酒两种消费品采用复合计税方式征收,对啤酒、黄酒、成品油类消费品采用从量定额方式征收,其他应税消费品采用从价定率方式征收。

5. 税负具有更明显的转嫁性

消费税是间接税,无论在哪个环节征收,消费品价格中所含的消费税税款最终都要转嫁到消费者身上,由消费者承担。

二、消费税的纳税人与征税范围

(一) 纳税人

消费税的纳税人是指在中华人民共和国境内生产、委托加工和进口应税消费品的单位和个人,以及国务院确定的销售应税消费品的其他单位和个人。

单位,是指企业、行政单位、事业单位、军事单位、社会团体及其他单位。

个人,是指个体工商户及其他个人。

在中华人民共和国境内,是指生产、委托加工和进口属于应当交纳消费税的消费品的起运地或者所在地在境内。

(二) 征税范围

消费税的征税范围是指在中华人民共和国境内生产、委托加工和进口规定的应税消费品。列入消费税征税范围的消费品包括五大类:

(1) 过度消费会对人类健康、社会秩序、生态环境等方面造成危害的特殊消费品,如烟、酒、鞭炮、焰火等。

(2) 非生活必需品及奢侈品,如化妆品、贵重首饰、珠宝玉石等。

(3) 高能耗及高档消费品,如摩托车、小汽车等。

(4) 不可再生和替代的石油类消费品,如成品油等。

(5) 税基宽广、普遍征收,具有一定财政意义的消费品。

消费税的征税范围可以根据国家的政策和经济情况及消费结构的变化适当调整。

三、消费税的税目与税率

(一) 税目

从简化、科学原则出发,现行消费税共设置15个税目,包括:烟、酒、化妆品、贵重首饰及珠宝玉石、鞭炮焰火、成品油、小汽车、高尔夫球及球具、高档手表、游艇、木制一次性筷子、实木地板、电池、涂料等。有的税目还进一步划分为若干子目。

（二）税率

消费税有比例税率、定额税率和复合税率等形式。

（1）比例税率：适用于大多数应税消费品。

（2）定额税率：适用于啤酒、黄酒、成品油三种应税消费品。

（3）复合税率：适用于卷烟、白酒两种应税消费品。

消费税税目、税率（税额）见表3-1。

表3-1

消费税税目、税率（税额）

税　目	税　率
一、烟	
1. 卷烟	
工业	
（1）甲类卷烟：每标准条（200支）对外调拨价格在70元以上的（含70元，不含增值税）	56%加0.003元/支
（2）乙类卷烟：每标准条对外调拨价格在70元以下的	36%加0.003元/支
商业批发	11%加0.005元/支
2. 雪茄烟	36%
3. 烟丝	30%
二、酒	
1. 白酒	20%加0.5元/500克（或者500毫升）
2. 黄酒	240元/吨
3. 啤酒	
（1）甲类啤酒：每吨出厂价格（含包装物及包装物押金）在3 000元（含3 000元，不含增值税）以上的	250元/吨
（2）乙类啤酒：每吨在3 000元以下的	220元/吨
4. 其他酒	10%
三、高档化妆品	15%
四、贵重首饰及珠宝玉石	
1. 金银首饰、铂金首饰和钻石及钻石饰品	5%
2. 其他贵重首饰和珠宝玉石	10%
五、鞭炮、焰火	15%
六、成品油	
1. 汽油	1.52元/升
2. 石脑油	1.52元/升
3. 溶剂油	1.52元/升
4. 润滑油	1.52元/升
5. 柴油	1.20元/升
6. 航空煤油	1.20元/升
7. 燃料油	1.20元/升

税　目	税　率
七、摩托车	
1. 气缸容量（排气量,下同）250 毫升	3%
2. 气缸容量在 250 毫升以上的	10%
八、小汽车	
1. 乘用车	
（1）气缸容量（排气量,下同）在 1.0 升（含 1.0 升）以下的	1%
（2）气缸容量在 1.0 升以上至 1.5 升（含 1.5 升）的	3%
（3）气缸容量在 1.5 升以上至 2.0 升（含 2.0 升）的	5%
（4）气缸容量在 2.0 升以上至 2.5 升（含 2.5 升）的	9%
（5）气缸容量在 2.5 升以上至 3.0 升（含 3.0 升）的	12%
（6）气缸容量在 3.0 升以上至 4.0 升（含 4.0 升）的	25%
（7）气缸容量在 4.0 升以上的	40%
2. 中轻型商用客车	5%
3. 超豪华小汽车	零售环节加征消费税,税率为 10%
九、高尔夫球及球具	10%
十、高档手表	20%
十一、游艇	10%
十二、木制一次性筷子	5%
十三、实木地板	5%
十四、电池	4%
十五、涂料	4%

说明：

①卷烟换算关系：每标准条＝10 包,每包＝20 支,每标准条＝200 支；每标准箱＝250 标准条＝50 000 支。生产环节定额税率：每标准条 0.6 元,每标准箱 150 元。批发环节定额税率：每标准条 1.0 元,每标准箱 250 元。

②超豪华小汽车：每辆零售价 130 万元（不含增值税）及以上的乘用车和中轻型商用客车。

四、消费税的纳税环节

消费税只是在消费品生产、流通或消费的某一环节一次性征收。具体来说,消费税的纳税环节有以下几种情况。

（一）生产环节

生产环节是消费税征收的主要环节,在生产环节纳税又分为以下两种情况：

（1）纳税人生产的应税消费品对外直接销售的,于销售时纳税（在零售环节纳税的金银首饰、钻石及钻石饰品除外）。

（2）纳税人自产自用的应税消费品,用于连续生产应税消费品的,不纳税；用于其他方面的,于移送使用时纳税。

（二）批发环节

在中华人民共和国境内从事卷烟批发业务的单位和个人,凡是批发销售的所有牌号规格卷烟,都要按批发卷烟的销售额(不含增值税)乘以11％的税率加0.005元/支,交纳批发环节的消费税。卷烟批发企业之间销售的卷烟不交纳消费税,只有将卷烟销售给其他单位和个人时才交纳消费税。

(三)委托加工环节

委托加工的应税消费品,由受托方(个体经营者除外)在向委托方交货时代收代缴消费税。委托方收回后,用于连续生产应税消费品的,可抵扣已纳的税款;直接销售的,不再征收消费税。

(四)进口环节

进口的应税消费品,于报关进口时纳税,且进口环节交纳的消费税由海关代征。

(五)零售环节

在零售环节征收消费税的金银首饰、铂金首饰和钻石及钻石饰品,适用税率为5％,在纳税人销售实现时征收。超豪华小汽车在生产(进口)环节按现行税率征收消费税的基础上,在零售环节加征消费税,税率为10％。

五、消费税的征收管理

(一)消费税的纳税义务发生时间、纳税期限

消费税的纳税义务发生时间、纳税期限与增值税基本相同。注意委托加工的应税消费品,纳税义务发生时间为纳税人提货的当天。

(二)消费税的纳税地点

(1)纳税人销售的应税消费品,以及自产自用的应税消费品,除国家另有规定的外,应当向纳税人核算地主管税务机关申报纳税。

(2)委托加工的应税消费品,除受托方为个体经营者外,由受托方向所在地主管税务机关代收代缴消费税税款。

(3)进口的应税消费品,由进口人或者其代理人向报关地海关申报纳税。

(4)纳税人到外县(市)销售或委托外县(市)代销自产应税消费品的,于应税消费品销售后,回纳税人核算地或所在地交纳消费税。

(5)纳税人的总机构与分支机构不在同一县(市)的,应在生产应税消费品的分支机构所在地交纳消费税。但经国家税务总局及所属省国家税务局批准,纳税人分支机构应纳消费税税款也可由总机构汇总向总机构所在地主管税务机关交纳。

(6)纳税人销售的应税消费品,如因质量等原因由购买者退回时,经所在地主管税务机关审核批准后,可退还已征收的消费税,但不能自行直接抵减应纳税款。

(7)卷烟批发企业销售的应税消费品应向机构所在地申报纳税,总机构与分支机构不在同一地区的,由总机构申报纳税。

第二节　消费税的计算与纳税申报

一、消费税的计税方法

消费税的计税方法有从量定额、从价定率和复合计税三种。

（一）从量定额计税方法

从量定额计税方法适用于啤酒、黄酒、成品油应税消费品消费税的计算。其计算公式为：

$$应纳税额＝应税消费品销售数量×定额税率$$

1. 应税消费品销售数量确定
（1）销售应税消费品的，为应税消费品的销售数量。
（2）自产自用应税消费品的，为应税消费品的移送使用数量。
（3）委托加工应税消费品的，为纳税人收回的应税消费品数量。
（4）进口的应税消费品，为海关核定的应税消费品的进口数量。

2. 计量单位的换算标准
实行从量定额办法计算应纳税额的应税消费品，计量单位的换算标准如下：

①黄酒：1吨＝962升；②啤酒：1吨＝988升；③汽油：1吨＝1 388升；④柴油：1吨＝1 176升⑤航空煤油：1吨＝1 246升；⑥石脑油：1吨＝1 385升；⑦溶剂油：1吨＝1 282升；⑧润滑油：1吨＝1 126升；⑨燃料油：1吨＝1 015升。

【例3-1】　某酒厂6月份外销啤酒30吨，含税单价为3 132元/吨；当月作为福利发给职工10吨。该酒厂当月应纳消费税税额为：

每吨啤酒的不含税出厂价＝3 132÷1.16＝2 700(元)＜3 000元，则：

单位税额为220元/吨

应纳消费税税额＝(30＋10)×220＝8 800(元)

（二）从价定率计税方法

1. 应税消费品应纳税额的计算
在从价定率方法下，应纳税额等于应税消费品的销售额乘以适用税率，且消费税税基和增值税税基是一致的，即都是以含消费税而不含增值税的销售额作为计税基数。计算公式为：

$$应纳税额＝应税消费品销售额×比例税率$$

销售额为纳税人销售应税消费品向购买方收取的全部价款和价外费用，全部价款和价外费用的内容与增值税规定相同。如果销售额包含增值税，应换算为不含增值税销售额。

计算公式为：

$$应税消费品的销售额＝含增值税的销售额÷(1＋增值税税率或征收率)$$

纳税人应税消费品的计税价格明显偏低并无正当理由的，由主管税务机关核定其计税价格。

【例3-2】 一位客户向某汽车制造厂（增值税一般纳税人）订购自用汽车一辆，支付货款（含税）250 000元，另付设计、改装费30 000元。该辆汽车适用的消费税税率为12％，该汽车制造厂销售该辆汽车应纳消费税税额和增值税销项税额为：

$$应纳消费税税额＝(250\ 000＋30\ 000)÷(1＋16\%)×12\%＝28\ 965.52(元)$$

$$增值税销项税额＝(250\ 000＋30\ 000)÷(1＋16\%)×16\%＝38\ 620.69(元)$$

2. 包装物及其押金的处理

（1）包装物连同应税消费品一同销售。无论包装是否单独计价，也不论在会计上如何核算，均应并入应税消费品的销售额交纳消费税。

（2）包装物不作价随同应税消费品销售，而是收取押金（收取酒类产品的包装物押金除外），且单独核算又未过期的，此项押金不并入应税消费品的销售额中征税。但对因逾期未收回包装物不再退还的和已收取1年以上的押金，应并入应税消费品的销售额，按照应税消费品的适用税率交纳消费税。

（3）包装物既作价随同产品销售，又收取押金，凡纳税人在规定的期限内没有退还的，均应并入应税消费品的销售额，按照应税消费品的适用税率交纳消费税。

（4）对酒类产品生产企业销售酒类产品（黄酒、啤酒除外）而收取的包装物押金，无论押金是否返还与会计上如何核算，均需并入酒类产品销售额中，依酒类产品的适用税率交纳消费税。

【例3-3】 某酒厂7月份销售自产葡萄酒3 000斤，每斤售价20元，连同价值5 000元的包装物一起销售，共取得不含税销售额65 000元；另收取白酒未逾期包装物押金3 480元，该酒厂7月份应纳消费税税额和增值税销项税额为：

$$应交消费税税额＝65\ 000×10\%＋3\ 480÷(1＋16\%)×20\%＝7\ 100(元)$$

$$增值税销项税额＝[65\ 000＋3\ 480÷(1＋16\%)]×16\%＝10\ 880(元)$$

另外，纳税人通过自设非独立核算门市部销售的自产应税消费品，应当按照门市部对外销售额或销售数量交纳消费税。纳税人用于换取生产资料和消费资料、投资入股和抵偿债务等方面的应税消费品，应当以纳税人同类应税消费品的最高销售价格为依据计算交纳消费税。

【例3-4】 某酒厂（增值税一般纳税人）生产的葡萄酒按10％税率交纳消费税。5月份销售葡萄酒2 000 000元；并用300吨葡萄酒换取生产资料。葡萄酒最高价每吨400元，最低价每吨280元，中间平均价每吨340元（上述价格均为不含税价格）。该企业5月份应纳消费税税额和增值税销项税额为：

$$应纳消费税税额＝2\ 000\ 000×10\%＋300×400×10\%＝212\ 000(元)$$

$$增值税销项税额＝2\ 000\ 000×16\%＋300×340×16\%＝336\ 320(元)$$

（三）复合计税方法

1. 应纳税额的计算

现行消费税征税范围中,只有工业卷烟、白酒采用复合计税方法。计算公式为:

$$应纳消费税税额＝应税消费品销售额×比例税率 ＋ 应税消费品销售数量×定额税率$$

【例3-5】 某酒厂(增值税一般纳税人)12月份销售粮食白酒600千克,售价为10元/千克,随同销售的包装物价格6 200元;本月销售礼品盒5 000套,售价为300元/套,每套包括粮食白酒1千克、单价80元,葡萄酒1千克、单价70元(上述价格均为不含税价格)。该酒厂12月份应纳消费税税额和增值税销项税额为:

应纳消费税税额＝(600×10＋6 200)×20％＋600×2×0.5＋5 000×300×20％＋5 000×4×0.5
　　　　　　＝313 040(元)

增值税销项税额＝(600×10＋6 200)×16％＋5 000×300×16％＝241 952(元)

【例3-6】 某卷烟厂2月份销售X牌卷烟200标准箱,每箱不含税售价(调拨价)为18 750元,款项已存入银行。该卷烟厂2月份销售X牌卷烟应纳消费税税额和增值税销项税额为:

每标准条的调拨价＝18 750÷250＝75(元),故适用比例税率56％,定额税率150元/标准箱。

应纳消费税税额＝200×18 750×56％＋200×150＝2 130 000(元)

增值税销项税额＝200×18 750×16％＝600 000(元)

2. 白酒消费税最低计税价格核定

白酒生产企业销售给销售单位的白酒,生产企业消费税计税价格低于销售单位对外销售价格(不含增值税,下同)70％以下的,税务机关应根据生产规模、白酒品牌、利润水平等情况在销售单位对外销售价格50％至70％范围内自行核定。部分生产规模大、利润水平较高的白酒生产企业按销售单位对外销售价格的60％至70％核定。

白酒消费税最低计税价格由白酒生产企业自行申报,税务机关核定。已核定最低计税价格的白酒,生产企业实际销售价格高于消费税最低计税价格的,按实际销售价格申报纳税;实际销售价格低于消费税最低计税价格的,按最低计税价格申报纳税。

二、生产销售环节应纳消费税的计算

纳税人在生产销售环节应交纳的消费税,包括直接对外销售应税消费品应交纳的消费税和自产自用应税消费品应纳消费税。

（一）直接对外销售应税消费品应交纳的消费税计算

纳税人自产的应税消费品对外销售后,计税依据明确,应根据应税消费品的特点,采用从量定额、从价定率和复合计税方法计算应交消费税税额。

【例3-7】 某酒厂(一般纳税人)2月份生产销售散装啤酒40吨,每吨售价3 800元(不含税);当月生产销售自产粮食白酒70箱,每箱24瓶,每瓶0.4千克,开具的增值税专用发票注明出厂价每箱1 050元。该酒厂2月份应纳消费税税额和增值税销项税额为：

（1）计算应纳的消费税：

啤酒消费税＝40×250＝10 000(元)

白酒消费税＝1 050×70×20％＋70×24×0.4×2×0.5＝15 372(元)

应纳消费税税额合计＝10 000＋15 372＝25 372(元)

（2）计算应交的增值税：

啤酒销项税额＝40×3 800×16％＝24 320(元)

白酒销项税额＝1 050×70×16％＝11 760(元)

销项税额合计＝24 320＋11 760＝36 080(元)

（二）自产自用应税消费品应纳消费税的计算

所谓自产自用，就是纳税人生产应税消费品后，不是用于直接对外销售，而是用于自己连续生产应税消费品或用于其他方面。用于本企业连续生产应税消费品，不交纳消费税；用于其他方面的，于移送使用时纳税。用于其他方面是指用于：本企业连续生产非应税消费品和在建工程；管理部门、非生产机构；提供劳务；馈赠、赞助、集资、广告、样品、职工福利、奖励等方面。自产自用应税消费品由于没有交换价格作为计税基础，应按下列方法确定计税价格。

1. 有同类消费品销售价格的，按照同类消费品的销售价格计算纳税

同类消费品的销售价格是指纳税人当月销售的同类消费品的销售价格，如果当月同类消费品各期销售价格高低不同，应按销售数量加权平均计算。但销售的应税消费品有下列情况之一的，不得列入加权平均计算：①销售价格明显偏低又无正当理由的；②无销售价格的。

如果当月无销售或者当月未完结，应按照同类消费品上月或者最近月份的销售价格计算纳税。即：

应纳税额＝同类售价×自产自用数量×比例税率

2. 没有同类消费品销售价格的，按组成计税价格计税

（1）从价计征组成计税价格计算公式为：

组成计税价格＝[成本×(1＋成本利润率)]÷(1－消费税税率)

应纳税额＝组成计税价格×比例税率

（2）复合计征组成计税价格计算公式为：

组成计税价格＝[成本×(1＋成本利润率)＋自产自用数量×定额税率]÷(1－消费税税率)

应纳税额＝组成计税价格×比例税率＋自产自用数量×定额税率

上述公式中所说的"成本"，是指应税消费品的生产成本。

应税消费品全国平均成本利润率见表3-2。

表 3-2

平均成本利润率

货物名称	利润率(%)	货物名称	利润率(%)
1. 甲类卷烟	10	11. 摩托车	6
2. 乙类卷烟	5	12. 高尔夫球及球具	10
3. 雪茄烟	5	13. 高档手表	20
4. 烟丝	5	14. 游艇	10
5. 粮食白酒	10	15. 木制一次性筷子	5
6. 薯类白酒	5	16. 实木地板	5
7. 其他酒	5	17. 乘用车	8
8. 高档化妆品	5	18. 中轻型商用客车	5
9. 鞭炮、焰火	5	19. 电池	4
10. 贵重首饰及珠宝玉石	5	20. 涂料	7

【例 3-8】 某酒厂以自产特制粮食白酒 1 000 千克用于厂庆庆祝活动,每千克白酒成本 24 元,无同类产品售价,成本利润率 10%。该酒厂此业务应纳消费税税额和增值税销项税额为:

(1) 应纳消费税:

从量征收的消费税 = 1 000 × 2 × 0.5 = 1 000(元)

从价征收的消费税 = [12 × 2 000 × (1 + 10%) + 1 000] ÷ (1 − 20%) × 20% = 6 850(元)

应纳消费税税额 = 1 000 + 6 850 = 7 850(元)

(2) 增值税销项税额 = [1 000 × 24 × (1 + 10%) + 1 000] ÷ (1 − 20%) × 16% = 5 480(元)

(三) 已纳消费税扣除的计算

外购或委托加工收回的已纳税消费品连续生产应税消费品销售时,可按当期生产领用数量计算准予扣除应税消费品已纳的消费税税款。

1. 扣税范围

(1) 用外购或委托加工收回已税烟丝生产的卷烟。

(2) 用外购(仅限于从生产企业购进和进口)已税葡萄酒生产的葡萄酒。

(3) 用外购或委托加工收回已税珠宝玉石生产的贵重首饰及珠宝玉石。

(4) 用外购或委托加工收回已税化妆品生产的高档化妆品。

(5) 用外购或委托加工收回已税鞭炮、焰火生产的鞭炮、焰火。

(6) 用外购或委托加工收回已税摩托车生产的摩托车。

(7) 以外购或委托加工收回已税杆头、杆身和握把为原料生产的高尔夫球杆。

(8) 以外购或委托加工收回已税木制一次性筷子为原料生产的木制一次性筷子。

(9) 以外购或委托加工收回已税实木地板为原料生产的实木地板。

（10）以外购或委托加工收回已税汽油、柴油为原料生产的汽油、柴油。

（11）以外购或委托加工收回已税石脑油为原料生产的应税消费品。

（12）以外购或委托加工收回已税润滑油为原料生产的润滑油。

2. 扣税计算

按当期生产领用数量扣除其已纳消费税税额。

（1）当期准予扣除的外购应税消费品已纳税额＝（期初库存的外购应税消费品的买价＋当期购进的应税消费品的买价－期末库存外购的应税消费品的买价）×外购应税消费品税率

（2）当期准予扣除的委托加工应税消费品已纳税额＝期初库存的委托加工应税消费品的已纳税额＋当期收回的委托加工应税消费品的已纳税额－期末库存的委托加工应税消费品的已纳税额

3. 扣税环节

对于在零售环节交纳消费税的金银首饰（含镶嵌首饰）、钻石及钻石饰品已纳消费税不得扣除。

对自己不生产应税消费品，而只是购进后再销售应税消费品的工业企业，其销售的高档化妆品、鞭炮、焰火和珠宝玉石，凡不能构成最终消费品直接进入消费品市场，而需进一步生产加工的，应当征收消费税，同时允许扣除上述外购应税消费品的已纳税款。

允许扣除已纳税款的应税消费品只限于从工业企业购进的应税消费品和进口环节已交纳消费税的应税消费品，对从境内商业企业购进应税消费品的已纳税款一律不得扣除。

【例 3-9】 某卷烟厂 4 月份外购烟丝，取得增值税专用发票上注明税款 11.2 万元，期初尚有库存的外购烟丝 4 万元，期末库存烟丝 18 万元；本月生产销售 Y 牌卷烟 200 标准箱，每箱不含税售价 2 万元。该卷烟厂 4 月份应纳消费税税额和增值税销项税额为：

（1）准予扣除外购已税烟丝已纳消费税＝（4＋11.2÷0.16－18）×30％＝16.8（万元）。

（2）本月销售卷烟应交消费税。

每标准条卷烟的计税价格＝20 000÷250＝80（元），故适用比例税率 56％，定额税率 150 元/标准箱。

销售卷烟应纳消费税税额＝200×2×56％ ＋ 200×0.015＝227（万元）。

（3）月末应向税务机关交纳消费税税额＝227－16.8＝210.2（万元）。

（4）增值税销项税额＝200×2×16％＝64（万元）。

三、委托加工环节应纳消费税的计算

委托加工应税消费品是指委托方提供原料和主要材料，受托方只收取加工费和代垫部分辅助材料加工的应税消费品。

受托方加工完毕向委托方交货时，由受托方代收代缴消费税。如果受托方是个体经营者，委托方须在收回应税消费品后向其所在地主管税务机关交纳消费税。委托加工收回的应税消费品直接对外销售（以不高于受托方的计税价格出售）的，不再交纳消费税，如果连续用于加工应税消费品，则可按生产领用量抵扣委托加工环节已纳的消费税税款。

如果受托方没有代收代缴消费税，委托方应补交税款。补税的计税依据是：已直接销售的,按销售额计税;未销售或不能直接销售的,按委托加工应税消费品的组成计税价格计税。

受托方代收代缴消费税时,应按受托方同类应税消费品的售价计算纳税(具体规定同自产自用应税消费品);没有同类应税消费品价格的,按照组成计税价格计算纳税。

（一）委托加工应税消费品从价计征应纳消费税的计算

$$组成计税价格＝(材料成本＋加工费)÷(1-比例税率)$$
$$应纳消费税税额＝组成计税价格×比例税率$$

【例 3-10】 某化妆品厂受托加工一批高档化妆品,委托方提供原材料成本 50 000 元;该厂收取加工费 20 000 元、代垫辅助材料款 5 000 元,该厂没有同类化妆品销售价格,该化妆品厂应代收代缴消费税税额为(以上款项均不含增值税):

$$组成计税价格＝(50\,000＋20\,000＋5\,000)÷(1-15\%)＝88\,235.29(元)$$
$$受托方代收代缴消费税税额＝88\,235.29×15\%＝13\,235.29(元)$$

（二）委托加工应税消费品复合计征应纳消费税的计算

$$组成计税价格＝(材料成本＋加工费＋委托加工数量×定额税率)÷(1-比例税率)$$
$$应纳消费税税额＝组成计税价格×比例税率＋委托加工数量×定额税率$$

"材料成本"是指委托方所提供加工材料的实际成本;"加工费"是指受托方加工应税消费品向委托方所收取的全部费用(包括代垫辅助材料的实际成本,不包括增值税税金)。

【例 3-11】 某酒厂 3 月份发出原材料一批,委托某加工企业加工高端薯类白酒 1 000 公斤,原材料成本 120 000 元,支付加工费 20 000 元,加工企业无同类消费品的销售价格,计算受托加工企业当月代收代缴的消费税。

$$组成计税价格＝(120\,000＋20\,000＋1\,000×2×0.5)÷(1-20\%)＝176\,250(元)$$
$$受托方代收代缴消费税税额＝176\,250×20\%＋1\,000×2×0.5＝36\,250(元)$$

四、进口环节应纳消费税的计算

进口的应税消费品,于报关进口时交纳消费税,纳税人进口应税消费品,按照组成计税价格和规定的税率计算应纳税额。

（一）进口一般货物应纳消费税的计算

纳税人进口应税消费品,应根据应税消费品的特点,采用从量定额、从价定率和复合计征方法计算进口环节应交消费税税额。

1. 从价定率应纳税额的计算

$$应纳消费税税额＝组成计税价格×消费税税率$$
$$组成计税价格＝(关税完税价格＋关税)÷(1-消费税税率)$$

【例 3-12】 某体育用品公司进口一批高尔夫球具,关税完税价格 100 万元,关税税率假定为 30%。该公司进口环节应纳的关税、消费税和增值税税额分别为(消费税税率为 10%):

$$应纳关税=100×30\%=30(万元)$$
$$应纳消费税税额=(100+30)÷(1-10\%)×10\%=14.44(万元)$$
$$应纳增值税税额=(100+30)÷(1-10\%)×16\%=23.11(万元)$$

2. 从量定额应纳税额的计算

$$应纳消费税税额=进口应税消费品数量×单位税额$$

3. 复合计征应纳税额的计算

$$应纳消费税=组成计税价格×消费税税率+从量税$$
$$组成计税价格=(关税完税价格+关税+消费税定额税)÷(1-消费税税率)$$

进口环节消费税除国务院另有规定者外,一律不得给予减税、免税。

(二) 进口卷烟应纳消费税的计算

进口卷烟应纳消费税计算步骤如下:

第一步:计算进口卷烟适用比例税率所依据的价格。

$$每标准条进口卷烟适用比例税率所依据的价格(A)=\frac{关税完税价格+关税+消费税定额税}{1-消费税税率}$$

其中,关税完税价格和关税为每标准条卷烟的关税完税价格及关税税额;消费税定额税率为每条 0.6 元;消费税比例税率固定为 36%。

第二步:判断适用税率并计算应纳消费税。

依据第一步确定的消费税适用比例税率的价格,计算进口卷烟消费税组成计税价格和应纳消费税税额。

(1) 若 A≥70,则适用 56% 的比例税率

$$进口卷烟应纳消费税税额=[关税完税价格+关税+数量(箱)×150]÷(1-56\%)×56\%+数量(箱)×150$$

(2) 若 A<70,则适用 36% 的比例税率

$$进口卷烟应纳消费税税额=[关税完税价格+关税+数量(箱)×150]÷(1-36\%)×36\%+数量(箱)×150$$

【例 3-13】 某商贸公司 2 月份从国外进口卷烟 4 万条(每条 200 支),支付买价 100 万元,支付到达我国海关前的运输费用、保险费用 8 万元,假设关税税率为 30%。该公司进口环节应纳的关税、增值税和消费税税额分别为:

(1) 进口卷烟应纳关税税额=(100+8)×30%=32.4(万元)。

(2) 进口卷烟消费税的计算。

① 定额消费税税额=4×0.6=2.4(万元)。

② 每标准条确定消费税适用比例税率的价格＝[(108＋32.4＋2.4)÷(1－36％)]÷4＝55.78(元)

故适用消费税税率为36％。

$$进口卷烟应纳消费税税额＝(108＋32.4＋2.4)÷(1－36％)×36％＋2.4$$
$$＝82.73(万元)$$

(3) 进口卷烟应纳增值税税额＝(108＋32.4＋2.4)÷(1－36％)×16％
$$＝35.7(万元)$$

五、批发、零售环节应纳消费税的计算

(一) 批发环节应纳消费税的计算

对在我国境内从事卷烟批发业务的单位和个人,批发销售的所有牌号规格的卷烟,都要按照批发卷烟销售额(不含增值税)的11％的税率加0.005元/支交纳批发环节的消费税,且不能扣除已纳的生产环节的消费税税款。从事卷烟批发业务的纳税人之间销售的卷烟不交纳消费税。纳税人应将卷烟的销售额与其他商品的销售额分开核算,未分开核算的,一并交纳消费税。计算公式为:

$$应纳税额＝计税销售额×11％＋销售数量(标准箱)×250$$

【例3-14】 某卷烟批发企业12月份批发Y牌卷烟300标准箱,每箱不含税售价(调拨价)为17 000元,款项已存入银行。假设该卷烟批发企业将卷烟全部批发给零售企业,该卷烟批发企业12月份销售Y牌卷烟应纳消费税税额为:

$$应纳消费税税额＝300×17 000×11％＋300×250＝636 000(元)$$

(二) 零售环节应纳消费税的计算

在零售环节交纳消费税的有超豪华小汽车和金银首饰、铂金首饰和钻石及钻石饰品。

1. 超豪华小汽车零售环节消费税的计算

超豪华小汽车是在生产(进口)环节征收消费税的基础上,在零售环节加征10％的消费税。

超豪华小汽车零售环节消费税应纳税额计算公式为:

$$应纳税额＝零售环节不含增值税销售额×零售环节率$$

国内汽车生产企业直接销售给消费者的超豪华小汽车,消费税税率按照生产环节税率和零售环节税率加总计算。消费税应纳税额计算公式为:

$$应纳税额＝销售额×(生产环节税率＋零售环节税率)$$

2. 金银首饰铂金首饰和钻石及钻石饰品消费税的计算

零售环节征收消费税的金银首饰仅限于金基、银基合金首饰以及金、银和金基、银基的镶嵌首饰,不包括镀金(银)、包金(银)首饰,以及镀金(银)、包金(银)的镶嵌首饰。零售环

节适用税率 5%,其他的金银首饰和珠宝玉石在生产环节缴纳,且税率为 10%。

纳税人销售金银首饰,计税依据为不含增值税的销售额;带料加工金银首饰,计税依据为受托方同类产品的销售价格,没有同类价格的,按组成计税价格计税;以旧换新销售金银首饰,计税依据为实际收取的价款。

$$应纳税额=不含增值税销售额×适用税率$$

【例 3-15】 某珠宝首饰商场(增值税一般纳税人)本月实现销售收入共计 420.74 万元,具体收入情况如下:销售纯金银首饰取得含税收入 165.6 万元,其中包括金银首饰与其他饰品组成套装礼品盒收入 26.5 万元;销售金基、银基合金的镶嵌首饰取得含税收入 107.17 万元;销售镀金(银)首饰取得含税收入 58 万元;销售包金(银)首饰取得含税收入 25.37 万元;销售铂金首饰取得含税收入 9.36 万元;销售珍珠首饰取得含税收入 55.24 万元。该商场本月应纳消费税税额和增值税销项税额为:

$$应纳消费税税额=165.6÷1.16×5\%+107.17÷1.16×5\%+9.36÷1.16×5\%$$
$$=12.16(万元)$$
$$增值税销项税额=420.74÷1.16×16\%=58.03(万元)$$

六、消费税的纳税申报

消费税纳税人应按有关规定及时办理纳税申报,并应如实填写消费税纳税申报表。消费税纳税申报表包括《烟类应税消费品消费税纳税申报表》《酒类应税消费品消费税纳税申报表》《成品油消费税纳税申报表》《小汽车消费税纳税申报表》《其他应税消费品消费税纳税申报表》,其中,《酒类应税消费品消费税纳税申报表》及《其他应税消费品消费税纳税申报表》见表 3-3、表 3-4。

表 3-3

酒类应税消费品消费税纳税申报表

税款所属期: 年 月 日至 年 月 日

纳税人名称(公章): 纳税人识别号:

填表日期: 年 月 日 金额单位:元(列至角分)

项目 应税 消费品名称	适用税率		销售数量	销售额	应纳税额
	定额税率	比例税率			
粮食白酒	1 元/千克	20%			
薯类白酒	1 元/千克	20%			
啤酒	250 元/吨	—			
啤酒	220 元/吨	—			
黄酒	240 元/吨	—			
其他酒	—	10%			
合计	—	—	—		

本期准予抵减税额：	声明:此纳税申报表是根据国家税收法律的规定填报的,我确定它是真实的、可靠的、完整的。
本期减(免)税额：	经办人(签章)：
期初未缴税额：	财务负责人(签章)： 联系电话：
本期交纳前期应纳税额：	(如果你已委托代理人申报,请填写)授权声明：
本期预缴税额：	为代理一切税务事宜,现授权
本期应补(退)税额：	(地址) 为本纳税人的代理申报人,任何与本申报表有关的往来文件,都可寄予此人。
期末未缴税额：	授权人签章：

以下由税务机关填写

受理人(签章)：　　　　　受理日期：　年　月　日　　　　　受理税务机关(章)：

表 3-4

其他应税消费品消费税纳税申报表

税款所属期：　　年　月　日至　　年　月　日

纳税人名称(公章)：　　　　　　　　　　　　　　　纳税人识别号：

填表日期：　　年　月　日　　　　　　　　　　　金额单位:元(列至角分)

项目 应税 消费品名称	适用税率		销售数量	销售额	应纳税额
	定额税率	比例税率			
合计	—	—			

本期准予抵减税额：	声明:此纳税申报表是根据国家税收法律的规定填报的,我确定它是真实的、可靠的、完整的。
本期减(免)税额：	经办人(签章)：
期初未缴税额：	财务负责人(签章)： 联系电话：
本期交纳前期应纳税额：	(如果你已委托代理人申报,请填写)授权声明
本期预缴税额：	为代理一切税务事宜,现授权(地址)为本纳税人的代理申报人,任何与
本期应补(退)税额：	本申报表有关的往来文件,都可寄予此人。
期末未缴税额：	授权人签章：

以下由税务机关填写

受理人(签章)：　　　　　受理日期：　年　月　日　　　　　受理税务机关(章)：

第三节　消费税的会计处理

消费税的会计处理包括会计科目的设置，对外销售应税消费品、自产自用应税消费品、委托加工应税消费品、进口应税消费品等涉税经济活动的会计处理。

一、会计科目的设置

纳税人在进行消费税核算时，应在"应交税费"科目下设置"应交消费税"明细科目。该科目贷方核算纳税人按规定应交纳的消费税，借方核算纳税人实际交纳的消费税或待抵扣的消费税。期末，贷方余额反映纳税人尚未交纳的消费税，借方余额反映纳税人多交或待抵扣的消费税。

二、生产销售应税消费品的会计处理

（一）一般销售业务消费税的会计处理

消费税属于价内税，因此，纳税人应交纳的消费税应记入"税金及附加"科目，并由销售收入进行补偿。销售实现时，按规定计算应交纳的消费税，借记"税金及附加"科目，贷记"应交税费——应交消费税"科目。按规定期限实际交纳消费税时，借记"应交税费——应交消费税"科目，贷记"银行存款"科目。发生销售退回或退税时，作相反的会计分录。

【例3-16】　某木材加工厂（一般纳税人）9月份销售给某装饰公司实木地板一批，增值税专用发票上注明销售额30万元，增值税额4.8万元，款项尚未收到，该批实木地板的成本24万元，消费税税率5％。该木材厂的有关会计处理为：

（1）销售实现时：

① 确认收入：

借：应收账款　　　　　　　　　　　　　　　　　　　　　　　　348 000
　贷：主营业务收入　　　　　　　　　　　　　　　　　　　　　300 000
　　　应交税费——应交增值税（销项税额）　　　　　　　　　　48 000

② 计提消费税：

$$应纳消费税税额＝300\,000×5％＝15\,000（元）$$

借：税金及附加　　　　　　　　　　　　　　　　　　　　　　　15 000
　贷：应交税费——应交消费税　　　　　　　　　　　　　　　　15 000

③ 结转成本：

借：主营业务成本　　　　　　　　　　　　　　　　　　　　　　240 000
　贷：库存商品　　　　　　　　　　　　　　　　　　　　　　　240 000

（2）实际交纳消费税时：

借：应交税费——应交消费税   15 000

  贷：银行存款   15 000

【例 3-17】 某酒业股份有限公司（一般纳税人）8 月份有关业务如下：6 日购入酒精，取得的增值税专用发票上注明价款 20 万元，款付货入库；25 日销售散装粮食白酒 30 吨，每吨含税单价 11 600 元，收取款项存入银行；期初结存酒精 20 万元，31 日结存酒精 5 万元。假定本月无其他涉税事项，取得专用发票本期通过认证，该公司的会计处理为：

（1）6 日购买酒精时：

借：原材料   200 000

  应交税费——应交增值税（进项税额）   32 000

  贷：银行存款   232 000

（2）25 日销售实现时：

$$应纳消费税税额 = 11\,600 \div 1.16 \times 30 \times 20\% + 30 \times 2\,000 \times 0.5 = 90\,000（元）$$

$$增值税销项税额 = 11\,600 \div 1.16 \times 30 \times 16\% = 48\,000（元）$$

借：银行存款   348 000

  贷：主营业务收入   300 000

    应交税费——应交增值税（销项税额）   48 000

借：税金及附加   90 000

  贷：应交税费——应交消费税   90 000

（3）实际交纳消费税时：

借：应交税费——应交消费税   90 000

  贷：银行存款   90 000

（二）以应税消费品进行投资的会计处理

企业将自产或委托加工收回的应税消费品对外投资，应视为具有商业实质的非货币性资产交换进行会计处理。对于进行投资的应税消费品，其收入记入"主营业务收入"等科目，转出的成本记入"主营业务成本"等科目，计提的税金记入"税金及附加"科目。

【例 3-18】 某摩托车公司用库存摩托车投资于乙公司，该批摩托车账面余额 80 万元，公允价值 100 万元（不含税），取得乙公司 1% 的股份，股份市价总额 11 600 万元。该批摩托车已提存货跌价准备 10 万元，适用增值税率 16%，消费税率 10%。该公司此投资业务的会计处理为：

$$其他权益工具投资入账价值 = 100 + 100 \times 16\% = 116（万元）$$

（1）确认收入：

借：其他权益工具投资   1 160 000

  贷：主营业务收入   1 000 000

    应交税费——应交增值税（销项税额）   160 000

（2）结转成本：

借：主营业务成本   700 000

  存货跌价准备   100 000

 贷：库存商品   800 000

（3）计提消费税：

借：税金及附加   100 000

 贷：应交税费——应交消费税   100 000

（三）以应税消费品换取生产资料、消费资料或抵偿债务的会计处理

以应税消费品换取生产资料、消费资料或抵偿债务应按同类应税消费品的最高销售价格作为计税依据交纳消费税。

【例3-19】 甲公司和乙公司均为增值税一般纳税人，其适用的增值税税率为16%。经与乙公司协商，甲公司将库存原材料与乙公司生产的小汽车进行交换。甲公司换出原材料的账面价值为100万元，公允价值和含税价格均为116万元。乙公司库存小汽车的账面价值为90万元，公允价值和含税价格均为116万元。假设甲、乙公司换出资产均未计提减值准备，该交换具有商业性质，且在交换过程中双方互开增值税专用发票。乙公司将自产库存消费品换取甲公司原材料作为生产资料，该库存小汽车当月平均含税价格116万元，最高销售价格120万元，消费税税率为12%。乙公司的会计处理为：

（1）确认收入：

借：原材料   1 000 000

  应交税费——应交增值税（进项税额）   160 000

 贷：主营业务收入   1 000 000

   应交税费——应交增值税（销项税额）   160 000

（2）结转成本：

借：主营业务成本   900 000

 贷：库存商品   900 000

（3）计提消费税：

$$应纳消费税税额 = 1\,200\,000 \div 1.16 \times 12\% = 124\,137.93(元)$$

借：税金及附加   124 137.93

 贷：应交税费——应交消费税   124 137.93

【例3-20】 甲化妆品公司欠乙公司购货款350 000元，由于甲公司财务发生困难，不能支付到期货款。经双方协商，乙公司同意甲公司以其生产的高档化妆品偿还债务，并作为库存商品入库，甲公司向乙公司开具增值税专用发票。该批化妆品最高售价200 000元，公允价值180 000元（均为不含税价），实际成本100 000元，双方均为增值税一般纳税人。甲、乙公司的会计处理为：

（1）甲公司的会计处理：

$$应纳消费税税额＝200\,000×15\%＝30\,000（元）$$
$$增值税销项税额＝180\,000×16\%＝28\,800（元）$$

会计分录如下：

① 确认收入：

借：应付账款	350 000	
贷：主营业务收入		180 000
应交税费——应交增值税（销项税额）		28 800
营业外收入——债务重组利得		141 200

② 计提消费税：

| 借：税金及附加 | 30 000 | |
| 贷：应交税费——应交消费税 | | 30 000 |

③ 结转成本：

| 借：主营业务成本 | 100 000 | |
| 贷：库存商品 | | 100 000 |

（2）乙公司的会计处理：

借：库存商品	180 000	
应交税费——应交增值税（进项税额）	28 800	
营业外支出——债务重组损失	141 200	
贷：应收账款		350 000

（四）外购或委托加工收回应税消费品已纳税款扣除的会计处理

纳税人以外购或委托加工收回的应税消费品连续生产应税消费品的，在连续生产的最终应税消费品销售时计缴消费税，同时可以按照生产领用量计算扣除外购或委托加工收回应税消费品已纳的消费税税额。

纳税人领用外购或委托加工收回的应税消费品连续生产应税消费品时，将已支付的消费税记入"应交税费——应交消费税"科目的借方；连续生产的最终应税消费品对外销售计算应计缴的消费税，借记"税金及附加"科目，贷记"应交税费——应交消费税"科目。"应交税费——应交消费税"明细账借、贷方相抵后的余额，为实际应交纳的消费税税额。

【例3-21】 承[例3-9]，假定无其他涉税事项。该卷烟厂的会计处理为：

（1）购进烟丝时：

借：原材料	700 000	
应交税费——应交增值税（进项税额）	112 000	
贷：银行存款		812 000

（2）领用烟丝生产卷烟时：

借：生产成本——卷烟	392 000	
应交税费——应交消费税	168 000	
贷：原材料		560 000

(3) 销售卷烟时：

借：银行存款		4 640 000
贷：主营业务收入		4 000 000
应交税费——应交增值税（销项税额）		640 000

| 借：税金及附加 | | 2 270 000 |
| 贷：应交税费——应交消费税 | | 2 270 000 |

(4) 实际交纳消费税时：

| 借：应交税费——应交消费税 | | 2 102 000 |
| 贷：银行存款 | | 2 102 000 |

三、应税消费品包装物押金的会计处理

（一）销售非酒类产品收取的包装物押金

纳税人为销售应税消费品而出租、出借包装物收取的押金，单独记账核算的，时间在 1 年以内，又未过期的，不并入销售额中征税。但对因逾期未收回包装物而不再退还的押金，应先将该押金换算成不含税价，再按所包装货物的适用税率计算增值税销项税额。

没收押金是否计算交纳消费税，依原包装应税消费品的情况而定：原包装的应税消费品是从量计征的，不计算交纳消费税；原包装的应税消费品是从价计征的，计算交纳消费税；原包装的应税消费品是复合计征的，从量部分不计算交纳消费税，从价部分计算交纳消费税。

【例 3-22】 某卷烟厂 9 月份对外销售烟丝一批，增值税专用发票上注明价款 200 000 元；另外收取包装物押金 3 480 元，包装物回收期限 2 个月，收取款项存入银行。该卷烟厂的会计处理为：

(1) 计算销售烟丝应交纳的增值税和消费税：

$$应纳消费税税额 = 200\,000 \times 30\% = 60\,000（元）$$

$$增值税销项税额 = 200\,000 \times 16\% = 32\,000（元）$$

(2) 销售实现时：

借：银行存款		235 480
贷：主营业务收入		200 000
应交税费——应交增值税（销项税额）		32 000
其他应付款——包装物押金		3 480

| 借：税金及附加 | | 60 000 |
| 贷：应交税费——应交消费税 | | 60 000 |

(3) 假定包装物到期收回，退回押金时：

| 借：其他应付款——包装物押金 | | 3 480 |
| 贷：银行存款 | | 3 480 |

（4）假定包装物到期未收回，没收押金时：

$$应纳消费税税额＝3\ 480÷1.16×30\％＝900(元)$$

$$增值税销项税额＝3\ 480÷1.16×16\％＝480(元)$$

① 确认没收押金收入时：

借：其他应付款——包装物押金 3 480

 贷：其他业务收入 3 000

  应交税费——应交增值税（销项税额） 480

② 计提包装物押金收入应纳的消费税：

借：税金及附加 900

 贷：应交税费——应交消费税 900

（二）销售酒类产品（啤酒、黄酒除外）收取的包装物押金

对销售啤酒、黄酒以外的其他酒类产品而收取的包装物押金，无论是否返还以及会计上如何核算，均应并入当期销售额计算增值税销项税额和消费税。对销售啤酒、黄酒所收取的押金，按上述一般押金的规定处理。

【例3-23】 某白酒生产企业系增值税一般纳税人，10月份销售粮食白酒3 000千克，取得不含税销售收入80 000元；另外收取包装物押金2 320元，约定5个月后返还，如逾期未能归还，没收押金（白酒适用定率税率20％，定额税率每千克1元），收取款项存入银行。该白酒生产企业的会计处理如下。

（1）计算应交纳的相关税费：

$$销售的白酒应纳消费税税额＝80\ 000×20\％＋3\ 000×1＝19\ 000(元)$$

$$销售白酒增值税销项税额＝80\ 000×16\％＝12\ 800(元)$$

$$包装物押金应纳消费税税额＝2\ 320÷1.16×20\％＝400(元)$$

$$包装物押金增值税销项税额＝2\ 320÷1.16×16\％＝320(元)$$

（2）销售实现时：

借：银行存款 95 120

 贷：主营业务收入 80 000

  其他应付款 2 320

  应交税费——应交增值税（销项税额） 12 800

借：税金及附加 19 000

 贷：应交税费——应交消费税 19 000

同时，确认包装物应交纳的相关税金：

借：销售费用 720

 贷：应交税费——应交增值税（销项税额） 320

  ——应交消费税 400

（3）包装物到期时：

① 如收回包装物：

借：其他应付款 2 320

　贷：银行存款 2 320

② 如未收回，没收包装物押金时：

借：其他应付款 2 320

　贷：其他业务收入 2 320

四、自产自用应税消费品的会计处理

自产自用应税消费品，一是用于连续生产应税消费品；二是用于连续生产非应税消费品；三是用于其他方面。

（一）用于连续生产应税消费品的会计处理

自产应税消费品用于本企业连续生产应税消费品的，不交纳消费税，只进行实际成本的核算。

【例 3-24】 某卷烟厂 4 月份在生产 X 牌卷烟时，从仓库中领用本厂自产烟丝 10 吨，每吨成本 3 000 元，库存烟丝在本厂作库存商品核算。该卷烟厂领用烟丝时会计处理为：

借：生产成本——X 牌卷烟 30 000

　贷：库存商品——烟丝 30 000

（二）用于连续生产非应税消费品的会计处理

纳税人自产自用的应税消费品用于连续生产非应税消费品，于移送使用时交纳消费税，最终产成品销售时再交纳增值税。

在进行会计处理时，按成本价进行结转。但因无销售行为，所以在计税时有同类应税消费品销售价格的，按同类应税消费品的加权平均售价计算交纳消费税；如果没有同类应税消费品的销售价格，则按组成计税价格计算交纳消费税。

【例 3-25】 某酒厂 8 月份从仓库领用账面价值 30 000 元的特制散装葡萄酒生产一批巧克力，无同类产品售价；该葡萄酒的成本利润率 5%，消费税税率 10%。该酒厂的会计处理为：

组成计税价格＝30 000×(1＋5%)÷(1－10%)＝35 000(元)

应纳消费税税额＝35 000×10%＝3 500(元)

借：生产成本——巧克力 33 500

　贷：库存商品——葡萄酒 30 000

　　应交税费——应交消费税 3 500

（三）用于其他方面的会计处理

1. 税法规定视同销售，会计上不确认收入的应税消费品

纳税人将自己生产或委托加工收回的应税消费品用于在建工程、管理部门、非生产机

构、提供劳务、馈赠、赞助、集资、广告、样品等方面,应视同销售应税消费品,并按成本进行转账,借记"在建工程""营业外支出""管理费用""销售费用"等科目,贷记"库存商品""应交税费"等科目。会计上不确认收入,但期末要进行所得税纳税调整。

【例3-26】 某化工厂10月份将自产的润滑油3 000升用于本厂在建工程,该润滑油不含税售价为每升5元,单位成本每升2.8元(消费税定额税率每升1.2元)。该化工厂的会计处理为:

$$应纳消费税税额=3\,000\times1.2=3\,600(元)$$

借:在建工程	12 000
贷:库存商品	8 400
应交税费——应交消费税	3 600

【例3-27】 某酒厂(一般纳税人)5月份将自产粮食白酒0.2吨用于业务招待,0.3吨用于广告宣传,让客户及顾客免费品尝。该白酒每吨成本12 000元,同类白酒市场平均不含税售价20 000元。该酒厂的会计处理为:

(1)计算应交纳的税金。

① 用于业务招待的白酒:

$$应纳消费税税额=0.2\times20\,000\times20\%+0.2\times2\,000\times0.5=1\,000(元)$$

$$增值税销项税额=0.2\times20\,000\times16\%=640(元)$$

$$管理费用入账金额=0.2\times12\,000+1\,000+640=4\,040(元)$$

② 用于广告宣传的白酒:

$$应纳消费税税额=0.3\times20\,000\times20\%+0.3\times2\,000\times0.5=1\,500(元)$$

$$增值税销项税额=0.3\times20\,000\times16\%=960(元)$$

$$销售费用入账金额=0.3\times12\,000+1\,500+960=6\,060(元)$$

(2)会计分录:

借:管理费用	4 040
销售费用	6 060
贷:库存商品	6 000
应交税费——应交增值税(销项税额)	1 600
——应交消费税	2 500

2. 税法规定视同销售应税消费品,会计上确认收入的应税消费品

纳税人将自己生产或委托加工收回的应税消费品,分配给股东或投资者以及用于集体福利和个人消费的,应视同销售应税消费品,在会计上确认收入,期末不必进行所得税纳税调整。

【例3-28】 某汽车制造公司年终分配给4位股东每人一辆自产小轿车,1辆奖励给销售部经理供其个人使用。该型号汽车每辆成本200 000元,不含税销售额360 000元,小汽车消费税税率25%。该汽车公司的会计处理为:

(1)确认收入:

借：应付股利　　　　　　　　　　　　　　　　　　　　　　　　　　1 670 400
　　应付职工薪酬　　　　　　　　　　　　　　　　　　　　　　　　417 600
　贷：主营业务收入　　　　　　　　　　　　　　　　　　　　　　　1 800 000
　　　应交税费——应交增值税（销项税额）　　　　　　　　　　　　288 000

（2）计提消费税：

$$应纳消费税税额＝360 000×5×25％＝450 000（元）$$

借：税金及附加　　　　　　　　　　　　　　　　　　　　　　　　　450 000
　贷：应交税费——应交消费税　　　　　　　　　　　　　　　　　　450 000

（3）结转成本：

借：主营业务成本　　　　　　　　　　　　　　　　　　　　　　　　1 000 000
　贷：库存商品　　　　　　　　　　　　　　　　　　　　　　　　　1 000 000

五、委托加工应税消费品的会计处理

（一）委托方的会计处理

委托加工应税消费品，由受托方代收代缴消费税（受托方为个体工商户除外）。收回的应税消费品直接对外销售的，不再交纳消费税；用于连续加工应税消费品的，可按生产领用量计算抵扣。在这两种情况下，委托方的会计核算是不同的。收回的应税消费品直接对外销售的，支付的消费税计入委托加工物资的成本；收回的应税消费品连续加工应税消费品的，支付的消费税可以抵扣，借记"应交税费——应交消费税"科目，贷记"银行存款"等科目。

【例3-29】　甲酒厂从农业生产者手中收购粮食，共计支付收购价款60 000元。甲酒厂将收购的粮食从收购地直接运往异地的乙酒厂生产加工白酒，白酒加工完毕，甲酒厂收回白酒8吨，收回时支付含税运费1 100元，取得增值税专用发票；取得乙酒厂开具的防伪税控增值税专用发票，注明加工费25 000元，代垫辅料价值15 000元，加工的白酒无同类产品市场价格。双方均为增值税一般纳税人，款项均以银行存款结算。甲公司的会计处理如下。

（1）收购粮食时：

借：原材料　　　　　　　　　　　　　　　　　　　　　　　　　　　54 400
　　应交税费——应交增值税（进项税额）　　　　　　　　　　　　　　6 000
　贷：银行存款　　　　　　　　　　　　　　　　　　　　　　　　　60 000

（2）发给受托方粮食时：

借：委托加工物资　　　　　　　　　　　　　　　　　　　　　　　　54 400
　贷：原材料　　　　　　　　　　　　　　　　　　　　　　　　　　54 400

（3）支付加工费、运杂费时：

$$增值税进项税额＝（25 000＋15 000）×16％＋1 100/1.1×10％＝6 500（元）$$

借：委托加工物资   41 000
  应交税费——应交增值税（进项税额）   6 500
  贷：银行存款   47 500

（4）提货时，支付的代收代缴消费税：

乙酒厂应代收代缴的消费税＝[54 400＋（25 000＋15 000）＋8×2 000×0.5]

$$÷（1-20\%）×20\%＋8×2 000×0.5＝33 600（元）$$

① 收回的白酒直接对外销售：

借：委托加工物资   33 600
  贷：银行存款   33 600

② 收回的白酒连续加工应税消费品：

借：应交税费——应交消费税   33 600
  贷：银行存款   33 600

（5）收回白酒验收入库时：

① 收回的白酒直接对外销售：

借：库存商品   129 000
  贷：委托加工物资   129 000

② 收回的白酒连续加工应税消费品：

借：库存商品   95 400
  贷：委托加工物资   95 400

（二）受托方的会计处理

上述两种情况，受托方的会计处理相同。

【例3-30】 承[例3-29]，乙酒厂收到委托方甲酒厂支付的加工费及代收的消费税时，会计处理为：

（1）收到加工费时：

借：银行存款   46 400
  贷：其他业务收入   40 000
    应交税费——应交增值税（销项税额）   6 400

（2）收取代收代缴消费税时：

借：银行存款   33 600
  贷：应交税费——应交消费税   33 600

（3）实际上交消费税时：

借：应交税费——应交消费税   33 600
  贷：银行存款   33 600

六、金银首饰零售业务的会计处理

金银首饰消费税由生产环节改为零售环节征收后，需要交纳消费税的企业（主要是商品流通企业），应在"应交税费"科目下增设"应交消费税"明细科目，核算金银首饰应纳的消费税。

（一）自购自销金银首饰应纳消费税的会计处理

消费税是价内税，含在商品的销售收入中，故金银首饰应纳的消费税计入销售税金。商品流通企业销售金银首饰的收入记入"主营业务收入"科目，其应纳的消费税相应记入"税金及附加"科目。

企业采用以旧换新方式销售金银首饰的，在销售实现时按旧首饰的作价借记"库存商品"等科目；按加收的差价和收取的增值税部分，借记"库存现金"等科目；按旧首饰的作价与加收的不含税差价贷记"主营业务收入"科目，按收取的增值税贷记"应交税费——应交增值税（销项税额）"科目；同时按税法规定计算应交纳的消费税税额，借记"税金及附加"科目，贷记"应交税费——应交消费税"科目。

（二）金银首饰包装物应纳消费税的会计处理

金银首饰连同包装物销售的，无论包装物是否单独计价，均应并入金银首饰的销售额，交纳消费税。金银首饰连同包装物销售的，应分别按不同情况进行会计处理：

（1）随同金银首饰销售不单独计价的包装物，其收入随同销售的商品一并计入商品销售收入。因此包装物应交的消费税与金银首饰本身销售应交的消费税一并计入销售税金。

（2）随同金银首饰销售单独计价的包装物，其收入记入"其他业务收入"科目，应交的消费税记入"税金及附加"科目。

（三）自购自用金银首饰的会计处理

生产、批发、零售单位用于馈赠、赞助、集资、广告、样品、职工福利、奖励等方面的金银首饰，与其他应税消费品自产自用的会计处理相同。即按纳税人销售同类金银首饰的销售价格确定计税依据交纳消费税；没有同类金银首饰销售价格的，按照组成计税价格计算纳税。

【例3-31】 某金银首饰商店（增值税一般纳税人），主要零售金银首饰、钻石饰品和其他非金银首饰，2月份发生以下业务：

（1）销售玉石首饰取得含税收入200万元，镀金首饰含税收入32万元。

（2）采取"以旧换新"方式向消费者销售金项链一批，旧项链抵顶12万元，该批项链取得差价款（含税）合计58万元。

（3）用若干金项链抵偿某公司债务，该批项链账面成本为39万元，零售价69.6万元。

（4）外购黄金一批，取得的增值税专用发票上注明价款58万元；外购玉石（原矿）一批，取得增值税专用发票，注明价款50万元、增值税8万元，款项已付。

（5）销售金银首饰连同包装物销售，取得含税销售额208.8万元，收取款项存入银行。

（其他相关资料：金银首饰、铂金饰品和钻石及钻石饰品消费税税率5%，其他贵重首饰和珠宝玉石的消费税税率为10%）

该金银首饰商店上述业务的会计处理为：

（1）此业务只交增值税，不交消费税：

$$增值税销项税额＝(200＋32)÷1.16×16\%＝320\ 000(元)$$

借：银行存款 2 320 000

 贷：主营业务收入 2 000 000

  应交税费——应交增值税（销项税额） 320 000

（2）金银首饰以旧换新业务：

$$增值税销项税额＝580\ 000÷1.16×16\%＝80\ 000（元）$$

$$应纳消费税税额＝580\ 000÷1.16×5\%＝25\ 000（元）$$

借：库存商品——旧项链 120 000

 银行存款 580 000

 贷：主营业务收入 620 000

  应交税费——应交增值税（销项税额） 80 000

计提消费税：

借：税金及附加 25 000

 贷：应交税费——应交消费税 25 000

（3）以金银首饰抵偿债务，应视同销售：

① 确认收入：

借：应付账款 696 000

 贷：主营业务收入 600 000

  应交税费——应交增值税（销项税额） 96 000

② 计提消费税：

$$应纳消费税税额＝696\ 000÷1.16×5\%＝30\ 000（元）$$

借：税金及附加 30 000

 贷：应交税费——应交消费税 30 000

③ 结转成本：

借：主营业务成本 390 000

 贷：库存商品——金项链 390 000

（4）会计分录如下：

借：库存商品——黄金 580 000

   ——玉石 500 000

 应交税费——应交增值税（进项税额） 172 800

 贷：银行存款 1 252 800

（5）会计处理如下：

$$增值税销项税额＝2\ 088\ 000÷1.16×16\%＝288\ 000（元）$$

$$应纳消费税税额＝2\ 088\ 000÷1.16×5\%＝90\ 000（元）$$

借：银行存款 2 088 000

 贷：主营业务收入 1 800 000

  应交税费——应交增值税（销项税额） 288 000

计提消费税：

借：税金及附加   90 000
　　贷：应交税费——应交消费税   90 000

七、进口应税消费品的会计处理

进口的应税消费品，应在货物报关进口时计算交纳消费税。进口货物交纳的消费税，计入进口应税消费品的成本中。由于进口货物"交税后才能提货"，为简化核算，进口环节税金不通过"应交税费"科目，直接贷记"银行存款"科目。若特殊情况下采用"先提货、后交税"的，也可以通过"应交税费"科目核算。

【例3-32】 某外贸公司7月份从国外进口成套高档化妆品一批，经海关审定的关税完税价格为185 000元，关税税率40%，款项已支付，化妆品验收入库。该外贸公司的会计处理为：

应纳关税税额＝185 000×40%＝74 000(元)

应纳消费税税额＝(185 000＋74 000)÷(1－15%)×15%＝45 705.88(元)

应纳增值税税额＝(185 000＋74 000)÷(1－15%)×16%＝48 752.94(元)

进口化妆品成本＝关税完税价格＋关税＋消费税

　　　　　　　　＝185 000＋74 000＋45 705.88＝304 705.88(元)

借：库存商品   304 705.88
　　应交税费——应交增值税(进项税额)   48 752.94
　　贷：银行存款   353 458.82

思　考　题

1. 与增值税相比，消费税有何特点？
2. 简述消费税的三种计税方法。
3. 纳税人自产自用的应税消费品，应如何计算和核算消费税？
4. 纳税人委托加工应税消费品，应如何计算和核算消费税？
5. 应税消费品包装物押金，应如何计算和核算消费税？
6. 纳税人进口应税消费品，应如何计算和核算消费税？

练　习　题

习题一

一、目的：练习委托加工环节、进口环节、国内销售环节增值税和消费税的计算。

二、资料：某日化企业(地处市区)为增值税一般纳税人，8月份发生如下业务：

(1) 与甲企业(地处县城)签订加工合同，为甲企业加工一批高档化妆品，甲企业提供的原材料成本 20 万元,加工结束后开具增值税专用发票,注明收取加工费及代垫辅助材料价款共计 8 万元、增值税 1.28 万元。

(2) 进口一批高档化妆品作原材料,支付货价 60 万元、支付进口该化妆品运抵我国输入地点起卸前的运输费用及保险费共计 9 万元,支付包装劳务费 1 万元,关税税率为 20%;支付海关监管区至公司仓库含税运费 2 万元,取得增值税专用发票;本月生产领用进口化妆品的 80%。

(3) 将普通护肤品和高档化妆品组成成套化妆品销售,某大型商场购买一批成套化妆品,该日化企业开具增值税专用发票,注明金额 48 万元,其中包括普通护肤品 18 万元,高档化妆品 30 万元。

(4) 销售其他高档化妆品取得不含税销售额 150 万元。

(5) 将成本为 1.4 万元的新研制的高档化妆品赠送给消费者使用(成本利润率 5%)。

本月取得的相关票据均符合税法规定,并在本月认证抵扣。

三、要求:计算委托加工环节、进口环节、国内销售环节应交纳的增值税和消费税税额。

习题二

一、目的:练习委托加工业务、应税消费品已纳税款扣除的会计处理。

二、资料:某卷烟厂是增值税一般纳税人,主要生产卷烟,其不含增值税的调拨价为 75 元/标准条。税务机关为其核定的纳税期限是 1 个月,购入的烟丝作原材料核算。该厂 7 月份有关资料如下:

(1) 月初库存外购烟丝的买价为 300 万元。

(2) 8 日购入烟丝,取得的增值税专用发票上注明价款 500 万元。发票账单和烟丝同时到达企业,该批烟丝已验收入库,款项已付。

(3) 10 日,委托 B 企业加工烟丝一批,原材料成本为 20 000 元,支付的加工费为 8 000 元(不含增值税);B 企业无同类烟丝的销售价格。25 日烟丝加工完成验收入库,加工费等已经支付,收回的烟丝全部领出用于生产卷烟。

(4) 15 日以直接收款方式销售卷烟 1 000 标准箱,取得不含增值税价款 2 000 万元;

(5) 月末烟丝存货为 200 万元。

(6) 结转 7 月份"应交税费——应交增值税"科目的期末余额。

(7) 次月初上缴 7 月份的增值税和消费税税额。

三、要求:计算应交纳的增值税和消费税,并编制相关业务的会计分录。

习题三

一、目的:练习自产自用应税消费品的会计处理。

二、资料:某酒厂为增值税一般纳税人,本期发生有关经济业务如下(本题目中的售价均为不含税售价)。

(1) 本厂药酒生产车间用自酿的白酒 15 吨,每吨成本价 4 000 元生产药酒,生产出的药酒 20 吨外销,每吨外销价 6 000 元,收入款项存入银行。

(2) 本厂的白酒 2 吨,每吨外销价 5 000 元,交送本厂所属招待所作为外销的零售商品。

(3) 将白酒 0.8 吨用于职工食堂,每吨实际成本 6 000 元,市场售价 12 000 元。

(4) 领用本厂白酒 0.6 吨,每吨实际成本 6 000 元,市场售价 8 500 元,用作业务招待费支出。

（5）出库白酒 1.2 吨，每吨实际成本 6 000 元，市场售价 9 000 元，用于广告宣传。

（6）以本期生产白酒 100 吨作为投资，每吨实际成本 4 800 元，市场销售价 6 000 元，该投资具有商业实质。

三、要求：按顺序编制上述业务的会计分录。

习题四

一、目的：练习消费税综合业务的计算及会计处理。

二、资料：某市化妆品生产企业为增值税一般纳税人，5 月份发生如下业务：

（1）从国外进口高档化妆品一批，离岸价格 25 万元，到达我国海关前发生的运费 2 万元，保险费 0.3 万元，货入库款已付。

（2）从国内购进原料一批，专用发票的价款为 300 万元，税金 48 万元，支付含税运费 3 万元并取得增值税专用发票，货入库款已付。

（3）购进生产用不需要安装的机器设备一台，取得专用发票，发票上价款为 250 万元，款项已付。

（4）生产领用进口高档化妆品的 80％用于生产高档化妆品，当月销售该化妆品 50 箱，不含税售价总共 600 万元，尚未收到款项。

（5）以高档化妆品 5 箱从某企业换入原料 46 万元（双方确认的不含税公允价），取得普通发票。

（6）结转 5 月份"应交税费——应交增值税"科目的期末余额。

（7）次月初上缴 5 月份的增值税和消费税。

进口货物取得关税完税凭证，增值税专用发票均已通过税务机关认证并申请抵扣。进口关税税率 10％。

三、要求：计算该化妆品企业 5 月份应交纳的增值税和消费税税额，并编制相关业务的会计分录。

第四章 关税会计

本章导读

关税是海关依法对进出境货物、物品征收的一种税,它是贯彻对外经济贸易政策、保护民族企业、增加财政收入的重要手段。关税的征税对象是准许进出境的货物或物品,种类繁多,税率变动频繁,需要依据专门的进出口关税税则中规定的类、目、子目等,查找对应货物或物品的适用税率。关税的计税办法包括从价税、从量税、复合税和滑准税四种,计算的关键是确定进出口货物的关税完税价格。

学习本章,应掌握关税税制要素、关税应纳税额的计算,熟练掌握关税的会计处理。

第一节 关税概述

一、关税的概念

关税是指当进出口货物经过一国关境时,由政府所设置的海关对进出口商及货物携带者征收的一种税,是世界各国普遍征收的税种,属于流转税范畴。我国现行关税法律规范主要是全国人民代表大会于 2000 年 7 月修正颁布的《中华人民共和国海关法》(以下简称《海关法》),国务院于 2003 年 11 月发布的《中华人民共和国进出口关税条例》,国务院关税税则委员会审定并报国务院批准的《中华人民共和国进出口税则》以及《中华人民共和国进境物品进口税税率表》等。

理解关税的概念时,应注意以下三点。

(一)征收关税的领域——进出关境

货物进出关境时要征收关税,但需要注意的是关境与国境是两个概念,它们既有联系,又不完全相同。国境是指一个主权国家行使行政权力的领域范围;关境是指一个主权国家行使关税权力的领域范围,由海关管辖,是海关征收关税和执行海关法令、规章的区域范围。一般说来,关境和国境是一致的,关境就设置在国境线上。但是,当某一国家在国内设立了自由港、自由贸易区、经济特区时,这些区域虽在国境之内,但从征收关税的角度来看,它是在该国关境之外,此时该国的关境小于国境,关境移至这些经济特区与国内其他地区交界处。例如,根据《中华人民共和国香港特别行政区基本法》和《中华人民共和国澳门特别行政区基本法》,香港和澳门保持自由港地位,为我国单独的关税地区,即单独关境区。单独关境区是不完全适用该国海关法律、法规或实施单独海关管理制度的区域。当几个国家结成关税同盟,组成一个共同的关境,实施统一的关税法令和统一的对外税则,这些国家之间货物进出国境不征收关税,只对来自或运往非同盟成员国的货物进出共同关境时征收关税,那么这些国家的关境大于国境,关境移至同盟国与其他国家的交界处,如欧洲联盟。欧洲联盟自1993年1月1日正式诞生后成员国不断增加,关境所涵盖的区域也不断扩大。

(二)征收关税的机关——海关

海关是国家设立的对进出关境的运输工具、货物、物品进行监督管理的行政机构,征收关税是海关的重要任务之一。

(三)征收关税的对象——货物或物品

关税只对有形的货品征收,如购入汽车需要征收关税,而对购入的专利权等无形的货品不征收关税。

二、关税的作用

关税是国家贯彻对外经济贸易政策的重要手段,在许多方面都发挥着重要作用。

(一)维护国家主权和经济利益

关税是一个国家主权的象征,也是协调国家间政治、经济、文化、外交等关系的重要工具和贸易谈判的重要砝码,关税政策直接关系到国与国之间的主权和经济利益。目前,关税已成为各国政府维护本国政治、经济权益,乃至进行国际经济斗争的一个重要武器。我国根据平等互利和对等原则,通过关税复式税则的运用等方式,争取国家间的关税互惠并反对他国对我国进行关税歧视,促进对外经济技术交往,扩大对外经济合作。

(二)保护和促进民族产业的发展

不同的国家乃至同一个国家不同的时期,都可能具有不同的关税政策,这是由于各国或同一个国家不同时期的经济发展水平、产业结构状况、国际贸易收支状况、参与国际经济竞争的能力等差异较大。对于发展中国家而言,实行关税保护可以使那些既关系到国计民生但发展又相对薄弱的产业免受重创,使民族产业得以顺利发展。即使是发达国家,自由贸易政策也并非完全适合,利用关税保护本国的"幼稚产业"是每个国家都十分重视的问题。

(三)调节国民经济和对外贸易

关税税率的变化可以带动整个行业的发展,对国家经济转型起到积极的作用。同样,关税的加征或减免政策,对对外贸易产生重大影响,影响某些商品的进出口规模,进而影响国内价格,保护国内供需平衡和市场稳定。

（四）增加财政收入

关税是国家财政收入的一个重要组成部分,与其他税收一样,具有强制性、无偿性和预定性。关税在政府收入中所占的比重,发达国家较低,发展中国家较高,这是因为后者经济不够发达,国内财政收入总量不大,故进出口关税所占比重较高。从世界大多数国家的情况来看,关税收入在整个财政收入中的比重不大,并呈下降趋势。2009 年我国财政收入为68 477 亿元,关税收入为 1 483.8 亿元,占财政收入总额的 2.17%;2015 年我国财政收入为152 217 亿元,关税收入 2 555 亿元,占财政收入总额的 1.68%。虽然关税收入在我国财政收入中所占的比例并不高,但从绝对数额上看,关税收入在我国财政收入中仍占有非常重要的位置。

三、关税的特点

（一）征税环节的过关性和单一性

关税是对货物和物品途经海关通道进出口征税,进出关境的货物征收关税,未进出关境的货物不征收关税。

关税是单一环节的价外税,进境货物在海关征收关税后,在境内的各个流通环节不再征税。另外,关税的计税依据是完税价格,其中不包括关税。

（二）征税对象的有形性

关税的征税对象是进出境的货物和物品,具有一定的实物形态,对于无形的货品不征收关税。

（三）税收政策的涉外性

增值税、消费税的各项税收政策和措施,与国家的对外经济政策、外交政策的联系不是十分紧密,而关税税收政策就完全不同了,它具有较强的涉外性。关税虽然是一个国家的重要税种,但征收关税不单纯是为了满足政府增加财政收入的需要,更重要的是利用关税来贯彻执行统一的对外经济政策,调节与他国的政治、经济关系,实现国家的政治经济目的。

（四）税率的复式性和多变性

对同一种进口货物,设置最惠国税率、协定税率、特惠税率、普通税率、关税配额税率等,不同情况适用不同税率。增值税和消费税的税率相对比较稳定,而关税税率则可能因国家间政治、经济形势的变化随时调整,纳税人计算关税的适用税率应依据最新版的关税实施方案确定。

四、关税的分类

（一）按征收对象分类，关税可分为进口税、出口税和过境税

1. 进口税

进口税是指海关在货物或物品进口时所课征的关税，是关税中最主要的一种征税形式。进口税在外国货物输入关境或国境时征收，或者外国货物从自由港、自由贸易区或保税仓库中提出运往国内市场销售，办理通关手续时征收。

2. 出口税

出口税是指海关在本国货物出口时所课征的关税。为了限制本国某些产品或自然资源的输出，或为了保护本国生产、本国市场供应等以及某些特定的需要，征收出口税。目前大多数国家已不再征收出口关税，我国只对少数商品征收出口关税。

3. 过境税

过境税是指对通过本国国境或关境销往第三国的外国货物所课征的一种关税。过境货物不影响过境国经济的发展，征收过境税却会阻碍国际贸易往来。目前，为吸引过境交易，大多数国家不征过境税，仅收取少量的行政费用或服务费用。

（二）按征税的目的不同，关税可以分为财政关税和保护关税

1. 财政关税

财政关税是指以增加财政收入为主要目的的关税。财政关税的税率比保护关税低，因为过高就会阻碍进出口贸易的发展，达不到增加财政收入的目的。以财政收入为主要目的的财政关税，其征税对象应该是进口数量大、消费量大、税负力强的商品，而且应该是本国非生活必需品或非生产必需品，以便既有稳定的税源，又不致影响国内生产和人民生活。

2. 保护关税

保护关税是以保护本国国内经济发展为主要目的而课征的关税。保护关税主要是进口税，通过征收高额进口税，使进口商品成本较高，从而削弱它在进口国市场的竞争能力，甚至阻碍其进口。各国关税保护的重点有所不同，发达国家所要保护的通常是国家间竞争性很强的商品，发展中国家则重在保护本国幼稚工业的发展。

（三）按征税标准分类，关税可分为从价关税、从量关税、复合关税、选择关税、滑准关税、季节关税、差价关税等

1. 从价关税

从价关税是指按进出口货物的价格（完税价格、海关价格或海关估价）作为标准征收关税。从价关税税额随价格的上升而增加，随价格下跌而减少。

2. 从量关税

从量关税是以进出口货物的计量单位（重量、数量、体积）为计征标准而计算征收关税。从量关税标准下，每一种货物的单位应税额固定，不受该货物价格的影响。

3. 复合关税

复合关税是对某种进出口货物同时采用从价、从量两种标准课征关税。课征时,或以从价税为主,加征从量税;或以从量税为主,加征从价税。

4. 选择关税

选择关税是指在税则中对同一税目规定从价和从量两种税率,在征税时可由海关选择其中一种计征。一般是选择税额较高的一种税率征税,在物价上涨时使用从价税,物价下跌时使用从量税。有时,为了鼓励某种商品的进口,或给某出口国以优惠待遇,也有选择税额较低的一种税率征收关税的。

5. 滑准关税

滑准关税是指在税则中预先按进出口货物的价格高低分档制定若干不同的税率,同一种货物价格高时适用较低税率,价格低时适用较高税率,从而保持商品的税后价格相对稳定,尽可能减少国际市场价格波动的影响。

6. 季节关税

季节关税是对有季节性特征的进口商品,如蔬菜、果品、谷物等制定两种或两种以上高低不同的税率,旺季从高,淡季从低计征的关税,以保证这些农产品不论是在旺季还是在淡季都能在国内市场上以比较平稳的价格均衡供应。

7. 差价关税

差价关税是对进口货物事先不确定税率,进口时按其进口价格低于国内市场同类货物价格的差额来具体确定税率计征的关税。

(四)按税收政策的国别差异划分,关税可分为普通关税、优惠关税和加重关税

优惠关税和加重关税均属于差别关税,针对不同国家的同种进口商品征收不同税率的关税,前者是使用低于一般税率的优惠税率,后者是使用高于一般税率的加重税率。

1. 普通关税

普通关税是对与本国没有签署贸易或经济互惠等友好协定的国家原产的货物征收的非优惠性关税。相对于优惠关税而言,普通关税的税率比较高。

2. 优惠关税

优惠关税一般是互惠关税,即优惠协定的双方互相给予对方优惠待遇,使用比普通税率较低的优惠税率,但也有单向优惠关税,即只对受惠国给予优惠待遇,而没有反向优惠。优惠关税一般有特定优惠关税、普遍优惠关税和最惠国待遇三种。

(1)特定优惠关税,又称特惠税,是对有特殊关系的国家,单方面或相互间按协定给予特定优惠关税待遇、甚至免税,而他国不得享受的一种关税制度。特惠税比最惠国待遇还要优惠。

(2)普遍优惠关税,简称普惠制,它是指发达国家对从发展中国家或地区输入的产品,特别是制成品和半制成品给予普遍的、非歧视的、非互惠的优惠关税待遇。普惠制是广大发展中国家长期斗争的结果,它对打破发达国家的关税壁垒、扩大发展中国家货物进入给惠国市场、推动本国经济的发展有积极意义。

(3)最惠国待遇,是指缔约国一方现在和将来给予任何第三国的一切特权、优惠和豁免也同样给予对方的一种优惠待遇。它通常是国际贸易协定中的一项重要内容。最惠国待

遇最初限于关税的优惠,以后扩大到其他税收、配额、航运、港口使用、仓储、输出等许多方面,但关税仍是主要的。

最惠国待遇往往不是最优惠的关税待遇,它只是一种非歧视性的关税待遇,并不需给予特别的关税照顾或优待,在最惠国待遇的优惠税率之外还有更低的优惠税率。

3. 加重关税

加重关税是指对某些输出国、生产国的进口货物,因某种原因或出于某种目的,以高于正常关税税率加重征收的关税,多采用附加税的形式。加重关税又可分为反倾销税、反补贴税、报复关税三种形式。

(1)反倾销税,是指针对实行商品倾销的进口商品而征收的一种进口附加税。加征反倾销税,必须基于进口国的有关反倾销法律和法规,并经国内、国际有关部门认定其进口产品倾销行为属实且对本国经济已构成损害,方可采用。为保护我国产业,根据《中华人民共和国反倾销条例》,进口产品经初裁确定为倾销,并对国内产业造成损害的,可以采取临时反倾销措施,实施期限为自决定公告规定实施之日起,不超过 4 个月。

(2)反补贴税,是指对于直接或间接接受政府奖金、补贴或津贴的外国商品在进口时所征收的一种进口附加税。反补贴税征收的目的是抵消进口商品因出口国政府的补贴在降低成本方面获得的好处,使其无法在进口国市场上低价竞销,以保护国内同类产品的生产。

(3)报复关税,是指为报复他国对本国出口货物的关税歧视,而对相关国家的进口货物征收的一种进口附加税。任何国家或者地区对其进口的原产于我国的货物征收歧视性关税或者给予其他歧视性待遇的,我国对原产于该国家或者地区的进口货物征收报复性关税。

五、关税的纳税人

进口货物的收货人、出口货物的发货人、进出境物品的所有人,是关税的纳税人。进出口货物的收、发货人是依法取得对外贸易经营权,并进口或者出口货物的法人或者其他社会团体。进出境物品的所有人包括该物品的所有人和推定为所有人的人。一般情况下,对携带进境的物品,推定其携带人为所有人;对分离运输的行李,推定相应的进出境旅客为所有人。对以邮递方式进境的物品,推定其收件人为所有人;对以邮递或其他运输方式出境的物品,推定其寄件人或托运人为所有人。

六、关税的征税对象及征收范围

关税的征税对象是准许进出境的货物和物品。货物是指贸易性商品;物品是指入境旅客随身携带的行李物品、个人邮递物品、各种运输工具上的服务人员携带进口的自用物品、馈赠物品以及其他方式进境的个人物品。

关税的具体征收范围由进出口税则详细列示。进出口税则是一国政府根据国家关税政策和经济政策,通过一定的立法程序制定公布实施的应税进出口货物和物品的关税税率表。进出口税则以税率表为主体,通常还包括实施税则的法令、使用税则的有关说明和附录等。《中华人民共和国海关进出口税则》是我国海关凭以征收关税的法律依据,也是我国关税政策的具体体现。国际国内政治、经济形势瞬息万变,关税政策也要随之不断做出调整,我国海关总署在每年年末都要发布下一年度的关税实施方案,对进出口关税税率、税目税则进行调整,因此,我国的关税税则几乎每年都有不同程度的变化和调整。

税率表作为税则主体,包括税则商品分类目录和税率栏两大部分。税则商品分类目录是把种类繁多的商品加以综合,按照其不同特点分门别类简化成数量有限的商品类目,分别编号按序排列,称为税则号列,并逐号列出该号中应列入的商品名称。税率栏是按商品分类目录逐项订出的税率栏目,我国现行进口商品税率栏一般设普通税率、最惠国税率、协定税率、特惠税率、关税配额税率、暂定税率等多栏税率,出口商品税率栏则只设一栏税率。

（一）进口货物的征收范围

进口货物的征收范围包括 21 类应税商品。

（1）活动物;动物产品。

（2）植物产品。

（3）动、植物油脂及其分解产品;精制的食用油脂;动、植物蜡。

（4）食品;饮料、酒及醋;烟草及烟草代用品的制品。

（5）矿产品。

（6）化学工业及其相关工业的产品。

（7）塑料及其制品;橡胶及其制品。

（8）生皮、皮革、毛皮及其制品;鞍具及挽具;旅行用品、手提包及类似容器;动物肠线（蚕胶丝除外）制品。

（9）木材及木制品;木炭;软木及软木制品;稻草、秸秆、针茅或其他编结材料制品;篮筐及柳条编织品。

（10）木浆及其他纤维状纤维素浆;回收（废碎）纸或纸板;纸、纸板及其制品。

（11）纺织原料及其纺织制品。

（12）鞋、帽、伞、杖、鞭及其零件;已加工的羽毛及其制品;人造花;人发制品。

（13）石料、石膏、水泥、石棉、云母及类似材料的制品;陶瓷产品;玻璃及其制品。

（14）天然或养殖珍珠、宝石或半宝石、贵金属、包贵金属及其制品;仿首饰;硬币。

（15）贵金属及其制品。

（16）机器、机械器具、电气设备及其零件;录音机及放声机、电视图像、声音的录制和重放设备及其零件、附件。

（17）车辆、航空器、船舶及有关运输设备。

（18）光学、照相、电影、计量、检验、医疗或外科用仪器及设备、精密仪器及设备;钟表;乐器;上述物品的零件、附件。

（19）武器、弹药及零件、附件。

（20）杂项制品。

（21）艺术品、收藏品及古物。

（二）出口货物的征收范围

为鼓励商品出口,发展对外贸易,我国对出口商品一般不征税,仅对少数资源性产品及易于竞相杀价、盲目进口、需要规范出口秩序的半制成品征收出口关税,主要是鳗鱼苗、部分有色金属矿砂及其精矿、生锑、磷、氟钽酸钾、苯、山羊板皮、部分铁合金、钢铁废碎料、铜和铝原料及其制品、镍锭、锌锭、锑锭,对尿素、磷酸氢二铵、磷酸二氢铵及磷酸二氢铵与磷酸氢二铵的混合物等化肥产品按暂定税率征收出口关税。

(三)入境旅客行李物品和个人邮递等物品的征收范围

新中国成立后,我国对进口商品不区分物品和货物,均按照进出口税则征税。20 世纪 60 年代,开始对个人携带进境的行李和邮递物品征收行邮税。行邮税并不是一个税种,是对进境物品关税和进口环节增值税、消费税三税合并,统一征收的进口税。入境旅客行李物品和个人邮递等物品的征收范围由《入境旅客行李物品和个人邮递物品征收进口税办法》及《入境旅客行李物品和个人邮递物品进口税税率》具体规定。目前被列举征税的应税物品有:烟、酒;纺织品及其制成品、摄像机、摄录一体机、数码相机及其他电器用具:照相机、自行车、手表、钟表(含有配件、附件)、化妆品;书报、刊物、教育专用电影片、幻灯片、原版录音带、录像带;金、银及制品;食品、饮料和其他商品等。

七、关税的税率及运用

(一)进口关税税率

1. 税率设置与适用

在我国加入世界贸易组织之前,我国进口税设有两栏税率,即普通税率和优惠税率。对原产地与我国未订有关税互惠协议的国家或者地区的进口货物,按照普通税率征税;对原产于与我国订有关税互惠协议的国家或者地区的进口货物,按照优惠税率征税。在我国加入世界贸易组织之后,为履行我国在加入世界贸易组织关税减让谈判中承诺的有关义务,享有世界贸易组织成员应有的权利,自 2002 年 1 月 1 日起,我国进口税则设有最惠国税率、协定税率、特惠税率、普通税率、关税配额税率等税率。对进口货物在一定期限内可以实行暂定税率。

(1)最惠国税率适用原产于与我国共同适用最惠国待遇条款的世界贸易组织成员国或地区的进口货物,或原产于与我国签订有相互给予最惠国待遇条款的双边贸易协定的国家或地区进口的货物,以及原产于我国境内的进口货物。

(2)协定税率适用原产于我国参加的含有关税优惠条款的区域性贸易协定有关缔约方的进口货物。目前,我国依据中国-东盟自由贸易区协议、中国-智利自由贸易区协定、中国-巴基斯坦自由贸易区协定、《亚太贸易协定》,对原产于东盟 10 国、智利、巴基斯坦及韩国、印度、斯里兰卡、孟加拉国等国家的部分进口商品实行比最惠国税率更低的协定税率。根据海峡两岸经济合作框架协议货物贸易早期收获计划,2011 年起对原产于台湾地区的 500 余项早期收获商品实施协定税率。

(3)特惠税率适用原产于与我国签订有特殊优惠关税协定的国家或地区的进口货物。2016 年,继续对原产于老挝、苏丹、也门等 41 个最不发达国家的部分产品实施特惠税率。

(4)普通税率适用于原产于上述国家或地区以外的其他国家或地区的进口货物。按照普通税率征税的进口货物,经国务院关税税则委员会特别批准,可以适用最惠国税率。

适用最惠国税率、协定税率、特惠税率的国家或者地区的名单,由国务院关税税则委员会决定。

(5) 按照国家规定实行关税配额管理的进口货物,关税配额内的,适用关税配额税率;关税配额外的,其税率的适用按上述规定执行。

(6) 适用最惠国税率的进口货物有暂定税率的,应当适用暂定税率;适用协定税率、特惠税率的进口货物有暂定税率的,应当从低适用税率;适用普通税率的进口货物,不适用暂定税率。适用出口税率的出口货物有暂定税率的,应当适用暂定税率。

2. 原产地的确定

确定进境货物原产地的主要原因之一是便于正确运用进口税则的各栏税率,对产自不同国家或地区的进口货物适用不同的关税税率。我国原产地规定基本上采用了"全部产地生产标准""实质性加工标准"两种国际上通用的原产地标准。

(1) 全部产地生产标准。该标准是指进口货物"完全在一个国家内生产或制造",生产或制造国即为该货物的原产国。

(2) 实质性加工标准。该标准是适用于确定有两个或两个以上国家参与生产的产品的原产国的标准。其基本含义是:经过几个国家加工、制造的进口货物,以最后一个对货物进行经济上可以视为实质性加工的国家作为有关货物的原产国。"实质性加工"是指产品加工后,在进出口税则中四位数税号一级的税则归类已经有了改变,或者加工增值部分所占新产品总值的比例已超过 30% 及以上。

(3) 其他。对机器、仪器、器材或车辆所用零件、部件、配件、备件及工具,如与主件同时进口且数量合理的,其原产地按主件的原产地确定,分别进口的则按各自的原产地确定。

(二) 出口关税税率

根据《2016 年关税实施方案》,对天然石墨等部分出口商品实施暂定税率,对鳗鱼苗等商品实行出口税率。

(三) 行邮物品进口税率

我国现行行邮税税率分别为 15%、30%、60% 三个档次。15% 主要为最惠国税率为零的商品,60% 主要为征收消费税的高档消费品,其他商品归入 30%。

(四) 税率的运用

(1) 进出口货物,应当按照纳税人申报进口或者出口之日实施的税率征税。

(2) 进口货物到达之前,经海关核准先行申报的,应当按照装载此货物的运输工具申报进境之日实施的税率征税。

(3) 进出口货物的补税和退税,适用该进出口货物原申报进口或者出口之日所实施的税率。但下列情况除外:①按照特定减免税办法批准予以减免税的进口货物,后因情况改变经海关批准转让或出售或移作他用需予补税的,适用海关接受纳税人再次填写报关单申报办理纳税及有关手续之日实施的税率征税。②加工贸易进口料、件等属于保税性质的进口货物,如经批准转为内销,应按向海关申报转为内销之日实施的税率征税;如未经批准擅自转为内销的,则按海关查获日期所施行的税率征税。③暂时进口货物转为正式进口需予补税时,应按其申报正式进口之日实施的税率征税。④分期支付租金的租赁进口货物,分期付税时,适用海关接受纳税人再次填写报关单申报办理纳税及有关手续之日实施的税率征税。⑤溢卸、误卸货物事后确定需征税时,应按其原运输工具申报进口日期所实施的税率征税;如原进口日期无法查明的,可按确定补税当天实施的税率征税。⑥对由于税则归类的改变、完税价格的审定或其他工作差错而需补税的,应按原征税日期实施的税率征税。⑦对经批准缓税进口的货物以后交税时,不论是分期还是一次交清税款,都应按货物原进口之日实施的税率征税。⑧查获的走私进口货物需补税时,应按查获日期实施的税率征税。

八、关税的纳税期限与纳税地点

(一) 纳税期限

进口货物自运输工具申报进境之日起14日内,出口货物在货物运抵海关监管区后装货的24小时以前,应由进出口货物的纳税人向货物进(出)境地海关申报,海关根据税则归类和完税价格计算应交纳的关税和进口环节代征税,并填发税款缴款书。纳税人应当自海关填发税款缴款书之日起15日内,向指定银行交纳税款。如关税交纳期限的最后1日是周末或法定节假日,则关税交纳期限顺延至周末或法定节假日过后的第1个工作日。为方便纳税人,经申请且海关同意,进(出)口货物的纳税人可以在设有海关的指运地(启运地)办理海关申报、纳税手续。

关税纳税人因不可抗力或者在国家税收政策调整的情形下,不能按期交纳税款的,经海关总署批准,可以延期交纳税款,但最长不得超过6个月。

纳税人未在关税交纳期限内交纳税款,即构成关税滞纳。为保证海关征收关税决定的有效执行和国家财政收入的及时入库,《海关法》赋予海关对滞纳关税的纳税人强制执行的权力。强制措施主要有两类:

一是征收关税滞纳金。滞纳金自关税交纳期限届满滞纳之日起,至纳税人交纳关税之日止,按滞纳税款万分之五的比例按日征收,周末或法定节假日不予扣除。其计算公式为:

$$关税滞纳金金额 = 滞纳关税税额 × 滞纳金征收比率 × 滞纳天数$$

二是强制征收。如纳税人自海关填发缴款书之日起3个月仍未交纳税款,经海关关长批准,海关可以采取强制扣缴、变价抵缴等强制措施。强制扣缴即海关从纳税人在开户银行或者其他金融机构的存款中直接扣缴税款;变价抵缴即海关将应税货物依法变卖,以变卖所得抵缴税款。

(二) 纳税地点

1. 关境地

关境地纳税即为口岸纳税,不管纳税人的住址在哪里,进出口货品在哪里通关,纳税人即在哪里交纳关税。

2. 主管地

主管地纳税亦称集中纳税,纳税人交纳关税时,经海关办理有关手续,进出口货品即可由纳税人住址所在地海关(主管地海关)监管其通关,关税也在纳税人住址所在地交纳。

九、关税的减免

关税减免是贯彻国家关税政策的一项重要措施,包括法定减免税、特定减免税和临时减免税。根据《海关法》,除法定减免税外的其他减免税均由国务院决定。减征关税在我国加入世界贸易组织之前以税则规定税率为基准,在我国加入世界贸易组织之后以最惠国税率或者普通税率为基准。

(一)法定减免税

法定减免税是税法中明确列出的减税或免税。符合税法规定可予减免税的进出口货物,纳税人无须提出申请,海关可按规定直接予以减免税。海关对法定减免税货物一般不进行后续管理。

1. 下列进出口货物,免征关税

(1)关税税额在人民币 50 元以下的货物。

(2)没有商业价值的广告品和货样。

(3)外国政府、国际组织无偿赠送的物资。

(4)在海关放行前损失的货物。

(5)进出境运输工具装载的途中必需的燃料、物料和饮食用品。

在海关放行前遭受损坏的货物,可以根据海关认定的受损程度减征关税。

因品质或者规格原因,出口货物自出口之日起 1 年内原状复运进境的,不征收进口关税。因品质或者规格原因,进口货物自进口之日起 1 年内原状复运出境的,不征收出口关税。

因残损、短少、品质不良或者规格不符原因,由进出口货物的发货人、承运人或者保险公司免费补偿或者更换的相同货物,进出口时不征收关税。被免费更换的原进口货物不退运出境或者原出口货物不退运进境的,海关应当对原进出口货物重新按照规定征收关税。

2. 下列进出口货物,可以暂不交纳关税

经海关批准暂时进境或者暂时出境的下列货物,在进境或者出境时纳税人向海关交纳相当于应纳税款的保证金或者提供其他担保的,可以暂不交纳关税,并应当自进境或者出境之日起 6 个月内复运出境或者复运进境;经纳税人申请,海关可以根据海关总署的规定延长复运出境或者复运进境的期限:

(1)在展览会、交易会、会议及类似活动中展示或者使用的货物。

(2)文化、体育交流活动中使用的表演、比赛用品。

(3)进行新闻报道或者摄制电影、电视节目使用的仪器、设备及用品。

(4)开展科研、教学、医疗活动使用的仪器、设备及用品。

（5）在本款第（1）项至第（4）项所列活动中使用的交通工具及特种车辆。

（6）货样。

（7）供安装、调试、检测设备时使用的仪器、工具。

（8）盛装货物的容器。

（9）其他用于非商业目的的货物。

以上所列暂准进境货物在规定的期限内未复运出境的，或者暂准出境货物在规定的期限内未复运进境的，海关应当依法征收关税。

以上所列可以暂时免征关税范围以外的其他暂准进境货物，应当按照该货物的完税价格和其在境内滞留时间与折旧时间的比例计算征收进口关税，具体办法由海关总署规定。

（二）特定减免税

特定减免税也称政策性减免税。在法定减免税之外，国家按照国际通行规则和我国实际情况，制定发布的有关进出口货物减免关税的政策，称为特定或政策性减免税。特定减免税货物一般有地区、企业和用途的限制，海关需要进行后续管理，也需要进行减免税统计。我国目前对科教用品、残疾人专用品、扶贫和慈善性捐赠物资、加工贸易产品、边境贸易进口物资、保税区进出口货物、出口加工区进出口货物、进口设备及某些特定行业（地区、用途）的货物采用特定减免税。

（三）临时减免税

临时减免税是指以上法定和特定减免税以外的其他减免税，即由国务院根据《海关法》对某个单位、某类商品、某个项目或某批进出口货物的特殊情况，给予特别照顾，一案一批，专文下达的减免税。一般有单位、品种、期限、金额或数量等限制，不能比照执行。

（四）个人行李、邮寄物品的减免税

对货值在 5 000 元人民币以下的随身行李、税额在 50 元人民币以下的邮递物品予以免征行邮税。

我国加入世界贸易组织后，为遵循统一、规范、公平、公开的原则，有利于统一税法、公平税负、平等竞争，国家严格控制减免税，一般不办理个案临时性减免税，对特定减免税也在逐步规范、清理，对不符合国际惯例的税收优惠政策将逐步予以废止。

十、关税退还、补征和追征

（一）关税退还

关税退还是关税纳税人按海关核定的税额交纳关税后，因某种原因，海关将实际征收多于应当征收的税额（称为溢征关税）退还给原纳税人的一种行政行为。海关发现多征税款的，应当立即通知纳税人办理退税手续。纳税义务人应当自收到海关通知之日起 3 个月内办理有关退税手续。纳税人发现多交纳税款，有下列情形之一的，自交纳税款之日起 1 年内,可以向海关申请退还多缴的税款并加算银行同期活期存款利息。

（1）因海关误征,多纳税款的。

（2）海关核准免验进口的货物,在完税后,发现有短缺情形,经海关审查认可的。

（3）已交纳进口关税的进口货物,因品质或者规格原因原状退货复运出境的,可以向海关申请退税。

（4）已交纳出口关税的出口货物,因品质或者规格原因原状退货复运进境,并已重新交纳因出口而退还的国内环节有关税收的,可以向海关申请退税。

（5）已交纳出口关税的货物,因故未装运出口申报退关的,可以向海关申请退税。

（6）散装进出口货物发生短装并已征税放行的,如果该货物的发货人、承运人或者保险公司已对短装部分退还或者赔偿相应货款,可以向海关申请退还进口或者出口短装部分的相应税款。

（7）进出口货物因残损、品质不良、规格不符原因,或者发生上述（6）以外的货物短少的情形,由进出口货物的发货人、承运人或者保险公司赔偿相应货款的,可以向海关申请退还赔偿货款部分的相应税款。

（二）关税补征和追征

补征和追征是海关在关税纳税人按海关核定的税额交纳关税后,发现实际征收税额少于应当征收的税额（称为短征关税）时,责令纳税人补缴所差税款的一种行政行为。《海关法》根据短征关税的原因,将海关征收原短征关税的行为分为补征和追征两种。由于纳税人违反海关规定造成短征关税的,称为追征;非因纳税人违反海关规定造成短征关税的,称为补征。

区分关税追征和补征的目的是为了区别不同情况适用不同的征收时效,超过时效规定的期限,海关就丧失了追补关税的权力。根据《海关法》,进出境货物和物品放行后,海关发现少征或者漏征税款,应当自交纳税款或者货物、物品放行之日起 1 年内,向纳税人补征;因纳税人违反规定而造成的少征或者漏征的税款,自纳税人应交纳税款之日起 3 年以内可以追征,并从交纳税款之日起按日加收少征或者漏征税款 5‰的滞纳金。

第二节　关税计算及纳税申报

一、关税的计税方法

（一）从价定率计算

从价定率计算,是以进出口货物的价格为依据按一定比例税率计征关税,是目前我国海关计征关税的主要方法。这里所说的进出口货物的价格不是成交价格,而是货物的完税价格,因此,运用这种方法计算关税的关键是确定进出口货物的完税价格,然后选择适用的税率即可。其计算公式是：

$$应纳关税税额＝应税进出口货物数量×单位完税价格×适用税率$$

对于滑准税而言,当滑准税税率作为幅度比例税率在限定的范围内滑动时,就需要计算确定适用的滑准税税率。

我国于 1997 年 10 月 1 日起,对进口新闻纸实行了滑准税;于 2005 年 5 月开始,对配额内进口棉花按 1％的税率计征关税,超配额进口的棉花实行征收滑准税政策,计征 5％～40％的进口关税。每年修订的《进(出)口商品从量税、复合税、滑准税税目税率表》后注明了滑准税税率的计算公式,自 2008 年至 2011 年,超配额进口棉花滑准税的具体方式为:

当进口棉花完税价格高于或等于 11.397 元/千克时,按 0.570 元/千克计征从量税;

当进口棉花完税价格低于 11.397 元/千克时,暂定关税税率按下式计算:

$$R_i = 8.686/P_i + 2.526 \times P_i - 1$$

对上式计算结果四舍五入保留 3 位小数。其中 R_i 为暂定关税税率,当按上式计算值高于 40％时,取值 40％;P_i 为关税完税价格,单位为元/千克。

(二)从量定额计算

$$应纳关税税额＝应税进出口货物数量×单位货物税额$$

(三)复合计算

我国目前实行的复合税都是先计征从量税,再计征从价税。

$$应纳关税税额＝应税进出口货物数量×单位货物税额$$
$$＋应税进出口货物数量×单位完税价格×适用税率$$

二、关税的完税价格

除从量税外,关税的计算均涉及完税价格。完税价格是海关在计征关税时使用的计税价格,它是正确计算关税应纳税额的基础。《海关法》规定,进出口货物的完税价格,由海关以该货物的成交价格为基础审查确定。成交价格不能确定时,完税价格由海关依法估定。2014 年 2 月 1 日实施的《中华人民共和国海关审定进出口货物完税价格办法》(以下简称《完税价格办法》),遵循客观、公平、统一的估价原则和方法,审定进出口货物的完税价格。

(一)一般进口货物的完税价格

根据《完税价格办法》的规定,进口货物的完税价格,由海关以该货物的成交价格为基础审查确定;当成交价格不能确定时,应采用估价方法确定进口货物的完税价格。因此,一般进口货物的完税价格确定方法有两种:一是成交价格估价方法,二是海关估价方法。

1. 成交价格估价方法

进口货物的成交价格,是指买方为进口货物向卖方实付、应付的并且按照规定调整后的价款总额,包括直接支付的价款和间接支付的价款。

(1) 成交价格的确认。进口货物的成交价格应当符合下列条件:①对买方处置或者使用进口货物不予限制,但是法律、行政法规规定实施的限制、对货物转售地域的限制和对货物价格无实质性影响的限制除外。②进口货物的价格不得受到使该货物成交价格无法确定的条件或者因素的影响。③卖方不得直接或者间接获得因买方销售、处置或者使用进口货物而产生的任何收益,或者虽然有收益但是能够按照《完税价格办法》的规定做出调整。④买卖双方之间没有特殊关系,或者虽然有特殊关系但是按照《完税价格办法》的规定未对成交价格产生影响。

(2) 成交价格的调整。以成交价格为基础审查确定进口货物的完税价格时,下列费用或价值若未包括在进口货物的实付或者应付价格中,应在核定完税价格时调整计入:①除购货佣金以外的佣金和经纪费。②与该货物视为一体的容器费用。③包装材料费用和包装劳务费用。④与进口货物的生产和向中华人民共和国境内销售有关的,由买方以免费或者以低于成本的方式提供,并可以按适当比例分摊的下列货物或者服务的价值:进口货物包含的材料、部件、零件和类似货物;在生产进口货物过程中使用的工具、模具和类似货物;在生产进口货物过程中消耗的材料;在境外进行的为生产进口货物所需的工程设计、技术研发、工艺及制图等相关服务。⑤买方需向卖方(有关方)支付的与进口货物有关或构成该货物销售条件的特许权使用费。⑥卖方直接或者间接从买方对该货物进口后销售、处置或者使用所得中获得的收益。

上述的费用或价值,应由进口货物的纳税人向海关提供客观量化的数据资料。

进口时在货物的价款中单独列明的下列税收、费用,不计入该货物的完税价格:①厂房、机械或者设备等货物进口后发生的建设、安装、装配、维修和技术服务的费用。②进口货物运抵中华人民共和国境内输入地点起卸后发生的运输及其相关费用、保险费。③进口关税、进口环节海关代征税及其他国内税。④为在境内复制进口货物而支付的费用。⑤境内外技术培训及境外考察费用。⑥同时符合下列条件的利息费用:利息费用是买方为购买进口货物而融资所产生的;有书面的融资协议的;利息费用单独列明的;纳税人可以证明有关利率不高于在融资当时当地此类交易通常应当具有的利率水平,且没有融资安排的相同或者类似进口货物的价格与进口货物的实付、应付价格非常接近的。

2. 海关估价方法

《完税价格办法》规定,进口货物的成交价格不符合确认条件,或者成交价格不能确定的,海关经了解有关情况,并与纳税人进行价格磋商后,依次按下列方法审查确定进口货物的完税价格:

(1) 相同货物成交价格估价方法。该方法是指海关以与进口货物同时或者大约同时向中华人民共和国境内销售的相同货物的成交价格为基础,审查确定进口货物的完税价格的估价方法。

(2) 类似货物成交价格估价方法。该方法是指海关以与进口货物同时或者大约同时向中华人民共和国境内销售的类似货物的成交价格为基础,审查确定进口货物的完税价格的估价方法。

按照相同或者类似货物成交价格估价方法的规定审查确定进口货物的完税价格时,应当使用与该货物具有相同商业水平且进口数量基本一致的相同或者类似货物的成交价格。在没有这一成交价格的情况下,可以使用不同商业水平或者不同进口数量的相同或者类似货物的成交价格。使用上述价格时,应当以客观量化的数据资料,对因商业水平、进口数量、运输距离和运输方式不同而在价格、成本和其他费用方面产生的差异做出调整。

按照相同或者类似货物成交价格估价方法审查确定进口货物的完税价格时,应当首先使用同一生产商生产的相同或者类似货物的成交价格。没有同一生产商生产的相同或者类似货物的成交价格的,可以使用同一生产国或者地区其他生产商生产的相同或者类似货物的成交价格。如果有多个相同或者类似货物的成交价格,应当以最低的成交价格为基础审查确定进口货物的完税价格。

（3）倒扣价格估价方法。该方法是指海关以进口货物、相同或者类似进口货物在境内的销售价格为基础,扣除境内发生的有关费用后,审查确定进口货物完税价格的估价方法。该销售价格应当同时符合下列条件:是在该货物进口的同时或者大约同时,将该货物、相同或者类似进口货物在境内销售的价格;是按照货物进口时的状态销售的价格;是在境内第一销售环节销售的价格;是向境内无特殊关系方销售的价格;按照该价格销售的货物合计销售总量最大。按照倒扣价格估价方法审查确定进口货物完税价格的,下列各项应当扣除:①同等级或者同种类货物在境内第一销售环节销售时,通常的利润和一般费用（包括直接费用和间接费用）以及通常支付的佣金。②货物运抵境内输入地点起卸后的运输及其相关费用、保险费。③进口关税、进口环节海关代征税及其他国内税。

（4）计算价格估价方法。该方法是指海关以下列各项的总和为基础,审查确定进口货物完税价格的估价方法:生产该货物所使用的料件成本和加工费用;向境内销售同等级或者同种类货物通常的利润和一般费用（包括直接费用和间接费用）;该货物运抵境内输入地点起卸前的运输及相关费用、保险费。

（5）其他合理方法。当海关不能根据上述方法确定进口货物的完税价格时,根据客观、公平、统一的原则,以客观量化的数据资料为基础审查确定进口货物完税价格的估价方法。但不得使用以下价格:境内生产的货物在境内的销售价格;可供选择的价格中较高的价格;货物在出口地市场的销售价格;以计算价格方法规定的有关各项之外的价值或者费用计算的相同或者类似货物的价格;出口到第三国或者地区的货物的销售价格;最低限价或者武断、虚构的价格。

纳税人向海关提供有关资料后,可以提出申请,颠倒倒扣价格方法和计算价格方法的适用次序。

（二）加工贸易内销货物的完税价格

加工贸易进口料件或者其制成品应当征税的,海关按照以下规定审查确定完税价格:

（1）进口时应当征税的进料加工进口料件,以该料件申报进口时的成交价格为基础审查确定完税价格。

（2）进料加工进口料件或者其制成品（包括残次品）内销时,海关以料件原进口成交价格为基础审查确定完税价格。料件原进口成交价格不能确定的,海关以接受内销申报的同时或者大约同时进口的与料件相同或者类似的货物的进口成交价格为基础审查确定完税价格。

（3）来料加工进口料件或者其制成品（包括残次品）内销时，海关以接受内销申报的同时或者大约同时进口的与料件相同或者类似的货物的进口成交价格为基础审查确定完税价格。

（4）加工企业内销加工过程中产生的边角料或者副产品，以海关审查确定的内销价格作为完税价格。

加工贸易内销货物的完税价格按照以上规定仍然不能确定的，由海关按照合理的方法审查确定。

（5）保税区、出口加工区内的加工企业申报内销加工贸易制成品时，海关以接受内销申报的同时或者大约同时进口的与制成品相同或者类似货物的进口成交价格为基础审查确定完税价格。

保税区内的加工企业内销的进料加工制成品中，如果含有从境内采购的料件，海关以制成品所含从境外购入的料件原进口成交价格为基础审查确定完税价格。料件原进口成交价格不能确定的，海关以接受内销申报的同时或者大约同时进口的与料件相同或者类似货物的进口成交价格为基础审查确定完税价格。

保税区内的加工企业内销的来料加工制成品中，如果含有从境内采购的料件，海关以接受内销申报的同时或者大约同时进口的与制成品所含从境外购入的料件相同或者类似货物的进口成交价格为基础审查确定完税价格。

（三）特殊进口货物的完税价格

1. 运往境外修理的货物

运往境外修理的机械器具、运输工具或者其他货物，出境时已向海关报明，并在海关规定的期限内复运进境的，应当以境外修理费和料件费为基础审查确定完税价格。

2. 运往境外加工的货物

运往境外加工的货物，出境时已向海关报明，并在海关规定期限内复运进境的，应当以境外加工费和料件费以及该货物复运进境的运输及其相关费用、保险费为基础审查确定完税价格。

3. 暂时进境的货物

对于经海关批准的暂时进境的货物，应当按照一般进口货物估价办法的规定，估定完税价格。经海关批准留购的暂时进境货物，以海关审定的留购价格作为完税价格。

4. 租赁方式进口的货物

租赁方式进口的货物中，以租金方式对外支付的租赁货物，在租赁期间以海关审查确定的租金作为完税价格，利息应当予以计入；留购的租赁货物以海关审查确定的留购价格作为完税价格；承租人申请一次性交纳税款的，经海关同意，按照一般进口货物估价方法的规定估定完税价格，或者按照海关审查确定的租金总额作为完税价格。

5. 留购的进口货样

对于境内留购的进口货样、展览品和广告陈列品，以海关审定的留购价格作为完税价格。

6. 予以补税的减免税货物

减税或免税进口的货物需补税时,应当以海关审定的该货物原进口时的价格,扣除折旧部分作为完税价格。其计算公式如下:

$$完税价格 = \frac{海关审定的该货物}{原进口时的价格} \times \left[1 - \frac{补税时实际已进口的时间(月)}{监管年限 \times 12} \right]$$

公式中,补税时实际进口的时间按月计算,不足1个月但是超过15日的,按照1个月计算,不超过15日的,不予计算。

7. 以易货贸易、寄售、捐赠、赠送等其他方式进口的货物

以易货贸易、寄售、捐赠、赠送等其他方式进口的货物,应当按照一般进口货物估价办法的规定,估定完税价格。

8. 进口载有专供数据处理设备用软件的介质

进口载有专供数据处理设备用软件的介质,具有下列情形之一的,应当以介质本身的价值或者成本为基础审查确定完税价格:①介质本身的价值或者成本与所载软件的价值分列。②介质本身的价值或者成本与所载软件的价值虽未分列,但是纳税义务人能够提供介质本身的价值或者成本的证明文件,或者能提供所载软件价值的证明文件。

含有美术、摄影、声音、图像、影视、游戏、电子出版物的介质不适用前款规定。

(四)进口货物完税价格中相关费用的核定

1. 进口货物的运费

应当按照实际支付的费用计算。如果进口货物的运费无法确定,海关应当按照该货物的实际运输成本或者该货物进口同期运输行业公布的运费率(额)计算运费。运输工具作为进口货物,利用自身动力进境的,海关在审查确定完税价格时,不再另行计入运费。

2. 进口货物的保险费

应当按照实际支付的费用计算。如果进口货物的保险费无法确定或者未实际发生,海关应当按照"货价加运费"两者总额的3‰计算保险费。即:

$$保险费 = (货价 + 运费) \times 3‰$$

邮运进口的货物,应当以邮费作为运输及其相关费用、保险费。

以境外边境口岸价格条件成交的铁路或者公路运输进口货物,海关应当按照境外边境口岸价格的1‰计算运输及其相关费用、保险费。

(五)出口货物的完税价格

1. 成交价格估价方法

出口货物的成交价格是指该货物出口销售时,卖方为出口该货物应当向买方直接收取和间接收取的价款总额。

下列税收、费用不计入出口货物的完税价格:

(1)出口关税。

(2)在货物价款中单独列明的货物运至中华人民共和国境内输出地点装载后的运输及

其相关费用、保险费。

（3）在货物价款中单独列明由卖方承担的佣金。

2. 海关估价方法

出口货物的成交价格不能确定的，海关经了解有关情况，并与纳税人进行价格磋商后，依次以下列价格审查确定该货物的完税价格：

（1）同时或者大约同时向同一国家或者地区出口的相同货物的成交价格。

（2）同时或者大约同时向同一国家或者地区出口的类似货物的成交价格。

（3）根据境内生产相同或者类似货物的成本、利润和一般费用（包括直接费用和间接费用）、境内发生的运输及其相关费用、保险费计算所得的价格。

（4）按照合理方法估定的价格。

纳税人向海关申报时，应当如实向海关提供发票、合同、提单、装箱清单，以及海关认为有必要提供的与货物买卖有关的支付凭证，证明申报价格真实、准确的其他商业单证、书面资料和电子数据等单证，以便海关进行完税价格的审定。

三、应纳关税税额的计算

（一）进口货物应纳关税税额的计算

进口货物的成交价格，因有不同的成交条件而有不同的价格形式。常用的价格条款有FOB价格、CFR价格、CIF价格三种。

FOB价格（free on board）是"船上交货"的价格术语的简称。这一价格术语是指卖方在合同规定的装运港把货物装上买方指定的船上，并负责货物装上船为止的一切费用和风险，又称"离岸价格"。

CFR价格（Cost and Freight）是"成本加运费"的价格术语简称，又称"离岸加运费价格"。这一术语是指卖方负责将合同规定的货物装上买方指定运往目的港的船上，负责货物装上船为止的一切费用和风险，并支付运费。

CIF价格（Cost, Insurance and Freight）是"成本加运费、保险费"的价格术语简称，习惯上又称"到岸价格"。这一价格术语是指卖方负责将合同规定的货物装上买方指定运往目的港的船上，办理保险手续，并支付运费和保险费。

三种价格条款中，进口货物的CIF价格经海关审定后可以直接作为完税价格计算关税，以其他价格条款申报结算的，计算关税时都要折算为CIF价格。

1. 以CIF价格成交的进口货物

$$完税价格＝CIF价格$$

【例4-1】 某进出口公司从日本进口甲醇，进口价格为CIF天津港800 000美元。海关填发税款缴款书之日的外汇牌价（中间价）为1美元＝6.62人民币，甲醇关税税率5.5%。则进口甲醇应交纳的关税税额为：

$$关税完税价格＝800\,000×6.62＝5\,296\,000（元）$$

$$应交纳关税税额＝5\,296\,000×5.5\%＝291\,280（元）$$

2. 以 FOB 价格成交的进口货物

以国外口岸 FOB 价格或者从输出国购买以国外口岸 CIF 价格成交的,必须分别在上述价格基础上加上从发货口岸或者国外交货口岸运到我国口岸以前的运杂费和保险费作为完税价格。即:

$$完税价格 = (FOB 价格 + 运费) \times (1 + 保险费费率)$$

【例 4-2】 某进出口公司从国外进口一批钢板共计 300 000 千克,成交价格为 FOB 伦敦 2.8 英镑/千克,单位运费为 0.2 英镑,保险费率为 3‰。该钢板的关税税率为 10%,海关填发税款缴款书之日的外汇牌价(中间价)为 1 英镑 = 11.533 人民币。则进口钢板应交纳的关税税额为:

$$关税完税价格 = 300\,000 \times (2.8 + 0.2) \times (1 + 3‰) \times 11.533 = 10\,410\,839(元)$$

$$应交纳关税税额 = 10\,410\,839 \times 10\% = 1\,041\,083.90(元)$$

3. 以 CFR 价格成交的进口货物

$$完税价格 = CFR 价格 \times (1 + 保险费费率)$$

【例 4-3】 某公司以空运方式从境外进口设备一台,该设备境外成交价格加运费折合人民币 300 万元,经海关审查,公司申报的完税价格未包含保险费,公司的解释是相关费用无法确定,海关对此依法进行调整,确定完税价格。假设进口设备关税税率为 50%。则进口设备应交纳的关税税额为:

$$关税完税价格 = 3\,000\,000 \times (1 + 3‰) = 3\,009\,000(元)$$

$$应交纳关税税额 = 3\,009\,000 \times 50\% = 1\,504\,500(元)$$

【例 4-4】 某进出口公司 3 月份从国外进口货物一批,成交价(FOB 价格)折合人民币 6 000 万元(包括单独计价并经海关审查属实的货物进口后装配调试费用 40 万元,向境外采购代理人支付的买方佣金 20 万元),另支付运费 100 万元,保险费 160 万元。假设该货物的关税税率为 50%,增值税税率为 16%,消费税税率为 5%。则进口货物应交纳的关税、消费税和增值税税额为:

$$关税完税价格 = 离岸价 - 装配调试费 - 买方佣金 + 运费 + 保险费$$
$$= 6\,000 - 40 - 20 + 100 + 160$$
$$= 6\,200(万元)$$

$$应交纳关税税额 = 6\,200 \times 50\% = 3\,100(万元)$$

$$组成计税价格 = (6\,200 + 3\,100) \div (1 - 5\%) = 9\,789.47(万元)$$

$$应交纳消费税税额 = 9\,789.47 \times 5\% = 489.47(万元)$$

$$应交纳增值税税额 = 9\,789.47 \times 16\% = 1\,566.32(万元)$$

【例 4-5】 某公司进口两台非特种用途的电视摄像机,CIF 价为 6 500 美元/台,适用优惠税率:完税价格高于 5 000 美元/台的,从价税 3%,从量税 12 960 元/台。海关填发税款缴款书之日的外汇牌价(中间价)为 1 美元 = 6.62 人民币。该摄像机应纳进口关税税额为:

$$应交纳关税税额＝2×12\ 960＋2×6\ 500×6.62×3\%＝28\ 502(元)$$

(二)出口货物应纳关税税额的计算

同进口货物一样,出口货物的成交价格常用的价格条款有 FOB、CFR、CIF 等,三种价格条款中,出口货物的 FOB 价格经海关审定后可直接作为完税价格计算关税,以其他价格条款申报结算的,计算关税时都要折算为 FOB 价格。与进口货物不同的是,出口货物的货价中含有关税,应将关税扣除后才能作为完税价格。

1. 以 FOB 价格成交的出口货物

出口货物以我国口岸 FOB 价格成交的,应以该价格扣除出口关税后作为完税价格,如果该价格中包括向国外支付的佣金等,对这部分费用应先予扣除。

$$完税价格＝\frac{FOB\ 价格}{1＋出口关税税率}$$

【例4-6】 某生产企业有进出口经营权,对外出口一批货物,离岸价为 480 000 元,该货物出口关税税率为 20%。该公司出口货物应纳关税税额为:

$$应纳关税税额＝480\ 000÷(1＋20\%)×20\%＝80\ 000(元)$$

2. 以 CIF 价格成交的出口货物

出口货物以国外口岸 CIF 价格成交的,应扣除离开我国口岸后的运费、保险费及出口关税后作为完税价格,计算应交纳的出口关税。

$$完税价格＝\frac{CIF\ 价格－保险费－运费}{1＋出口关税税率}$$

【例4-7】 某生产企业出口一批天然石墨,申报出口 CIF 价为 1 000 万元,其中含保险费 25 万元,运费 50 万元。该石墨的出口关税税率为 20%。该公司出口货物应交纳关税税额为:

$$完税价格＝(1\ 000－25－50)÷(1＋20\%)＝771(万元)$$

$$应交纳关税税额＝771×20\%＝154.20(万元)$$

3. 以 CFR 价格成交的出口货物

$$完税价格＝\frac{CFR\ 价格－运费}{1＋出口关税税率}$$

四、关税的纳税申报与交纳

纳税人在交纳关税时,需要填写海关进口关税专用缴款书,并携带有关单证。海关进口关税专用缴款书格式,如表 4-1 所示。

海关税款缴款书一式六联,第一联(收据)由银行收款签章后交缴款单位或者纳税义务人;第二联(付款凭证)由缴款单位开户银行作为付出凭证;第三联(收款凭证)由收款国库作为收入凭证;第四联(回执)由国库盖章后退回海关财务部门;第五联(报查)国库收款后,关税专用缴款书退回海关,海关代征税专用缴款书送当地税务机关;第六联(存根)由填发单位存查。

表 4-1

海关进口关税专用缴款书(收据联)

收入系统：　　　　　　填发日期：　　年　　月　　日　　　　　　　　No.

收款单位	收入机关			缴款单位(人)	名　称	
	科　目	预算级次			账　号	
	收缴国库				开户银行	

税号	货物名称	数量	单位	完税价格(¥)	税率(%)	税款金额(¥)

金额人民币(大写)				合计(¥)	
申请单位编号		报关单编号		填制单位	收缴国库(银行)
合同(批文)号		运输工具号			
缴款日期	年　月　日	提/装货单号			
备注				制单人＿＿＿　复核人＿＿＿	

第三节　关税的会计处理

为了核算企业发生和实际交纳的进出口关税,应设置"应交税费——应交关税"科目,其贷方反映企业在进出口报关时经海关核准应交纳的进出口关税,其借方反映企业实际交纳的进出口关税,贷方余额反映企业应交未交的进出口关税。关税虽然也是价外税,但却不能像增值税一样进行抵扣,所以,企业应负担的进口关税应计入进口货物的成本,构成进口货物价值的一部分;出口关税应计入营业税金,由当期营业收入予以补偿。

一、进口业务关税的会计处理

（一）自营进口业务关税的会计处理

企业自营进口货物应支付的进口关税,一般不通过"应交税费"科目核算,而是将其与进口原材料的价款、国外运费和保费、国内费用一并直接计入进口货物的成本。

【例 4-8】　某外贸公司进口货物一批,CIF 价格折合人民币 600 000 元,进口关税税率为 10%,增值税税率 16%,货款及税款全部支付,材料已验收入库。

应交纳进口关税税额＝600 000×10%＝60 000(元)

应交纳增值税税额＝(600 000＋60 000)×16%＝105 600(元)

借：库存商品　　　　　　　　　　　　　　　　　　　　　　　660 000

　　应交税费——应交增值税（进项税额）　　　　　　　　　105 600

　　贷：银行存款　　　　　　　　　　　　　　　　　　　　　765 600

【例4-9】 某企业从境外进口一台生产用设备,FOB价格300万美元,设备运至上海港支付运费30万美元,保险费率为3‰,该设备的关税税率为10%,代征增值税税率为16%。企业将设备自上海港运至生产车间进行安装调试,以人民币支付运费、安装调试费取得增值税专用发票,不含税金额400 000元,增值税额40 000元。设备安装完毕交付使用,各种款项全部支付。海关填发税款缴款书之日的外汇牌价(中间价)为1美元=6.60人民币。

关税完税价格=(3 000 000+300 000)×(1+3‰)×6.60=21 845 340(元)

应交纳关税税额=21 845 340×10%=2 184 534(元)

应交纳进口环节增值税税额=(21 845 340+2 184 534)×16%=3 844 779.84(元)

(1) 购入现汇时:

借:银行存款——美元户　　　　　　　　　　　　　　　　21 845 340
　　贷:银行存款——人民币户　　　　　　　　　　　　　　　21 845 340

(2) 支付境外货款、运费、保险费时:

借:在建工程　　　　　　　　　　　　　　　　　　　　　21 845 340
　　贷:银行存款——美元户　　　　　　　　　　　　　　　　21 845 340

(3) 支付增值税、关税时:

借:在建工程　　　　　　　　　　　　　　　　　　　　　　2 184 534
　　应交税费——应交增值税(进项税额)　　　　　　　　　3 844 779.84
　　贷:银行存款　　　　　　　　　　　　　　　　　　　　6 029 313.84

(4) 支付境内运费、安装调试费时:

借:在建工程　　　　　　　　　　　　　　　　　　　　　　　400 000
　　应交税费——应交增值税(进项税额)　　　　　　　　　　　40 000
　　贷:银行存款　　　　　　　　　　　　　　　　　　　　　440 000

(5) 设备安装完毕交付使用:

借:固定资产　　　　　　　　　　　　　　　　　　　　　24 429 874
　　贷:在建工程　　　　　　　　　　　　　　　　　　　　24 429 874

(二) 代理进口业务关税的会计处理

代理进口是外贸企业接受国内委托方的委托,办理对外洽谈和签订进口合同,执行合同并办理运输、开证、付汇全过程的进口业务。外贸企业不负担进出口盈亏,只按规定收取一定比例的手续费。进口货物应交纳的关税一般先由外贸企业代付,日后从委托方收回。

【例4-10】 M单位委托甲公司(对方均为一般纳税人)进口商品一批,并将货款300 000元汇入甲公司存款户。该进口货物经海关审定的完税价格为人民币200 000元,进口关税税率为10%,甲公司按货价2‰收取不含增值税的代理手续费,开具增值税专用发票,增值税率6%。该批商品已运达指定口岸,向M单位办理有关结算。

1. 甲公司的会计处理

代为交纳的进口关税＝200 000×10％＝20 000(元)

代为交纳的进口增值税＝(200 000＋20 000)×16％＝35 200(元)

应收取的代理手续费＝200 000×2％＝4 000(元)

增值税销项税额＝4 000×6％＝240(元)

(1) 收到委托单位汇入货款时：

借：银行存款 300 000

  贷：应付账款——M 300 000

(2) 对外付汇时：

借：应付账款——M 200 000

  贷：银行存款 200 000

(3) 交纳进口关税、增值税时：

借：应付账款——M 55 200

  贷：银行存款 55 200

(4) 结算代理手续费时：

借：应付账款——M 4 240

  贷：代购代销收入——手续费收入 4 000

    应交税费——应交增值税(销项税额) 240

(5) 将 M 单位剩余的进口货款退回时：

借：应付账款——M 40 560

  贷：银行存款 40 560

2. M 单位会计处理

(1) 汇出款项时：

借：应收账款——甲公司 300 000

  贷：银行存款 300 000

(2) 收到商品，取得海关开具的税收缴款书等单据时：

借：库存商品 224 000

  应交税费——应交增值税(进项税额) 35 440

  贷：应收账款——甲公司 259 440

(3) 收到剩余款项时：

借：银行存款 40 560

  贷：应收账款——甲公司 40 560

二、出口业务关税的会计处理

企业自营出口货物应交纳的关税，支付时可直接计入"税金及附加"科目。

【例 4-11】 某进出口公司自营出口商品一批,我国口岸 FOB 价折合人民币为 400 000 元,出口关税税率为 20%,根据海关开出的出口关税缴款书,付讫税款。会计处理为:

$$应交纳出口关税税额=400\ 000 \div (1+20\%) \times 20\% = 66\ 667(元)$$

借:税金及附加   66 667
    贷:银行存款   66 667

代理出口业务的会计处理与代理进口业务的会计处理相同。

思 考 题

1. 为什么要征收关税?
2. 简述关税的纳税范围和计税依据。
3. 对于出口货物,如何确定完税价格、选择适用的税率?

练 习 题

习题一

一、目的:练习进口货物应纳关税税额的计算。

二、资料:甲进出口公司从境外海运进口某商品 100 吨,进口申报价格为离岸价 40 000 美元/吨,运费 2 000 美元/吨,保险费计 120 000 美元,支付货物在我国输入地起卸后的不含税运输费 30 000 元人民币,取得增值税专用发票,该商品的关税税率 10%。当日的外汇牌价(中间价)为 USD 1=RMB 6.20。

三、要求:计算该公司进口商品应纳的关税税额。

习题二

一、目的:练习进口货物应纳关税、增值税、消费税税额的计算及会计处理。

二、资料:某公司自营进口化妆品一批,实际成交价格(货价)50 万美元,未含从境外起运地至境内口岸运费 5 万美元,保险费无法确定。所有款项均以银行存款支付。进口关税税率为 20%,增值税税率为 16%,消费税税率为 15%,当日的外汇牌价(中间价)为 USD 1=RMB 6.50。

三、要求:计算该企业进口化妆品应纳的关税、增值税、消费税税额,并进行相应的会计处理。

习题三

一、目的:练习出口货物应纳关税税额的计算及会计处理。

二、资料:某企业向境外出口一批矿石,申报出口价为 600 000 元,其中含国外保险费 2 000 元、运费 15 000 元。矿石出口关税税率为 10%。

三、要求:计算该货物应纳的关税税额,并进行相应的会计处理。

第五章　出口退(免)税会计

本章导读

　　出口退(免)税是国际贸易中通常采用的并为世界各国普遍接受的一种退还或免征中间税的税收措施,目的在于鼓励各国出口货物的公平竞争。出口货物退(免)税的税种仅限于增值税和消费税,退税率则随着国家经济形势变化和宏观调控的需要,做出相应的调整。退(免)方式主要有免退税、免抵退税、免税三种,出口货物只有在适用既免税又退税的政策时,才会涉及如何计算退税的问题。

　　本章主要介绍出口退(免)税的有关规定、退(免)税的计算和会计处理。通过本章学习,应熟练掌握出口退(免)税的有关规定、出口退(免)税的计算及会计处理。

第一节　出口退(免)税概述

一、出口退(免)税的基本概念

　　出口退(免)税是指对报关离境的出口货物、劳务和服务,由税务机关根据本国税法规定,将其在出口前生产和流通各环节已经交纳的国内增值税或消费税等间接税税款,退还给出口企业,或免征出口环节应交纳的增值税和消费税的一项税收制度。它是一种国际惯例,而不是政府给予的出口补贴,符合世贸组织规则。

　　按照税收理论,间接税是转嫁税,它虽是对生产流通企业征收,但实际上是由消费者负担的,是对消费行为进行征税。就出口商品而言,由于它是在国外销售的,所以出口商品中所含的间接税最终将由外国消费者负担,这样,如果不把出口商品在生产流通环节交纳的间接税退还,就相当于本国政府向外国消费者课征了税,违背了税收的国家间公平原则。同时,按照税收的国民待遇原则,一国的国内税(间接税)必须使进口商品与国产同类商品承担相同的税负。在各国对进口商品都征收间接税的情况下,如果一国对出口商品没有退税,那么该商品在进入别国市场时还会被征收一次间接税,从而带来重复课税问题,进而削弱本国商品在国际市场上的竞争能力,影响出口贸易的发展。

　　货物、劳务和服务出口后,国家将其已在国内各个环节征收的流转税退还给企业,实际上是一种收入的退付,意在使企业的出口货物以不含税的价格参与国际市场竞争,提高了企业产品的竞争力。实施出口退(免)税,不仅增强了出口企业的竞争能力,同时还可以通过适时调整出口退税政策和措施,进一步支持调整优化出口产品的结构,促进具有优势特色的产品和服务出口,控制诸如高耗能、高污染等产品的出口,使企业步入良性循环的发展轨道。

二、出口退(免)税的基本原则

在世界各国的出口退(免)税税收实践中,一般都坚持"征多少、退多少,不征不退"的中性原则,我国也不例外。从 1985 年开始,我国开始实行出口退税制度;1988 年,我国确定了出口退税"征多少、退多少、未征不退和彻底退税"的基本原则,并且在随后出台的各项出口退税政策中,继续坚持了这项原则。

所谓"征多少、退多少、未征不退和彻底退税"原则,就是将出口货物、劳务和服务所含的税负全部退还给出口商,使出口货物、劳务和服务以不含税成本进入国际市场,实现出口货物、劳务和服务零税率。如果征多退少,没有彻底退税,就会影响我国在国际市场上的竞争能力,不利于货物、劳务和服务出口。反过来未征退税或征少退多,出口退税又变相成为财政的补贴,失去了出口退税的意义,同时还会影响国际间的贸易纠纷,导致贸易国的报复,同样不利于我国出口业务发展。

零税率是增值税的一档特殊税率,是指货物、劳务和服务在出口时整体税负为零,在我国主要是退还国内生产经营过程中的增值税和消费税。增值税零税率是由免税、抵扣、结转和退税等形式相互结合实现。出口货物、劳务和服务零税率的本义是实行"征多少、退多少、未征不退和彻底退税"的原则,但鉴于出口政策方面的考虑和管理方面的需要,制定出口退税具体政策时往往会对出口退税额进行适当的控制,即实行"不完全退税"或"部分退税"政策,此时,退税率显然就低于实际税率了。

三、出口退(免)税的基本政策

目前,我国的出口退(免)税政策分为出口免税并退税、出口免税不退税和出口不免税也不退税三种形式。

(一)出口免税并退税

出口免税并退税是指对货物和服务在出口销售环节不征增值税、消费税,对其在出口前实际承担的税收负担,按规定的退税率计算后予以退还。

(二)出口免税不退税

出口免税不退税是指对货物和服务在出口销售环节不征增值税、消费税,适用这个政策的出口货物和服务因在前一道生产、销售环节或进口环节是免税的,因此,出口时该货物和服务的价格中不含税,也无需退税。

（三）出口不免税也不退税

出口不免税也不退税是指对国家限制或禁止出口的某些货物和服务，出口环节视同内销照常征税，也不退还出口前其所负担的税款。

四、增值税退（免）税政策

对下列出口货物劳务，除适用增值税免税政策和征税政策的出口货物劳务规定的以外，实行免征和退还增值税政策：

（一）出口企业出口货物

出口企业是指依法办理工商登记、税务登记、对外贸易经营者备案登记，自营或委托出口货物的单位或个体工商户，以及依法办理工商登记、税务登记但未办理对外贸易经营者备案登记，委托出口货物的生产企业。

出口货物是指向海关报关后实际离境并销售给境外单位或个人的货物，分为自营出口货物和委托出口货物两类。

生产企业是指具有生产能力（包括加工修理修配能力）的单位或个体工商户。

（二）出口企业或其他单位视同出口货物

（1）出口企业对外援助、对外承包、境外投资的出口货物。

（2）出口企业经海关报关进入国家批准的出口加工区、保税物流园区、保税港区、综合保税区、珠澳跨境工业区（珠海园区）、中哈霍尔果斯国际边境合作中心（中方配套区域）、保税物流中心（B型）（以下统称特殊区域）并销售给特殊区域内单位或境外单位、个人的货物。

（3）免税品经营企业销售的货物（国家规定不允许经营和限制出口的货物、卷烟和超出免税品经营企业《企业法人营业执照》规定经营范围的货物除外）。（4）出口企业或其他单位销售给用于国际金融组织或外国政府贷款国际招标建设项目的中标机电产品。上述中标机电产品，包括外国企业中标再分包给出口企业或其他单位的机电产品。

（5）生产企业向海上石油天然气开采企业销售的自产的海洋工程结构物。

（6）出口企业或其他单位销售给国际运输企业用于国际运输工具上的货物。上述规定暂仅适用于外轮供应公司、远洋运输供应公司销售给外轮、远洋国轮的货物，以及自2011年1月1日起，国内航空供应公司生产销售给国内和国外航空公司国际航班的航空食品。

（7）出口企业或其他单位销售给特殊区域内生产企业生产耗用且不向海关报关而输入特殊区域的水（包括蒸汽）、电力、燃气。

（三）生产企业视同自产货物的具体范围

1. 持续经营以来从未发生骗取出口退税、虚开增值税专用发票或农产品收购发票、接受虚开增值税专用发票（善意取得虚开增值税专用发票除外）行为且同时符合下列条件的生产企业出口的外购货物，可视同自产货物适用增值税退（免）税政策：

（1）已取得增值税一般纳税人资格。

（2）已持续经营 2 年及 2 年以上。

（3）纳税信用等级 A 级。

（4）上一年度销售额 5 亿元以上。

（5）外购出口的货物与本企业自产货物同类型或具有相关性。

2. 持续经营以来从未发生骗取出口退税、虚开增值税专用发票或农产品收购发票、接受虚开增值税专用发票（善意取得虚开增值税专用发票除外）行为但不能同时符合上述规定的条件的生产企业，出口的外购货物符合下列条件之一的，可视同自产货物申报适用增值税退（免）税政策：

（1）同时符合下列条件的外购货物：①与本企业生产的货物名称、性能相同。②使用本企业注册商标或境外单位或个人提供给本企业使用的商标。③出口给进口本企业自产货物的境外单位或个人。

（2）与本企业所生产的货物属于配套出口，且出口给进口本企业自产货物的境外单位或个人的外购货物，符合下列条件之一的：①用于维修本企业出口的自产货物的工具、零部件、配件；②不经过本企业加工或组装，出口后能直接与本企业自产货物组合成成套设备的货物。

（3）经集团公司总部所在地的地级以上国家税务局认定的集团公司，其控股的生产企业之间收购的自产货物以及集团公司与其控股的生产企业之间收购的自产货物。

（4）同时符合下列条件的委托加工货物：①与本企业生产的货物名称、性能相同，或者是用本企业生产的货物再委托深加工的货物。②出口给进口本企业自产货物的境外单位或个人。③委托方与受托方必须签订委托加工协议，且主要原材料必须由委托方提供，受托方不垫付资金，只收取加工费，开具加工费（含代垫的辅助材料）的增值税专用发票。

（5）用于本企业中标项目下的机电产品。

（6）用于对外承包工程项目下的货物。

（7）用于境外投资的货物。

（8）用于对外援助的货物。

（9）生产自产货物的外购设备和原材料（农产品除外）。

除另有规定外，视同出口货物适用出口货物的各项规定。

（四）出口企业对外提供加工修理修配劳务

对外提供加工修理修配劳务是指对进境复出口货物或从事国际运输的运输工具进行的加工修理修配。

（五）一般纳税人提供适用增值税零税率的应税服务的退（免）税办法

（1）增值税一般纳税人提供适用增值税零税率的应税服务，实行增值税退（免）税办法。

（2）根据财税〔2016〕36 号文件规定，自 2016 年 5 月 1 日起，跨境应税行为适用增值税零税率。跨境应税行为是指中华人民共和国境内的单位和个人销售的规定的服务和无形资产。

（3）增值税零税率应税服务提供者是指提供适用增值税零税率应税服务，且认定为增值税一般纳税人，实行增值税一般计税方法的境内单位和个人。属于汇总交纳增值税的，为经财政部和国家税务总局批准的汇总交纳增值税的总机构。

增值税零税率应税服务适用范围按财政部、国家税务总局的规定执行。

（4）起点或终点在境外的运单、提单或客票所对应的各航段或路段的运输服务，属于国际运输服务。

起点或终点在港澳台的运单、提单或客票所对应的各航段或路段的运输服务，属于港澳台运输服务。

从境内载运旅客或货物至国内海关特殊监管区域及场所、从国内海关特殊监管区域及场所载运旅客或货物至国内其他地区或者国内海关特殊监管区域及场所，以及向国内海关特殊监管区域及场所内单位提供的研发服务、设计服务，不属于增值税零税率应税服务适用范围。

（5）增值税零税率应税服务退（免）税办法包括免抵退税办法和免退税办法，具体办法及计算公式按有关出口货物劳务退（免）税的规定执行。

（6）实行免抵退税办法的增值税零税率应税服务提供者如果同时出口货物劳务且未分别核算的，应一并计算免抵退税。税务机关在审批时，应按照增值税零税率应税服务、出口货物劳务免抵退税额的比例划分其退税额和免抵税额。

五、增值税退（免）税办法

适用增值税退（免）税政策的出口货物劳务和服务，按照下列规定实行增值税免抵退税或免退 税办法。

（一）免抵退税办法

免抵退税办法是指纳税人出口货物劳务和服务免征增值税，相应的进项税额抵减应纳增值税额（不包括适用增值税即征即退、先征后退政策的应纳增值税额），未抵减完的部分予以退还。

（二）免退税办法

免退税办法是指纳税人出口货物劳务和服务免征增值税，相应的进项税额予以退还。

（三）适用情况

（1）生产企业出口自产货物和视同自产货物及对外提供加工修理修配劳务，以及符合规定的列名生产企业出口非自产货物，适用免抵退税办法。

（2）不具有生产能力的出口企业或其他单位出口货物劳务，适用免退税办法。

（3）境内的单位和个人提供适用增值税零税率的应税服务，如果属于适用简易计税方法的，实行免征增值税办法。如果属于适用增值税一般计税方法，生产企业实行免抵退税办法，外贸企业外购研发服务和设计服务出口实行免退税办法，外贸企业自己开发的研发服务和设计服务出口，视同生产企业连同其出口货物统一实行免抵退税办法。

（4）境内的单位和个人提供适用增值税零税率应税服务的，可以放弃适用增值税零税率，选择免税或按规定交纳增值税。放弃适用增值税零税率后，36个月内不得再申请适用增值税零税率。

（5）境内的单位和个人提供适用增值税零税率的应税服务，按月向主管退税的税务机关申报办理增值税免抵退税或免税手续。

六、增值税免税政策

对符合下列条件的出口货物或劳务和服务，除适用增值税征税政策者外，按下列规定实行免征增值税政策：

（一）增值税免税政策的范围

1. 出口企业或其他单位出口下列货物：

（1）增值税小规模纳税人出口的货物。

（2）避孕药品和用具，古旧图书。

（3）符合规定条件的软件产品。

（4）含黄金、铂金成分的货物，钻石及其饰品。

（5）国家计划内出口的卷烟。

（6）已使用过的设备。其具体范围是指购进时未取得增值税专用发票、海关进口增值税专用缴款书但其他相关单证齐全的已使用过的设备。

（7）非出口企业委托出口的货物。

（8）非列名生产企业出口的非视同自产货物。

（9）农业生产者自产农产品。

（10）油画、花生果仁、黑大豆等财政部和国家税务总局规定的出口免税的货物。

（11）外贸企业取得普通发票、废旧物资收购凭证、农产品收购发票、政府非税收入票据的货物。

（12）来料加工复出口的货物。

（13）特殊区域内的企业出口的特殊区域内的货物。

（14）以人民币现金作为结算方式的边境地区出口企业从所在省（自治区）的边境口岸出口到接壤国家的一般贸易和边境小额贸易出口货物。

（15）以旅游购物贸易方式报关出口的货物。

2. 出口企业或其他单位视同出口的下列货物和劳务：

（1）国家批准设立的免税店销售的免税货物。

（2）特殊区域内的企业为境外的单位或个人提供加工修理修配劳务。

（3）同一特殊区域、不同特殊区域内的企业之间销售特殊区域内的货物。

3. 出口企业或其他单位未按规定申报或未补齐增值税退（免）税凭证的出口货物和劳务：

（1）未在国家税务总局规定的期限内申报增值税退（免）税的出口货物和劳务。

（2）未在规定期限内申报开具《代理出口货物证明》的出口货物和劳务。

（3）已申报增值税退（免）税，却未在国家税务总局规定的期限内向税务机关补齐增值税退（免）税凭证的出口货物和劳务。

对于适用增值税免税政策的出口货物和劳务,出口企业或其他单位可以依照现行增值税有关规定放弃免税,并依照规定交纳增值税。

4. 境内的单位和个人销售的下列服务和无形资产免征增值税,但财政部和国家税务总局规定适用增值税零税率的除外:

(1) 境外服务:①工程项目在境外的建筑服务;②工程项目在境外的工程监理服务;③工程、矿产资源在境外的工程勘察勘探服务;④会议展览地点在境外的会议展览服务;⑤存储地点在境外的仓储服务;⑥标的物在境外使用的有形动产租赁服务;⑦在境外提供的广播影视节目(作品)的播映服务;⑧在境外提供的文化体育服务、教育医疗服务、旅游服务。

(2) 为出口货物提供的邮政服务、收派服务、保险服务。为出口货物提供的保险服务包括出口货物保险和出口信用保险。

(3) 向境外单位提供的完全在境外消费的下列服务和无形资产:①电信服务;②知识产权服务;③物流辅助服务(仓储服务、收派服务除外);④鉴证咨询服务;⑤专业技术服务;⑥商务辅助服务;⑦广告投放地在境外的广告服务;⑧无形资产。

(4) 以无运输工具承运方式提供的国际运输服务。

(5) 为境外单位之间的货币资金融通及其他金融业务提供的直接收费金融服务,且该服务与境内的货物、无形资产和不动产无关。

(6) 财政部和国家税务总局规定的其他服务。

(二) 适用增值税免税政策的出口货物或劳务和服务进项税额的处理

适用增值税免税政策的出口货物或劳务和服务,其进项税额不得抵扣和退税,应当转入成本。

七、增值税征税政策

下列出口货物劳务和服务,不适用增值税退(免)税和免税政策,按下列规定及视同内销征税的其他规定征收增值税:

(1) 出口企业出口或视同出口国家明确取消出口退(免)税的货物(不包括来料加工复出口货物、中标机电产品、列名原材料、输入特殊区域的水电气、海洋工程结构物)。

(2) 出口企业或其他单位销售给特殊区域内的生活消费用品和交通运输工具。

(3) 出口企业或其他单位因骗取出口退税被税务机关停止办理增值税退(免)税期间出口的货物。

(4) 出口企业或其他单位提供虚假备案单证的货物。

(5) 出口企业或其他单位增值税退(免)税凭证有伪造或内容不实的货物。

(6) 出口企业或其他单位未在国家税务总局规定期限内申报免税核销以及经主管税务机关审核不予免税核销的出口卷烟。

(7) 出口企业或其他单位具有以下情形之一的出口货物和劳务:①将空白的出口货物报关单、出口收汇核销单等退(免)税凭证交由除签有委托合同的货代公司、报关行,或由境外进口方指定的货代公司(提供合同约定或者其他相关证明)以外的其他单位或个人使用的。②以自营名义出口,其出口业务实质上是由本企业及其投资的企业以外的单位或个人借该出口企业名义操作完成的。③以自营名义出口，其出口的同一批货物既签订购货合同，又签订代理出口合同（或协议）的。④出口货物在海关验放后，自己或委托货代承运人对该笔货物的海运提单或其他运输单据等上的品名、规格等进行修改，造成出口货物报关单与海运提单或其他运输单据有关内容不符的。⑤以自营名义出口，但不承担出口货物的质量、收款或退税风险之一的。⑥未实质参与出口经营活动、接受并从事由中间人介绍的其他出口业务，但仍以自营名义出口的。

八、增值税出口退税率

增值税出口退税率，是出口货物劳务和服务的应退税额与计税依据的比例。我国出口货物劳务和服务增值税的退税率随着国家经济形势变化和国家宏观调控的需要，而不断做出相应的调整，2018 年 11 月 1 日起，增值税出口退税率主要有五档：16%、13%、10%、6%、5%。

（一）退税率的一般规定

除财政部和国家税务总局根据国务院决定而明确的增值税出口退税率外，出口货物的退税率为其适用税率。国家税务总局根据上述规定将退税率通过出口货物劳务退税率文库予以发布，供征纳双方执行。退税率有调整的，除另有规定外，其执行时间以货物（包括被加工修理修配的货物）出口货物报关单（出口退税专用）上注明的出口日期为准。

（二）出口应税服务的退税率

应税服务退税率为应税服务适用的增值税税率。即有形动产租赁服务退税率为 16%；交通运输业服务、邮政业服务退税率为 10%；现代服务业服务（有形动产租赁服务除外）退税率为 6%。

（三）退税率的特殊规定

（1）外贸企业购进按简易办法征税的出口货物、从小规模纳税人购进的出口货物，其退税率分别为简易办法实际执行的征收率、小规模纳税人征收率。上述出口货物取得增值税专用发票的，退税率按照增值税专用发票上的税率和出口货物退税率孰低的原则确定。

（2）出口企业委托加工修理修配货物，其加工修理修配费用的退税率，为出口货物的退税率。

（3）中标机电产品、出口企业向海关报关进入特殊区域销售给特殊区域内生产企业生产耗用的列名原材料、输入特殊区域的水电气，其退税率为适用税率。如果国家调整列名原材料的退税率，列名原材料应当自调整之日起按调整后的退税率执行。

适用不同退税率的货物劳务，应分开报关、核算并申报退（免）税，未分开报关、核算或划分不清的，从低适用退税率。

九、出口退(免)消费税

出口货物如果属于应税消费品,实行下列消费税政策:

(1) 出口企业出口或视同出口适用增值税退(免)税的货物,免征消费税,如果属于购进出口的货物,退还前一环节对其已征的消费税。

(2) 出口企业出口或视同出口适用增值税免税政策的货物,免征消费税,但不退还其以前环节已征的消费税,且不允许在内销应税消费品应纳消费税款中抵扣。

(3) 出口企业出口或视同出口适用增值税征税政策的货物,应按规定交纳消费税,不退还其以前环节已征的消费税,且不允许在内销应税消费品应纳消费税款中抵扣。

(4) 消费税出口退税率。出口应税消费品退(免)的是纳税人在境内已经交纳的消费税,因此,计算出口应退(免)消费税的税率与消费税的征税率一致。

企业若出口多种应税消费品时,应将不同消费税税率的出口应税消费品分开核算和申报,凡划分不清适用税率的,一律从低适用税率计算应退消费税税额。

十、出口货物退(免)税的期限与地点

(一) 出口货物退(免)税的期限

(1) 自营出口销售申报。企业当月出口的货物需在次月的增值税纳税申报期内,向主管税务机关办理增值税纳税申报、免抵退税相关申报及消费税免税申报。

(2) 出口单证收齐申报。企业应在货物报关出口之日(以出口货物报关单〈出口退税专用〉上的出口日期为准)次月起至次年4月30日前的各增值税纳税申报期内收齐有关凭证,向主管税务机关申报办理出口货物增值税免抵退税及消费税退税。逾期的,企业不得申报免抵退税。

(二) 出口货物退(免)税的地点

出口货物退(免)税的地点是出口企业按规定申报出口退(免)税的所在地。我国出口退(免)税的地点划分为以下几种情况。

(1) 外贸企业自营(委托)出口的货物,由外贸企业向其所在地主管出口退税的国税机关申报办理。

(2) 生产企业自营(委托)出口的货物,报经其主管征税的税务机关审核后,再向其主管出口退税的国税机关申报办理。

(3) 两个以上企业联营出口的货物,由报关单上列明的经营单位向其所在地主管出口退税的国税机关申报办理。

(4) 出口企业在异地设立分公司的,总机构有出口权,分支机构是非独立核算的企业,一律汇总到总机构所在地办理退(免)税,经过外经贸部批准设立的独立核算的分支机构,且有自营出口权,可以在分支机构所在地办理退(免)税。

(5) 其他特准予退税的出口货物,由企业向所在地主管出口退税的国税机关申报办理

退税。

十一、出口货物退(免)税的管理

(一)出口货物退(免)税的认定

(1)出口企业应在办理对外贸易经营者备案登记或签订首份委托出口协议之日起 30 日内,填报《出口退(免)税资格认定申请表》,提供《对外贸易经营者备案登记表》、银行开户许可证、《出口退(免)税资格认定申请表》电子数据等资料到主管税务机关办理出口退(免)税资格认定。

(2)其他单位应在发生出口货物劳务业务之前,填报《出口退(免)税资格认定申请表》,提供银行开户许可证及主管税务机关要求的其他资料,到主管税务机关办理出口退(免)税资格认定。

(3)出口企业和其他单位在出口退(免)税资格认定之前发生的出口货物劳务,在办理出口退(免)税资格认定后,可以在规定的退(免)税申报期内按规定申报增值税退(免)税或免税、消费税退(免)税或免税。

(4)出口企业和其他单位出口退(免)税资格认定的内容发生变更的,需自变更之日起 30 日内,填报《出口退(免)税资格认定变更申请表》,提供相关资料向主管税务机关申请变更出口退(免)税资格认定。

(二)违章处理

(1)出口商有下列行为之一的,由税务机关责令限期改正,可以处 2 000 元以下的罚款;情节严重的,处 2 000 元以上 10 000 元以下的罚款:①未按规定办理出口货物退(免)税认定、变更或注销认定手续的;②未按规定设置、使用和保管有关出口货物退(免)税账簿、凭证、资料的。

(2)出口商拒绝税务机关检查或拒绝提供有关出口货物退(免)税账簿、凭证、资料的,由税务机关责令改正,可以处 10 000 元以下的罚款;情节严重的,处 10 000 元以上 50 000 元以下的罚款。

(3)出口商以假报出口或其他欺骗手段骗取国家出口退税款的,由税务机关追缴其骗取的退税款,并处骗取税款一倍以上五倍以下的罚款;构成犯罪的,依法追究刑事责任。

对骗取国家出口退税款的出口商,经省级以上(含本级)国家税务局批准,可以停止其 6 个月以上的出口退税权。在出口退税权停止期间自营、委托和代理出口的货物,一律不予办理退(免)税。

(4)出口商违反规定需采取税收保全措施和税收强制执行措施的,税务机关应按照《中华人民共和国税收征收管理法》及《中华人民共和国税收征收管理法实施细则》的有关规定执行。

十二、出口货物退关退货的处理

由于某种原因,已报关出口的货物发生销货退回,称为退关退货。出口货物退关退货的具体处理方式，应视出口货物申报、办理退税的情况而定。

（一）已办理退税、退关退货的处理

出口企业出口货物发生退关退货后，出口企业必须向所在地主管出口退税的税务机关办理申报手续，补缴已退（免）的税款，如果退运的货物已经申报办理退税的，应分别依以下情况予以处理：

（1）如出口企业将退关退运货物加工整理，更换相同规格型号的货物重新出口，或将退运货物退给供货企业不再出口的，出口企业应持有关凭证到其主管退税的税务机关申请办理"出口商品退运已补税证明"及"进货退出及索取折让证明单"，出口企业或供货企业凭证明单冲减当期销售收入和销项税额。

（2）出口企业将退关退运的货物转为内销的，应持有关凭证到其主管退税税务机关办理"出口转内销证明单"，作为其内销时进项抵扣凭证。

（二）已申报、未办理退税，退关退货的处理

出口企业将购进货物的增值税专用发票（抵扣联）报送给主管出口退税税务机关后，货物发生退货而转作内销或部分内销的，企业须向主管出口退税的税务机关申请办理"出口商品退运已补税证明"，其应退税款在退税总额中予以扣除或比照已退税业务补交税款（已申报资料正常办理退税）。同时，外贸出口企业还应填列"出口货物转内销证明"，经主管出口退税税务机关签章后，作为内销时抵扣进项税额的凭证，企业申报的增值税专用发票（税款抵扣联）留存退税机关。

（三）未申报退税，退关退货的处理

对出口企业尚未申报退税却已发生退关退货并转作内销的，由于有关原始单据尚在企业，可由出口企业提出书面申请并提供有关原始单据，经主管税务机关审核后，在书面申请报告及原始单据上签注"未办理退税"字样。

十三、境外旅客购物离境退税政策

（一）离境退税

离境退税政策是指境外旅客在离境口岸离境时，对其在退税商店购买的退税物品退还增值税的政策。

境外旅客是指在中华人民共和国境内连续居住不超过 183 天的外国人和港澳台同胞。离境口岸，是指实施离境退税政策的地区正式对外开放并设有退税代理机构的口岸，包括航空口岸、水运口岸和陆地口岸。

退税物品是指由境外旅客本人在退税商店购买且符合退税条件的个人物品，但不包括下列物品：①《中华人民共和国禁止、限制进出境物品表》所列的禁止、限制出境物品；②退税商店销售的适用增值税免税政策的物品；③财政部、海关总署、国家税务总局规定的其他物品。

（二）境外旅客申请退税的条件

境外旅客申请退税，应当同时符合以下条件：

（1）同一境外旅客同一日在同一退税商店购买的退税物品金额达到 500 元人民币。

（2）退税物品尚未启用或消费。

（3）离境日距退税物品购买日不超过 90 天。

（4）所购退税物品由境外旅客本人随身携带或随行李托运出境。

（三）退税率

退税物品的退税率为 10%。应退增值税额的计算公式如下：

$$应退增值税额＝退税物品销售发票金额（含增值税）×退税率$$

（四）离境退税的具体流程

（1）退税物品购买。境外旅客在退税商店购买退税物品后，需要申请退税的，应当向退税商店索取境外旅客购物离境退税申请单和销售发票。

（2）海关验核确认。境外旅客在离境口岸离境时，应当主动持退税物品、境外旅客购物离境退税申请单、退税物品销售发票向海关申报并接受海关监管。海关验核无误后，在境外旅客购物离境退税申请单上签章。

（3）代理机构退税。无论是本地购物本地离境还是本地购物异地离境，离境退税均由设在办理境外旅客离境手续的离境口岸隔离区内的退税代理机构统一办理。境外旅客凭护照等本人有效身份证件、海关验核签章的境外旅客购物离境退税申请单、退税物品销售发票向退税代理机构申请办理增值税退税。

退税代理机构对相关信息审核无误后，为境外旅客办理增值税退税，并先行垫付退税资金。退税代理机构可在增值税退税款中扣减必要的退税手续费。

（4）税务部门结算。退税代理机构应定期向省级（即省、自治区、直辖市、计划单列市）税务部门申请办理增值税退税结算。省级税务部门对退税代理机构提交的材料审核无误后，按规定向退税代理机构退付其垫付的增值税退税款，并将退付情况通报省级财政部门。

（五）退税方式

退税币种为人民币。退税方式包括现金退税和银行转账退税两种方式。退税额未超过 10 000 元的，可自行选择退税方式。退税额超过 10 000 元的，以银行转账方式退税。

（六）退税代理机构

省级税务部门会同财政、海关等相关部门按照公平、公开、公正的原则选择退税代理机构，充分发挥市场作用，引入竞争机制，提高退税代理机构提供服务的水平。

符合条件的商店报经省级税务部门备案即可成为退税商店。退税商店的具体条件由国家税务总局商财政部制定。

离境旅客购物所退增值税款,由中央与实际办理退税地按现行出口退税负担机制共同负担。

第二节 出口退(免)税的计算与纳税申报

一、增值税退(免)税的计税依据

（一）出口货物劳务增值税退(免)税的计税依据

出口货物劳务的增值税退(免)税的计税依据,按出口货物劳务的出口发票(外销发票)、其他普通发票或购进出口货物劳务的增值税专用发票、海关进口增值税专用缴款书确定。

（1）生产企业出口货物劳务(进料加工复出口货物除外)增值税退(免)税的计税依据,为出口货物劳务的实际离岸价(FOB)。实际离岸价应以出口发票上的离岸价为准,但如果出口发票不能反映实际离岸价,主管税务机关有权予以核定。

（2）生产企业进料加工复出口货物增值税退(免)税的计税依据,按出口货物的离岸价(FOB)扣除出口货物所含的海关保税进口料件的金额后确定。

海关保税进口料件是指海关以进料加工贸易方式监管的出口企业从境外和特殊区域等进口的料件。包括出口企业从境外单位或个人购买并从海关保税仓库提取且办理海关进料加工手续的料件,以及保税区外的出口企业从保税区内的企业购进并办理海关进料加工手续的进口料件。

（3）生产企业国内购进无进项税额且不计提进项税额的免税原材料加工后出口的货物的计税依据,按出口货物的离岸价(FOB)扣除出口货物所含的国内购进免税原材料的金额后确定。

（4）外贸企业出口货物(委托加工修理修配货物除外)增值税退(免)税的计税依据,为购进出口货物的增值税专用发票注明的金额或海关进口增值税专用缴款书注明的完税价格。

（5）外贸企业出口委托加工修理修配货物增值税退(免)税的计税依据,为加工修理修配费用增值税专用发票注明的金额。外贸企业应将加工修理修配使用的原材料(进料加工海关保税进口料件除外)作价销售给受托加工修理修配的生产企业,受托加工修理修配的生产企业应将原材料成本并入加工修理修配费用开具发票。

（6）出口进项税额未计算抵扣的已使用过的设备增值税退(免)税的计税依据,按下列公式确定:

退(免)税计税依据＝增值税专用发票上的金额或海关进口增值税专用缴款书注明的完税价格

×已使用过的设备固定资产净值÷已使用过的设备原值

已使用过的设备固定资产净值＝已使用过的设备原值－已使用过的设备已提累计折旧

（7）免税品经营企业销售的货物增值税退（免）税的计税依据，为购进货物的增值税专用发票注明的金额或海关进口增值税专用缴款书注明的完税价格。

（8）中标机电产品增值税退（免）税的计税依据，生产企业为销售机电产品的普通发票注明的金额，外贸企业为购进货物的增值税专用发票注明的金额或海关进口增值税专用缴款书注明的完税价格。

（9）生产企业向海上石油天然气开采企业销售的自产的海洋工程结构物增值税退（免）税的计税依据，为销售海洋工程结构物的普通发票注明的金额。

（10）输入特殊区域的水电气增值税退（免）税的计税依据，为作为购买方的特殊区域内生产企业购进水（包括蒸汽）、电力、燃气的增值税专用发票注明的金额。

（二）增值税零税率应税服务退（免）税的计税依据

1. 实行免抵退税办法的退（免）税计税依据

（1）以铁路运输方式载运旅客的，为按照铁路合作组织清算规则清算后的实际运输收入。

（2）以铁路运输方式载运货物的，为按照铁路运输进款清算办法，对"发站"或"到站（局）"名称包含"境"字的货票上注明的运输费用以及直接相关的国际联运杂费清算后的实际运输收入。

（3）以航空运输方式载运货物或旅客的，如果国际运输或港澳台运输各航段由多个承运人承运的，为中国航空结算有限责任公司清算后的实际收入；如果国际运输或港澳台运输各航段由一个承运人承运的，为提供航空运输服务取得的收入。

（4）其他实行免抵退税办法的增值税零税率应税服务，为提供增值税零税率应税服务取得的收入。

2. 实行免退税办法的退（免）税计税依据

实行免退税办法的退（免）税计税依据，为购进应税服务的增值税专用发票或解缴税款的《中华人民共和国税收缴款凭证》上注明的金额。

实行退（免）税办法的研发服务和设计服务，如果主管税务机关认定出口价格偏高的，有权按照核定的出口价格计算退（免）税，核定的出口价格低于外贸企业购进价格的，低于部分对应的进项税额不予退税，转入成本。

二、出口退（免）增值税的计算

（一）外贸企业出口货物退（免）增值税的计算

1. 外贸企业出口委托加工修理修配货物以外的货物

$$增值税应退税额＝增值税退（免）税计税依据×出口货物退税率$$

【例5-1】 某进出口公司5月出口美国平纹布2 000米，进货增值税专用发票注明单价30元/米，退税率13%。

$$该公司增值税应退税额＝2 000×30×13\%＝7 800（元）$$

2. 外贸企业出口委托加工修理修配货物

$$出口委托加工修理修配货物的增值税应退税额 = 委托加工修理修配的增值税退（免）税计税依据 \times 出口货物退税率$$

【例 5-2】 某进出口公司 7 月购进牛仔布委托加工成服装出口，取得购买牛仔布增值税专用发票一张，注明计税金额 100 000 元；取得服装加工费增值税专用发票一张，计税金额 20 000 元退税率为 16%。

$$该公司增值税应退税额 =（100\ 000 + 20\ 000）\times 16\% = 19\ 200（元）$$

（二）生产企业出口货物退（免）增值税的计算

根据增值税退（免）税办法，生产企业出口自产货物和视同自产货物及对外提供加工修理修配劳务，以及符合规定的列名生产企业出口非自产货物，增值税一律实行"免、抵、退"税管理办法。

"免"税是指对生产企业自营出口或委托外贸企业代理出口的货物，免征本企业生产销售环节增值税；"抵"税是指生产企业自营出口或委托外贸企业代理出口的货物应予免征或退还的所耗用原材料、零部件等已纳税款抵顶内销货物的应纳税款；"退"税是指生产企业自营出口或委托外贸企业代理出口货物，在当月内应抵顶的进项税额大于应纳税额时，对未抵顶完的税额部分按规定予以退税。

生产企业出口货物"免、抵、退"税应根据出口货物离岸价格、出口货物适用退税率计算。出口货物离岸价格（FOB）以出口发票上的离岸价格为准，以其他价格条件成交的，应换算为离岸价格。出口发票不能如实反映实际离岸价的，企业必须按照实际离岸价向主管国税机关进行申报，同时主管税务机关有权依照有关规定予以核定。

"免、抵、退"税计算公式如下：

1. 当期应纳税额的计算

$$当期应纳税额 = 当期内销货物的销项税额 - \left(当期进项税额 - 当期免抵退税不得免征和抵扣税额\right) - 上期留抵税额$$

$$免抵退税不得免征和抵扣税额 = 出口货物离岸价 \times 外汇人民币牌价 \times \left(出口货物征税率 - 出口货物退税率\right) - 免抵退税不得免征和抵扣税额抵减额$$

$$免抵退税不得免征和抵扣税额抵减额 = 免税购进原材料价格 \times \left(出口货物征税率 - 出口货物退税率\right)$$

生产企业的货物既有内销、又有出口时，应首先计算当期应纳税额。若当期应纳税额 ≥0，说明企业从内销货物销项税额抵扣有余，应该交纳增值税，不应退税；若当期应纳税额 <0，则当期应纳税额为当期留抵税额，应当退税，实际应退金额视当期留抵税额与所计算的免抵退税额的比较结果而定。

2. 免抵退税额的计算

免抵退税额 = 出口货物离岸价 × 外汇人民币牌价 × 出口货物退税率 - 免抵退税额抵减额

免抵退税额抵减额 = 免税购进原材料价格 × 出口货物退税率

免税购进原材料价格 = 国内购进免税原材料 + 进料加工保税进口料件组成计税价格

国内购进免税原材料，是指购进的属于增值税暂行条例及其实施细则中列名的且不能按免税金额计算进项税额的免税货物。

进料加工保税进口料件组成计税价格有两种确定方法：

（1）实耗法。实耗法下，当期进料加工保税进口料件的组成计税价格为当期进料加工出口货物耗用的进口料件组成计税价格。其计算公式为：

$$\begin{array}{l}\text{当期进料加工保税进口}\\ \text{料件的组成计税价格}\end{array}=\begin{array}{l}\text{当期进料加工}\\ \text{出口货物离岸价}\end{array}\times\begin{array}{l}\text{外汇人民}\\ \text{币折合率}\end{array}\times\begin{array}{l}\text{计划}\\ \text{分配率}\end{array}$$

$$\text{计划分配率}=\text{计划进口总值}\div\text{计划出口总值}\times100\%$$

（2）购进法。购进法下，当期进料加工保税进口料件的组成计税价格为当期实际购进的进料加工进口料件的组成计税价格。

$$\text{进料加工保税进口料件组成计税价格}=\text{货物到岸价}+\text{海关实征关税和消费税}$$

采用购进法确定免税购进料件价格时应注意：

$$\begin{array}{l}\text{若当期实际不得免征}\\ \text{和抵扣税额抵减额}\end{array}>\begin{array}{l}\text{当期出口}\\ \text{货物离岸价}\end{array}\times\begin{array}{l}\text{外汇人民}\\ \text{币折合率}\end{array}\times\left(\begin{array}{l}\text{出口货物}\\ \text{适用税率}\end{array}-\begin{array}{l}\text{出口货}\\ \text{退税率}\end{array}\right)\text{的，则：}$$

$$\begin{array}{l}\text{当期不得免征和}\\ \text{抵扣税额抵减额}\end{array}=\begin{array}{l}\text{当期出口货}\\ \text{离岸价}\end{array}\times\begin{array}{l}\text{外汇人民}\\ \text{币折合率}\end{array}\times\left(\begin{array}{l}\text{出口货物}\\ \text{适用税率}\end{array}-\begin{array}{l}\text{出口货物}\\ \text{退税率}\end{array}\right)$$

3．当期应退税额和免抵税额的计算

（1）如当期期末留抵税额≤当期免抵退税额，则：

$$\text{当期应退税额}=\text{当期期末留抵税额}$$

$$\text{当期免抵税额}=\text{当期免抵退税额}-\text{当期应退税额}$$

（2）如当期期末留抵税额＞当期免抵退税额，则：

$$\text{当期应退税额}=\text{当期免抵退税额}$$

$$\text{当期免抵税额}=0$$

$$\text{结转下期继续抵扣税额}=\text{当期期末留抵税额}-\text{当期应退税额}$$

【例5-3】 某自营出口生产企业是增值税一般纳税人，出口货物的征税税率为16％，退税率为13％。8月份购进原材料一批，取得的增值税专用发票注明的价款为400万元，外购货物准予抵扣进项税款64万元，货已入库。当月内销货物销售额200万元，销项税额32万元。本月出口货物离岸价折合人民币400万元。上期期末留抵税额6万元。试计算该企业本期免抵退税额、应退税额、免抵税额。

当期免抵退税不得免征和抵扣税额＝400×（16％－13％）＝12（万元）

当期应纳税额＝200×16％－（64－12）－6＝26（万元）

免抵退税额＝400×13％＝52（万元）

当期期末留抵税额26万元＜当期免抵退税额52万元，故当期应退税额＝当期期末留抵税额＝26万元

当期免抵税额＝52－26＝26（万元）

【例5-4】 某自营出口生产企业是增值税一般纳税人，出口货物的征税税率为16％，退税率为13％。5月份有关经营业务如下：购进原材料一批，取得的增值税专用发票注明的价款为600万元，外购货物准予抵扣进项税额为96万元，货已验收入库。当月进料加工保税进口料件的组成计税价格200万元（采用"购进法"确定）。上期期末留抵税款10万元。本

月内销货物不含税销售额 300 万元,增值税税额 48 万元。本月出口货物离岸价折合人民币 500 万元。计算该企业当期的"免、抵、退"税额。

(1) 免抵退税不得免征和抵扣税额抵减额＝200×(16%−13%)＝6(万元)

(2) 免抵退税不得免征和抵扣税额＝500×(16%−13%)−6＝9(万元)

(3) 当期应纳税额＝300×16%−(96−9)−10＝−49(万元)

(4) 免抵退税额抵减额＝200×13%＝26(万元)

(5) 免抵退税额＝500×13%−26＝39(万元)

(6) 当期期末留抵税额 49 万元＞当期免抵退税额 39 万元,则:当期应退税额＝当期免抵退税额＝39 万元

(7) 当期免抵税额＝0(万元)

(8) 结转下期继续抵扣税额＝49−39＝10(万元)

(三) 零税率应税服务增值税退(免)税的计算

【例 5-5】 某运输公司为一般纳税人,其国际运输业务实行"免、抵、退"税管理办法。该公司 5 月承接了 3 个国际运输业务,取得确认的收入 60 万元人民币。上期末留抵税额为 15 万元人民币。要求:计算该企业当月的退税额。

(1) 当期国际运输业务免抵退税额＝60×10%＝6(万元)

(2) 当期期末留抵税额 15 万元＞当期免抵退税额 6 万元,当期应退税额＝当期免抵退税额＝6(万元)

(3) 结转下期继续抵扣税额＝15−6＝9(万元)

(四) 部分特准出口货物退(免)税的计算

1. 对外承包工程出口货物退(免)税的计算

对外工程承包,又称国际承包,是指我国对外承包工程公司承揽的以外国政府、国际组织或国外客户、公司为主的建设项目,以及物资采购和其他承包业务。对外承包工程公司运出境外用于对外承包工程项目的设备、原材料、施工机械等货物,在货物报关出口后,比照外贸企业出口货物退税办法,向主管退税机关申请退税,须提供以下凭证资料:购进货物的增值税专用发票(税款抵扣联);出口货物报关单(出口退税专用);对外承包工程合同;税务机关要求的其他凭证资料。

属于增值税一般纳税人的生产企业开展对外承包工程业务而出口的货物,凡属于现有税收政策规定的特准退税范围,且按规定在财务上作销售账务处理的,无论是自产货物还是非自产货物,均统一实行免、抵、退税办法;凡属于国家明确规定不予退(免)税的货物,按现行规定予以征税;不属于上述两类货物范围的,如生活用品等,实行免税办法。

2. 对外承接国外修理修配业务退(免)税的计算

外贸企业承接国外修理修配业务后委托生产企业修理修配的,在修理修配的货物复出境后,应单独填报《出口货物退(免)税申报表》,同时提供生产企业开具的修理修配增值税专用发票、外贸企业开给外方的修理修配发票、修理修配货物复出境报关单。其应退税额按照生产企业修理修配增值税专用发票所列金额计算。

生产企业承接国外修理修配业务,应在修理修配的货物复出境后,向主管税务机关办

理免、抵、退税申报,按规定提供已用于修理修配的零部件、原材料等的购货增值税专用发票和货物出库单、修理修配发票、修理修配货物复出境报关单。

3. 境外带料加工装配业务退(免)税的计算

境外带料加工装配是指我国企业以现有技术、设备投资为主,在境外以加工装配的形式,带动和扩大国内设备、技术、零部件、原材料出口的国际经贸合作方式。为鼓励企业到境外开展带料加工装配业务,我国对带料加工装配业务所使用(含实物性投资)的出境设备、原材料和散件、二手设备,实行出口退税政策。外贸企业开展境外带料加工装配业务方式出口的货物,依以下计算公式计算其应退税额:

$$\frac{应退}{税额} = \frac{增值税专用发票}{所列明的金额} \binom{进口设备为海关代征增值税}{专用缴款书列明的完税价格} \times \frac{适用}{退税率}$$

生产企业开展境外带料加工装配业务方式出口的货物,实行免、抵、退税办法。

4. 外轮供应公司、远洋运输供应公司销售给外轮、远洋国轮货物的退(免)税的计算

外轮供应公司、远洋运输供应公司销售给外轮、远洋国轮的货物,凭购进货物取得的增值税专用发票列明金额和相应的退税率计算退税。

外轮供应公司、远洋运输供应公司按月向主管退税机关报送《出口货物退(免)税申报表》,须提供下列凭证:①购进货物的增值税专用发票。②外销发票。外销发票必须列明销售货物名称、数量、金额并经外轮、远洋国轮船长签名方可有效。③免予提供出口收汇核销单,需提供其他外汇收入凭证。

5. 国内采购并运往境外投资的货物退(免)税的计算

企业在国内采购并运往境外作为国外投资的货物,凭购进货物取得的增值税专用发票列明金额和相应的退税率计算退税。

出口企业应于货物报关出口后向主管退税机关报送《出口货物退(免)税申报表》,并提供下列凭证:①国家商务主管部门及其授权单位批准其在国外投资的文件(复印件)。②在国外办理的企业注册登记副本和有关合同副本。③购进货物的增值税专用发票(税款抵扣联)。④出口货物报关单(出口退税专用)。

(五)出口货物劳务免征增值税的计算

(1)适用增值税免税政策的出口货物和劳务,其进项税额不得抵扣和退税,应当转入成本。

(2)出口卷烟不得抵扣的进项税额,依下列公式计算:

$$\frac{不得抵扣的}{进项税额} = \frac{出口卷烟含}{消费税金额} \div \binom{出口卷烟含}{消费税金额} + \frac{内销卷烟}{销售额} \times \frac{当期全部}{进项税额}$$

当生产企业销售的出口卷烟在国内有同类产品销售价格时:

$$出口卷烟含消费税金额 = 出口销售数量 \times 销售价格$$

"销售价格"为同类产品生产企业国内实际调拨价格。如实际调拨价格低于税务机关公示的计税价格的,"销售价格"为税务机关公示的计税价格;高于公示计税价格的,销售价格为实际调拨价格。

当生产企业销售的出口卷烟在国内没有同类产品销售价格时:

出口卷烟含税金额＝（出口销售额＋出口销售数量×消费税定额税率）÷（1－消费税比例税率）

"出口销售额"以出口发票上的离岸价为准。若出口发票不能如实反映离岸价，生产企业应按实际离岸价计算，否则，税务机关有权按照有关规定予以核定调整。

（3）除出口卷烟外，适用增值税免税政策的其他出口货物和劳务的计算，按照增值税免税政策的统一规定执行。其中，如果涉及销售额，除来料加工复出口货物为其加工费收入外，其他均为出口离岸价或销售额。

（六）出口货物劳务应纳增值税的计算

1. 一般纳税人出口货物

$$\frac{销项}{税额}=\left(\frac{出口货物}{离岸价}-\frac{出口货物耗用的进料}{加工保税进口料件金额}\right)÷（1＋适用税率）×适用税率$$

（1）出口货物若已按征退税率之差计算不得免征和抵扣税额并已经转入成本的，相应的税额应转回进项税额。

$$\frac{出口货物耗用的进料加工}{保税进口料件金额}=主营业务成本×\left(\frac{投入的保税}{进口料件金额}÷\frac{生产}{成本}\right)$$

主营业务成本、生产成本均为不予退（免）税的进料加工出口货物的主营业务成本、生产成本。当耗用的保税进口料件金额大于不予退（免）税的进料加工出口货物金额时，耗用的保税进口料件金额为不予退（免）税的进料加工出口货物金额。

（2）出口企业应分别核算内销货物和增值税征税的出口货物的生产成本、主营业务成本。未分别核算的，其相应的生产成本、主营业务成本由主管税务机关核定。

进料加工手册海关核销后，出口企业应对出口货物耗用的保税进口料件金额进行清算。清算公式为：

$$\frac{清算耗用的保税}{进口料件总额}=\frac{实际保税进}{口料件总额}-\frac{退（免）税出口货物耗}{用的保税进口料件总额}-\frac{进料加工副产品耗用}{的保税进口料件总额}$$

若耗用的保税进口料件总额与各纳税期扣减的保税进口料件金额之和存在差额时，应在清算的当期相应调整销项税额。当耗用的保税进口料件总额大于出口货物离岸金额时，其差额部分不得扣减其他出口货物金额。

2. 小规模纳税人出口货物征、免增值税的计算

小规模纳税人自营或委托出口的货物，一律免征增值税，其进项税额不予抵扣或退税。小规模纳税人销售给其他出口企业的货物，其他出口企业再出口后，凭销售方或税务机关代开的增值税专用发票按征收率计算退税。

小规模纳税人出口下列货物，应征收增值税：

国家规定不予退（免）增值税的货物；未进行免税申报的货物；未在规定期限内办理免税核销申报的货物；虽已办理免税核销申报，但未按规定向税务机关提供有关凭证的货物；经主管税务机关审核不批准免税核销的出口货物；未在规定期限内申报开具《代理出口货物证明》的货物。

小规模纳税人的上述出口货物应纳增值税税额的计算公式为：

$$应纳增值税税额＝（出口货物离岸价×外汇人民币牌价）÷（1＋征收率）×征收率$$

三、出口货物退（免）消费税的计算

出口货物退（免）消费税与退（免）增值税的一个重要区别是：当出口的货物是应税消费品时，其退还增值税是按该货物规定的退税率计算的，而退还消费税则按该应税消费品所适用的消费税税率计算。

（一）从价定率计征消费税的应税消费品应退消费税

从价定率计征消费税的应税消费品，应依据企业从工厂购进货物时交纳消费税的价格计算应退消费税税款，其计算公式为：

$$应退消费税税款＝出口货物的工厂销售额×税率$$

出口货物的工厂销售额不包含增值税，对含增值税的价格应换算为不含增值税的销售额。

（二）从量定额计征消费税的应税消费品应退消费税

从量定额计征消费税的应税消费品，应以货物购进和报关出口的数量计算应退消费税税款，其计算公式为：

$$应退消费税税款＝出口数量×单位税额$$

（三）复合计征消费税的应税消费品应退消费税

$$应退消费税税款＝出口数量×单位税额＋出口货物的工厂销售额×税率$$

【例5-6】 某外贸企业从某汽车厂购进5辆小汽车（汽缸容量为2升）出口，单价为300 000元/辆，请计算该项出口业务应退的消费税。

$$应退消费税税款＝5×300 000×5\%＝75 000（元）$$

四、出口退（免）税的申报

企业出口货物劳务和服务，在正式申报出口退（免）税之前，应按现行申报办法向主管税务机关进行预申报，在主管税务机关确认申报凭证的内容与对应的管理部门电子信息无误后，方可提供规定的申报退（免）税凭证、资料及正式申报电子数据，向主管税务机关进行正式申报。

出口企业向征税机关的退税部门办理免、抵、退税申报时，应提供申报表和经征税部门审核签章的当期《增值税纳税申报表》及有关退税凭证。生产企业的申报表包括《生产企业出口货物免、抵、退税申报汇总表》（见表5-1）、《生产企业出口货物免、抵、退税申报明细表》；外贸企业的申报表有《外贸企业出口退税汇总申报表》《出口货物进货凭证申报表》。

表 5-1

生产企业出口货物免、抵、退税申报汇总表　　　单位:元至角分

企业代码:		企业名称:		
纳税人识别号:		所属期:　　年　　月		
项　　目	栏次	当期	本年累计	与增值税纳税申报表差额
当期免抵退出口货物销售额(美元)	(1)	(a)	(b)	(c)
当期免抵退出口货物销售额	(2)=(3)+(4)			
其中:单证不齐销售额	(3)			
单证齐全销售额	(4)			
前期出口货物当期收齐单证销售额	(5)			
单证齐全出口货物销售额	(6)=(4)+(5)			
不予免抵退出口货物销售额	(7)			
出口销售额乘征退税率之差	(8)			
上期结转免抵退税不得免征和抵扣税额抵减额	(9)			
免抵退税不得免征和抵扣税额抵减额	(10)			
免抵退税不得免征和抵扣税额	(11)[如(8)>(9)+(10)则为(8)-(9)-(10),否则为0]			
结转下期免抵退税不得免征和抵扣税额抵减额	(12)[如(9)+(10)>(8)则为(9)+(10)-(8),否则为0]			
出口销售额乘退税率	(13)			
上期结转免抵退税额抵减额	(14)			
免抵退税额抵减额	(15)			
免抵退税额	(16)[如(13)>(14)+(15)则为(13)-(14)-(15),否则为0]			
结转下期免抵退税额抵减额	(17)[如(14)+(15)>(13)则为(14)+(15)-(13),否则为0]			
增值税纳税申报表期末留抵税额	(18)			
计算退税的期末留抵税额	(19)=(18)-(11)			
当期应退税额	(20)[如(16)>(19)则为(19),否则为(16)]			
当期免抵税额	(21)=(16)-(20)			

出口企业	退税部门
兹声明以上申报无讹并愿意承担一切法律责任。 经办人: 财务负责人:(公章) 企业负责人:　　年　　月　　日	经办人: 复核人:(章) 负责人:　　年　　月　　日

第三节 出口退(免)税的会计处理

一、外贸企业出口货物退(免)增值税的会计处理

外贸企业出口货物时,借记"银行存款(或应收账款)"科目,贷记"主营业务收入"科目,同时结转销售成本。按照货物的购进金额和规定的退税率计算出口退税款时,借记"应收出口退税款"科目,贷记"应交税费——应交增值税(出口退税)"科目。

计算不予退税的税额时,借记"主营业务成本"科目,贷记"应交税费——应交增值税(进项税额转出)"科目。

【例5-7】 某外贸进出口公司,3月份购进A商品的增值税专用发票注明计税金额为600 000元,增值税税率16%。当月将购进的A商品3 000件全部出口,取得销售收入1 000 000元存入银行。A商品的退税率13%,取得的增值税专用发票本期已经认证。该外贸公司应作的有关会计处理为:

(1) 购进商品时:

借:材料采购 600 000
　应交税费——应交增值税(进项税额) 96 000
　贷:银行存款 696 000

(2) 验收入库时:

借:库存商品 600 000
　贷:材料采购 600 000

(3) 出口货物时:

借:银行存款 1 000 000
　贷:主营业务收入 1 000 000

(4) 申请出口退税时:

$$应退税款=600\ 000×13\%=78\ 000(元)$$

借:应收出口退税款 78 000
　贷:应交税费——应交增值税(出口退税) 78 000

(5) 计算不予退税的税额:

$$不予退税的税额=600\ 000×(16\%-13\%)=18\ 000(元)$$

借:主营业务成本 18 000
　贷:应交税费——应交增值税(进项税额转出) 18 000

(6) 收到退税款时:

借:银行存款 78 000
　贷:应收出口退税款 78 000

【例 5-8】 某进出口公司对 B 商品的购进和销售采用全月一次加权平均法核算。4 月 3 日,购进 B 商品 200 件,不含税单位成本 200 元;4 月 12 日,购进 B 商品 300 件,不含税单位成本 180 元;4 月 28 日,出口销售 B 商品 400 件,单位售价 450 元。上月末 B 商品没有库存。增值税税率为 16%,退税率为 13%。

与该公司出口货物退(免)税有关的会计处理为:

本月购进 B 商品的平均单位成本 $= (200 \times 200 + 300 \times 180) \div (200 + 300) = 188$(元)

应退税额 $= 400 \times 188 \times 13\% = 9\,776$(元)

不予退税的税额 $= 400 \times 188 \times (16\% - 13\%) = 2\,256$(元)

借:应收出口退税款		9 776
贷:应交税费——应交增值税(出口退税)		9 776
借:银行存款		9 776
贷:应收出口退税款		9 776
借:主营业务成本		2 256
贷:应交税费——应交增值税(进项税额转出)		2 256

二、生产企业出口退(免)增值税的会计处理

(一)生产企业"免、抵、退"办法下会计科目的设置

生产企业在免抵退税的会计处理中,主要涉及"应交税费——应交增值税"科目,在该科目下设置"出口抵减内销产品应纳税额""出口退税""进项税额转出"等明细科目反映免抵退税情况。

1. "出口抵减内销产品应纳税额"明细科目

实行"免、抵、退"办法的企业,应退税额首先须抵减内销产品的销项税额,企业在货物出口后,按规定计算的应"免、抵、退"税额,借记本科目,贷记"应交税费——应交增值税(出口退税)"。应"免、抵、退"税额可根据两种方法计算确定:一是税务机关的批准数,二是企业退税申报数,两者各有利弊。实务中,一般按税务机关的批准数进行会计处理,可避免因申报数与审批数不同引起的调账问题。

2. "出口退税"明细科目

出口退税实际退的是以前环节的进项税额,会计上按照相反方向记账的原理,出口退税的金额应计入"应交税费——应交增值税(出口退税)"科目的贷方。出口货物应退回的增值税额,用蓝字登记,退税后又发生退货、退关而补缴已退税款时,用红字登记。企业货物出口后,按规定计算的应免抵税额,借记"应交税费——应交增值税(出口抵减内销产品应纳税额)",贷记"应交税费——应交增值税(出口退税)"。因应抵扣税额大于应纳税额而未全部抵扣,按规定应退回的税款,借记"应收出口退税款",贷记"应交税费——应交增值税(出口退税)"。

3. "进项税额转出"明细科目

企业对出口货物的销售收入按征退税率之差计算的不得抵扣税额,借记"主营业务成

本"，贷记"应交税费——应交增值税（进项税额转出）"。

（二）生产企业"免、抵、退"办法下的会计处理

【例5-9】 某具有进出口经营权的生产企业，对自产货物经营出口销售及国内销售。2月份出口销售4吨，出口离岸价为100 000美元，货款未收到，美元记账汇率为7.00。对内销售1吨，内销金额200 000元，销项税额32 000元。当月购进原材料等辅助材料500 000元，进项税额共计80 000元。该企业内销货物增值税税率16%，假设出口货物退税率为13%。无上期留抵税额。计算该企业本月免抵退税额，并进行有关会计处理。

1. 计算该企业本月免抵退税额

免税出口销售额＝100 000×7.00＝700 000（元）

当期免抵退税不得免征和抵扣税额＝700 000×（16%－13%）＝21 000（元）

当期应纳税额＝32 000－（85 000－21 000）＝－27 000（元）

期末留抵税额＝27 000（元）

免抵退税额＝700 000×13%＝91 000（元）

当期期末留抵税额27 000元＜当期免抵退税额91 000元

当期应退税额＝当期期末留抵税额＝27 000（元）

当期免抵税额＝91 000－27 000＝64 000（元）

2. 有关会计处理

（1）外购原辅材料、备件：

借：原材料	500 000
应交税费——应交增值税（进项税额）	80 000
贷：银行存款	580 000

（2）产品外销时：

借：应收账款	700 000
贷：主营业务收入	700 000

（3）内销产品时：

借：银行存款	232 000
贷：主营业务收入	200 000
应交税费——应交增值税（销项税额）	32 000

（4）当期免抵退税不得免征和抵扣的税额：

借：主营业务成本	21 000
贷：应交税费——应交增值税（进项税额转出）	21 000

（5）当期免抵退税额、应退税额和应免抵税额：

借：应收出口退税款	27 000
应交税费——应交增值税（出口抵减内销产品应纳税额）	64 000
贷：应交税费——应交增值税（出口退税）	91 000

（6）收到退税款时：

借：银行存款 27 000

　　贷：应收出口退税款 27 000

【例5-10】 承[例5-9]，假设对内销售3吨，内销金额600 000元，销项税额96 000元，其他条件不变。计算该企业本月免抵退税额，并进行有关会计处理。

　　1. 计算出口货物免抵退税额

当期免抵退税不得免征和抵扣税额＝700 000×（16%－13%）＝21 000（元）

当期应纳税额＝96 000－（85 000－21 000）＝37 000（元）

期末留抵税额＝0

应退税额＝0

免抵退税额＝700 000×13%＝91 000（元）

当期免抵税额＝当期免抵退税额＝91 000（元）

　　2. 有关会计处理

（1）外购原辅材料等：

借：原材料 500 000

　　应交税费——应交增值税（进项税额） 80 000

　　贷：银行存款 580 000

（2）产品外销时：

借：应收账款 700 000

　　贷：主营业务收入 700 000

（3）内销产品时：

借：银行存款 696 000

　　贷：主营业务收入 600 000

　　　　应交税费——应交增值税（销项税额） 96 000

（4）计算当期免抵退税不得免征和抵扣的税额：

借：主营业务成本 21 000

　　贷：应交税费——应交增值税（进项税额转出） 21 000

（5）计算免抵退税额和应免抵税额：

借：应交税费——应交增值税（出口抵减内销产品应纳税额） 91 000

　　贷：应交税费——应交增值税（出口退税） 91 000

【例5-11】 承[例5-9]，假设当月购进原材料等辅助材料1 000 000元，进项税额共计160 000元，其他条件不变。计算该企业本月免抵退税额，并进行有关会计处理。

　　1. 计算出口货物免抵退税额

当期免抵退税不得免征和抵扣税额＝700 000×（16%－13%）＝21 000（元）

当期应纳税额＝32 000－（160 000－21 000）＝－107 000（元）

期末留抵税额＝107 000（元）

免抵退税额＝700 000×13％＝91 000(元)

应退税额＝91 000(元)

当期免抵税额＝0(元)

结转下期继续抵扣税额＝139 000－91 000＝48 000(元)

2. 有关会计处理

(1) 外购原辅材料等：

借：原材料 1 000 000

应交税费——应交增值税(进项税额) 160 000

贷：银行存款 1 160 000

(2) 产品外销时：

借：应收账款 700 000

贷：主营业务收入 700 000

(3) 内销产品时：

借：银行存款 232 000

贷：主营业务收入 200 000

应交税费——应交增值税(销项税额) 32 000

(4) 计算当期免抵退税不得免征和抵扣的税额：

借：主营业务成本 21 000

贷：应交税费——应交增值税(进项税额转出) 21 000

(5) 计算免抵退税额和应退税额：

借：应收出口退税款 91 000

贷：应交税费——应交增值税(出口退税) 91 000

(6) 收到退税款时：

借：银行存款 91 000

贷：应收出口退税款 91 000

三、出口退(免)消费税的会计处理

生产企业直接出口自产应税消费品时,直接免征消费税,因此,不作消费税的会计处理。

生产企业将产品出售给外贸企业由外贸企业自营出口的,生产企业需在销售实现时,按计提的消费税,借记"税金及附加"科目,贷记"应交税费——应交消费税"科目,消费税的出口退税则由外贸企业办理。

生产企业委托外贸企业代理出口应税消费品,应照常计税。待商品出口后,生产企业凭代理方转来的有关出口凭证,申请退税。生产企业将应税消费品委托外贸公司代理出口时,借记"应收出口退税款"科目,贷记"应交税费——应交消费税"科目;交纳消费税时,借记"应交税费——应交消费税"科目,贷记"银行存款"科目;收到退还的消费税时,借记"银行存款"科目,贷记"应收出口退税款"科目;上述应税消费品发生退关、退货时,作相反的会计分录。

外贸企业自营出口或列名生产企业外购应税消费品出口,应退、免消费税。从生产企业购入应税消费品时,借记"库存商品"等科目,贷记"应付账款""银行存款"等科目;在办妥出口报关手续后,作为销售的实现,除进行有关销售的会计处理外,还应将应退回的消费税冲减销售成本,借记"应收出口退税款"科目,贷记"主营业务成本"科目;实际收到税务机关的退税款时,借记"银行存款"科目,贷记"应收出口退税款"科目;出口商品在发生退货时,作相反会计分录。

【例5-12】 某建材公司5月份委托某外贸公司出口实木地板一批,价款500 000元,适用消费税税率为5%。

则该建材公司应作会计处理为:

(1)建材公司将实木地板委托外贸公司代理出口时:

借:应收账款 500 000
　贷:主营业务收入 500 000

借:应收出口退税款 25 000
　贷:应交税费——应交消费税 25 000

(2)建材公司交纳消费税时:

借:应交税费——应交消费税 25 000
　贷:银行存款 25 000

(3)建材公司收到退税款时:

借:银行存款 25 000
　贷:应收出口退税款 25 000

【例5-13】 某外贸公司自营出口货物,4月份从某化妆品厂购进高档化妆品一批,不含税价格为400 000元,适用消费税税率为15%,款项以银行存款支付;当月将该批化妆品出口M国,离岸价格为80 000美元(当日外汇牌价为1∶6.60),款项已收。该外贸公司会计处理为:

(1)购进化妆品时:

借:库存商品 400 000
　　应交税费——应交增值税(进项税额) 68 000
　贷:银行存款 468 000

(2)出口M国时:

借:银行存款 528 000
　贷:主营业务收入 528 000

(3)结转出口货物的销售成本:

借:主营业务成本 400 000
　贷:库存商品 400 000

（4）申请退税时：

借：应收出口退税款　　　　　　　　　　　　　　　　　　　60 000
　贷：主营业务成本　　　　　　　　　　　　　　　　　　　　　60 000

（5）收到退税款时：

借：银行存款　　　　　　　　　　　　　　　　　　　　　　　60 000
　贷：应收出口退税款　　　　　　　　　　　　　　　　　　　　60 000

四、出口货物退关退货的处理

出口货物办理退税后发生退关退货的，纳税人应依法补缴已退税款，并进行相应的会计处理。

（1）补缴退回的增值税款时：

借：应交税费——应交增值税（出口退税）　　　　　　　　　　×××
　贷：银行存款　　　　　　　　　　　　　　　　　　　　　　　×××

（2）将货物从海关提回时：

借：库存商品　　　　　　　　　　　　　　　　　　　　　　　×××
　贷：主营业务成本　　　　　　　　　　　　　　　　　　　　　×××

（3）发生的相关费用：

借：销售费用　　　　　　　　　　　　　　　　　　　　　　　×××
　贷：银行存款　　　　　　　　　　　　　　　　　　　　　　　×××

（4）冲减已确认的销售收入：

借：主营业务收入　　　　　　　　　　　　　　　　　　　　　×××
　贷：应收账款　　　　　　　　　　　　　　　　　　　　　　　×××

思　考　题

1. 试述出口货物退（免）税的基本原则和基本方式。
2. 简述生产企业免、抵、退的基本含义。
3. 外贸企业与生产企业应退增值税的计算有何差别？
4. 简述出口货物应退消费税的规定。

练　习　题

习题一

一、目的：练习外贸企业退（免）增值税的计算及会计处理。

二、资料：某外贸企业8月份购进甲商品的增值税专用发票注明计税金额为1 000 000

元,增值税税率16%。当月将购进的甲商品全部出口,取得销售收入1 600 000元存入银行。甲商品的退税率13%。取得的增值税专用发票已认证。

三、要求:计算该公司出口货物应退增值税税额,并对相关业务进行会计处理。

习题二

一、目的:练习生产企业增值税免、抵、退的计算及会计处理。

二、资料:甲企业是一家具有进出口经营权的生产企业,自产货物一部分出口销售,一部分国内销售。该企业6月份购进所需原材料等500万元,允许抵扣的进项税额85万元。内销产品取得不含税销售额300万元,出口货物离岸价折合人民币2 400万元。假设上期留抵税款5万元,增值税税率为16%,退税率为13%。

三、要求:计算该企业当期的"免、抵、退"税额,并对相关业务进行会计处理。

习题三

一、目的:练习生产企业增值税免、抵、退的计算及会计处理。

二、资料:沿用习题二资料,假设本期外购货物的金额为700万元,进项税额为112万元,其他资料不变。

三、要求:计算该企业当期的"免、抵、退"税额,并对相关业务进行会计处理。

第六章　企业所得税会计

本章导读

　　企业所得税是以企业和其他取得收入的组织所取得的生产经营所得和其他所得为征税对象而征收的一种直接税。我国现行税收体制实行的是以流转税和所得税为主体的复合税制,企业所得税是我国现行税制结构中一个很重要的主体税种,在我国税收收入中占有较大比重,在组织财政收入、促进经济发展、进行宏观调控等方面具有非常重要的作用。

　　学习本章,应掌握企业所得税的纳税人、征税范围、税率、税收优惠政策等基本税制要素,掌握应纳税所得额的确定以及应纳税额的计算,重点理解企业所得税会计的基本理论,熟练掌握企业所得税的会计处理方法,尤其是资产负债表债务法。

第一节　企业所得税概述

一、企业所得税的概念及特点

(一) 企业所得税的概念

　　企业所得税是对企业和其他取得收入的组织的生产经营所得和其他所得征收的一种收益税。企业所得税的计税依据是企业一个年度的应纳税所得额,以企业一个年度的利润为主要依据,但并不是直接意义上的会计利润。企业所得税是我国重要的税种之一,占我国税收收入的比重较大。

(二) 企业所得税的特点

1. 将纳税人划分为居民企业和非居民企业

　　现行企业所得税法将纳税人划分为居民企业和非居民企业两类,分别承担不同的纳税义务。居民企业承担无限纳税义务,来源于中国境内、境外的所得均需要向中国交纳所得税;而非居民企业则承担有限纳税义务,原则上仅就来源于中国境内的所得向中国报税。

2. 计税依据为应纳税所得额

企业所得税以应纳税所得额为计税依据,是指按照企业所得税法的规定,企业一个纳税年度内的收入总额减去不征税收入、免税收入、各项扣除及税法允许弥补的亏损后的余额,是企业一个纳税年度中的纯收益。

3. 按年计征、分期预缴

一般情况下,企业所得税以一个年度为纳税期限,但是,需要按月或按季度预缴税款,年度终了进行汇算清缴,多退少补。

4. 税制复杂、申报工作难度大

企业所得税是非常复杂的税种之一,税制要素的内容规定繁琐。纳税申报工作难度大,需要填制数量巨大的企业所得税纳税申报表及其附表。

二、中国企业所得税制的沿革

(一)企业所得税制主要框架形成阶段(1980—1990)

这一阶段,对中外合资经营企业、外国企业、国有企业、集体企业、私营企业开征了企业所得税。

改革开放后,我国的企业所得税制建设进入了一个新的发展时期。1980 年 9 月 10 日第五届全国人民代表大会第三次会议通过了《中华人民共和国中外合资经营企业所得税法》,1980 年 12 月 14 日财政部公布了《中华人民共和国中外合资经营企业所得税法施行细则》,均于 1980 年 9 月 10 日起施行。1981 年 12 月 13 日第五届全国人民代表大会第四次会议通过了《中华人民共和国外国企业所得税法》,1982 年 2 月 21 日财政部发布了《中华人民共和国外国企业所得税法施行细则》,均于 1982 年 1 月 1 日起施行。

1984 年 9 月 18 日国务院发布了《中华人民共和国国营企业所得税条例(草案)》和《国营企业调节税征收办法》、1985 年 4 月 11 日发布了《中华人民共和国集体企业所得税暂行条例》、1988 年 6 月 25 日发布了《中华人民共和国私营企业所得税暂行条例》,财政部又分别于 1984 年 10 月 18 日发布了《中华人民共和国国营企业所得税条例(草案)实施细则》、1985 年 7 月 22 日发布了《中华人民共和国集体企业所得税暂行条例施行细则》、1988 年 11 月 17 日发布了《中华人民共和国私营企业所得税暂行条例施行细则》。

至此,基本奠定了我国企业所得税制的主要框架。

(二)内、外资企业所得税"两法并存"阶段(1991—2007)

这一阶段主要对内、外资企业所得税分别进行整合统一,内、外资企业所得税"两法并存"。

随着改革开放的深入发展和引进外资的需要,1991 年 4 月 9 日第七届全国人民代表大会第四次会议通过了《中华人民共和国外商投资企业和外国企业所得税法》,1991 年 6 月 30 日国务院发布了《中华人民共和国外商投资企业和外国企业所得税法实施细则》,均于 1991 年 7 月 1 日起施行,原《中华人民共和国中外合资经营企业所得税法》和《中华人民共和国中外合资经营企业所得税法施行细则》《中华人民共和国外国企业所得税法》和《中华人民共和国外国企业所得税法施行细则》同时废止。

基于国有企业改革及社会经济整体发展的需要,我国在1993年年底对原有税制进行了较大规模的调整,企业所得税制也进行了重新整合,取消了内资企业原来按所有权性质分设所得税制的模式。1993年12月13日国务院发布了《中华人民共和国企业所得税暂行条例》,1994年2月4日财政部发布了《中华人民共和国企业所得税暂行条例实施细则》,均于1994年1月1日起施行,原《中华人民共和国国营企业所得税条例(草案)》和《中华人民共和国国营企业所得税条例(草案)实施细则》以及《国营企业调节税征收办法》《中华人民共和国集体企业所得税暂行条例》和《中华人民共和国集体企业所得税暂行条例施行细则》《中华人民共和国私营企业所得税暂行条例》和《中华人民共和国私营企业所得税暂行条例施行细则》同时废止。

至此,形成了企业所得税"两法并存"的格局,内、外资企业分别适用不同的企业所得税法。

(三)内、外资企业所得税统一阶段(2008至今)

这一阶段实现了内、外资企业所得税两法合并。

"两法并存"的格局虽然对引进外资、出口创汇及国民经济的整体发展都起到了较大的促进作用,但是,在同样的经济环境中,外商投资企业和外国企业享受了更多的政策优惠,这就使得内外资企业处于不公平的竞争地位,也承担了不同的税负。

经过了长时间的酝酿和调查研究,2007年3月16日,第十届全国人民代表大会第五次会议高票通过了《中华人民共和国企业所得税法》(以下简称企业所得税法),2007年11月28日国务院第197次常务会议通过了《中华人民共和国企业所得税法实施条例》(以下简称实施条例),均于2008年1月1日起施行。企业所得税法的颁布施行彻底结束了长达十几年"两法并存"格局,具有重要的历史和现实意义,使纳税人处于公平竞争的环境当中,充分保证了税收的公平原则。

三、企业所得税的纳税人

在中华人民共和国境内,企业和其他取得收入的组织(以下统称企业)为企业所得税的纳税人。个人独资企业、合伙企业不是企业所得税的纳税人,不交纳企业所得税。

企业所得税法采用地域管辖权和居民管辖权双重标准将企业所得税的纳税人划分为居民企业和非居民企业,承担不同的纳税义务。

(一)居民企业

居民企业,是指依法在中国境内成立,或者依照外国(地区)法律成立但实际管理机构在中国境内的企业。

依法在中国境内成立的企业,包括依照中国法律、行政法规在中国境内成立的企业、事业单位、社会团体以及其他取得收入的组织。依照外国(地区)法律成立的企业,包括依照外国(地区)法律成立的企业和其他取得收入的组织。实际管理机构,是指对企业的生产经营、人员、账务、财产等实施实质性全面管理和控制的机构。

（二）非居民企业

非居民企业，是指依照外国（地区）法律成立且实际管理机构不在中国境内，但在中国境内设立机构、场所的，或者在中国境内未设立机构、场所，但有来源于中国境内所得的企业。

上述所称机构、场所，是指在中国境内从事生产经营活动的机构、场所，包括：管理机构、营业机构、办事机构；工厂、农场、开采自然资源的场所；提供劳务的场所；从事建筑、安装、装配、修理、勘探等工程作业的场所；其他从事生产经营活动的机构、场所。

非居民企业委托营业代理人在中国境内从事生产经营活动的，包括委托单位或者个人经常代其签订合同，或者储存、交付货物等，该营业代理人视为非居民企业在中国境内设立的机构、场所。

（三）扣缴义务人

1. 支付人为扣缴义务人

非居民企业在中国境内未设立机构、场所的，或者虽设立机构、场所但取得的所得与其所设机构、场所没有实际联系的，其来源于中国境内的所得应交纳的企业所得税，实行源泉扣缴，以支付人为扣缴义务人。税款由扣缴义务人在每次支付或者到期应支付时，从支付或者到期应支付的款项中扣缴。

支付人，是指依照有关法律规定或者合同约定对非居民企业直接负有支付相关款项义务的单位或者个人。支付，包括现金支付、汇拨支付、转账支付和权益兑价支付等货币支付和非货币支付。应支付的款项，是指支付人按照权责发生制原则应当计入相关成本、费用的应付款项。

2. 税务机关指定扣缴义务人

对非居民企业在中国境内取得工程作业和劳务所得应交纳的所得税，税务机关可以指定工程价款或者劳务费的支付人为扣缴义务人。具体包括：

（1）预计工程作业或者提供劳务期限不足一个纳税年度，且有证据表明不履行纳税义务的。

（2）没有办理税务登记或者临时税务登记，且未委托中国境内的代理人履行纳税义务的。

（3）未按照规定期限办理企业所得税纳税申报或者预缴申报的。

四、企业所得税的征税对象

企业所得税的征税对象是指企业取得的生产经营所得、其他所得和清算所得。包括销售货物所得、提供劳务所得、转让财产所得、股息红利等权益性投资所得、利息所得、租金所得、特许权使用费所得、接受捐赠所得和其他所得。

（一）居民企业的征税对象

居民企业应当就其来源于中国境内、境外的所得交纳企业所得税。

（二）非居民企业的征税对象

非居民企业在中国境内设立机构、场所的，应当就其所设机构、场所取得的来源于中国境内的所得，以及发生在中国境外但与其所设机构、场所有实际联系的所得，交纳企业所得税。

非居民企业在中国境内未设立机构、场所的，或者虽设立机构、场所但取得的所得与其所设机构、场所没有实际联系的，应当就其来源于中国境内的所得（通常被称为预提所得）交纳企业所得税。

实际联系，是指非居民企业在中国境内设立的机构、场所拥有据以取得所得的股权、债权，以及拥有、管理、控制据以取得所得的财产等。

（三）所得来源地确定的原则

所得种类不同，所得来源地确定的原则也不尽相同。来源于中国境内、境外的所得，按照以下原则确定：

（1）销售货物所得，按照交易活动发生地确定。

（2）提供劳务所得，按照劳务发生地确定。

（3）转让财产所得，不动产转让所得按照不动产所在地确定，动产转让所得按照转让动产的企业或者机构、场所所在地确定，权益性投资资产转让所得按照被投资企业所在地确定。

（4）股息、红利等权益性投资所得，按照分配所得的企业所在地确定。

（5）利息所得、租金所得、特许权使用费所得，按照负担、支付所得的企业或者机构、场所所在地确定，或者按照负担、支付所得的个人的住所地确定。

（6）其他所得，由国务院财政、税务主管部门确定。

五、企业所得税的税率

（一）基本税率

企业所得税的基本税率为 25%。适用于居民企业来自境内、境外的所得，以及在中国境内设立机构、场所且所得与其所设机构、场所有实际联系的非居民企业的所得。

非居民企业取得的预提所得交纳企业所得税适用 20% 的税率。

（二）优惠税率

1. 非居民企业预提所得的优惠税率

非居民企业的预提所得减按 10% 的税率征收企业所得税。

2. 小型微利企业的优惠税率

符合条件的小型微利企业，减按 20% 的税率征收企业所得税。

符合条件的小型微利企业，是指从事国家非限制和禁止行业，并符合下列条件的企业：

（1）工业企业，年度应纳税所得额不超过 30 万元，从业人数不超过 100 人，资产总额不超过 3 000 万元。

（2）其他企业，年度应纳税所得额不超过 30 万元，从业人数不超过 80 人，资产总额不超过 1 000 万元。

3. 高新技术企业的优惠税率

国家需要重点扶持的高新技术企业，减按 15% 的税率征收企业所得税。

4. 技术先进型服务企业的优惠税率

自 2017 年 1 月 1 日起，在全国范围内，对经过认定的技术先进型服务企业，减按 15% 的税率征收企业所得税。自 2018 年 1 月 1 日起，对经过认定的技术先进型服务企业（服务贸易类），减按 15% 的税率征收企业所得税。

六、企业所得税的纳税期限和纳税地点

（一）纳税年度

企业所得税按纳税年度计算。纳税年度自公历 1 月 1 日起至 12 月 31 日止。企业在一个纳税年度中间开业，或者终止经营活动，使该纳税年度的实际经营期不足 12 个月的，应当以其实际经营期为一个纳税年度。企业依法清算时，应当以清算期间作为一个纳税年度。

（二）纳税期限

企业所得税采用"按月（或季）预缴，年终汇算清缴"的方式。

企业应当自月份（或季度）终了之日起 15 日内，向税务机关报送预缴企业所得税纳税申报表，预缴税款。自年度终了之日起 5 个月内，向税务机关报送年度企业所得税纳税申报表，并汇算清缴，结清应交应退税款。

企业在年度中间终止经营活动的，应当自实际经营终止之日起 60 日内，向税务机关办理当期企业所得税汇算清缴。企业应当在办理注销登记前，就其清算所得向税务机关申报并依法交纳企业所得税。

（三）纳税地点

1. 居民企业的纳税地点

居民企业一般以企业登记注册地为纳税地点，但登记注册地在境外的，以实际管理机构所在地为纳税地点。居民企业在中国境内设立不具有法人资格的营业机构的，应当统一核算应纳税所得额，汇总计算并交纳企业所得税。

2. 非居民企业的纳税地点

非居民企业在中国境内设立机构、场所的，其所设机构、场所取得的来源于中国境内的所得，以及发生在中国境外但与其所设机构、场所有实际联系的所得，以机构、场所所在地为纳税地点。非居民企业在中国境内设立两个或者两个以上机构、场所的，经税务机关审核批准，可以选择由其主要机构、场所汇总交纳企业所得税。主要机构、场所，应当同时符合下列条件：对其他各机构、场所的生产经营活动负有监督管理责任；设有完整的账簿、凭证，能够准确反映各机构、场所的收入、成本、费用和盈亏情况。

非居民企业取得预提所得的,以扣缴义务人所在地为纳税地点。

七、企业所得税的优惠政策

企业所得税法以产业发展导向为主、区域发展导向为辅作为税收优惠政策的设置原则,贯彻实施国家的产业政策,把优惠政策与转变经济增长方式结合起来,充分发挥税收对转变我国经济增长方式的促进作用。按国家产业政策发展的要求,对农林牧渔、能源、公共基础设施等基础产业和设施、高新技术企业以及其他亟须发展的产业和项目,根据需要给予不同的税收优惠。同时,配合我国经济发展重心向中西部转移的战略部署,对区域性优惠政策加以调整,区域发展导向逐步从沿海地区转向中西部地区。最终建立起产业政策导向与区域发展战略导向相协调的企业所得税优惠机制。

（一）符合条件的部分收入免税

企业取得的下列收入属于免税收入。

1. 国债利息收入

2. 符合条件的居民企业之间的股息、红利等权益性投资收益

主要是指居民企业直接投资于其他居民企业取得的投资收益。不包括连续持有居民企业公开发行并上市流通的股票不足 12 个月取得的投资收益。

3. 在中国境内设立机构、场所的非居民企业从居民企业取得与该机构、场所有实际联系的股息、红利等权益性投资收益

4. 符合条件的非营利组织的收入

符合条件的非营利组织的收入,不包括非营利组织从事营利性活动取得的收入,但国务院财政、税务主管部门另有规定的除外。

（1）符合条件的非营利组织,是指同时符合下列条件的组织:①依法履行非营利组织登记手续;②从事公益性或者非营利性活动;③取得的收入除用于与该组织有关的、合理的支出外,全部用于登记核定或者章程规定的公益性或者非营利性事业;④财产及其孳息不用于分配;⑤按照登记核定或者章程规定,该组织注销后的剩余财产用于公益性或者非营利性目的,或者由登记管理机关转赠给与该组织性质、宗旨相同的组织,并向社会公告;⑥投入人对投入该组织的财产不保留或者享有任何财产权利;⑦工作人员工资福利开支控制在规定的比例内,不变相分配该组织的财产。

（2）非营利组织的下列收入为免税收入:①接受其他单位或者个人捐赠的收入;②除财政拨款以外的其他政府补助收入,但不包括因政府购买服务取得的收入;③按照省级以上民政、财政部门规定收取的会费;④不征税收入和免税收入孳生的银行存款利息收入;⑤财政部、国家税务总局规定的其他收入。

（二）免征、减征企业所得税优惠

1. 农、林、牧、渔业项目的所得税优惠

（1）企业从事下列项目的所得,免征企业所得税:①蔬菜、谷物、薯类、油料、豆类、棉花、麻类、糖料、水果、坚果的种植;②农作物新品种的选育;③中药材的种植;④林木的培育和

种植;⑤牲畜、家禽的饲养;⑥林产品的采集;⑦灌溉、农产品初加工、兽医、农技推广、农机作业和维修等农、林、牧、渔服务业项目;⑧远洋捕捞。

(2) 企业从事下列项目的所得,减半征收企业所得税:①花卉、茶以及其他饮料作物和香料作物的种植;②海水养殖、内陆养殖。

企业从事国家限制和禁止发展的项目,不得享受本项规定免征或减征企业所得税优惠。

2. 国家重点扶持的公共基础设施项目的所得税优惠

企业从事国家重点扶持的公共基础设施项目的投资经营所得,自项目取得第一笔生产经营收入所属纳税年度起,第1~3年免征企业所得税,第4~6年减半征收企业所得税(简称"三免三减半"所得税优惠政策)。

国家重点扶持的公共基础设施项目,是指《公共基础设施项目企业所得税优惠目录》规定的港口码头、机场、铁路、公路、城市公共交通、电力、水利等项目。

企业承包经营、承包建设和内部自建自用此项规定的项目,不得享受此项企业所得税优惠。企业按规定享受减免税优惠的公共基础设施项目,在减免税期限内转让的,受让方自受让之日起,可以在剩余期限内享受规定的减免税优惠;减免税期限届满后转让的,受让方不得就该项目重复享受减免税优惠。

3. 环境保护、节能节水项目的所得税优惠

企业从事符合条件的环境保护、节能节水项目的所得,自项目取得第一笔生产经营收入所属纳税年度起,第1~3年免征企业所得税,第4~6年减半征收企业所得税。

符合条件的环境保护、节能节水项目,包括公共污水处理、公共垃圾处理、沼气综合开发利用、节能减排技术改造、海水淡化等。

企业按规定享受减免税优惠的环境保护、节能节水项目,在减免税期限内转让的,受让方自受让之日起,可以在剩余期限内享受规定的减免税优惠;减免税期限届满后转让的,受让方不得就该项目重复享受减免税优惠。

4. 技术转让所得税优惠

一个纳税年度内,居民企业技术转让所得不超过500万元的部分,免征企业所得税;超过500万元的部分,减半征收企业所得税。

技术转让的范围,包括转让经过相关部门认定的:专利技术、计算机软件著作权、集成电路布图设计权、植物新品种、生物医药新品种,以及财政部和国家税务总局确定的其他技术。

5. 特殊项目的所得税优惠

下列所得可以免征企业所得税:

(1) 外国政府向中国政府提供贷款取得的利息所得。

(2) 国际金融组织向中国政府和居民企业提供优惠贷款取得的利息所得。

(3) 经国务院批准的其他所得。

(三) 民族自治地方的所得税优惠

民族自治地方的自治机关对本民族自治地方的企业应交纳的企业所得税中属于地方分享的部分,可以决定减征或者免征。自治州、自治县决定减征或者免征的,须报省、自治

区、直辖市人民政府批准。对民族自治地方内国家限制和禁止行业的企业，不得减征或者免征企业所得税。

（四）加计扣除的所得税优惠

企业发生的下列支出，可以在计算应纳税所得额时加计扣除：

1. 开发新技术、新产品、新工艺发生的研究开发费用

研究开发费用的加计扣除，是指企业为开发新技术、新产品、新工艺发生的研究开发费用，未形成无形资产计入当期损益的，在按照规定据实扣除的基础上，在 2018 年 1 月 1 日至 2020 年 12 月 31 日期间，再按照研究开发费用的 75%加计扣除；形成无形资产的，按照无形资产成本的 175%摊销。

2. 安置残疾人员及国家鼓励安置的其他就业人员所支付的工资

企业安置残疾人员所支付工资的加计扣除，是指企业安置残疾人员的，在按照支付给残疾职工工资据实扣除的基础上，按照支付给残疾职工工资的 100%加计扣除。

企业安置国家鼓励安置的其他就业人员所支付的工资的加计扣除办法，由国务院另行规定。

（五）创业投资的所得税优惠

创业投资企业从事国家需要重点扶持和鼓励的创业投资，可以按投资额的一定比例抵扣应纳税所得额。即企业采取股权投资方式投资于未上市的中小高新技术企业 2 年以上的，可以按照其投资额的 70%在股权持有满 2 年的当年抵扣该创业投资企业的应纳税所得额；当年不足抵扣的，可以在以后纳税年度结转抵扣。

（六）固定资产加速折旧的所得税优惠

由于技术进步，产品更新换代较快的固定资产和常年处于强震动、高腐蚀状态的固定资产，可以缩短折旧年限或者采取加速折旧的方法。采取缩短折旧年限方法的，最低折旧年限不得低于实施条例规定折旧年限的 60%；采取加速折旧方法的，可以采取双倍余额递减法或者年数总和法。

为引导企业加大设备、器具投资力度，企业在 2018 年 1 月 1 日至 2020 年 12 月 31 日期间新购进的设备、器具，单位价值不超过 500 万元的，允许一次性计入当期成本费用在计算应纳税所得额时扣除，不再分年度计算折旧。

（七）综合利用资源的所得税优惠

企业综合利用资源，生产符合国家产业政策规定的产品所取得的收入，可以在计算应纳税所得额时减计收入。即企业以《资源综合利用企业所得税优惠目录》规定的资源作为主要原材料，生产国家非限制和禁止并符合国家和行业相关标准的产品取得的收入，减按 90%计入收入总额。其中，原材料占生产产品材料的比例不得低于《资源综合利用企业所得税优惠目录》规定的标准。

（八）环境保护、节能节水、安全生产专用设备投资的所得税优惠

企业购置用于环境保护、节能节水、安全生产等专用设备的投资额，可以按一定比例实

行税额抵免。即企业购置并实际使用《环境保护专用设备企业所得税优惠目录》《节能节水专用设备企业所得税优惠目录》和《安全生产专用设备企业所得税优惠目录》规定的环境保护、节能节水、安全生产等专用设备的，该专用设备投资额的10%可以从企业当年应纳税额中抵免；当年不足抵免的，可以在以后5个纳税年度结转抵免。

在进行税额抵免时，如增值税进项税额允许抵扣，其专用设备投资额不再包括增值税进项税额；如增值税进项税额不允许抵扣，其专用设备投资额应为增值税专用发票上注明的价税合计金额。企业购买专用设备取得普通发票的，其专用设备投资额为普通发票上注明的金额。

享受该项优惠的企业，应当实际购置并自身实际投入使用规定的专用设备；企业购置上述专用设备在5年内转让、出租的，应当停止享受企业所得税优惠，并补缴已经抵免的企业所得税税款。

（九）企业所得税的其他优惠政策

根据《财政部、国家税务总局关于企业所得税若干优惠政策的通知》（财税〔2008〕1号）规定，企业所得税的其他优惠政策主要包括：

1. 关于鼓励软件产业和集成电路产业发展的优惠政策

（1）软件生产企业实行增值税即征即退政策所退还的税款，由企业用于研究开发软件产品和扩大再生产，不作为企业所得税应税收入，不予征收企业所得税。

（2）我国境内新办软件生产企业经认定后，自获利年度起，第1~2年免征企业所得税，第3~5年减半征收企业所得税。

（3）国家规划布局内的重点软件生产企业，如当年未享受免税优惠的，减按10%的税率征收企业所得税。

（4）软件生产企业的职工培训费用，可按实际发生额在计算应纳税所得额时扣除。

（5）企事业单位购进软件，凡符合固定资产或无形资产确认条件的，可以按照固定资产或无形资产进行核算，经主管税务机关核准，其折旧或摊销年限可以适当缩短，最短可为2年。

（6）集成电路设计企业视同软件企业，享受上述软件企业的有关企业所得税政策。

（7）集成电路生产企业的生产性设备，经主管税务机关核准，其折旧年限可以适当缩短，最短可为3年。

（8）投资额超过80亿元人民币或集成电路线宽小于0.25微米的集成电路生产企业，可以减按15%的税率交纳企业所得税，其中，经营期在15年以上的，从开始获利的年度起，第1~5年免征企业所得税，第6~10年减半征收企业所得税。

（9）对生产线宽小于0.8微米（含）集成电路产品的生产企业，经认定后，自获利年度起，第1~2年免征企业所得税，第3~5年减半征收企业所得税。

已经享受自获利年度起企业所得税"两免三减半"政策的企业，不再重复执行本优惠。

2. 关于鼓励证券投资基金发展的优惠政策

（1）对证券投资基金从证券市场中取得的收入，包括买卖股票、债券的差价收入，股权的股息、红利收入，债券的利息收入及其他收入，暂不征收企业所得税。

（2）对投资者从证券投资基金分配中取得的收入，暂不征收企业所得税。

（3）对证券投资基金管理人运用基金买卖股票、债券的差价收入，暂不征收企业所得税。

3. 小型微利企业所得税的优惠政策

自 2019 年 1 月 1 日起至 2021 年 12 月 31 日，对小型微利企业应纳税所得额不超过 100 万元的部分，减按 25% 计入应纳税所得额，按 20% 的税率缴纳企业所得税；对年应纳税所得额超过 100 万元但不超过 300 万元的部分，减按 50% 计入应纳税所得额，按 20% 的税率缴纳企业所得税。

小型微利企业是指从事国家非限制和禁止行业，且同时符合年度应纳税所得额不超过 300 万元、从业人数不超过 300 人、资产总额不超过 5 000 万元等三个条件的企业。

企业同时从事适用不同企业所得税优惠项目的，其优惠项目应当单独计算所得，并合理分摊企业的期间费用；没有单独计算的，不得享受企业所得税优惠。优惠政策存在交叉的，由企业选择最优惠的政策执行，不得叠加享受，且一经选择，不得改变。同时，根据国民经济和社会发展的需要，或者由于突发事件等原因对企业经营活动产生重大影响的，国务院可以制定企业所得税专项优惠政策，报全国人民代表大会常务委员会备案。

第二节　企业所得税的计算与纳税申报

一、应纳税所得额的计算

（一）居民企业应纳税所得额的计算

应纳税所得额是企业所得税的计税依据，确定应纳税所得额是正确计算企业所得税应纳税额的关键，也是企业所得税计算当中最复杂和最重要的过程。

企业应纳税所得额的计算，以权责发生制为原则，属于当期的收入和费用，不论款项是否收付，均作为当期的收入和费用；不属于当期的收入和费用，即使款项已经在当期收付，均不作为当期的收入和费用。但是，实施条例和国务院财政、税务主管部门另有规定的除外。

1. 直接法

直接法计算应纳税所得额就是以企业每一纳税年度的收入总额，减除不征税收入、免税收入、各项扣除以及允许弥补的以前年度亏损后的余额，为应纳税所得额。计算公式为：

应纳税所得额＝收入总额－不征税收入－免税收入－各项扣除－允许弥补的以前年度亏损

其中，收入总额是指按税法规定确定的应税收入总额。亏损是指企业依照税法规定将每一纳税年度的收入总额减除不征税收入、免税收入和各项扣除后小于零的数额，即应税亏损而非会计亏损。

2. 间接法

由于在会计处理实务当中，企业所得税的会计核算并没有形成独立的体系，而是融合在财务会计的核算体系当中，因此，应纳税所得额的计算就可以借鉴财务会计的核算结果，采用间接法。间接法的基本思路是以税前会计利润为起点,通过调整企业所得税法和会计准则之间的差异,从而确定企业的应纳税所得额。计算公式为:

$$应纳税所得额=税前会计利润\pm 纳税调整项目金额$$
$$=税前会计利润+可抵扣暂时性差异本期发生额-应纳税暂时性差异本期发生额$$
$$+税法不允许抵扣的费用-税法允许抵扣的收入$$

从理论上讲,采用直接法或者间接法计算应纳税所得额的结果应该是相同的。

（二）非居民企业应纳税所得额的计算

非居民企业取得的预提所得,按照下列方法计算其应纳税所得额:

（1）股息、红利等权益性投资收益和利息、租金、特许权使用费所得,以收入全额为应纳税所得额。

（2）转让财产所得,以收入全额减除财产净值后的余额为应纳税所得额。

（3）其他所得,参照前两项规定的方法计算应纳税所得额。

二、收入总额的确定

依据国际惯例,以各种来源、各种方式取得的收入,即一切导致净资产增加的经济利益流入都应该作为收入,任何收入不作为应税收入或者不需要申报纳税都应有明确的法律依据。因此,在实务中如果某些收入项目无法确定是否计入应税收入时,应该坚持一个原则,即凡是法律没有明确规定不征税或者免税的,则应该计入应税收入。

企业所得税法规定,企业以货币形式和非货币形式从各种来源取得的收入,为收入总额。货币形式包括现金、存款、应收账款、应收票据、准备持有至到期的债券投资以及债务的豁免等。非货币形式则包括固定资产、生物资产、无形资产、股权投资、存货、不准备持有至到期的债券投资、劳务以及有关权益等。企业以非货币形式取得的收入,应当按照公允价值（即按照市场价格确定的价值）确定收入额。

（一）一般收入的确认

1. 销售货物收入

销售货物收入是指企业销售商品、产品、原材料、包装物、低值易耗品以及其他存货取得的收入。除企业所得税法及实施条例另有规定外,企业销售收入的确认,必须遵循权责发生制原则和实质重于形式原则。

（1）收入确认条件。企业所得税法对于收入确认要求同时满足以下条件:①商品销售合同已经签订,企业已将商品所有权相关的主要风险和报酬转移给购货方。②企业对已售出的商品既没有保留通常与所有权相联系的继续管理权,也没有实施有效控制。③收入的金额能够可靠地计量。④已发生或将发生的销售方的成本能够可靠地核算。

（2）收入确认时间:①销售商品采用托收承付方式的,在办妥托收手续时确认收入。②销售商品采取预收款方式的,在发出商品时确认收入。③销售商品需要安装和检验的,在购买方接受商品以及安装和检验完毕时确认收入。如果安装程序比较简单,可在发出商品时确认收入。④销售商品采用支付手续费方式委托代销的,在收到代销清单时确认收入。

(3) 采用售后回购方式销售商品的,销售的商品按售价确认收入,回购的商品作为购进商品处理。有证据表明不符合销售收入确认条件的,如以销售商品方式进行融资,收到的款项应确认为负债,回购价格大于原售价的,差额应在回购期间确认为利息费用。

(4) 销售商品以旧换新的,销售商品应当按照销售商品收入确认条件确认收入,回收的商品作为购进商品处理。

(5) 商品销售涉及商业折扣的,应当按照扣除商业折扣后的金额确定销售商品收入金额。销售商品涉及现金折扣的,应当按扣除现金折扣前的金额确定销售商品收入金额,现金折扣在实际发生时作为财务费用扣除。企业已经确认销售收入的售出商品发生销售折让和销售退回,应当在发生当期冲减当期销售商品收入。

2. 提供劳务收入

提供劳务收入是指企业从事建筑安装、修理修配、交通运输、仓储租赁、金融保险、邮电通信、咨询经纪、文化体育、科学研究、技术服务、教育培训、餐饮住宿、中介代理、卫生保健、社区服务、旅游、娱乐、加工以及其他劳务服务活动取得的收入。

企业在各个纳税期末,提供劳务交易的结果能够可靠估计的,应采用完工进度(完工百分比)法确认提供劳务收入。

(1) 提供劳务交易的结果能够可靠估计,是指同时满足下列条件:①收入的金额能够可靠地计量;②交易的完工进度能够可靠地确定;③交易中已发生和将发生的成本能够可靠地核算。

(2) 企业提供劳务完工进度的确定,可选用下列方法:①已完工作的测量;②已提供劳务占劳务总量的比例;③发生成本占总成本的比例。

(3) 企业应按照从接受劳务方已收或应收的合同或协议价款确定劳务收入总额,根据纳税期末提供劳务收入总额乘以完工进度扣除以前纳税年度累计已确认提供劳务收入后的金额,确认为当期劳务收入;同时,按照提供劳务估计总成本乘以完工进度扣除以前纳税期间累计已确认劳务成本后的金额,结转为当期劳务成本。

(4) 下列提供劳务满足收入确认条件的,应按规定确认收入:①安装费。应根据安装完工进度确认收入。安装工作是商品销售附带条件的,安装费在确认商品销售实现时确认收入。②宣传媒介的收费。应在相关的广告或商业行为出现于公众面前时确认收入。广告的制作费,应根据制作广告的完工进度确认收入。③软件费。为特定客户开发软件的收费,应根据开发的完工进度确认收入。④服务费。包含在商品售价内可区分的服务费,在提供服务的期间分期确认收入。⑤艺术表演、招待宴会和其他特殊活动的收费。在相关活动发生时确认收入。收费涉及几项活动的,预收的款项应合理分配给每项活动,分别确认收入。⑥会员费。申请入会或加入会员,只允许取得会籍,所有其他服务或商品都要另行收费的,在取得该会员费时确认收入。申请入会或加入会员后,会员在会员期内不再付费就可得到各种服务或商品,或者以低于非会员的价格销售商品或提供服务的,该会员费应在整个受益期内分期确认收入。⑦特许权费。属于提供设备和其他有形资产的特许权费,在交付资产或转移资产所有权时确认收入;属于提供初始及后续服务的特许权费,在提供服务时确认收入。⑧劳务费。长期为客户提供重复的劳务收取的劳务费,在相关劳务活动发生时确认收入。

3. 转让财产收入

转让财产收入是指企业转让固定资产、生物资产、无形资产、股权、债权等财产取得的收入。

企业转让股权收入，应于转让协议生效且完成股权变更手续时，确认收入的实现。转让股权收入扣除为取得该股权所发生的成本后，为股权转让所得。企业在计算股权转让所得时，不得扣除被投资企业未分配利润等股东留存收益中按该项股权所可能分配的金额。

4. 股息、红利等权益性投资收益

股息、红利等权益性投资收益是指企业因权益性投资从被投资方取得的收入。

企业取得的股息、红利等权益性投资收益，除国务院财政、税务主管部门另有规定外，按照被投资方做出利润分配决定的日期确认收入的实现。

被投资企业将股权（票）溢价所形成的资本公积转为股本的，不作为投资方企业的股息、红利收入，投资方企业也不得增加该项长期投资的计税基础。

5. 利息收入

利息收入是指企业将资金提供他人使用但不构成权益性投资，或者因他人占用本企业资金取得的收入，包括存款利息、贷款利息、债券利息、欠款利息等收入。

企业取得的利息收入，按照合同约定的债务人应付利息的日期确认收入的实现。

6. 租金收入

租金收入是指企业提供固定资产、包装物或者其他有形资产的使用权取得的收入。

企业取得的租金收入，按照合同约定的承租人应付租金的日期确认收入的实现。如果交易合同或协议中规定租赁期限跨年度，且租金提前一次性支付的，根据收入与费用配比原则，出租人可对上述已确认的收入，在租赁期内，分期均匀计入相关年度收入。

7. 特许权使用费收入

特许权使用费收入是指企业提供专利权、非专利技术、商标权、著作权以及其他特许权的使用权取得的收入。

企业取得的特许权使用费收入，按照合同约定的特许权使用人应付特许权使用费的日期确认收入的实现。

8. 接受捐赠收入

接受捐赠收入，是指企业接受的来自其他企业、组织或者个人无偿给予的货币性资产、非货币性资产。

企业接受捐赠收入，按照实际收到捐赠资产的日期确认收入的实现。

9. 其他收入

其他收入，是指企业取得的除上述收入项目外的其他收入，主要包括企业资产溢余收入、逾期未退包装物押金收入、确实无法偿付的应付款项、已作坏账损失处理后又收回的应收款项、债务重组收入、补贴收入、违约金收入、汇兑收益等。

企业取得财产（包括各类资产、股权、债权等）转让收入、债务重组收入、接受捐赠收入、无法偿付的应付款收入等，不论是以货币形式，还是非货币形式体现，除另有规定外，均应一次性计入确认收入的年度计算交纳企业所得税。

（二）特殊情况下收入的确认

1．分期确认收入

企业的下列生产经营业务可以分期确认收入的实现：

（1）以分期收款方式销售货物的，按照合同约定的收款日期确认收入的实现。

（2）企业受托加工制造大型机械设备、船舶、飞机，以及从事建筑、安装、装配工程业务或者提供其他劳务等，持续时间超过 12 个月的，按照纳税年度内完工进度或者完成的工作量确认收入的实现。

2．采取产品分成方式确认收入

采取产品分成方式取得收入的，按照企业分得产品的日期确认收入的实现，其收入额按照产品的公允价值确定。

3．视同销售确认收入

企业发生非货币性资产交换，以及将货物、财产、劳务用于捐赠、偿债、赞助、集资、广告、样品、职工福利或者利润分配等用途的，应当视同销售货物、转让财产或者提供劳务确认收入，但国务院财政、税务主管部门另有规定的除外。

（三）不征税收入

不征税收入包括：财政拨款；依法收取并纳入财政管理的行政事业性收费、政府性基金；国务院规定的其他不征税收入。

三、扣除项目的确定

（一）扣除项目的范围

企业实际发生的与取得收入有关的、合理的支出，包括成本、费用、税金、损失和其他支出，准予在计算应纳税所得额时扣除。有关的支出是指与取得收入直接相关的支出；合理的支出是指符合生产经营活动常规，应当计入当期损益或者有关资产成本的必要和正常的支出。

企业在纳税期限内发生的支出应当区分收益性支出和资本性支出。收益性支出在发生当期直接扣除；资本性支出应当分期扣除或者计入有关资产成本，不得在发生当期直接扣除。

由于不征税收入不承担纳税义务，因此，企业的不征税收入用于支出所形成的费用或者财产，在计算应纳税所得额时，也不得扣除或者计算对应的折旧、摊销扣除。

企业取得的各项免税收入所对应的各项成本费用，除另有规定者外，可以在计算企业应纳税所得额时扣除。

（二）扣除项目及其标准

1．工资薪金支出

企业发生的合理的工资薪金支出，准予扣除。工资薪金支出是指企业每一纳税年度支付给在本企业任职或者受雇员工的所有现金或者非现金形式的劳动报酬,包括基本工资、奖金、津贴、补贴、年终加薪、加班工资以及与员工任职或者受雇有关的其他支出。

合理工资薪金是指企业按照股东大会、董事会、薪酬委员会或相关管理机构制订的工资薪金制度规定实际发放给员工的工资薪金。税务机关在对工资薪金进行合理性确认时,可按以下原则掌握:

(1) 企业制订了较为规范的员工工资薪金制度。

(2) 企业所制订的工资薪金制度符合行业及地区水平。

(3) 企业在一定时期所发放的工资薪金是相对固定的,工资薪金的调整是有序进行的。

(4) 企业对实际发放的工资薪金,已依法履行了代扣代缴个人所得税义务。

(5) 有关工资薪金的安排,不以减少或逃避税款为目的。

属于国有性质的企业,其工资薪金不得超过政府有关部门给予的限定数额;超过部分,不得计入企业工资薪金总额,也不得在计算企业应纳税所得额时扣除。

2. 职工福利费

企业发生的职工福利费支出,不超过工资薪金总额14%的部分,准予扣除。企业的职工福利费包括以下内容:

(1) 尚未实行分离社会职能的企业,其内设福利部门所发生的设备、设施和人员费用,包括职工食堂、职工浴室、理发室、医务所、托儿所、疗养院等集体福利部门的设备、设施及维修保养费用和福利部门工作人员的工资薪金、社会保险费、住房公积金、劳务费等。

(2) 为职工卫生保健、生活、住房、交通等所发放的各项补贴和非货币性福利,包括企业向职工发放的因公外地就医费用、未实行医疗统筹企业职工医疗费用、职工供养直系亲属医疗补贴、供暖费补贴、职工防暑降温费、职工困难补贴、救济费、职工食堂经费补贴、职工交通补贴等。

(3) 按照其他规定发生的其他职工福利费,包括丧葬补助费、抚恤费、安家费、探亲假路费等。

3. 工会经费

企业拨缴的工会经费,不超过工资薪金总额2%的部分,凭工会组织开具的《工会经费收入专用收据》在企业所得税税前扣除。

4. 职工教育经费

企业发生的职工教育经费支出,不超过工资薪金总额8%的部分,准予在计算应纳税所得额时扣除;超过部分,准予在以后纳税年度结转扣除。

5. "五险一金"

企业依照规定的范围和标准为职工交纳的基本养老保险费、基本医疗保险费、失业保险费、工伤保险费、生育保险费等基本社会保险费和住房公积金(简称"五险一金"),准予扣除。超过规定范围和标准的部分不得扣除。

企业为投资者或者职工支付的补充养老保险费、补充医疗保险费,在规定的范围和标准内,准予扣除。超过规定范围和标准的部分也不得扣除。

6. 保险费

企业按照规定交纳的财产保险费,准予扣除。

企业依照国家有关规定为特殊工种职工支付的人身安全保险费及符合规定的其他商

业保险费可以扣除。但是，企业为投资者或者职工支付的商业保险费不得扣除。

7. 借款费用

企业在生产经营活动中发生的合理的、不需要资本化的借款费用，准予扣除。

企业为购建固定资产、无形资产和经过 12 个月以上的建造才能达到预定可销售状态的存货发生借款的，在有关资产购建期间发生的合理的借款费用，应当作为资本性支出计入有关资产的成本，并按规定扣除。

8. 利息支出

非金融企业向金融企业借款的利息支出、金融企业吸收的各项存款利息支出和同业拆借利息支出、企业经批准发行债券的利息支出，准予扣除。

非金融企业向非金融企业借款的利息支出，不超过按照金融企业同期同类贷款利率计算的部分准予扣除，超过部分不得扣除。

9. 汇兑损失

企业在货币交易中，以及纳税年度终了时将人民币以外的货币性资产、负债按照期末即期人民币汇率中间价折算为人民币时产生的汇兑损失，除已经计入有关资产成本以及与向所有者进行利润分配相关的部分外，准予扣除。

10. 业务招待费

企业发生的与生产经营活动有关的业务招待费支出，按照发生额的 60% 扣除，但最高不得超过当年销售（营业）收入的 5‰。销售（营业）收入包括企业所得税法规定的视同销售（营业）收入额。

【例 6-1】 菲曼公司某年度实现销售收入 5 000 万元，该年度实际发生业务招待费 80 万元。计算该公司业务招待费的实际扣除额。

$$业务招待费的扣除限额 = 80 \times 60\% = 48（万元）$$
$$业务招待费的最高扣除限额 = 5 000 \times 5‰ = 25（万元）$$

由于 48 万元 > 25 万元，业务招待费的实际扣除额应该为 25 万元。

如果菲曼公司当年度实现的销售收入为 10 000 万元，则业务招待费的实际扣除额计算如下：

$$业务招待费的扣除限额 = 80 \times 60\% = 48（万元）$$
$$业务招待费的最高扣除限额 = 10 000 \times 5‰ = 50（万元）$$

由于 48 万元 < 50 万元，业务招待费的实际扣除额应该为 48 万元。

通过此例说明，企业发生的业务招待费肯定不能全额从收入总额中扣除，即使业务招待费的 60% 不超过当年销售（营业）收入的 5‰，也应该按照发生额的 60% 扣除。同时，业务招待费的实际扣除额要采用两个标准进行确定，即业务招待费发生额的 60% 和当年销售（营业）收入的 5‰，这两个限额中的最小者即为业务招待费的实际扣除额。

11. 广告费和业务宣传费

企业发生的符合条件的广告费和业务宣传费支出，不超过当年销售（营业）收入 15% 的部分，准予扣除；超过部分，准予在以后纳税年度结转扣除。但自 2016 年 1 月 1 日至 2020 年 12 月 31 日，下列情况除外：

（1）对化妆品制造或销售、医药制造和饮料制造（不含酒类制造）企业发生的广告费和业务宣传费支出,不超过当年销售(营业)收入 30% 的部分,准予扣除;超过部分,准予在以后纳税年度结转扣除。

(2)对签订广告费和业务宣传费分摊协议(以下简称分摊协议)的关联企业,其中一方发生的不超过当年销售(营业)收入税前扣除限额比例内的广告费和业务宣传费支出可以在本企业扣除,也可以将其中的部分或全部按照分摊协议归集至另一方扣除。另一方在计算本企业广告费和业务宣传费支出企业所得税税前扣除限额时,可将按照上述办法归集至本企业的广告费和业务宣传费不计算在内。

(3)烟草企业的烟草广告费和业务宣传费支出,一律不得在计算应纳税所得额时扣除。

12. 专项资金

企业按规定提取的用于环境保护、生态恢复等方面的专项资金,准予扣除。如果专项资金提取后改变用途的,则不得扣除。

13. 租赁费

企业根据生产经营活动的需要租入固定资产支付的租赁费,按照以下方法扣除:

(1)以经营租赁方式租入固定资产发生的租赁费支出,按照租赁期限均匀扣除。

(2)以融资租赁方式租入固定资产发生的租赁费支出,按照规定构成融资租入固定资产价值的部分应当提取折旧费用,分期扣除。

14. 劳动保护支出

企业发生的合理的劳动保护支出,准予扣除。

15. 总机构分摊的费用

非居民企业在中国境内设立的机构、场所,就其中国境外总机构发生的与该机构、场所生产经营有关的费用,能够提供总机构出具的费用汇集范围、定额、分配依据和方法等证明文件,并合理分摊的,准予扣除。

16. 公益性捐赠

企业通过公益性社会组织或者县级(含县级)以上人民政府及其组成部门和直属机构,用于慈善活动、公益事业的捐赠支出,在年度利润总额 12% 以内的部分,准予在计算应纳税所得额时扣除;超过年度利润总额 12% 的部分,准予结转以后三年内在计算应纳税所得额时扣除。

企业当年发生及以前年度结转的公益性捐赠支出,准予在当年税前扣除的部分,不能超过企业当年年度利润总额的 12%。企业发生的公益性捐赠支出未在当年税前扣除的部分,准予向以后年度结转扣除,但结转年限自捐赠发生年度的次年起计算最长不得超过三年。企业在对公益性捐赠支出计算扣除时,应先扣除以前年度结转的捐赠支出,再扣除当年发生的捐赠支出。

【例 6-2】 菲曼公司某年度税前会计利润为 800 万元,该年度汇算清缴企业所得税时,对各项支出予以调整后,得出全年应纳税所得额为 1 800 万元,适用税率为 25%,并据此计算交纳了企业所得税 450 万元。但当税务机关进行税务核查时,发现菲曼公司有一笔通过希望工程基金会捐赠的款项 100 万元已在"营业外支出"中列支,未作调整。计算该公司本年度应交的企业所得税税额。

由于该项捐赠是通过希望工程基金会捐赠的,符合企业所得税法的规定,但是,只能在税前会计利润的 12% 以内扣除,超过部分不得扣除。

(1)捐赠扣除限额=800×12%=96(万元)

（2）捐赠超过限额部分＝100－96＝4（万元）

（3）应纳税所得额＝1 800＋4＝1 804（万元）

（4）应纳企业所得税额＝1 804×25％＝451（万元）

（5）应补缴企业所得税额＝451－450＝1（万元）

17. **准备金支出**

准备金支出是指各项资产减值准备、风险准备等支出。符合国务院财政、税务主管部门规定的可以在计算应纳税所得额时予以扣除，未经核定的准备金支出不得扣除。

18. **固定资产折旧费用**

企业按照规定计算的固定资产折旧，准予扣除。但是，下列固定资产不得计算折旧扣除：

（1）房屋、建筑物以外未投入使用的固定资产。

（2）以经营租赁方式租入的固定资产。

（3）以融资租赁方式租出的固定资产。

（4）已足额提取折旧仍继续使用的固定资产。

（5）与经营活动无关的固定资产。

（6）单独估价作为固定资产入账的土地。

（7）其他不得计算折旧扣除的固定资产。

19. **无形资产摊销费用**

企业按照规定计算的无形资产摊销费用，准予扣除。但是，下列无形资产不得计算摊销费用扣除：

（1）自行开发的支出已在计算应纳税所得额时扣除的无形资产。

（2）自创商誉。

（3）与经营活动无关的无形资产。

（4）其他不得计算摊销费用扣除的无形资产。

20. **长期待摊费用**

企业发生的下列支出作为长期待摊费用，按照规定摊销的，准予扣除：

（1）已足额提取折旧的固定资产的改建支出。

（2）租入固定资产的改建支出。

（3）固定资产的大修理支出。

（4）其他应当作为长期待摊费用的支出。

21. **转让资产成本**

企业转让资产，该项资产的净值准予在计算应纳税所得额时扣除。资产的净值是指有关资产的计税基础减除已经按照规定扣除的折旧、摊销、准备金等后的余额。

22. **税金**

企业发生的除企业所得税和允许抵扣的增值税以外的各项税金及其附加可以扣除。

23. **手续费和佣金**

企业发生与生产经营有关的手续费及佣金支出，不超过以下规定计算限额以内的部分，准予扣除；超过部分不得扣除。

（1）保险企业，财产保险企业按当年全部保费收入扣除退保金等后余额的15％（含本数）计算限额；人身保险企业按当年全部保费收入扣除退保金等后余额的10％计算限额。

(2) 其他企业,按与具有合法经营资格中介服务机构或个人(不含交易双方及其雇员、代理人和代表人等)所签订服务协议或合同确认的收入金额的 5% 计算限额。

企业应与具有合法经营资格中介服务企业或个人签订代办协议或合同,并按国家有关规定支付手续费及佣金。除委托个人代理外,企业以现金等非转账方式支付的手续费及佣金不得在税前扣除。企业为发行权益性证券支付给有关证券承销机构的手续费及佣金不得在税前扣除。

企业不得将手续费及佣金支出计入回扣、业务提成、返利、进场费等费用。

企业已计入固定资产、无形资产等相关资产的手续费及佣金支出,应当通过折旧、摊销等方式分期扣除,不得在发生当期直接扣除。

企业支付的手续费及佣金不得直接冲减服务协议或合同金额,并如实入账。

24. 资产损失

损失是指企业在生产经营活动中发生的固定资产和存货的盘亏、毁损、报废损失,转让财产损失,呆账损失,坏账损失,自然灾害等不可抗力因素造成的损失以及其他损失。

企业发生的损失,减除责任人赔偿和保险赔款后的余额,依照规定扣除。企业已经作为损失处理的资产,在以后纳税年度又全部收回或者部分收回时,应当计入当期收入。

25. 其他支出

企业发生的除成本、费用、税金、损失外的其他与生产经营活动有关的、合理的支出可以进行扣除。

企业发生的支出,应取得税前扣除凭证(证明与取得收入有关的、合理的支出实际发生,并据以税前扣除的各类凭证)作为计算企业所得税应纳税所得额时扣除相关支出的依据。企业应在当年度企业所得税法规定的汇算清缴期结束前取得税前扣除凭证。

(三) 不允许扣除的项目

(1) 向投资者支付的股息、红利等权益性投资收益款项。

(2) 企业所得税税款。

(3) 税收滞纳金。

(4) 罚金、罚款和被没收财物的损失。

(5) 符合规定范围以外的捐赠支出。

(6) 与生产经营活动无关的各种非广告性质的赞助支出。

(7) 未经核定的准备金支出。

(8) 企业之间支付的管理费、企业内营业机构之间支付的租金和特许权使用费,以及非银行企业内营业机构之间支付的利息,不得扣除。

(9) 与取得收入无关的其他支出。

四、亏损弥补的税务处理

(一) 亏损的含义

所得税中的亏损是指企业依照企业所得税法及其暂行条例的规定,将每一纳税年度的收入总额减除不征税收入、免税收入和各项扣除后小于零的数额。

（二）亏损弥补的处理

1. 正常亏损弥补的处理

企业某一纳税年度发生的亏损，准予向以后年度结转，用以后年度的所得弥补，但结转年限最长不得超过5年。

（1）当年度发生的亏损，应该用亏损年度的下一年度应纳税所得额进行弥补，如果弥补不完，可以结转弥补，但是，最长期限不得超过5年。在5年内没有弥补完的亏损，从第6年起就只能用税后利润或者盈余公积金进行弥补。

（2）弥补亏损的5个年度应该连续计算，不得间断。如果在弥补亏损5年中某一年或某几年又发生亏损，发生亏损的该年度不得剔除或者停止，同时，应该分别计算各亏损年度的弥补期限。

（3）对于连续发生年度亏损的，必须从第1个亏损年度计算各自的弥补期限，先亏先补，顺序计算，不得将每个亏损年度的连续弥补期相加，也不能断开计算。

自2018年1月1日起，当年具备高新技术企业或科技型中小企业资格的企业，其具备资格年度之前5个年度发生的尚未弥补完的亏损，最长结转年限为10年。

【例6-3】 菲曼公司第1年至第10年的应纳税所得额如表6-1所示，假设没有发生其他纳税调整事项，分析亏损年度的弥补情况。

表6-1

菲曼公司第1年至第10年度的应纳税所得额　　　　　　单位：万元

纳税年度	1	2	3	4	5	6	7	8	9	10
应纳税所得额	90	—60	—80	—30	50	10	30	30	80	120

第1年应纳税所得额为90万元，正常纳税；第2年发生亏损60万元，弥补期为第3年至第7年，但是，第5年和第6年的所得额刚好弥补完第2年的亏损；第3年发生亏损80万元，弥补期为第4年至第8年，现在只有第7年和第8年的所得额60万元可以用来弥补，剩余20万元在正常弥补期内不能弥补完；第4年发生亏损30万元，弥补期为第5年至第9年，现在只有第9年的所得可以用来弥补，弥补30万元，剩余所得额50万元正常纳税。因此，弥补亏损之后，第5年至第8年的应纳税所得额均为0，第10年应纳税所得额120万元正常纳税。

2. 境外亏损的处理

企业在汇总计算交纳企业所得税时，其境外营业机构的亏损不得抵减境内营业机构的盈利，但发生在境外同一国家内的盈亏允许相互弥补，即发生在某一国的亏损，应该用发生在该国的盈利进行弥补。

3. 企业筹办期间亏损的处理

企业筹办期间不计算为亏损年度，企业自开始生产经营的年度，为开始计算企业损益的年度。企业从事生产经营之前进行筹办活动期间发生筹办费用支出，不得计算为当期的亏损，企业可以在开始经营之日的当年一次性扣除，也可以按照新企业所得税法有关长期待摊费用的处理规定进行处理，但一经选定处理方法，不得改变。

4. 查补的应纳税所得额弥补亏损的处理

税务机关对企业以前年度纳税情况进行检查时调增的应纳税所得额,凡企业以前年度发生亏损、且该亏损属于企业所得税法规定允许弥补的,应允许调增的应纳税所得额弥补该亏损。弥补该亏损后仍有余额的,按照企业所得税法规定计算交纳企业所得税。对检查调增的应纳税所得额应根据其情节,依照《中华人民共和国税收征收管理法》有关规定进行处理或处罚。

5. 追补确认支出弥补亏损的处理

对企业发现以前年度实际发生的、按照规定应在企业所得税前扣除而未扣除或者少扣除的支出,企业做出专项申请及说明后,准予追补至该项目发生年度计算扣除,但追补确认期限不得超过5年。

企业由于上述原因多缴的企业所得税税款,可以在追补确认年度企业所得税应纳税所得额中抵扣,不足抵扣的,可以向以后年度递延抵扣或申请退税。

亏损企业追补确认以前年度未在企业所得税前扣除的支出,或盈利企业经过追补确认后出现亏损的,应首先调整该项支出所属年度的亏损额,然后再按照弥补亏损的原则计算以后年度多缴的企业所得税税款,并按前款规定处理。

五、资产的税务处理

资产的税务处理一般是指企业所得税对各项资产如何在税前折旧、摊销和扣除。主要包括资产的分类、确认、计价、扣除方法和处置等方面的内容。

企业的各项资产以历史成本为计税基础。企业持有各项资产期间资产增值或者减值,除国务院财政、税务主管部门规定可以确认损益外,不得调整该资产的计税基础。

(一) 固定资产

固定资产是指企业为生产产品、提供劳务、出租或者经营管理而持有的、使用时间超过12个月的非货币性资产,包括房屋、建筑物、机器、机械、运输工具以及其他与生产经营活动有关的设备、器具、工具等。

1. 固定资产的计税基础

(1) 外购的固定资产,以购买价款和支付的相关税费以及直接归属于使该资产达到预定用途发生的其他支出为计税基础。

(2) 自行建造的固定资产,以竣工结算前发生的支出为计税基础。

(3) 融资租入的固定资产,以租赁合同约定的付款总额和承租人在签订租赁合同过程中发生的相关费用为计税基础,租赁合同未约定付款总额的,以该资产的公允价值和承租人在签订租赁合同过程中发生的相关费用为计税基础。

(4) 盘盈的固定资产,以同类固定资产的重置完全价值为计税基础。

(5) 通过捐赠、投资、非货币性资产交换、债务重组等方式取得的固定资产,以该资产的公允价值和支付的相关税费为计税基础。

(6) 改建的固定资产,除已足额提取折旧固定资产和租入固定资产的改建支出外,以改建过程中发生的改建支出增加计税基础。

2. 固定资产的折旧方法

固定资产按照直线法计算的折旧准予扣除,符合税法规定的可以采用加速折旧。企业应当自固定资产投入使用月份的次月起计算折旧;停止使用的固定资产,应当自停止使用月份的次月起停止计算折旧。

企业应当根据固定资产的性质和使用情况,合理确定固定资产的预计净残值。固定资产的预计净残值一经确定,不得变更。

3. 固定资产计算折旧的最低年限

(1)房屋、建筑物,为 20 年。

(2)飞机、火车、轮船、机器、机械和其他生产设备,为 10 年。

(3)与生产经营活动有关的器具、工具、家具等,为 5 年。

(4)飞机、火车、轮船以外的运输工具,为 4 年。

(5)电子设备,为 3 年。

从事开采石油、天然气等矿产资源的企业,在开始商业性生产前发生的费用和有关固定资产的折耗、折旧方法,由国务院财政、税务主管部门另行规定。

（二）生产性生物资产

生产性生物资产是指企业为生产农产品、提供劳务或者出租等而持有的生物资产,包括经济林、薪炭林、产畜和役畜等。

1. 生产性生物资产的计税基础

外购的生产性生物资产,以购买价款和支付的相关税费为计税基础;通过捐赠、投资、非货币性资产交换、债务重组等方式取得的生产性生物资产,以该资产的公允价值和支付的相关税费为计税基础。

2. 生产性生物资产的折旧方法

生产性生物资产按照直线法计算的折旧,准予扣除。企业应当自生产性生物资产投入使用月份的次月起计算折旧;停止使用的生产性生物资产,应当自停止使用月份的次月起停止计算折旧。

企业应当根据生产性生物资产的性质和使用情况,合理确定生产性生物资产的预计净残值。生产性生物资产的预计净残值一经确定,不得变更。

3. 生产性生物资产计算折旧的最低年限

生产性生物资产计算折旧的最低年限如下:林木类生产性生物资产,为 10 年;畜类生产性生物资产,为 3 年。

（三）无形资产

无形资产是指企业为生产产品、提供劳务、出租或者经营管理而持有的、没有实物形态的非货币性长期资产,包括专利权、商标权、著作权、土地使用权、非专利技术、商誉等。

1. 无形资产的计税基础

(1)外购的无形资产,以购买价款和支付的相关税费以及直接归属于使该资产达到预定用途发生的其他支出为计税基础。

(2)自行开发的无形资产,以开发过程中该资产符合资本化条件后至达到预定用途前发生的支出为计税基础。

（3）通过捐赠、投资、非货币性资产交换、债务重组等方式取得的无形资产，以该资产的公允价值和支付的相关税费为计税基础。

2. 无形资产的摊销

无形资产按照直线法计算的摊销费用，准予扣除。无形资产的摊销年限不得低于 10 年。作为投资或者受让的无形资产，有关法律规定或者合同约定了使用年限的，可以按照规定或者约定的使用年限分期摊销。

外购商誉的支出，在企业整体转让或者清算时，准予扣除。

（四）长期待摊费用

1. 长期待摊费用的范围

企业发生的下列支出作为长期待摊费用，按照规定摊销的，准予扣除：

（1）已足额提取折旧的固定资产的改建支出。

（2）租入固定资产的改建支出。

（3）固定资产的大修理支出。

（4）其他应当作为长期待摊费用的支出。

其中，固定资产的大修理支出必须同时符合下列条件：①修理支出达到取得固定资产时的计税基础 50％以上；②修理后固定资产的使用年限延长 2 年以上。

2. 长期待摊费用的摊销

（1）已足额提取折旧的固定资产的改建支出，按照固定资产预计尚可使用年限分期摊销。

（2）租入固定资产的改建支出，按照合同约定的剩余租赁期限分期摊销。

（3）固定资产的大修理支出，按照固定资产尚可使用年限分期摊销。

（4）其他应当作为长期待摊费用的支出，自支出发生月份的次月起，分期摊销，摊销年限不得低于 3 年。

（五）投资资产

投资资产是指企业对外进行权益性投资和债权性投资形成的资产。

1. 投资资产的计税基础

通过支付现金方式取得的投资资产，以购买价款为计税基础；通过支付现金以外的方式取得的投资资产，以该资产的公允价值和支付的相关税费为计税基础。

2. 投资资产的处置

企业对外投资期间，投资资产的成本在计算应纳税所得额时不得扣除。企业在转让或者处置投资资产时，投资资产的成本准予扣除。

（六）存货

存货是指企业持有以备出售的产品或者商品、处在生产过程中的在产品、在生产或者提供劳务过程中耗用的材料和物料等。

1. 存货的计税基础

通过支付现金方式取得的存货，以购买价款和支付的相关税费为计税基础；通过支付现金以外的方式取得的存货,以该存货的公允价值和支付的相关税费为计税基础;生产性生物资产收获的农产品,以产出或者采收过程中发生的材料费、人工费和分摊的间接费用等必要支出为计税基础。

2. 存货成本的计算方法

企业可以采用先进先出法、加权平均法、个别计价法计算存货的成本。按照规定计算的存货成本,准予在计算应纳税所得额时扣除。

另外,企业在重组过程中,应当在交易发生时确认有关资产的转让所得或者损失,相关资产应当按照交易价格重新确定计税基础。

六、应纳税额的计算

(一)居民企业应纳税额的计算

1. 查账征收法下应纳税额的计算

按照查账征收方法的要求,企业的应纳税所得额乘以适用税率,减去享受税收优惠的减免税额和抵免税额后的余额,即为企业所得税的应纳税额。计算公式为:

$$应纳税额＝应纳税所得额×适用税率－减免税额－抵免税额$$

【例6-4】 菲曼公司是家电生产企业,为增值税一般纳税人,企业所得税适用税率为25%,第1年度经税务机关确认的亏损为80万元。第2年发生的与企业所得税相关的业务如下:

销售产品取得不含税销售额6 000万元,取得债券投资的利息收入150万元,其中,国债利息收入40万元;销售成本3 100万元,交纳增值税600万元,城市维护建设税及教育费附加60万元;发生销售费用1 200万元,其中,广告费和业务宣传费为1 000万元;发生财务费用200万元,其中,包括向其他企业借款2 000万元并支付一年的利息150万元,同期银行贷款利率为6%;发生管理费用800万元,其中,用于新产品、新工艺研制而实际支出的研发费用200万元;本年度购置节能节水设备,总投资额500万元。依据上述资料,计算菲曼公司第2年度的应纳企业所得税税额。

(1)计算收入总额:

由于国债利息收入40万元属于免税收入,不计入应税收入总额。

$$应税收入总额＝6\,000＋(150－40)＝6\,110(万元)$$

(2)计算允许税前扣除项目的金额:

销售成本3 100万元可以在税前扣除;

交纳增值税600万元不允许扣除,城市维护建设税及教育费附加60万元可以扣除;

广告费和业务宣传费不超过当年销售(营业)收入15%的部分,准予扣除;

$$销售费用扣除额＝1\,200－1\,000＋6\,000×15\%＝1\,100(万元)$$

非金融企业向非金融企业借款的利息支出,不超过按照金融企业同期同类贷款利率计算的数额的部分,准予扣除。

$$\text{财务费用扣除额}＝200-150+2\,000×6\%＝170(万元)$$

（3）计算加计扣除项目的金额：

用于新产品、新工艺的研发费用在按照规定据实扣除的基础上，可以按照研究开发费用的50%加计扣除。

$$\text{管理费用扣除额}＝800-200+200×150\%＝900(万元)$$

（4）计算应纳税所得额：

第1年度的亏损80万元可以用第2年度的应纳税所得额进行弥补。

$$\text{应纳税所得额}＝6\,110-3\,100-60-1\,100-170-900-80＝700(万元)$$

（5）计算符合规定的投资抵免税额：

企业购置节能节水专用设备，该专用设备投资额的10%可以从企业当年的应纳税额中抵免。

$$\text{投资抵免税额}＝500×10\%＝50(万元)$$

（6）计算实际应交纳的企业所得税税额：

$$\text{应交企业所得税额}＝700×25\%-50＝125(万元)$$

【例6-5】 菲曼公司为生产性企业，某年度有关会计资料如下：年度会计利润总额为200万元；全年销售收入为2\,000万元；"管理费用"账户中列支了业务招待费25万元，广告费和业务宣传费350万元；"营业外支出"账户中列支了税务机关的罚款1万元，公益性捐赠支出25万元；"投资收益"账户中，国债利息收入5万，从深圳某联营企业分回利润17万元，符合免税条件。假设菲曼公司的企业所得税税率为25%。依据上述资料，计算该年度菲曼公司应交纳的企业所得税税额。

（1）业务招待费应该以实际发生额的60%扣除，但不得超过销售收入的5‰。则：

$$\text{扣除标准}＝25×60\%＝15(万元)>2\,000×5‰＝10(万元)$$

采取孰低原则，业务招待费应该扣除10万元，"管理费用"账户中列支了25万元，则：

$$\text{调增应纳税所得额}＝25-10＝15(万元)$$

（2）广告费和业务宣传费不超过销售收入的15%的部分允许扣除。则：

$$\text{扣除标准}＝2\,000×15\%＝300(万元)$$

即广告费和业务宣传费实际应扣除300万元，"管理费用"账户中列支了350万元，则：

$$\text{调增应纳税所得额}＝350-300＝50(万元)$$

（3）"营业外支出"中列支的税收罚款1万元不允许扣除。则调增应纳税所得额1万元。

（4）公益性捐赠支出在年度利润总额12%以内的部分允许扣除。则：

$$\text{扣除标准}＝200×12\%＝24(万元)$$

即公益性捐赠实际应扣除24万元，"营业外支出"账户中列支了25万元，则：

调增应纳税所得额＝25－24＝1(万元)

(5) "投资收益"账户中的国债利息收入 5 万,属于免税收入,应从利润总额中扣除。则调减应纳税所得额 5 万元。

(6) 符合条件的居民企业之间的股息、红利等权益性投资收益,免征企业所得税。因此,从深圳某联营企业分回的利润 17 万元,应从利润总额中扣除。则调减应纳税所得额 17 万元。

(7) 计算应纳税所得额:

$$应纳税所得额＝200＋15＋50＋1＋1－5－17＝245(万元)$$

(8) 计算应纳所得税额:

$$应纳所得税额＝245×25\%＝61.25(万元)$$

2. 核定征收法下应纳税额的计算

(1) 核定征收方式的适用范围

核定征收方式计算交纳企业所得税原则上只适用于居民企业纳税人,纳税人具有下列情形之一的,采取核定征收企业所得税:①依照法律、行政法规的规定可以不设置账簿的;②依照法律、行政法规的规定应当设置但未设置账簿的;③擅自销毁账簿或者拒不提供纳税资料的;④虽设置账簿,但账目混乱或者成本资料、收入凭证、费用凭证残缺不全,难以查账的;⑤发生纳税义务,未按照规定的期限办理纳税申报,经税务机关责令限期申报,逾期仍不申报的;⑥申报的计税依据明显偏低,又无正当理由的。

(2) 核定征收的应税所得率

税务机关应根据纳税人具体情况,对核定征收企业所得税的纳税人,核定应税所得率或者核定应纳所得税额。具有下列情形之一的,核定其应税所得率(见表 6-2):①能正确核算(查实)收入总额,但不能正确核算(查实)成本费用总额的;②能正确核算(查实)成本费用总额,但不能正确核算(查实)收入总额的;③通过合理方法,能计算和推定纳税人收入总额或成本费用总额的。

纳税人不属于以上情形的,核定其应纳所得税额。

表 6-2

企业所得税应税所得率

行　　业	应税所得率
农、林、牧、渔业	3%～10%
制造业	5%～15%
批发和零售贸易业	4%～15%
交通运输业	7%～15%
建筑业	8%～20%
饮食业	8%～25%
娱乐业	15%～30%
其他行业	10%～30%

（3）应纳所得税额的计算方法

采用应税所得率方式核定征收企业所得税的，应纳所得税额计算公式如下：

$$应纳所得税额＝应纳税所得额×适用税率$$
$$应纳税所得额＝应税收入额×应税所得率$$

或：$\quad应纳税所得额＝成本（费用）支出额÷（1－应税所得率）×应税所得率$

如果企业不具备核定应税所得率条件的，税务机关可以采用下列方法直接核定企业的应纳所得税额：①参照当地同类行业或者类似行业中经营规模和收入水平相近的纳税人的税负水平核定；②按照应税收入额或成本费用支出额定率核定；③按照耗用的原材料、燃料、动力等推算或测算核定；④按照其他合理方法核定。

采用上述一种方法不足以正确核定应纳税所得额或应纳税额的，可以同时采用两种以上的方法核定，测算的应纳税额不一致时，可按测算的应纳税额从高核定。

【例 6-6】 菲曼公司实行核定征收办法交纳企业所得税，税务机关核定的应税所得率为 20%。某年度菲曼公司申报的收入总额为 180 万元，应扣除的成本费用总额为 200 万元，发生亏损 20 万元。但是，经过税务机关的审查，菲曼公司的收入总额无法核准查实，成本费用核算比较真实，其适用税率为 25%。计算菲曼公司该年度应交纳的企业所得税税额。

$$应纳税所得额＝200÷（1－20\%）×20\%＝50（万元）$$
$$应纳税所得额＝50×25\%＝12.5（万元）$$

（二）非居民企业应纳税额的计算

非居民企业依据前述查账征收方法确定的应纳税所得额乘以适用税率，减去抵免税额即为应纳税额。计算公式为：

$$应纳税额＝应纳税所得额×适用税率－抵免税额$$

依据《非居民企业所得税核定征收管理办法》（国税发〔2010〕19 号）的规定，非居民企业也可以采取核定征收方法，但仅适用于企业所得税法第三条第二款规定的非居民企业。非居民企业因会计账簿不健全，资料残缺难以查账，或者其他原因不能准确计算并据实申报其应纳税所得额的，税务机关有权采取以下方法核定其应纳税所得额。

1. 按收入总额核定应纳税所得额

适用于能够正确核算收入或通过合理方法推定收入总额，但不能正确核算成本费用的非居民企业。计算公式如下：

$$应纳税所得额＝收入总额×经税务机关核定的利润率$$

2. 按成本费用核定应纳税所得额

适用于能够正确核算成本费用，但不能正确核算收入总额的非居民企业。计算公式如下：

$$应纳税所得额＝成本费用总额÷（1－经税务机关核定的利润率）×经税务机关核定的利润率$$

3. 按经费支出换算收入核定应纳税所得额

适用于能够正确核算经费支出总额，但不能正确核算收入总额和成本费用的非居民企业。计算公式：

$$应纳税所得额＝经费支出总额÷(1－经税务机关核定的利润率－增值税税率)$$
$$×经税务机关核定的利润率$$

税务机关可按照以下标准确定非居民企业的利润率：

（1）从事承包工程作业、设计和咨询劳务的，利润率为 15%～30%。

（2）从事管理服务的，利润率为 30%～50%。

（3）从事其他劳务或劳务以外经营活动的，利润率不低于 15%。

税务机关有根据认为非居民企业的实际利润率明显高于上述标准的，可以按照比上述标准更高的利润率核定其应纳税所得额。

（三）境外所得已纳税额的抵免

企业取得的下列所得（居民企业来源于中国境外的应税所得；非居民企业在中国境内设立机构、场所，取得发生在中国境外但与该机构、场所有实际联系的应税所得），已在境外交纳的所得税税额，可以从其当期应纳税额中抵免，抵免限额为该项所得依照中国企业所得税法规定计算的应纳税额；超过抵免限额的部分，可以在以后 5 个年度内，用每年度抵免限额抵免当年应抵税额后的余额进行抵补。

已在境外交纳的所得税税额，是指企业来源于中国境外的所得依照中国境外税收法律以及相关规定应当交纳并已经实际交纳的企业所得税性质的税款。

抵免限额，是指企业来源于中国境外的所得，依照中国企业所得税法计算的应纳税额。抵免限额应当分国（地区）不分项计算，计算公式如下：

$$抵免限额 ＝ 中国境内、境外所得的应纳所得税总额 × 来源于某国（地区）的应纳税所得额$$
$$÷ 中国境内、境外应纳税所得总额$$

居民企业从其直接或者间接控制（直接或者间接持有 20% 以上股份）的外国企业分得的来源于中国境外的股息、红利等权益性投资收益，外国企业在境外实际交纳的所得税税额中属于该项所得负担的部分，可以作为该居民企业的可抵免境外所得税税额，在上述规定的抵免限额内抵免。

【例 6-7】 菲曼公司某一纳税年度在国内获得应税所得额 200 万元，适用 25% 的企业所得税税率。另外，菲曼公司在 A、B 两国设有经营机构（中国已经与 A、B 两国缔结避免双重征税协定），在 A 国的经营机构获得应税所得额 500 万元，A 国的企业所得税税率为 40%；在 B 国的经营机构获得应纳税所得额 100 万元，B 国的企业所得税税率为 20%。假设菲曼公司在 A、B 两国获得的应纳税所得额与按照中国税法计算的结果相同，两个经营机构在 A、B 两国已分别交纳企业所得税 200 万元、20 万元。计算菲曼公司该年度汇总在中国应交纳的企业所得税税额。

（1）菲曼公司按中国税法计算的境内、境外所得的应纳税额：

$$境内、境外所得应纳税额＝(200＋500＋100)×25%＝200(万元)$$

（2）A、B 两国所得应纳税额的抵免限额：

$$A \text{国抵免限额} = 200 \times [500 \div (200 + 500 + 100)] = 125 (\text{万元})$$
$$B \text{国抵免限额} = 200 \times [100 \div (200 + 500 + 100)] = 25 (\text{万元})$$

在 A 国交纳企业所得税 200 万元,高于抵免限额 125 万元,超过部分的 75 万元不能抵免,可以在 A 国未来 5 年内抵免限额的余额内补扣。

在 B 国交纳企业所得税 20 万元,低于抵免限额 25 万元,可以据实全额抵免。

(3) 在中国的应纳税额:

$$\text{应纳税额} = 200 - 125 - 20 = 55 (\text{万元})$$

或者:

$$\text{应纳税额} = 200 \times 25\% + 100 \times (25\% - 20\%) = 55 (\text{万元})$$

七、企业所得税的纳税申报

企业在纳税年度内无论盈亏,都应当依照企业所得税法规定的期限,向税务机关报送预缴企业所得税纳税申报表、年度企业所得税纳税申报表、财务会计报告和税务机关规定应当报送的其他有关资料。

(一) 企业预缴所得税的纳税申报表

实行查账征收企业所得税的居民企业月度、季度预缴申报时填报《中华人民共和国企业所得税月(季)度预缴纳税申报表(A 类,2018 年版)》。实行核定征收企业所得税的居民企业月度、季度预缴申报和年度汇算清缴申报时填报《中华人民共和国企业所得税月(季)度预缴和年度纳税申报表(B 类,2018 年版)》。两类纳税申报表的格式如表 6-3 和表 6-4 所示。

表 6-3

中华人民共和国企业所得税月(季)度预缴纳税申报表(A 类)

税款所属期间: 　年　月　日至　　年　月　日

纳税人识别号(统一社会信用代码):□□□□□□□□□□□□□□□□□□

纳税人名称: 　　　　　　　　　　　　　　　　金额单位:人民币元(列至角分)

预缴方式	□ 按照实际利润额预缴	□ 按照上一纳税年度应纳税所得额平均额预缴	□ 按照税务机关确定的其他方法预缴
企业类型	□ 一般企业	□ 跨地区经营汇总纳税企业总机构	□ 跨地区经营汇总纳税企业分支机构
预缴税款计算			
行次	项　目		本年累计金额
1	营业收入		
2	营业成本		
3	利润总额		

行次	项　目	本年累计金额
4	加：特定业务计算的应纳税所得额	
5	减：不征税收入	
6	减：免税收入、减计收入、所得减免等优惠金额（填写 A201010）	
7	减：固定资产加速折旧（扣除）调减额（填写 A201020）	
8	减：弥补以前年度亏损	
9	实际利润额（3＋4－5－6－7－8）＼按照上一纳税年度应纳税所得额平均额确定的应纳税所得额	
10	税率（25%）	
11	应纳所得税额（9×10）	
12	减：减免所得税额（填写 A201030）	
13	减：实际已缴纳所得税额	
14	减：特定业务预缴（征）所得税额	
15	本期应补（退）所得税额（11－12－13－14）＼税务机关确定的本期应纳所得税额	

汇总纳税企业总分机构税款计算

16	总机构填报	总机构本期分摊应补（退）所得税额（17＋18＋19）	
17		其中：总机构分摊应补（退）所得税额（15×总机构分摊比例＿＿＿%）	
18		财政集中分配应补（退）所得税额（15×财政集中分配比例＿＿＿%）	
19		总机构具有主体生产经营职能的部门分摊所得税额（15×全部分支机构分摊比例＿＿＿%×总机构具有主体生产经营职能部门分摊比例＿＿＿%）	
20	分支机构填报	分支机构本期分摊比例	
21		分支机构本期分摊应补（退）所得税额	

附报信息

高新技术企业	□是□否	科技型中小企业	□是□否
技术入股递延纳税事项	□是□否		

按季度填报信息

季初从业人数		季末从业人数	
季初资产总额（万元）		季末资产总额（万元）	
国家限制或禁止行业	□是□否	小型微利企业	□是□否

谨声明：本纳税申报表是根据国家税收法律法规及相关规定填报的，是真实的、可靠的、完整的。

纳税人（签章）：　　　　　　　　　　　年　月　日

经办人： 经办人身份证号： 代理机构签章： 代理机构统一社会信用代码：	受理人： 受理税务机关（章）： 受理日期：　　　年　月　日

国家税务总局监制

表 6-4

中华人民共和国企业所得税月(季)度预缴和年度
纳税申报表(B类,2018年版)

税款所属期间:　　年　月　日至　　年　月　日

纳税人识别号(统一社会信用代码):□□□□□□□□□□□□□□□□□□

纳税人名称:　　　　　　　　　　　　　　　　　金额单位:人民币元(列至角分)

核定征收方式	□核定应税所得率(能核算收入总额的)　□核定应税所得率(能核算成本费用总额的) □核定应纳所得税额

行次	项　目	本年累计金额
1	收入总额	
2	减:不征税收入	
3	减:免税收入(4+5+8+9)	
4	国债利息收入免征企业所得税	
5	符合条件的居民企业之间的股息、红利等权益性投资收益免征企业所得税	
6	其中:通过沪港通投资且连续持有H股满12个月取得的股息红利所得免征企业所得税	
7	通过深港通投资且连续持有H股满12个月取得的股息红利所得免征企业所得税	
8	投资者从证券投资基金分配中取得的收入免征企业所得税	
9	取得的地方政府债券利息收入免征企业所得税	
10	应税收入额(1-2-3)\成本费用总额	
11	税务机关核定的应税所得率(%)	
12	应纳税所得额(第10×11行)\[第10行÷(1-第11行)×第11行]	
13	税率(25%)	
14	应纳所得税额(12×13)	
15	减:符合条件的小型微利企业减免企业所得税	
16	减:实际已缴纳所得税额	
17	本期应补(退)所得税额(14-15-16)\税务机关核定本期应纳所得税额	

按 季 度 填 报 信 息

季初从业人数		季末从业人数	
季初资产总额(万元)		季末资产总额(万元)	
国家限制或禁止行业	□是□否	小型微利企业	□是□否

按 年 度 填 报 信 息

小型微利企业	□是□否		

谨声明:本纳税申报表是根据国家税收法律法规及相关规定填报的,是真实的、可靠的、完整的。

纳税人(签章):　　　年　月　日

经办人:

经办人身份证号:　　　　　　　　　　　受理人:

代理机构签章:　　　　　　　　　　　　受理税务机关(章):

代理机构统一社会信用代码:　　　　　　受理日期:　　　年　月　日

国家税务总局监制

（二）年度汇算清缴所得税的纳税申报表

1. 企业所得税年度纳税申报填报表单

本表列示申报表全部表单名称及编号，如表6-5所示。纳税人在填报申报表之前，请仔细阅读这些表单的填报信息，并根据企业的涉税业务，选择"是否填报"。选择"填报"的，在"□"内打"√"，并完成该表单内容的填报。未选择"填报"的表单，无需向税务机关报送。

表6-5

企业所得税年度纳税申报表填报表单

表单编号	表 单 名 称	是否填报
A000000	企业基础信息表	√
A100000	中华人民共和国企业所得税年度纳税申报表（A类）	√
A101010	一般企业收入明细表	□
A101020	金融企业收入明细表	□
A102010	一般企业成本支出明细表	□
A102020	金融企业支出明细表	□
A103000	事业单位、民间非营利组织收入、支出明细表	□
A104000	期间费用明细表	□
A105000	纳税调整项目明细表	□
A105010	视同销售和房地产开发企业特定业务纳税调整明细表	□
A105020	未按权责发生制确认收入纳税调整明细表	□
A105030	投资收益纳税调整明细表	□
A105040	专项用途财政性资金纳税调整明细表	□
A105050	职工薪酬纳税调整明细表	□
A105060	广告费和业务宣传费跨年度纳税调整明细表	□
A105070	捐赠支出纳税调整明细表	□
A105080	资产折旧、摊销情况及纳税调整明细表	□
A105090	资产损失税前扣除及纳税调整明细表	□
A105100	企业重组纳税调整明细表	□
A105110	政策性搬迁纳税调整明细表	□
A105120	特殊行业准备金纳税调整明细表	□
A106000	企业所得税弥补亏损明细表	□
A107010	免税、减计收入及加计扣除优惠明细表	□
A107011	符合条件的居民企业之间的股息、红利等权益性投资收益优惠明细表	□

表单编号	表 单 名 称	是否填报
A107012	研发费用加计扣除优惠明细表	☐
A107020	所得减免优惠明细表	☐
A107030	抵扣应纳税所得额明细表	☐
A107040	减免所得税优惠明细表	☐
A107041	高新技术企业优惠情况及明细表	☐
A107042	软件、集成电路企业优惠情况及明细表	☐
A107050	税额抵免优惠明细表	☐
A108000	境外所得税收抵免明细表	☐
A108010	境外所得纳税调整后所得明细表	☐
A108020	境外分支机构弥补亏损明细表	☐
A108030	跨年度结转抵免境外所得税明细表	☐
A109000	跨地区经营汇总纳税企业年度分摊企业所得税明细表	☐
A109010	企业所得税汇总纳税分支机构所得税分配表	☐

说明：企业应当根据实际情况选择需要填表的表单。

2. 年度纳税申报的主表

实行查账征收企业所得税的居民纳税人，需要填报《中华人民共和国企业所得税年度纳税申报表（A类，2017年版）》（见表6-6）。

表6-6

A100000　中华人民共和国企业所得税年度纳税申报表（A类）

行次	类别	项　目	金　额
1	利润总额计算	一、营业收入（填写 A101010\101020\103000）	
2		减：营业成本（填写 A102010\102020\103000）	
3		税金及附加	
4		销售费用（填写 A104000）	
5		管理费用（填写 A104000）	
6		财务费用（填写 A104000）	
7		资产减值损失	
8		加：公允价值变动收益	
9		投资收益	
10		二、营业利润（1－2－3－4－5－6－7＋8＋9）	
11		加：营业外收入（填写 A101010\101020\103000）	
12		减：营业外支出（填写 A102010\102020\103000）	
13		三、利润总额（10＋11－12）	

行次	类别	项　目	金　额
14	应纳税所得额计算	减：境外所得（填写 A108010）	
15		加：纳税调整增加额（填写 A105000）	
16		减：纳税调整减少额（填写 A105000）	
17		减：免税、减计收入及加计扣除（填写 A107010）	
18		加：境外应税所得抵减境内亏损（填写 A108000）	
19		四、纳税调整后所得（13－14＋15－16－17＋18）	
20		减：所得减免（填写 A107020）	
21		减：抵扣应纳税所得额（填写 A107030）	
22		减：弥补以前年度亏损（填写 A106000）	
23		五、应纳税所得额（19－20－21－22）	
24	应纳税额计算	税率（25％）	
25		六、应纳所得税额（23×24）	
26		减：减免所得税额（填写 A107040）	
27		减：抵免所得税额（填写 A107050）	
28		七、应纳税额（25－26－27）	
29		加：境外所得应纳所得税额（填写 A108000）	
30		减：境外所得抵免所得税额（填写 A108000）	
31		八、实际应纳所得税额（28＋29－30）	
32		减：本年累计实际已预缴的所得税额	
33		九、本年应补（退）所得税额（31－32）	
34		其中：总机构分摊本年应补（退）所得税额（填写 A109000）	
35		财政集中分配本年应补（退）所得税额（填写 A109000）	
36		总机构主体生产经营部门分摊本年应补（退）所得税额（填写 A109000）	

　　表 6-6 是企业所得税年度纳税申报表的主表，包括利润总额计算、应纳税所得额计算、应纳税额计算三个部分。纳税人应当根据《中华人民共和国企业所得税法》及其实施条例、相关税收政策，以及国家统一会计制度（企业会计准则、小企业会计准则、企业会计制度、事业单位会计准则和民间非营利组织会计制度等）的规定，计算填报利润总额、应纳税所得额和应纳税额等有关项目。

　　纳税人在计算企业所得税应纳税所得额及应纳税额时，会计处理与税法规定不一致的，应当按照税法规定计算。税法规定不明确的，在没有明确规定之前，暂按国家统一会计制度计算。

　　"利润总额计算"中的项目，按照国家统一会计制度规定计算填报。实行企业会计准则、小企业会计准则、企业会计制度、分行业会计制度纳税人其数据直接取自利润表；实行事业单位会计准则的纳税人其数据取自收入支出表；实行民间非营利组织会计制度纳税人其数据取自业务活动表；实行其他国家统一会计制度的纳税人，根据本表项目进行分析填报。

"应纳税所得额计算"和"应纳税额计算"中的项目，除根据主表逻辑关系计算之外，通过附表相应栏次填报。

纳税人在会计利润总额的基础上，加减纳税调整等金额后计算出"纳税调整后所得"。会计与税法的差异（包括收入类、扣除类、资产类等差异）通过表 6-7《纳税调整项目明细表》集中填报。

限于篇幅，《企业所得税年度纳税申报表单》中其他明细表从略。

表 6-7

纳税调整项目明细表

行次	项　　目	账载金额	税收金额	调增金额	调减金额
		1	2	3	4
1	一、收入类调整项目(2＋3＋…8＋10＋11)	＊	＊		
2	（一）视同销售收入（填写 A105010）	＊			＊
3	（二）未按权责发生制原则确认的收入（填写 A105020）				
4	（三）投资收益（填写 A105030）				
5	（四）按权益法核算长期股权投资对初始投资成本调整确认收益	＊	＊	＊	
6	（五）交易性金融资产初始投资调整	＊	＊		＊
7	（六）公允价值变动净损益		＊		
8	（七）不征税收入	＊	＊		
9	其中：专项用途财政性资金（填写 A105040）	＊	＊		
10	（八）销售折扣、折让和退回				
11	（九）其他				
12	二、扣除类调整项目(13＋14＋…24＋26＋27＋28＋29＋30)	＊	＊		
13	（一）视同销售成本（填写 A105010）	＊		＊	
14	（二）职工薪酬（填写 A105050）				
15	（三）业务招待费支出				＊
16	（四）广告费和业务宣传费支出（填写 A105060）	＊	＊		
17	（五）捐赠支出（填写 A105070）				
18	（六）利息支出				
19	（七）罚金、罚款和被没收财物的损失		＊		＊

行次	项　目	账载金额	税收金额	调增金额	调减金额
		1	2	3	4
20	（八）税收滞纳金、加收利息		＊		＊
21	（九）赞助支出		＊		＊
22	（十）与未实现融资收益相关在当期确认的财务费用				
23	（十一）佣金和手续费支出				＊
24	（十二）不征税收入用于支出所形成的费用	＊	＊		＊
25	其中:专项用途财政性资金用于支出所形成的费用（填写 A105040）	＊	＊		＊
26	（十三）跨期扣除项目				
27	（十四）与取得收入无关的支出		＊		＊
28	（十五）境外所得分摊的共同支出	＊	＊		＊
29	（十六）党组织工作经费				
30	（十七）其他				
31	三、资产类调整项目（32＋33＋34＋35）	＊	＊		
32	（一）资产折旧、摊销（填写 A105080）				
33	（二）资产减值准备金		＊		
34	（三）资产损失（填写 A105090）				
35	（四）其他				
36	四、特殊事项调整项目（37＋38＋…＋42）	＊	＊		
37	（一）企业重组及递延纳税事项（填写 A105100）				
38	（二）政策性搬迁（填写 A105110）	＊	＊		
39	（三）特殊行业准备金（填写 A105120）				
40	（四）房地产开发企业特定业务计算的纳税调整额（填写 A105010）	＊			
41	（五）合伙企业法人合伙人应分得的应纳税所得额				
42	（六）其他	＊	＊		
43	五、特别纳税调整应税所得				
44	六、其他	＊	＊		
45	合计（1＋12＋31＋36＋43＋44）	＊	＊		

第三节 企业所得税会计理论

一、企业所得税会计的产生与发展

企业所得税会计的产生和发展与会计核算规范以及税收制度的改革密切相关,各国的所得税会计处理大致都经历了与企业所得税法保持一致到逐渐分离的过程,[①]所得税会计的发展仍然是为给企业提供决策有用的会计信息这个总目标而服务的。

(一)企业所得税会计在国外的产生与发展

美国会计师协会(AIA,现改为 AICPA)早在 1944 年就发布了第一个关于应付所得税进行期内计列和跨期分摊的权威性会计公告,随后,美国开始了关于所得税分配的持久论战。1967 年,美国会计原则委员会(APB,美国财务会计准则委员会 FASB 的前身)发布了第 11 号意见书,取消了所得税会计处理的应付税款法,建议采用纳税影响会计法。1987 年12 月,FASB 发布了第 96 号公告《所得税会计》,1992 年又公布了《SFAS109:所得税的会计处理》。

国际会计准则委员会(IASC)于 1979 年 7 月发布了第 12 号公告《所得税会计》,要求采用纳税影响会计法进行所得税会计处理。此后,又两次发布了《所得税会计征求意见稿》,基本上采纳了 SFAS109 的处理原则和方法,1996 年 IASC 正式发布了修订后的《IAS12:所得税》,2004 年 3 月又对其进行了修订。资产负债表债务法逐渐成了被推荐的所得税会计处理方法。

(二)企业所得税会计在中国的产生与发展

1994 年以前,中国的会计准则、制度与税法在资产、负债、所有者权益、收入、费用、利润等会计要素的确认方面基本一致,按照会计准则和制度规定计算的税前会计利润与按照税法规定计算的应纳税所得额也基本一致,差异是从 1994 年税制改革以后开始出现的。

1994 年,在财政部印发的《企业所得税会计处理的暂行规定》中,就已经明确企业按照会计规定计算的所得税前会计利润与按税收规定计算的应纳税所得额之间,由于计算口径或计算时间不同而产生差额,在交纳所得税时,企业应当按照税收规定对税前会计利润进行调整,并按照调整后的数额申报交纳所得税。

1999 年 10 月 31 日,中华人民共和国第九届全国人民代表大会常务委员会修订通过了《中华人民共和国会计法》,明确规定国家实行统一的会计制度;会计凭证、会计账簿、财务会计报告和其他会计资料,必须符合国家统一的会计制度的规定;按照国家统一的会计制度的规定确认、计量和记录资产、负债、所有者权益、收入、费用、成本和利润。

---

① 盖地.2010.税务会计与税务筹划[M].北京:中国人民大学出版社.

2001 年 4 月 28 日,中华人民共和国第九届全国人民代表大会常务委员会修订的《中华人民共和国税收征收管理法》规定,纳税人、扣缴义务人的财务、会计制度或者财务、会计处理办法与国务院或者国务院财政、税务主管部门有关税收的规定抵触的,依照税收的规定计算应纳税款、代扣代缴和代收代缴税款。

这两部法律的修订及实施,表明税法与会计的差异既成事实并且不可避免。同时,也明确了所得税的处理原则,即依据税法的规定进行申报纳税,而会计处理则依据会计制度的规定进行。

2001 年之后,财政部先后发布了统一的《企业会计制度》《小企业会计制度》《金融企业会计制度》,规定企业应当根据具体情况,选择采用应付税款法或者纳税影响会计法进行所得税的核算,使会计与税法之间的差异进一步增多。

2006 年 2 月 15 日,财政部发布了《企业会计准则 18 号——所得税》(以下简称所得税准则),规定所得税的会计处理采用资产负债表债务法,基本实现了中国所得税会计处理的国际趋同。

二、企业所得税会计目标

《IAS12:所得税》和《SFAS109:所得税的会计处理》对于所得税会计目标的表述不尽相同,《IAS12:所得税》侧重于在主体的会计报表中反映资产或负债的账面价值未来收回或清偿的金额,以及报表中确认的当期交易和其他事项。而《SFAS109:所得税的会计处理》则要求确认当年度的应交所得税或应退所得税额,以及因为发生暂时性差异而确认的递延所得税资产或负债。

中国的所得税准则中对企业所得税会计目标的界定是:"为了规范企业所得税的确认、计量和相关信息的披露"。其中的"所得税"应该是指"所得税费用",并且应该包括"当期所得税费用"以及"递延所得税费用"。这一表述基本上表达了企业所得税会计目标的内涵。

众所周知,会计与税法之间的差异源于两者目标定位与价值取向的不同,当征纳双方出现利益冲突时,税法主要保护国家利益,要求纳税人及时足额地交纳税款;而会计准则主要通过对会计主体核算方法、程序及会计政策选择等约束,尽可能地保证企业能够恰当地反映其财务状况和经营成果,为投资者、债权人等利益相关者提供决策有用的会计信息,倾向于保护企业及其利益相关者的微观经济利益。[①] 因此,企业所得税会计目标应该包含在财务会计总目标范围之内,仍然为提供决策有用的会计信息服务。

三、企业所得税的性质

(一) 收益分配论

收益分配论认为,企业上缴的所得税是企业收益的分配,企业的生产经营活动需要国

---

① 毕志军,王秀芬.2010. 2010 年度河南省企业会计人员继续教育培训教材[M].长春:吉林人民出版社.

家提供相关服务及支持,所得税可以看作是企业对国家提供服务及支持的一种回报,如同债务利息、股息红利一样是对所有者权益的一种分配。

收益分配论的理论基础是"企业主体理论",它把会计恒等式表示为"资产＝负债＋所有者权益",该理论认为企业独立于其所有者而存在,是法人身份的经营主体。企业的全部资产归企业自身拥有和支配,企业的收益代表企业的经营业绩,企业可以决定其具体用途,企业交纳所得税使企业现金流出,最终导致企业的资产或者产权减少,因此,属于收益分配的性质。

（二）费用论

费用论认为,企业交纳的所得税是为了取得最终的收益而发生的一项支出,与企业生产经营活动中的其他各种支出一样,应作为费用项目处理,从税前利润中进行扣除。

费用论的理论基础是"业主理论",它把会计恒等式表示为"所有者权益＝资产－负债",该理论认为企业的所有者即业主才是企业的主体,企业的资产是所有者的资产,企业的负债是所有者的负债,企业净资产是所有者的权益。企业在生产经营活动中,取得的收入意味着权益的增加,费用意味着权益的减少,收入减去费用形成的利润,最终体现的是所有者财富的增加,[1]企业交纳的所得税是为了获得最终收益而付出的一种代价,导致现金流出,与其他的费用项目性质相同。

（三）我国企业所得税性质的界定

在 1994 年之前,中国对企业所得税的处理采用收益分配论。即企业应交纳的所得税通过"利润分配"科目进行核算。其实,1993 年 7 月 1 日,我国实施《企业会计准则》,1994 年进行大规模的税制改革,企业所得税的会计处理由收益分配论转变为费用论,在《企业所得税会计处理的暂行规定》中,要求企业应在损益类科目中设置"所得税"科目,核算企业按规定从当期损益中扣除的所得税,同时,取消"利润分配"科目中的"应交所得税"明细科目。2006 年《企业会计准则——应用指南》中将"所得税"科目的名称更改为"所得税费用"。

四、企业所得税会计差异

应纳税所得额的计算以税法为依据,而会计利润要依据企业会计准则计算。企业会计准则是为了规范企业的财务会计行为,保护投资者和股东的利益,对经营者的经营成果在计算标准、内容、方法上所作的规定;而企业所得税法是为了处理国家和纳税人之间的分配关系,两者的目的不同,因此,两者对于收入、成本、费用、利润、资产、负债、所有者权益等要素的确认与计量亦不完全相同。税法和会计标准遵循的原则和服务的目的不同,导致应纳税所得额和会计利润不一致,两者之间的差异就是所得税会计差异。

所得税会计差异分为暂时性差异和永久性差异。

---

[1]　盖地. 2010. 税务会计与税务筹划[M]. 北京：中国人民大学出版社.

（一）暂时性差异

1. 暂时性差异的概念

暂时性差异，是指资产或负债的账面价值与其计税基础之间的差额。暂时性差异随时间推移将会消除，该项差异在以后年度资产收回或负债清偿时，会产生应税利润或可抵扣金额。暂时性差异按其对未来期间应税金额的影响，分为应纳税暂时性差异和可抵扣暂时性差异。

资产、负债的账面价值是指资产负债表日在资产负债表中列示的金额。计税基础是指在资产负债表日，企业为了计算应纳税所得额按税法规定所确认的资产或负债的价值。

（1）资产的计税基础。资产的计税基础，是指企业收回资产账面价值过程中，计算应纳税所得额时按照税法规定可以自应税经济利益中抵扣的金额。也就是说该项资产在未来使用或最终被处置时，税法允许作为成本、费用或者损失可以从应税经济利益中扣除的金额。

资产在取得时，初始确认的计税基础一般为取得成本。在资产持有过程中，其计税基础则是指资产的取得成本减去持有期间按照税法规定已经从税前扣除金额后的余额。例如固定资产、无形资产等长期资产在某一资产负债表日的计税基础应该是其取得成本减去按照税法规定已经在持有期间扣除累计折旧额、摊销额后的余额。用公式表示为：

某项资产取得时的计税基础＝未来期间可在税前扣除的金额（取得成本）

某项资产某一资产负债表日的计税基础＝该项资产取得时的计税基础－持有期间已在税前扣除金额

通常情况下，资产在取得时其入账价值与计税基础是相同的，后续计量过程中因企业会计准则规定与税法规定不同，可能产生资产账面价值与计税基础的差异。

【例6-8】 菲曼公司获得一项固定资产，取得成本为3 000万元，会计处理计提折旧的年限为3年，税法计提折旧的年限为5年，折旧方法相同，均为直线法，会计和税法预计的净残值均为零。在第2年年末，该公司对此项固定资产计提了50万元的减值准备。计算该项固定资产第2年年末的账面价值、计税基础及其差异。

$$会计已计提的折旧＝3\,000÷3×2＝2\,000（万元）$$

$$税法已计提的折旧＝3\,000÷5×2＝1\,200（万元）$$

$$固定资产的账面价值＝3\,000－2\,000－50＝950（万元）$$

$$固定资产的计税基础＝3\,000－1\,200＝1\,800（万元）$$

$$账面价值与计税基础的差异＝950－1\,800＝－850（万元）$$

【例6-9】 假设菲曼公司持有一项交易性金融资产，成本为1 000万元，某年年末公允价值为1 500万元，而其计税基础仍维持在1 000万元不变。计算该项交易性金融资产计税基础与账面价值之间的差异。

$$交易性金融资产账面价值与计税基础的差异＝1\,500－1\,000＝500（万元）$$

按照企业会计准则规定，交易性金融资产期末应以公允价值计量，公允价值的变动计入当期损益。税法坚持历史成本原则，不确认交易性金融资产在持有期间公允价值变动损益，即其计税基础保持不变。因此。该项交易性金融资产的账面价值与计税基础之间产生暂时性差异 500 万元。

（2）负债的计税基础。负债的计税基础，是指负债的账面价值减去未来期间计算应纳税所得额时按照税法规定可予抵扣的金额。公式表示如下：

负债的计税基础＝账面价值－未来期间可在税前扣除的金额

一般情况下，负债的确认和清偿不影响所得税的计算，比如，短期借款、应付票据、应付账款等负债的确认和偿还，通常不会对当期损益和应纳税所得额产生影响，其计税基础即为账面价值。但是在某些情况下，负债的确认可能会影响损益，并影响不同期间的应纳税所得额，使其计税基础与账面价值之间产生差额。比如，企业对预计提供售后服务将发生的支出在满足有关确认条件时，销售当期即确认为费用，同时确认为预计负债。但是，税法规定，与产品销售有关的售后服务支出应该在费用实际发生时从税前扣除。由于该项费用在实际发生时才可以全额从税前扣除，因此，其计税基础为 0，该项负债账面价值与计税基础之间将产生差异。

【例 6-10】 菲曼公司某年度流动负债中有一笔金额为 10 000 元的应支付工商管理部门的罚款。计算该项负债的账面价值与计税基础之间的差异。

其他应付款的账面价值＝10 000（元）

其他应付款的计税基础＝10 000－0＝10 000（元）

账面价值与计税基础的差异＝10 000－10 000＝0

该项其他应付款的账面价值为 10 000 元，但是，税法规定此项罚款支出不能从应税收入中进行扣除，即该项负债未来期间可在税前扣除的金额为 0，所以，其计税基础也为 10 000元，该项负债的账面价值与计税基础之间没有产生差异。

【例 6-11】 菲曼公司某年因为销售甲产品预计将会发生售后服务费，从而计提了 10 万元的销售费用，并同时确认为预计负债，截止该年度末还未发生售后服务费用。计算该项负债的计税基础及其与账面价值产生的差异。

预计负债的账面价值＝10（万元）

预计负债的计税基础＝10－10＝0（万元）

账面价值与计税基础的差异＝10－0＝10（万元）

2. 应纳税暂时性差异

应纳税暂时性差异，是指在确定未来收回资产或清偿负债期间的应纳税所得额时，将导致产生应税金额的暂时性差异。应纳税暂时性差异通常情况下原因如下：

（1）资产的账面价值大于计税基础。如果某项资产的账面价值大于其计税基础，说明该项资产的账面价值在未来期间产生的应税利益中不能全额扣除，不能扣除的此部分差额就需要交纳企业所得税，即增加未来期间的应纳税所得额，形成应纳税暂时性差异。

比如［例 6-9］，一项交易性金融资产某年年末的账面价值 1 500 万元，计税基础 1 000万元，两者之间的差异 500 万元，将在未来该项资产被收回时计入企业的应纳税所得额，因此，它是一项应纳税暂时性差异。

（2）负债的账面价值小于计税基础。负债的账面价值表示企业预计在未来期间清偿该负债时流出的经济利益,而负债的计税基础则表示其账面价值减去按税法规定在未来期间允许扣除的金额之后的差额,即未来期间不允许在税前扣除的金额。因此,负债的账面价值与计税基础不同产生的暂时性差异实质上就是税法规定该项负债在未来期间可以在税前扣除的金额。公式表示如下:

$$负债产生的暂时性差异=账面价值-计税基础$$
$$=账面价值-(账面价值-未来期间可在税前扣除的金额)$$
$$=未来期间可在税前扣除的金额$$

如果某项负债的账面价值小于计税基础,则上述公式的计算结果肯定为负数,未来期间可以在税前扣除的金额为负数,则意味着未来将增加应纳税所得额,因此,负债的账面价值小于计税基础时产生的差异也形成一项应纳税暂时性差异。

【例 6-12】 某年度菲曼公司与甲公司因为经济合同纠纷发生了诉讼,该年度 11 月 10 日,法院经过一审判决菲曼公司赔偿甲公司 100 万元,菲曼公司因此计提了 100 万元管理费用并确认为一项其他应付款。菲曼公司不服一审判决已经提起上诉,由于证据收集有利,代理律师认为二审判决菲曼公司获得赔偿 50 万元的可能性超过 90%。分析该项负债产生的暂时性差异。

$$其他应付款的账面价值=100(万元)$$
$$其他应付款的计税基础=100-(-50)=150(万元)$$
$$账面价值与计税基础的差异=100-150=-50(万元)$$

该项负债的账面价值为 100 万元,计税基础为 150 万元,产生的暂时性差异为 50 万元,并且为负数,说明在未来期间该项差异将导致应纳税所得额增加 50 万元,这是一项应纳税暂时性差异。

3. 可抵扣暂时性差异

可抵扣暂时性差异,是指在确定未来收回资产或清偿负债期间的应纳税所得额时,将导致产生可抵扣金额的暂时性差异。可抵扣暂时性差异通常情况下原因如下:

(1) 资产的账面价值小于计税基础。资产的账面价值小于计税基础,意味着某项资产在未来期间产生的经济利益低于按照税法规定允许从应税利益中扣除的金额,这两者之间的差额将会导致在未来期间减少企业的应纳税所得额,形成可抵扣暂时性差异。

比如[例 6-8],该项固定资产在第 1 年至第 3 年年末的账面价值都小于计税基础,共计产生了差异 2 450 万元,都属于可抵扣暂时性差异。在第 4 年和第 5 年,由于会计处理不再计提折旧,而税务处理还在计提折旧,前 3 年累计的可抵扣暂时性差异将在第 4 年和第 5 年减少应纳税所得额。

(2) 负债的账面价值大于计税基础。负债的账面价值大于计税基础,意味着该项负债在未来期间按照税法的规定可以全部或者部分从应税利益中扣除,从而减少企业未来期间的应纳税所得额,形成可抵扣暂时性差异。

比如[例 6-11],预计负债账面价值 10 万元,计税基础为 0,账面价值大于计税基础,意味着该项产品售后服务费,在未来期间按照税法规定可以全部从应税利益中扣除,即产生可抵扣暂时性差异 10 万元。未来期间该项售后服务费实际发生时,则可以从应税利益全部扣除,从而减少应纳税所得额 10 万元。

4. 特殊项目产生的暂时性差异

（1）不属于资产、负债确认的项目产生的暂时性差异。未作为资产和负债确认的项目，按照税法规定可以确定其计税基础的，该计税基础与其账面价值之间的差额也属于暂时性差异。

某些交易或事项发生后，因为不符合资产或负债的确认条件，账面价值为零，但是，按照税法规定能够确定其计税基础，这种情况下，账面价值与计税基础之间的差异也形成暂时性差异。例如超过规定部分的广告费和业务宣传费，准许在以后纳税年度内结转扣除等。

（2）可抵扣亏损及税款抵减产生的暂时性差异。按照税法规定可以结转以后年度的未弥补亏损或税款抵减，虽然不是资产或负债的账面价值与计税基础不同而产生的差异，但是与可抵扣暂时性差异具有相同的作用，将减少企业未来期间的应纳税所得额，进而减少企业未来的应交所得税额，因此，也可以将其作为可抵扣暂时性差异处理。

例如税法规定可以用以后5个年度的税前所得弥补的亏损；企业购置的用于环境保护、节能节水、安全生产等专用设备的投资额，可以按一定比例在5年内实行税额抵免等。

（3）企业合并中产生的暂时性差异。依据《企业会计准则第20号——企业合并》的规定，在非同一控制下的企业合并中，购买方在购买日应当按照合并中取得的被购买方各项可辨认资产、负债的公允价值确定其入账价值。而国家税务总局《关于企业合并分立业务有关所得税问题的通知》规定，合并企业接受被合并企业全部资产的计税成本，须以被合并企业原账面净值为基础确定。由此可见，如果符合相关条件，合并方的资产和负债的账面价值与计税基础之间将会产生暂时性差异。

（二）永久性差异

1. 永久性差异的概念

永久性差异是指某一会计期间，会计准则（或制度）和税法在计算收益、费用或损失时的口径不同，所产生的税前会计利润与应纳税所得额之间的差异。这种差异在本期发生，不会在以后期间转回。即该项差异仅影响发生当期，不影响其他会计期间。

2. 永久性差异的类型

永久性差异有以下4种类型：

（1）按会计准则（或制度）规定核算时作为收益计入会计利润，在计算应纳税所得额时不确认为收益（如国债利息收入等）。

（2）按会计准则（或制度）规定核算时不作为收益计入会计利润，在计算应纳税所得额时作为收益，需要交纳所得税（如视同销售收益等）。

（3）按会计准则（或制度）规定核算时确认为费用或损失计入会计利润，在计算应纳税所得额时则不允许扣减（如非公益性捐赠等）。

（4）按会计准则（或制度）规定核算时不确认为费用或损失，在计算应纳税所得额时则允许扣减（如加计扣除费用等）。

在所得税会计准则中虽然没有涉及永久性差异，但是，这并不意味着在企业所得税会计中不存在永久性差异，这样处理的目的只不过是为了符合所得税准则中引入"计税基础"的概念，以及利用计税基础计算确定暂时性差异的要求。因为永久性差异无论发生在哪个纳税年度,只影响发生年度的应纳税所得额及损益,而不存在跨期分摊问题,是一种绝对性差异。当然,也可以利用暂时性差异的确定原则来分析永久性差异的实质,对于一项资产而言,发生永久性差异是指该项资产在未来期间取得经济利益时不需要交纳所得税,即意味着该项资产的计税基础等于账面价值,无差异产生。对于一项负债而言,发生永久性差异是指一项负债在未来期间清偿时按税法规定可从应税利益中扣除的金额为0,即该项负债的账面价值等于计税基础,差异也为0。

五、企业所得税的确认

（一）应交所得税的确认

企业应当将当期和以前期间应交未交的所得税确认为负债,将已支付的所得税超过应支付的部分确认为资产。

存在应纳税暂时性差异或可抵扣暂时性差异的,应当在产生差异的当期确认为递延所得税负债或递延所得税资产。

（二）递延所得税负债的确认

1. 确认递延所得税负债的情况

一般情况下,由于资产或负债账面价值与计税基础不同产生的应纳税暂时性差异应该确认递延所得税负债。

企业对与子公司、联营企业及合营企业投资相关的应纳税暂时性差异,也应当确认相应的递延所得税负债。但是,同时满足下列条件的除外:

（1）投资企业能够控制暂时性差异转回的时间。

（2）该暂时性差异在可预见的未来很可能不会转回。

2. 不确认递延所得税负债的情况

企业发生下列交易中产生的递延所得税负债不予确认:

（1）商誉的初始确认。

（2）同时具有以下特征的交易中产生的资产或负债的初始确认:该项交易不是企业合并;交易发生时既不影响会计利润也不影响应纳税所得额（或可抵扣亏损）。

（三）递延所得税资产的确认

1. 确认递延所得税资产的情况

企业应当以很可能取得用来抵扣可抵扣暂时性差异的应纳税所得额为限,确认由可抵扣暂时性差异产生的递延所得税资产。

企业对与子公司、联营企业及合营企业投资相关的可抵扣暂时性差异,同时满足下列条件的,应当确认相应的递延所得税资产:

（1）暂时性差异在可预见的未来很可能转回。

（2）未来很可能获得用来抵扣暂时性差异的应纳税所得额。

企业对于能够结转以后年度的可抵扣亏损和税款抵减,应当以很可能获得用来抵扣亏损和税款抵减的未来应纳税所得额为限,确认相应的递延所得税资产。

2. 不确认递延所得税资产的情况

对于同时具有以下特征的交易中因资产或负债的初始确认所产生的递延所得税资产不予确认:

(1) 该项交易不是企业合并。

(2) 交易发生时既不影响会计利润也不影响应纳税所得额(或可抵扣亏损)。

3. 递延所得税资产的减值与转回

资产负债表日,有确凿证据表明未来期间很可能满足获得足够的应纳税所得额用来抵扣可抵扣暂时性差异的,应当确认以前期间未确认的递延所得税资产。

企业在确定未来期间很可能取得的应纳税所得额时,应当包括未来期间正常生产经营活动实现的应纳税所得额,以及在可抵扣暂时性差异转回期间因应纳税暂时性差异的转回而增加的应纳税所得额,并应提供相关的证据。

所得税准则对于企业因发生可抵扣暂时性差异需要确认递延所得税资产持谨慎态度,如果未来期间获得的应纳税所得额不足以抵扣已发生的可抵扣暂时性差异,应该对已确认的递延所得税资产计提减值准备。如果原来预计的情况发生改变,未来期间获得的应纳税所得额又足以抵扣可抵扣暂时性差异的,递延所得税资产已计提的减值准备可以转回,但是,必须有确凿的证据支持。至于获得足够应纳税所得额的期限为多长(企业会计制度规定为未来 3 年),所得税准则并没有明确说明。

六、企业所得税的计量

(一) 所得税费用(收益)计量

企业应该将当期所得税和递延所得税作为所得税费用或收益计入当期损益。公式表示为:

所得税费用(收益)=当期所得税费用+递延所得税费用(—递延所得税收益)

但是,下列情况产生的所得税费用不计入当期损益:

1. 企业合并

非同一控制下企业合并产生的应纳税暂时性差异或可抵扣暂时性差异,在确认递延所得税负债或递延所得税资产的同时,相关的递延所得税费用(或收益),通常应调整企业合并中所确认的商誉,而不计入当期损益。

2. 直接在权益中确认的交易或事项

与直接计入权益的交易或者事项相关的当期所得税和递延所得税,应当计入所有者权益。

(二) 当期所得税费用计量

当期所得税费用是指企业按照税法规定计算的应纳税所得额和适用税率计算应交的所得税额。

$$当期所得税费用＝当期应交所得税税额＝应纳税所得额×适用所得税税率$$

资产负债表日，对于当期和以前期间形成的当期所得税负债（或资产），应当按照税法规定计算的预期应交纳（或返还）的所得税金额计量。

对于当期应纳税所得额的计算可以采取直接法或者间接法进行确定，但是，从目前企业所得税纳税申报的要求来看，一般是采用间接法，以税前会计利润为起点，调整会计与税法的差异，把税前会计利润调整为应纳税所得额。

（三）递延所得税费用（收益）计量

递延所得税费用（收益）是指按照所得税准则的规定，应予以确认的当期递延所得税费用或递延所得收益的金额，即当期递延所得税资产及递延所得税负债的综合发生额。公式表示为：

$$\begin{matrix}递延所得税\\费用（收益）\end{matrix}＝\left(\begin{matrix}递延所得税负债\\的期末余额\end{matrix}-\begin{matrix}递延所得税负债\\的期初余额\end{matrix}\right)-\left(\begin{matrix}递延所得税资产\\的期末余额\end{matrix}-\begin{matrix}递延所得税资产\\的期初余额\end{matrix}\right)$$

【例6-13】 菲曼公司实行查账征收企业所得税，经纳税调整和确定，某年度的应纳税所得额为1 000万元，"递延所得税资产"账户的年初余额为15万元，"递延所得税负债"账户的年初余额为28万元，本年度又发生可抵扣暂时性差异60万元，应纳税暂时性差异100万元。假设未来期间取得的应纳税所得额足以抵扣已发生的可抵扣暂时性差异，菲曼公司适用的企业所得税税率为25%，无其他纳税调整事项。计算确定菲曼公司该年度的所得税费用。

$$当期应交所得税＝1 000×25\%＝250（万元）$$
$$递延所得税资产的期末余额＝15＋60×25\%＝30（万元）$$
$$递延所得税负债的期末余额＝28＋100×25\%＝53（万元）$$
$$递延所得税费用＝（53-28）-（30-15）＝10（万元）$$
$$所得税费用＝250＋10＝260（万元）$$

如果菲曼公司该年度发生的应纳税暂时性差异为20万元，其他情况不变。

$$递延所得税负债的期末余额＝28＋20×25\%＝33（万元）$$
$$递延所得税费用＝（33-28）-（30-15）＝-10（万元）$$

即递延所得税收益为10万元。

$$所得税费用＝250-10＝240（万元）$$

资产负债表日，对于递延所得税资产和递延所得税负债，应当依据税法规定，按照预期收回该资产或清偿该负债期间的适用税率计量。

适用税率发生变化的，应对已确认的递延所得税资产和递税所得税负债进行重新计量，除直接在权益中确认的交易或者事项产生的递延所得税资产和递延所得税负债以外，应当将其影响数计入变化当期的所得税费用。

递延所得税资产和递延所得税负债的计量，应当反映资产负债表日企业预期收回资产或清偿负债方式的纳税影响，即在计量递延所得税资产和递延所得税负债时，应当采取与收回资产或清偿债务的预期方式相一致的税率和计税基础。

企业不应当对递延所得税资产和递延所得税负债进行折现。

（四）递延所得税资产减值与转回计量

资产负债表日，企业应当对递延所得税资产的账面价值进行复核。如果未来期间很可能无法获得足够的应纳税所得额用以抵扣递延所得税资产利益，应当减记递延所得税资产的账面价值。在很可能获得足够的应纳税所得额时，减记的金额应当转回。

换言之，在每个资产负债表日，企业都需要对已经确认的递延所得税资产进行减值测试，如果未来期间很可能无法获得足够的应纳税所得额用以抵扣可抵扣暂时性差异，应该对递延所得税资产计提减值准备，即减记递延所得税资产的账面价值。如果减值的情况消除，则计提的减值准备应该转回。

七、企业所得税的列报

（一）企业所得税在会计报表中的列报

依据所得税准则的规定，应交税费（应交所得税）、递延所得税资产和递延所得税负债应当在资产负债表中进行列报。其中，递延所得税资产和递税所得税负债应当分别作为非流动资产和非流动负债在资产负债表中列示。所得税费用应当在利润表中单独列示。

（二）企业所得税在会计报表中附注中的列报

企业所得税的信息除了在资产负债表和利润表中列报外，企业还应当在报表附注中披露与所得税有关的下列信息：

（1）所得税费用（收益）的主要组成部分。

（2）对所得税费用（收益）与会计利润之间的关系做出解释。

（3）未确认递延所得税资产的可抵扣暂时性差异、可抵扣亏损的金额（如果存在到期日，还应披露到期日）。

（4）对每一类暂时性差异和可抵扣亏损，在列报期间确认的递延所得税资产或递延所得税负债的金额；确认递延所得税资产的依据。

（5）未确认递延所得税负债的，与对子公司、联营企业及合营企业投资相关的暂时性差异金额。

第四节　企业所得税的会计处理

按照是否确认暂时性差异对所得税的影响，所得税会计处理方法包括应付税款法和纳税影响会计法两大类。

一、企业所得税会计的科目设置

应付税款法下,企业所得税会计处理,一般应设置"应交税费——应交所得税"和"所得税费用"科目。资产负债表债务法下,需要设置"应交税费——应交所得税""所得税费用""递延所得税资产"及"递延所得税负债"等科目。

(一)"应交税费——应交所得税"科目

该科目属于负债类性质,反映企业应交、预缴、实际上缴以及补退企业所得税的情况。贷方反映企业应交及应补缴的企业所得税税额,借方反映预缴、实际上缴及补缴的企业所得税税额;贷方余额反映企业应交而未缴的企业所得税税额,借方余额反映企业多缴的企业所得税税额。

(二)"所得税费用"科目

该科目属于损益类性质,反映企业在一个会计期间内应计入损益的所得税费用的金额,包括当期所得税费用和递延所得税费用。

1. 在应付税款法下

借方反映按税法规定计算应交纳的企业所得税税额,即当期所得税费用,贷方反映应转入"本年利润"科目而计入损益的金额,期末一般无余额。

2. 在资产负债表债务法下

借方反映的内容包括:按照税法计算确定当期应交纳的企业所得税税额;按所得税准则规定应予以确认或调整的递延所得税负债;资产负债日,应予确认的递延所得税资产小于"递延所得税资产"科目余额的差额;资产负债日,应予确认的递延所得税负债大于"递延所得税负债"科目余额的差额。

贷方反映的内容包括:按所得税准则规定应予以确认或调整的递延所得税资产;资产负债日,应予确认的递延所得税资产大于"递延所得税资产"科目余额的差额;资产负债日,应予确认的递延所得税负债小于"递延所得税负债"科目余额的差额;转入"本年利润"科目的所得税费用金额。

本科目可以设置"当期所得税费用"和"递延所得税费用"两个明细科目进行明细核算。

(三)"递延所得税资产"科目

该科目属于资产类性质,在采用资产负债表债务法核算企业所得税时使用,用来核算企业确认的可抵扣暂时性差异产生的递延所得税资产。

借方反映的内容包括:当期发生的可抵扣暂时性差异确认的递延所得税资产;资产负债日,应予确认的递延所得税资产大于"递延所得税资产"科目余额的差额。

贷方反映的内容包括:资产负债日,应予确认的递延所得税资产小于"递延所得税资产"科目余额的差额;预计未来期间很可能无法获得足够的应纳税所得额用以抵扣已确认可抵扣暂时性差异的减记金额。

期末借方余额表示已累计确认的递延所得税资产余额。

（四）"递延所得税负债"科目

该科目属于负债类性质,在采用资产负债表债务法核算企业所得税时使用,用来核算企业确认的应纳税暂时性差异产生的递延所得税负债。

借方反映的内容包括:资产负债日,应予确认的递延所得税负债小于"递延所得税负债"科目余额的差额。

贷方反映的内容包括:当期发生的应纳税暂时性差异确认的递延所得税负债;资产负债日,应予确认的递延所得税负债大于"递延所得税负债"科目余额的差额。

期末贷方余额表示已累计确认的递延所得税负债余额。

二、应付税款法

（一）应付税款法的概念

应付税款法是指企业将当期税前会计利润与应纳税所得额之间产生的差异而造成影响纳税的金额直接计入当期损益,而不递延到以后各期的一种企业所得税会计处理方法。

在应付税款下,对于发生的所有差异一并处理,即将税前会计利润调整为应纳税所得额,再按税法规定确定适用税率计算应纳所得税额,并将其全额确认为当期所得税费用。当期发生的差异对纳税的影响金额不在资产负债表中反映为一项负债或资产,仅在会计报表附注中说明其影响程度。

（二）应付税款法的特点

将永久性差异和暂时性差异影响纳税的金额合并一起计入当期损益,即全额确认为当期所得税费用。优点是计算过程及会计处理较为简单,但是,在会计报表中的信息披露不够充分、全面,核算结果也不够准确科学。

（三）应付税款法的计算公式

$$应交所得税税额＝应纳税所得额×适用税率$$
$$所得税费用＝应交所得税税额$$

【例6-14】 M公司20×8年度利润表中利润总额为3 600万元,该公司适用的所得税税率为25%。假设该公司按规定采用应付税款法进行所得税的核算。20×8年发生的有关交易和事项中,会计处理与税收处理存在差异的有:

（1）20×8年1月开始计提折旧的一项固定资产,成本为1 800万元,使用年限为10年,净残值为0,会计处理按双倍余额递减法计提折旧,税收处理按直线法计提折旧。假定税法规定的使用年限及净残值与会计规定相同。

（2）向关联企业捐赠现金600万元。假定按照税法规定,企业向关联方的捐赠不允许税前扣除。

（3）期末持有的交易性金融资产成本为900万元,公允价值为1 800万元。税法规定,以公允价值计量的金融资产持有期间市价变动不计入应纳税所得额。

（4）违反环保规定应支付罚款 300 万元。

（5）期末对持有的存货计提了 90 万元的存货跌价准备。

根据以上资料,计算 M 公司 20×8 年度应纳税所得额、应交所得税和所得税费用,并进行相关会计处理。

（1）20×8 年度应纳税所得额＝3 600＋180＋600－900＋300＋90＝3 870（万元）

（2）20×8 年度应交所得税＝3 870×25％＝967.5（万元）

（3）20×8 年度所得税费用＝应交所得税＝967.5（万元）

会计分录为:

借:所得税费用   9 675 000

  贷:应交税费——应交所得税   9 675 000

三、纳税影响会计法

纳税影响会计法是将当期税前会计利润与应纳税所得额之间产生的暂时性差异影响纳税的金额,递延或分配到以后各期的一种企业所得税会计处理方法。即将当期产生的暂时性差异影响纳税的金额采取跨期分摊法,以达到收入与费用的配比。纳税影响会计法包括递延法与债务法。债务法又分为利润表债务法和资产负债表债务法。

所得税会计的形成和发展是所得税法规和会计准则规定相互分离的必然结果,两者分离的程度和差异的种类、数量直接影响和决定了所得税会计处理方法的改进。从世界范围来看,所得税会计处理方法经过了应付税款法——损益表（利润表）债务法——资产负债表债务法的变化过程。

我国《企业会计准则第 18 号——所得税》规定采用资产负债表债务法核算所得税。所以,这里主要介绍资产负债表债务法。

（一）资产负债表债务法的概念

资产负债表债务法简称资产负债表法,是通过比较资产或负债的账面价值与其计税基础之间的差额确定可抵扣暂时性差异或应纳税暂时性差异,从而确认递延所得税资产或递延所得税负债,并将其递延和分配的一种企业所得税会计处理方法。

（二）资产负债表债务法的特点

（1）资产负债表债务法体现的是“资产负债观”,对资产负债表的关注要高于对利润表的关注。

（2）资产负债表债务法从暂时性差异产生的本质出发,重点关注暂时性差异产生的原因及其对企业期末资产和负债的影响。侧重于分析某个时点上资产或负债的账面价值与计税基础之间的差异,主要目标是在资产负债表日需要确认“递延所得税资产”和“递延所得税负债”的金额。

（3）采用“递延所得税资产”和“递延所得税负债”的概念,大大拓展了“递延税款”的外延。并分别设置账户进行核算和列报,使暂时性差异对纳税的影响反映得更加清晰。

（4）由于企业会计核算的连续性使得资产负债表债务法操作简单，核算结果更加准确科学。

（三）资产负债表债务法的核算程序

（1）计算确定当期所得税费用。根据企业所得税法确定的应纳税所得额并乘以适用税率计算当期应交所得税税额，即当期所得税费用。

（2）确定资产和负债的账面价值。按照相关会计准则规定确定资产负债表中除递延所得税资产和递延所得税负债以外的其他资产和负债项目的账面价值。其中资产、负债的账面价值，是指企业按照相关会计准则的规定进行核算后在资产负债表中列示的金额。

（3）确定资产和负债的计税基础。按照税收法律法规的规定确定有关资产、负债项目的计税基础。

（4）计算确定暂时性差异。比较有关资产、负债项目的账面价值与计税基础，如果存在差异，除有特殊规定外，分析差异的性质，分别确定为可抵扣暂时性差异和应纳税暂时性差异。

（5）计算当期递延所得税。计算确定资产负债表日递延所得税资产和递延所得税负债的应记金额，并与期初递延所得税资产和递延所得税负债的余额进行比较，进一步确定当期需要确认的递延所得税资产和递延所得税负债金额或应予转销的金额，从而确定当期递延所得税。

（6）计算所得税费用（收益）总额。列示在利润表中的所得税费用（收益）包括当期所得税费用和递延所得税费用（收益），依据计算确定的当期所得税费用和递延所得税费用（收益）之和（之差）确定为当期所得税费用（收益）总额。

综上，资产负债表债务法下，所得税会计核算的主要内容包括应交所得税、递延所得税和所得税费用，三者之间的关系如表6-8所示。

表6-8

应交所得税、递延所得税和所得税费用的区别与联系

项　目	内　容	计算公式
应交所得税	根据税法规定计算，作为负债列入资产负债表	应交所得税＝应纳税所得额×所得税税率
递延所得税	资产或负债账面价值与计税基础不同产生暂时性差异；应纳税暂时性差异×税率一般确认为递延所得税负债，同时增加所得税费用；可抵扣暂时性差异×税率一般确认为递延所得税资产，同时减少所得税费用。	递延所得税＝递延所得税负债－递延所得税资产 ＝（期末递延所得税负债－期初递延所得税负债） 　－（期末递延所得税资产－期初递延所得税资产）
所得税费用	根据会计准则规定计算，作为费用列示在利润表	所得税费用＝应交所得税＋递延所得税

【例6-15】　承［例6-14］，M公司20×8年度利润表中利润总额为3 600万元，适用的所得税税率为25％。递延所得税资产及递延所得税负债不存在期初余额，其余资料不变。公

司采用资产负债表债务法进行所得税核算。根据以上资料，计算 M 公司 20×8 年度应纳税所得额、应交所得税和所得税费用，并进行相关会计处理。

(1) 20×8 年度应纳税所得额＝3 600＋180＋600－900＋300＋90＝3 870（万元）

(2) 20×8 年度应交所得税＝3 870×25％＝967.5（万元）

(3) 20×8 年度递延所得税计算如下：

该公司 20×8 年资产负债表相关项目金额及其计税基础如表 6-9 所示。

表 6-9

20×8 年资产负债表相关项目金额及其计税基础　　　　　　单位：万元

项　目	账面价值	计税基础	差　异	
			应纳税暂时性差异	可抵扣暂时性差异
存货	2 400	2 490		90
固定资产：				
固定资产原价	1 800	1 800		
减：累计折旧	360	180		
减：固定资产减值准备	0	0		
固定资产账面价值	1 440	1 620		180
交易性金融资产	1 800	900	900	
其他应付款	300	300		
总计			900	270

递延所得税资产＝270×25％＝67.5（万元）

递延所得税负债＝900×25％＝225（万元）

递延所得税＝225－67.5＝157.5（万元）

(4) 20×8 年度所得税费用＝967.5＋157.5＝1 125（万元）

(5) 会计分录为：

借：所得税费用——当期所得税费用　　　　　　　　　　　　　　　　　9 675 000
　　贷：应交税费——应交所得税　　　　　　　　　　　　　　　　　　　　　　9 675 000

借：递延所得税资产　　　　　　　　　　　　　　　　　　　　　　　　675 000
　　贷：所得税费用——递延所得税费用　　　　　　　　　　　　　　　　　　　675 000

借：所得税费用——递延所得税费用　　　　　　　　　　　　　　　　2 250 000
　　贷：递延所得税负债　　　　　　　　　　　　　　　　　　　　　　　　2 250 000

上述分录也可合并成一笔复合分录：

借：所得税费用——当期所得税费用　　　　　　　　　　　　　　　　　9 675 000
　　　　　　　　——递延所得税费用　　　　　　　　　　　　　　　　　1 575 000
　　递延所得税资产　　　　　　　　　　　　　　　　　　　　　　　　675 000
　　贷：应交税费——应交所得税　　　　　　　　　　　　　　　　　　　　　　9 675 000
　　　　递延所得税负债　　　　　　　　　　　　　　　　　　　　　　　　2 250 000

【例6-16】 承[例6-15]，"递延所得税资产"期初余额 67.5 万元，"递延所得税负债"期初余额 225 万元。假定 M 公司 20×9 年当期应交所得税为 1 386 万元。资产负债表中有关资产、负债的账面价值与其计税基础相关资料如表 6-10 所示，除所列项目外，其他资产、负债项目不存在会计和税收的差异。根据以上资料，计算 M 公司 20×9 年度应纳税所得额、应交所得税和所得税费用，并进行相关会计处理。

表 6-10

20×9 年资产负债表相关项目金额及其计税基础

单位:万元

项　目	账面价值	计税基础	暂时性差异	
			可抵扣暂时性差异	应纳税暂时性差异
存货	4 800	5 040	240	
固定资产:				
固定资产原价	1 800	1 800		
减:累计折旧	648	360		
减:固定资产减值准备	60	0		
固定资产账面价值	1 092	1 440	348	
交易性金融资产	1 560	750		810
预计负债	300	0	300	
总计			888	810

（1）20×9 年度当期所得税＝当期应交所得税＝1 386（万元）

（2）20×9 年度递延所得税：

① 期末递延所得税负债（810×25％）　　　2 025 000
　　期初递延所得税负债　　　　　　　　　2 250 000
　　本期递延所得税负债　　　　　　　　　－225 000

② 期末递延所得税资产（888×25％）　　　2 220 000
　　期初递延所得税资产　　　　　　　　　675 000
　　本期递延所得税资产　　　　　　　　　1 545 000

③ 递延所得税＝－22.5－154.5＝－177（万元）

（3）20×9 年度所得税费用＝1 386－177＝1 209（万元）

计提所得税费用的会计分录为：

借:所得税费用　　　　　　　　　　　　　　　　　　　　　　　　　　12 090 000
　　递延所得税资产　　　　　　　　　　　　　　　　　　　　　　　　 1 545 000
　　递延所得税负债　　　　　　　　　　　　　　　　　　　　　　　　　 225 000
　贷:应交税费——应交所得税　　　　　　　　　　　　　　　　　　　 13 860 000

交纳企业所得税时：

借:应交税费——应交所得税　　　　　　　　　　　　　　　　　　　　13 860 000
　贷:银行存款　　　　　　　　　　　　　　　　　　　　　　　　　　 13 860 000

思 考 题

1. 企业所得税的税收优惠政策有哪些?
2. 应纳税所得额与会计利润有何关系?
3. 用直接法和间接法计算应纳税所得额有何区别?
4. 企业会计准则与企业所得税法主要有哪些差异?
5. 你认为企业所得税会计中的所得税属于什么性质?
6. 采用资产负债表债务法核算企业所得税有哪些科学之处?

练 习 题

习题一

一、目的:练习企业所得税应纳税所得额的计算。

二、资料:菲曼公司第 1 年年末有税务机关确认的未弥补亏损 30 万元,第 2 年度有关资料如下:

(1) 产品销售收入 150 万元(不含增值税)。银行存款利息收入 4 万元,国债利息收入 2 万元,购买有价证券获净收益 10 万元;逾期未收回的包装物押金转作收入 4 万元。

(2) 原材料消耗 50 万元,全部用于产品生产且产品均已售出。

(3) 固定资产折旧 10 万元,全部计入产成品的成本,且产品全部售出。

(4) 支付职工合理的工资总额为 24 万元。

(5) 向职工集资 80 万元,按 15% 的年利率支付全年利息 12 万元,同期同类的银行贷款利率为 10%。

(6) 发生业务招待费共计 3 万元。

(7) 对外赞助支出共计 6 万元。

(8) 交纳消费税 5.6 万元,增值税 16 万元,城市维护建设税、教育附加费、房产税、印花税共 2.45 万元。

(9) 支付税务机关滞纳金 1 万元。

三、要求:根据上述资料,计算菲曼公司第 2 年度的应纳税所得额。

习题二

一、目的:练习企业所得税应纳税额的计算。

二、资料:菲曼公司适用所得税税率为 25%。

1. 菲曼公司某年度的利润表如表 6-11 所示。

表 6-11

菲曼公司××年度利润表 单位:万元

项 目	金 额
一、营业收入	23 000
减:营业成本	13 000

项　目	金　额
税金及附加	800
销售费用	1 800
管理费用	2 500
财务费用	200
加:投资收益	500
其中:对联营企业的投资收益	447
二、营业利润	5 200
加:营业外收入	260
减:营业外支出	50
三、利润总额	5 410
减:所得税费用	
四、净利润	5 410

2. 该年度菲曼公司有关账户及明细账的部分发生额及相关资料如下:

(1) 合理的工资费用为 280 万元,并计提了职工福利费、工会经费、职工教育经费总计 80 万元。

(2) 业务招待费为 260 万元。

(3) 个人移动电话费用 9 万元。

(4) 固定资产融资租赁费 30 万元。本年度融资租赁的固定资产提取折旧 5 万元。

(5) 新产品开发费用 20 万元。

(6) 1 月 1 日向非银行金融机构借入资金 200 万元,利率为 8%,全年的利息支出为 16 万元,银行同期同类贷款利率为 6%。

(7) 公益性捐赠支出 800 万元,非公益性捐赠及赞助支出 10 万元,工商、税务部门的罚款支出 10 万元。

(8) 未经核定的固定资产、无形资产、在建工程减值准备 30 万元。

(9) 取得国库券利息收入 53 万元。

(10) 获得有指定用途的增值税先征收后返还款 20 万元。

(11) 上一年度发生应税亏损 40 万元。

(12) 对境内甲公司进行投资(符合免税规定),取得投资收益 300 万元,甲公司适用所得税税率为 15%;对境外乙公司进行投资,取得投资收益 147 万元,乙公司适用所得税税率为 30%。从甲、乙公司获得的应纳税所得额计算结果与国内税法相同。

三、要求:计算菲曼公司该年度应交所得税税额(保留两位小数)。

习题三

一、目的:练习资产负债表债务法的会计处理。

二、资料:菲曼公司为境内上市公司,企业所得税采用资产负债表债务法核算,第 5 年度实现利润总额为 5 000 万元;第 5 年以前适用的企业所得税税率为 15%,第 5 年起适用的企业所得税税率为 25%。该公司第 5 年有关资产减值准备的计提及转回等资料如表 6-12 所示:

表 6-12

资产减值准备的计提及转回表

单位:万元

项目	年初余额	本年增加数	本年转回数	年末余额
存货跌价准备	120	0	60	60
长期投资减值准备	1 500	100	0	1600
固定资产减值准备	0	300	0	300
无形资产减值准备	0	150	0	150

菲曼公司计提的资产减值准备作为暂时性差异外,无其他纳税调整事项。假设菲曼公司在可抵扣暂时性差异转回时有足够的应纳税所得额。

三、要求:

(1) 计算该公司第 5 年应交的企业所得税税额。

(2) 计算该公司第 5 年"递延所得税资产"账户应调整的金额。

(3) 计算该公司第 5 年"递延所得税资产"账户的年末余额。

(4) 计算该公司第 5 年度的所得税费用。

(5) 编制该公司第 5 年度与企业所得税核算相关的会计分录。

习题四

一、目的:练习资产负债表债务法的会计处理。

二、资料:菲曼公司某年度的利润总额为 3 000 万元,适用企业所得税税率为 25%。"递延所得税资产"账户的期初余额为 25 万元,"递延所得税负债"账户的期初余额为 68 万元。该年度与企业所得税核算有关的其他事项如下:

(1) 该年 1 月开始计提折旧的一项固定资产,成本为 2 000 万元,使用年限为 10 年,净残值为 0,会计处理按直线法计提折旧,税法按双倍余额递减法计提折旧。假设税法规定的使用年限及净残值与会计处理相同。

(2) 直接向某希望小学捐赠现金 400 万元。

(3) 违反税法有关规定支付给税务机关罚款 200 万元。

(4) 期末对持有的存货计提了 100 万元的跌价准备。

三、要求:

(1) 计算该年应交的企业所得税税额。

(2) 计算该年产生的可抵扣暂时性差异及应纳税暂时性差异金额。

(3) 确定该年度"递延所得税资产"和"递延所得税负债"账户的年末余额。

(4) 计算该年度的递延所得税。

(5) 计算该年度利润表中应列报的所得税费用。

(6) 编制与企业所得税核算相关的会计分录。

第七章 个人所得税会计

本章导读

　　个人所得税法是调整税务机关与个人(自然人)之间在个人所得税征纳与管理过程中的权利与义务关系法律规范的总称。个人所得税是以个人(自然人)取得的各项应税所得为征税对象的一种直接税,已经成为中国税收收入增长较快的税种之一,日益受到社会公众的关注。

　　本章主要介绍个人所得税的税制构成要素、个人所得税的计算与纳税申报和个人所得税的会计处理。通过本章学习,应掌握个人所得税的纳税人、应税所得项目、税率等基本构成要素,熟练掌握应纳税所得额的确定以及应纳税额的计算,熟悉个人所得税的相关会计处理。

第一节　个人所得税概述

一、个人所得税的概念及特点

（一）个人所得税的概念

　　个人所得税是指以个人(自然人)取得的各项应税所得为征税对象而征收的一种收益税,是国家利用税收对个人收入进行调节的一种手段。个人所得税的纳税人不仅包括个人,还包括具有自然人性质的企业。

（二）个人所得税的特点

1. 采取混合征收模式

　　我国现行个人所得税法采取了分类与综合相结合的混合所得税制模式,将个人取得的所得划分为9项,其中,工资薪金所得、劳务报酬所得、稿酬所得、特许权使用费所得按纳税年度合并(以下简称综合所得)计算个人所得税,经营所得、利息、股息、红利所得、财产租赁所得、财产转让所得、偶然所得则分项计算个人所得税。

2. 应税项目多，费用扣除方法复杂

现行个人所得税法将个人取得应税所得项目共划分为 9 项，应税项目较多，并且每个项目的费用扣除方法也不完全一致，有个别项目的费用扣除还实行定额扣除和定率扣除两种方法。

3. 税率设计多样

现行个人所得税法采用了超额累进税率和比例税率两种税率形式，并且还有两张不同的超额累进税率表。综合所得适用 7 级超额累进税率表，经营所得则适用 5 级超额累进税率表，其他应税所得项目则适用比例税率。

4. 纳税期限多种

由于应税所得项目繁多，项目之间差异较大，因此，纳税期限有多种规定。综合所得按年计税，可以按月或按次预扣预缴，年终汇算清缴；经营所得按年计税，按月或按季度预缴，年终汇算清缴；其他所得项目则均按次计税，实行代扣代缴。

5. 税款征收简便

现行个人所得税的申报缴纳以源泉扣缴和纳税人自行申报两种方式结合，但是以源泉扣缴为主，这样既方便纳税人缴纳，也便于税务机关征管。

二、个人所得税的建立与发展

（一）个人所得税在国外的发展

个人所得税最早于 1799 年在英国创立，由于当时英国与法国之间爆发战争，因此，英国当时征收个人所得税纯粹是为了战争而筹资。由于这场战争时断时续，所以，个人所得税也时而征收、时而停止。1842 年，英国政府趁印度反抗英国统治之机重新开征个人所得税，以后由于经济不景气、克什米尔战争爆发等原因，个人所得税一直征收并成为永久性税种。自此之后，英国个人所得税几经修改，最终于 1909 年改革成为综合性的累进税制，成为现代个人所得税制的开端。

美国的个人所得税起始于 1861 年南北战争期间，美国联邦政府于 1913 年建立了以家庭户为纳税单位、按年度纳税的个人所得税制度。个人所得税一直占美国联邦政府财政收入的 80% 以上，是名副其实的第一大税种。目前世界上有 140 多个国家开征个人所得税。

（二）个人所得税在国内的发展

1. 萌芽起步阶段（1950—1980）

新中国个人所得税的历史可以追溯至 1950 年，当时由政务院公布的《全国税政实施要则》规定要对薪金报酬征收所得税，但在改革开放前一个相当长的时间内，由于中国长期实行低工资、高就业的政策，其他劳动报酬也不多，实际上一直未对个人所得征税。1950 年还曾对个人的存款利息所得、公债和其他证券利息所得及其他利息所得开征过利息所得税，也于 1959 年停止征收。

2. 发展健全阶段（1980—1993）

中国的个人所得税真正得到发展是在改革开放之后，1980 年 9 月 1 日，第五届全国人

民代表大会第三次会议通过并公布了《中华人民共和国个人所得税法》(以下简称《个人所得税法》)。同年12月14日由国务院批准,财政部公布了《中华人民共和国个人所得税法施行细则》。至此,中国的个人所得税制开始建立。为了健全税制,1986年1月7日,国务院又发布了《城乡个体工商业户所得税暂行条例》。1986年9月25日,针对中国国内个人收入发生很大变化的情况,国务院发布了《中华人民共和国个人收入调节税暂行条例》(以下简称《个人收入调节税暂行条例》),并于1987年1月1日起施行。施行之后,原《个人所得税法》仅适用于在中国的外国人了,在中国境内有住所、取得个人收入的中国公民适用《个人收入调节税暂行条例》。这样一来,就形成了内外两套个人所得税制和城乡个体工商业户个人所得税"三税并立"的局面。

3. 整合改革阶段(1993至今)

1993年10月31日,第八届全国人民代表大会常务委员会第四次会议通过了《关于修改〈中华人民共和国个人所得税法〉的决定》的修正案,规定不分内外,所有中国居民和有来源于中国所得的非居民,均应依法缴纳个人所得税,同时,废止了个人收入调节税和城乡个体工商户所得税。新的《个人所得税法》于1994年1月1日起施行,国务院于1994年1月28日发布了新的《中华人民共和国个人所得税法实施条例》,从此,中国实现了个人所得税的"三税合一",这也是对《个人所得税法》的第一次修正。

此后,全国人大常委会分别于1999年8月30日、2005年10月7日、2007年6月29日、2007年12月29日、2011年6月30日、2018年8月31日对《个人所得税法》进行了六次修正,国务院分别于2018年12月13日、18日正式发布了《个人所得税专项附加扣除暂行办法》(以下简称《暂行办法》)、《中华人民共和国个人所得税法实施条例》(以下简称《实施条例》)。

三、个人所得税的税制模式

一个国家采用哪种个人所得税制模式,与其经济发展、法治水平、税收征管水平等有直接的关系。目前,世界各国或地区实行的个人所得税制可分为分类所得税制、综合所得税制和分类综合所得税制(也称混合所得税制)三种税制模式。

(一)分类所得税制

所谓分类所得税,也称为分项所得税、个别所得税,是指对纳税人的各种应纳税所得分为若干类别,对不同类别或不同来源的所得分别规定不同税基和税率,分别计算应纳税额进行课征的一种个人所得税制模式。

分类所得税制的优点是有利于对个人的不同所得区别对待,贯彻特定的政策意图。税制简单,计算方便,可以通过源泉扣缴的办法一次性征收,减少征纳成本。但是,分类所得税制也存在很多的弊端,特别是费用扣除不合理,纳税人应税项目越多,得到的费用扣除也就越多,不能准确地根据纳税人的实际总体负担能力来实行量能课税,一般适用比例税率,无法有效地贯彻税收公平原则的要求,容易导致纳税人行为的变化,产生逃避税问题及经济效率扭曲。分类所得税适应于税务机关征管能力较弱,征管手段比较落后的状况。英国最早开征个人所得税使用的就是分类所得税,2019年1月1日前,中国采用的也是分类所得税制模式。

（二）综合所得税制

所谓综合所得税,也称为一般所得税,是指将纳税人在一定期间内的各种所得综合起来,减去各项法定减免和扣除项目的数额,就其余额综合课征的一种个人所得税制模式。

综合所得税制充分考虑了纳税人的总体负担能力,较好地体现了量能课税的原则,由于汇总了纳税人各方面的所得,一般使用累进税率征收,需要用纳税人自行申报法来缴纳。但这种税制管理难度大,管理成本高,需要具备较先进的征管技术,尤其是需要普遍采用计算机对个人收入进行监控和管理,也需要纳税人具有较高的综合素质和纳税意识。综合所得税制最早出现于德国,目前美国、加拿大开征的个人所得税也采用综合所得税制模式。

（三）混合所得税制

所谓混合所得税,也称为二元制、分类综合所得税,它先对纳税人各项所得分类,按分类所得税课征,在此基础上,再对个人全年总所得超过规定数额的部分进行综合计算,适用累进税率征收。

混合所得税制吸收了分类所得税制和综合所得税制的优点,既对纳税人区分不同来源的收入实行综合课征,体现了按支付能力课税的原则,又将所列举的特定项目按特定办法和税率课征,体现了对某些不同性质的收入区别对待的原则。法国是混合所得税制的创始国,目前,使用这种混合所得税制的国家还有韩国、日本等。

目前,世界上实行单一的分类所得税制或综合所得税制的国家已经为数不多,大多数国家都采用分类与综合相结合的混合所得税制模式,混合所得税制因其独特的优点而得到不少国家的认可。从 2019 年 1 月 1 日起,中国也由分类所得税制模式改革为混合所得税制模式。

四、个人所得税的基本要素

（一）个人所得税的纳税人

个人所得税的纳税人是指在中国境内有住所,或者无住所而一个纳税年度内在中国境内居住累计满 183 天的个人;以及在中国境内无住所又不居住,或者无住所而一个纳税年度内在中国境内居住累计不满 183 天的个人。包括具有中国国籍的公民、个体工商户,以及在中国境内有所得的外籍人员(含无国籍人员)和香港、澳门、台湾同胞等。

个人独资企业以投资者为纳税义务人,合伙企业以每一个合伙人为纳税义务人。合伙企业的法人投资者按规定缴纳企业所得税。

个人所得税纳税人分为居民个人和非居民个人。

1. 居民个人

居民个人是指在中国境内有住所,或者无住所而一个纳税年度内在中国境内居住累计满 183 天的个人。因此,个人所得税的居民个人应该包括以下两类人:①在中国境内有住所且定居的中国公民和外国侨民,但是不包括虽然具有中国国籍,却不在中国境内定居,而是侨居境外的华侨和居住在香港、澳门和台湾地区的大陆同胞;②在中国境内无住所,但一个纳税年度内(从公历 1 月 1 日起至 12 月 31 日止)在中国境内居住累计满 183 天的个人。

居民个人从中国境内和境外取得的所得,应依法缴纳个人所得税。在中国境内无住所的个人,在中国境内居住累计满 183 天的年度连续不满 6 年的,经向主管税务机关备案,其来源于中国境外且由境外单位或者个人支付的所得,免予缴纳个人所得税;在中国境内居住累计满 183 天的任一年度中有一次离境超过 30 天的,其在中国境内居住累计满 183 天的年度的连续年限重新起算。

2. 非居民个人

非居民个人就是指在中国境内无住所又不居住,或者无住所而一个纳税年度内在中国境内居住累计不满 183 天的个人。

非居民个人从中国境内取得的所得,应依法缴纳个人所得税。在中国境内无住所的个人,在一个纳税年度内在中国境内居住累计不超过 90 天的,其来源于中国境内的所得,由境外雇主支付并且不由该雇主在中国境内的机构、场所负担的部分,免予缴纳个人所得税。

3. 判断居民个人和非居民个人的标准

由于两种身份的纳税人承担不同的纳税义务,因此,区分纳税人的身份,对于个人所得税税额的计算与申报具有重要的影响。判断居民个人和非居民个人的标准有两个,即住所标准和居住时间标准,两个标准并列,只要符合其中一个标准,就可以认定为居民个人,否则,就认定为非居民个人。

(1) 住所标准。住所标准是指因户籍、家庭、经济利益关系而在中国境内习惯性居住。所谓"习惯性居住",是判定纳税义务人是居民或非居民的一个法律意义上的标准,不是指实际居住或在某一个特定时期内的居住地。如因学习、工作、探亲、旅游等而在中国境外居住的,在其原因消除之后,必须回到中国境内居住的个人,则中国为该纳税人习惯性居住地。

(2) 居住时间标准。居住时间标准是指纳税人在中国境内无住所,但一个纳税年度内在中国境内居住累计满 183 天。

4. 扣缴义务人

个人所得税以取得所得者为纳税义务人,以支付所得的单位或者个人为扣缴义务人。扣缴义务人在向个人支付应税款项时,应当依照税法规定代扣代缴税款。

(二) 个人所得税的征税对象

个人所得税的征税对象是个人取得的各种所得,个人所得税的征税范围是指应该缴纳个人所得税的各项应税所得项目,现行《个人所得税法》将个人的应税所得项目列举为 9 项。

1. 工资、薪金所得

工资、薪金所得,是指个人因任职或者受雇取得的工资、薪金、奖金、年终加薪、劳动分红、津贴、补贴以及与任职或者受雇有关的其他所得。

2. 劳务报酬所得

劳务报酬所得,是指个人从事劳务取得的所得,包括从事设计、装潢、安装、制图、化验、测试、医疗、法律、会计、咨询、讲学、翻译、审稿、书画、雕刻、影视、录音、录像、演出、表演、广告、展览、技术服务、介绍服务、经纪服务、代办服务以及其他劳务取得的所得。

3. 稿酬所得

稿酬所得,是指个人因其作品以图书、报刊形式出版、发表而取得的所得。

4. 特许权使用费所得

特许权使用费所得,是指个人提供专利权、商标权、著作权、非专利技术以及其他特许权的使用权取得的所得;提供著作权的使用权取得的所得,不包括稿酬所得。

5. 经营所得

(1) 个体工商户从事生产、经营活动取得的所得,个人独资企业投资人、合伙企业的个人合伙人来源于境内注册的个人独资企业、合伙企业生产、经营的所得。

(2) 个人依法从事办学、医疗、咨询以及其他有偿服务活动取得的所得。

(3) 个人对企业、事业单位承包经营、承租经营以及转包、转租取得的所得。

(4) 个人从事其他生产、经营活动取得的所得。

6. 利息、股息、红利所得

利息、股息、红利所得,是指个人拥有债权、股权等而取得的利息、股息、红利所得。

7. 财产租赁所得

财产租赁所得,是指个人出租不动产、机器设备、车船以及其他财产取得的所得。

8. 财产转让所得

财产转让所得,是指个人转让有价证券、股权、合伙企业中的财产份额、不动产、机器设备、车船以及其他财产取得的所得。

9. 偶然所得

偶然所得,是指个人得奖、中奖、中彩以及其他偶然性质的所得。

个人取得的所得,难以界定应纳税所得项目的,由主管税务机关确定。

由于居民个人和非居民个人的纳税义务有所区别,因此,有必要区分纳税人取得的所得是来自中国境内还是中国境外。但是,下列所得,不论支付地点是否在中国境内,均作为来源于中国境内的所得:①因任职、受雇、履约等而在中国境内提供劳务取得的所得;②将财产出租给承租人在中国境内使用而取得的所得;③许可各种特许权在中国境内使用而取得的所得;④转让中国境内的不动产等财产或者在中国境内转让其他财产取得的所得;⑤从中国境内企业、事业单位、其他组织以及居民个人取得的利息、股息、红利所得。

(三) 个人所得税的税率

1. 综合所得适用税率

居民个人的综合所得按年计征,适用3%到45%的7级超额累进税率(见表7-1)。

表7-1

居民个人综合所得个人所得税税率表

(居民个人综合所得适用)

级数	全年应纳税所得额	税率	速算扣除数
1	不超过36 000元的	3%	0
2	超过36 000元至144 000元的部分	10%	2 520

级数	全年应纳税所得额	税率	速算扣除数
3	超过 144 000 元至 300 000 元的部分	20%	16 920
4	超过 300 000 元至 420 000 元的部分	25%	31 920
5	超过 420 000 元至 660 000 元的部分	30%	52 920
6	超过 660 000 元至 960 000 元的部分	35%	85 920
7	超过 960 000 元的部分	45%	181 920

注:①本表所称全年应纳税所得额是指依照《个人所得税法》第六条的规定,居民个人取得综合所得以每一纳税年度收入额减除费用六万元以及专项扣除、专项附加扣除和依法确定的其他扣除后的余额。

②非居民个人取得工资、薪金所得,劳务报酬所得,稿酬所得和特许权使用费所得,依照本表按月换算后计算应纳税额。

非居民个人的综合所得(包括工资、薪金所得、劳务报酬所得、稿酬所得、特许权使用费所得)也适用 3% 到 45% 的 7 级超额累进税率,但是按月或按次计征,需要将全年应纳税所得额按月换算后确定级距、税率及速算扣除数(见表7-2)。

表 7-2

非居民个人综合所得个人所得税税率表

(非居民个人工资、薪金所得,劳务报酬所得,稿酬所得,特许权使用费所得适用)

级数	每月(次)应纳税所得额	税率	速算扣除数
1	不超过 3 000 元的	3%	0
2	超过 3 000 元至 12 000 元的部分	10%	210
3	超过 12 000 元至 25 000 元的部分	20%	1 410
4	超过 25 000 元至 30 000 元的部分	25%	2 660
5	超过 35 000 元至 55 000 元的部分	30%	4 410
6	超过 55 000 元至 80 000 元的部分	35%	7 160
7	超过 80 000 元的部分	45%	15 160

2. 经营所得适用税率

经营所得适用 5% 到 35% 的 5 级超额累进税率(见表7-3)。

表 7-3

经营所得个人所得税税率表

级数	全年应纳税所得额	税率	速算扣除数
1	不超过 30 000 元的	5%	0
2	超过 30 000 元至 90 000 元的部分	10%	1 500
3	超过 90 000 元至 300 000 元的部分	20%	10 500

级数	全年应纳税所得额	税率	速算扣除数
4	超过 300 000 元至 500 000 元的部分	30%	40 500
5	超过 500 000 元的部分	35%	65 500

注：本表所称全年应纳税额所得额是指依照《个人所得税法》第六条的规定，以每一纳税年度的收入总额减除成本、费用以及损失后的余额。

3. 其他所得项目适用税率

利息、股息、红利所得，财产租赁所得，财产转让所得和偶然所得，适用比例税率，税率为 20%。

（四）个人所得税的纳税期限

1. 综合所得的纳税期限

居民个人取得综合所得，按年计算个人所得税；有扣缴义务人的，由扣缴义务人按月或者按次预扣预缴税款；需要办理汇算清缴的，应当在取得所得的次年 3 月 1 日至 6 月 30 日内办理汇算清缴。

非居民个人取得工资、薪金所得，劳务报酬所得，稿酬所得和特许权使用费所得，有扣缴义务人的，由扣缴义务人按月或者按次代扣代缴税款，不办理汇算清缴。

2. 经营所得的纳税期限

纳税人取得经营所得，按年计算个人所得税，由纳税人在月度或者季度终了后 15 日内向税务机关报送纳税申报表，并预缴税款；在取得所得的次年 3 月 31 日前办理汇算清缴。

3. 其他所得项目的纳税期限

纳税人取得利息、股息、红利所得，财产租赁所得，财产转让所得和偶然所得，按月或者按次计算个人所得税，有扣缴义务人的，由扣缴义务人按月或者按次代扣代缴税款。

4. 扣缴义务人的纳税期限

扣缴义务人每月或者每次预扣、代扣的税款，应当在次月 15 日内缴入国库，并向税务机关报送扣缴个人所得税申报表。

5. 无扣缴义务人的纳税期限

纳税人取得应税所得没有扣缴义务人的，应当在取得所得的次月 15 日内向税务机关报送纳税申报表，并缴纳税款。

6. 其他情况下的纳税期限

（1）纳税人取得应税所得，扣缴义务人未扣缴税款的，纳税人应当在取得所得的次年 6 月 30 日前，缴纳税款；税务机关通知限期缴纳的，纳税人应当按照期限缴纳税款。

（2）居民个人从中国境外取得所得的，应当在取得所得的次年 3 月 1 日至 6 月 30 日内申报纳税。

（3）非居民个人在中国境内从两处以上取得工资、薪金所得的，应当在取得所得的次月 15 日内申报纳税。

（4）纳税人因移居境外注销中国户籍的，应当在注销中国户籍前办理税款清算。

（五）个人所得税的纳税地点

1．取得综合所得需要办理汇算清缴的纳税申报地点

取得综合所得需要办理汇算清缴的纳税人，应当向任职、受雇单位所在地主管税务机关办理纳税申报。纳税人有两处以上任职、受雇单位的，选择向其中一处任职、受雇单位所在地主管税务机关办理纳税申报；纳税人没有任职、受雇单位的，向户籍所在地或经常居住地主管税务机关办理纳税申报。

2．取得经营所得的纳税申报地点

纳税人取得经营所得，按年计算个人所得税，由纳税人在月度或季度终了后15日内，向经营管理所在地主管税务机关办理预缴纳税申报。在取得所得的次年3月31日前，向经营管理所在地主管税务机关办理汇算清缴；从两处以上取得经营所得的，选择向其中一处经营管理所在地主管税务机关办理年度汇总申报。

3．取得应税所得，扣缴义务人未扣缴税款的纳税申报地点

（1）居民个人取得综合所得的，按照上述第1条规定办理。

（2）非居民个人取得工资、薪金所得，劳务报酬所得，稿酬所得，特许权使用费所得的，应当在取得所得的次年6月30日前，向扣缴义务人所在地主管税务机关办理纳税申报。有两个以上扣缴义务人均未扣缴税款的，选择向其中一处扣缴义务人所在地主管税务机关办理纳税申报。非居民个人在次年6月30日前离境（临时离境除外）的，应当在离境前办理纳税申报。

（3）纳税人取得利息、股息、红利所得，财产租赁所得，财产转让所得和偶然所得的，应当在取得所得的次年6月30日前，按相关规定向主管税务机关办理纳税申报。

4．取得境外所得的纳税申报地点

居民个人从中国境外取得所得的，向中国境内任职、受雇单位所在地主管税务机关办理纳税申报；在中国境内没有任职、受雇单位的，向户籍所在地或中国境内经常居住地主管税务机关办理纳税申报；户籍所在地与中国境内经常居住地不一致的，选择其中一地主管税务机关办理纳税申报；在中国境内没有户籍的，向中国境内经常居住地主管税务机关办理纳税申报。

5．因移居境外注销中国户籍的纳税申报地点

纳税人因移居境外注销中国户籍的，应当在申请注销中国户籍前，向户籍所在地主管税务机关办理纳税申报，进行税款清算。

6．非居民个人在中国境内从两处以上取得工资、薪金所得的纳税申报地点

非居民个人在中国境内从两处以上取得工资、薪金所得的，应当在取得所得的次月15日内，向其中一处任职、受雇单位所在地主管税务机关办理纳税申报。

（六）个人所得税的优惠政策

1．免征项目

（1）省级人民政府、国务院部委和中国人民解放军军以上单位，以及外国组织、国际组织颁发的科学、教育、技术、文化、卫生、体育、环境保护等方面的奖金。

（2）国债和国家发行的金融债券利息。国债利息是指个人持有中华人民共和国财政部

发行的债券而取得的利息;国家发行的金融债券利息是指个人持有经国务院批准发行的金融债券而取得的利息。

(3) 按照国家统一规定发给的补贴、津贴。补贴、津贴是指按照国务院规定发给的政府特殊津贴、院士津贴,以及国务院规定免予缴纳个人所得税的其他补贴、津贴。

(4) 福利费、抚恤金、救济金。福利费是指根据国家有关规定,从企业、事业单位、国家机关、社会组织提留的福利费或者工会经费中支付给个人的生活补助费;救济金是指各级人民政府民政部门支付给个人的生活困难补助费。

(5) 保险赔款。

(6) 军人的转业费、复员费、退役金。

(7) 按照国家统一规定发给干部、职工的安家费、退职费、基本养老金或者退休费、离休费、离休生活补助费。

(8) 依照有关法律规定应予免税的各国驻华使馆、领事馆的外交代表、领事官员和其他人员的所得。此项所得是指依照《中华人民共和国外交特权与豁免条例》和《中华人民共和国领事特权与豁免条例》规定免税的所得。

(9) 中国政府参加的国际公约、签订的协议中规定免税的所得。

(10) 国务院规定的其他免税所得。

上述免税规定,由国务院报全国人民代表大会常务委员会备案。

2. 减征项目

有下列情形之一的,可以减征个人所得税,具体幅度和期限,由省、自治区、直辖市人民政府规定,并报同级人民代表大会常务委员会备案:

(1) 残疾、孤老人员和烈属的所得。

(2) 因自然灾害遭受重大损失的。

国务院可以规定其他减税情形,报全国人民代表大会常务委员会备案。

3. 其他优惠政策

对储蓄存款利息所得开征、减征、停征个人所得税及其具体办法,由国务院规定,并报全国人民代表大会常务委员会备案。

第二节　个人所得税的计算与纳税申报

一、应纳税所得额的计算

个人所得税的计税依据并不是个人取得的各种收入,而是应纳税所得额,即纳税人取得的各项收入总额扣除税法规定的扣除项目或者扣除金额之后的余额(净所得)。个人所得的形式,包括现金、实物、有价证券和其他形式的经济利益;所得为实物的,应当按照取得的凭证上所注明的价格计算应纳税所得额,无凭证的实物或者凭证上所注明的价格明显偏低的,参照市场价格核定应纳税所得额;所得为有价证券的,根据票面价格和市场价格核定应纳税所得额;所得为其他形式的经济利益的,参照市场价格核定应纳税所得额。

（一）综合所得应纳税所得额的计算

1. 居民个人综合所得应纳税所得额的计算

居民个人取得的综合所得包括工资薪金所得、劳务报酬所得、稿酬所得、特许权使用费所得，按纳税年度合并计算个人所得税。居民个人的综合所得，以每一纳税年度的收入额减除费用 60 000 元以及专项扣除、专项附加扣除和依法确定的其他扣除后的余额，为应纳税所得额。

$$应纳税所得额 = 纳税年度收入额 - 60\,000 - 专项扣除 - 专项附加扣除 - 其他扣除$$

（1）纳税年度收入额。包括一个纳税年度居民个人获得的工资薪金、劳务报酬、稿酬、特许权使用费收入额，其中，工资薪金为全年工资薪金收入总额；劳务报酬、稿酬、特许权使用费以收入减除 20% 的费用后的余额为收入额；稿酬的收入额减按 70% 计算。

$$纳税年度收入额 = 年度工资薪金收入额 + 劳务报酬收入额 \times (1-20\%) + 稿酬收入额$$
$$\times (1-20\%) \times 70\% + 特许权使用费收入额 \times (1-20\%)$$

（2）专项扣除。包括居民个人按照国家规定的范围和标准缴纳的基本养老保险、基本医疗保险、失业保险等社会保险费和住房公积金等（简称"三险一金"）。

（3）专项附加扣除。包括子女教育、继续教育、大病医疗、住房贷款利息或者住房租金、赡养老人等支出。

① 子女教育专项附加扣除。纳税人的子女接受全日制学历教育的相关支出，按照每个子女每月 1 000 元的标准定额扣除。年满 3 岁至小学入学前处于学前教育阶段的子女，也按此规定执行。

受教育子女的父母分别按扣除标准的 50% 扣除；经父母约定，也可以选择由其中一方按扣除标准的 100% 扣除。具体扣除方式在一个纳税年度内不得变更。纳税人子女在国外接受教育的，纳税人应当留存境外录取通知书、留学签证等相关教育的证明资料备查。

② 继续教育专项附加扣除。纳税人在中国境内接受学历（学位）继续教育的支出，在学历（学位）教育期间按照每月 400 元定额扣除。同一学历（学位）继续教育的扣除期限不能超过 48 个月。纳税人接受技能人员职业资格继续教育、专业技术人员职业资格继续教育的支出，在取得相关证书的年度，按照 3 600 元定额扣除。

个人接受本科及以下学历（学位）继续教育，符合《暂行办法》规定扣除条件的，可以选择由其父母扣除，也可以由本人扣除，但不得同时扣除。纳税人接受技能人员职业资格继续教育、专业技术人员职业资格继续教育支出的，应当留存相关证书等资料备查。

③ 大病医疗专项附加扣除。在一个纳税年度内，纳税人发生的与基本医保相关的医药费用支出，扣除医保报销后个人负担（指医保目录范围内的自付部分）累计超过 15 000 元的部分，由纳税人在办理年度汇算清缴时，在 80 000 元限额内据实扣除。

纳税人发生的医疗费用支出可以选择由纳税人本人扣除或者其配偶扣除。未成年子女发生的医疗费用可以选择由其父母一方扣除。纳税人及其配偶、未成年子女发生的医疗费用支出按上述规定分别计算扣除额。纳税人应当留存医药服务收费及医保报销相关票据原件（或复印件）等资料备查。

④ 住房贷款利息专项附加扣除。纳税人本人或配偶使用商业银行或住房公积金个人住房贷款为本人或其配偶购买中国境内住房，发生的首套住房贷款利息支出，在实际发生

贷款利息的年度,可以按照每月 1 000 元的标准定额扣除,扣除期限最长不超过 240 个月。纳税人只能享受一次首套住房贷款利息扣除。

首套住房贷款是指购买住房享受首套住房贷款利率的住房贷款。经夫妻双方约定,可以选择由其中一方扣除,具体扣除方式在一个纳税年度内不得变更。

夫妻双方婚前分别购买住房发生的首套住房贷款,其贷款利息支出,婚后可以选择其中一套购买的住房,由购买方按扣除标准的 100% 扣除,也可以由夫妻双方对各自购买的住房分别按扣除标准的 50% 扣除,具体扣除方式在一个纳税年度内不得变更。纳税人应当留存住房贷款合同、贷款还款支出凭证备查。

⑤ 住房租金专项附加扣除。纳税人在主要工作城市没有自有住房,而发生的住房租金支出,可以按照以下标准定额扣除:直辖市、省会(首府)城市、计划单列市以及国务院确定的其他城市,扣除标准为每月 1 500 元;除上述城市以外,市辖区户籍人口超过 100 万的,扣除标准为每月 1 100 元;市辖区户籍人口不超过 100 万的,扣除标准为每月 800 元。

住房租金支出由签订租赁住房合同的承租人扣除。纳税人及其配偶在一个年度内不得同时分别享受住房贷款利息专项附加扣除和住房租金专项附加扣除。纳税人应当留存住房租赁合同、协议等有关资料备查。

⑥ 赡养老人专项附加扣除。纳税人赡养一位及以上被赡养人的赡养支出,统一按照以下标准定额扣除:纳税人为独生子女的,按照每月 2 000 元的标准定额扣除;纳税人为非独生子女的,由其与兄弟姐妹分摊每月 2 000 元的扣除额度,每人分摊的额度不能超过每月 1 000 元。可以由赡养人均摊或者约定分摊,也可以由被赡养人指定分摊,约定或指定分摊的须签订书面分摊协议,指定分摊优先于约定分摊。具体分摊方式和额度在一个纳税年度内不能变更。

(4) 其他扣除。包括个人缴付符合国家规定的企业年金、职业年金,个人购买符合国家规定的商业健康保险、税收递延型商业养老保险的支出,以及国务院规定可以扣除的其他项目。

专项扣除、专项附加扣除及依法确定的其他扣除,以居民个人一个纳税年度的应纳税所得额为限额。一个纳税年度扣除不完的,不结转以后年度扣除。

2. 非居民个人综合所得应纳税所得额的计算

非居民个人取得的综合所得包括工资薪金所得、劳务报酬所得、稿酬所得、特许权使用费所得,按月或者按次分项计算个人所得税。非居民个人的工资、薪金所得,以每月收入额减除费用 5 000 元后的余额为应纳税所得额;劳务报酬所得、稿酬所得、特许权使用费所得,以每次收入额为应纳税所得额;劳务报酬所得、稿酬所得、特许权使用费所得以收入减除 20% 的费用后的余额为收入额;稿酬所得的收入额减按 70% 计算。

$$工资薪金应纳税所得额 = 每月工资薪金收入额 - 5 000$$
$$劳务报酬应纳税所得额 = 每次劳务报酬收入额 \times (1 - 20\%)$$
$$稿酬应纳税所得额 = 每次稿酬收入额 \times (1 - 20\%) \times 70\%$$
$$特许权使用费应纳税所得额 = 每次特许权使用费收入额 \times (1 - 20\%)$$

(二) 经营所得应纳税所得额的计算

经营所得,以每一纳税年度的收入总额减除成本、费用以及损失后的余额,为应纳税所得额。成本、费用是指生产、经营活动中发生的各项直接支出和分配计入成本的间接费用以及销售费用、管理费用、财务费用；所谓损失，是指生产、经营活动中发生的固定资产和存货的盘亏、毁损、报废损失，转让财产损失，坏账损失，自然灾害等不可抗力因素造成的损失以及其他损失。

取得经营所得的个人，没有综合所得的，计算其每一纳税年度的应纳税所得额时，应当减除费用6万元、专项扣除、专项附加扣除以及依法确定的其他扣除。专项附加扣除在办理汇算清缴时减除。

$$经营所得应纳税所得额＝纳税年度收入总额－成本、费用、损失－60\,000$$
$$－专项扣除－专项附加扣除－其他扣除$$

其中，专项扣除、专项附加扣除以及依法确定的其他扣除与居民个人的综合所得规定一致。从事生产、经营活动，未提供完整、准确的纳税资料，不能正确计算应纳税所得额的，由主管税务机关核定应纳税所得额或者应纳税额。

（三）财产租赁所得应纳税所得额的计算

（1）每次收入不超过4000元的：

$$应纳税所得额＝每次收入额－800$$

（2）每次收入超过4000元的：

$$应纳税所得额＝每次收入额×(1－20\%)$$

（四）财产转让所得应纳税所得额的计算

财产转让所得，按照一次转让财产的收入额减除财产原值和合理费用后的余额，为应纳税所得额。

$$应纳税所得额＝转让财产收入额－财产原值－合理费用$$

其中，财产原值按照下列方法计算：
（1）有价证券，为买入价以及买入时按照规定交纳的有关费用。
（2）建筑物，为建造费或者购进价格以及其他有关费用。
（3）土地使用权，为取得土地使用权所支付的金额、开发土地的费用以及其他有关费用。
（4）机器设备、车船，为购进价格、运输费、安装费以及其他有关费用。
（5）其他财产，参照以上方法确定。

纳税人未提供完整、准确的财产原值凭证，不能按照上述第一种方法确定财产原值的，由主管税务机关核定财产原值。另外，合理费用是指卖出财产时按照规定支付的有关税费。

（五）利息、股息、红利所得与偶然所得应纳税所得额的计算

利息、股息、红利所得与偶然所得，均以每次收入额为应纳税所得额，不扣除任何费用。

$$应纳税所得额＝每次收入额$$

（六）应纳税所得额计算的特殊情况

（1）由于部分应税项目按次征税，对于"每次"的确定按以下方法进行：①劳务报酬所得、稿酬所得、特许权使用费所得，属于一次性收入的，以取得该项收入为一次；属于同一项目连续性收入的，以一个月内取得的收入为一次；②财产租赁所得，以一个月内取得的收入为一次；③利息、股息、红利所得，以支付利息、股息、红利时取得的收入为一次；④偶然所得，以每次取得该项收入为一次。

（2）个人将其所得通过中国境内的公益性社会组织、国家机关向教育、扶贫、济困等公益慈善事业进行捐赠，捐赠额未超过纳税人申报的扣除捐赠额之前的应纳税所得额30%的部分，可以从其应纳税所得额中扣除；国务院规定对公益慈善事业捐赠实行全额税前扣除的，从其规定。

（3）居民个人从中国境外取得的所得，可以从其应纳税额中抵免已在境外缴纳的个人所得税税额，但抵免额不得超过该纳税人境外所得依照《个人所得税法》规定计算的应纳税额。

（4）各项所得的计算，以人民币为单位。所得为人民币以外货币的，按照办理纳税申报或者扣缴申报的上一月最后一日人民币汇率中间价，折合成人民币计算应纳税所得额。年度终了后办理汇算清缴的，对已经按月、按季或者按次预缴税款的人民币以外货币所得，不再重新折算；对应当补缴税款的所得部分，按照上一纳税年度最后一日人民币汇率中间价，折合成人民币计算应纳税所得额。

（5）有下列情形之一的，税务机关有权按照合理方法进行纳税调整：① 个人与其关联方之间的业务往来不符合独立交易原则而减少本人或者其关联方应纳税额，且无正当理由；② 居民个人控制的，或者居民个人和居民企业共同控制的设立在实际税负明显偏低的国家（地区）的企业，无合理经营需要，对应当归属于居民个人的利润不作分配或者减少分配；③ 个人实施其他不具有合理商业目的的安排而获取不当税收利益。

税务机关依照上述规定作出纳税调整，需要补征税款的，应当补征税款，并依法加收利息。利息应当按照税款所属纳税申报期最后一日中国人民银行公布的与补税期间同期的人民币贷款基准利率计算，自税款纳税申报期满次日起至补缴税款期限届满之日止按日加收。纳税人在补缴税款期限届满前补缴税款的，利息加收至补缴税款之日。

二、个人所得税应纳税额的计算

（一）综合所得应纳税额的计算

1. 居民个人综合所得应纳税额的计算

居民个人取得的综合所得，按照税法规定的方法确定应纳税所得额后，适用3%～45%的7级超额累进税率计算应纳税额。计算公式为：

$$应纳税额 = \sum (每级距应纳税所得额 \times 适用税率)$$
$$= 全年应纳税所得额 \times 适用税率 - 速算扣除数$$

其中，第一个公式是利用超额累进税率的概念，把每一级数的应纳税额先计算出来，然后把所有级数的应纳税额加总计算出应纳税总额。第二个公式是先计算应纳税所得额所在级数的全额累进税额，然后减去所在级数的速算扣除数计算出应纳税总额。两种计算方法的计算结果是完全相同的。

任一级的速算扣除数，是指该级应税所得额按全额累进计算方法计算的应纳税额和按超额累进计算方法计算的应纳税额之差。

$$本级速算扣除数＝本级全额累进税额－本级超额累进税额$$

【例 7-1】 中国公民张明是国内某企业财务总监，被确定为居民个人，201×年度每月工资收入为 12 600 元，每月从工资中扣除的基本养老保险、基本医疗保险、失业保险及住房公积金共计 2 898 元。该年度还获得劳务报酬 28 000 元，稿酬 15 000 元，特许权使用费 8 000 元。张明与妻子共同抚养一个女儿，正在读小学六年级，双方约定孩子的教育支出由张明一人全部扣除。张明一家现居住的房屋系使用商业银行贷款购买的首套住房，入住才满一年，每月偿还银行贷款利息 2 100 元。无减免收入及减免税额等情况。请分析计算张明该年度综合所得的应纳个人所得税税额。

(1) 计算应纳税所得额：

$$
\begin{aligned}
应纳税所得额＝&12\ 600×12＋28\ 000×(1-20\%)＋15\ 000×(1-20\%)×70\% \\
&＋8\ 000×(1-20\%)-60\ 000-2\ 898×12-1\ 000×12-1\ 000×12 \\
＝&188\ 400-118\ 776 \\
＝&69\ 624(元)
\end{aligned}
$$

(2) 利用超额累进税率的概念计算应纳税额：

$$应纳税额＝36\ 000×3\%＋(69\ 624-36\ 000)×10\%＝4\ 442.4(元)$$

(3) 利用速算扣除数简化计算应纳税额：

$$应纳税额＝69\ 624×10\%-2\ 520＝4\ 442.4(元)$$

2. 非居民个人综合所得应纳税额的计算

非居民个人取得综合所得（包括工资薪金所得、劳务报酬所得、稿酬所得、特许权使用费所得），由扣缴义务人按月或者按次分项计算并代扣代缴个人所得税。因此，非居民个人的综合所得实际上沿用了改革前的分类所得税的规定，继续分项计算应纳税额，但 4 项所得均适用 3%～45%的 7 级超额累进税率（见表 7-2）。应纳税额计算公式为：

$$
\begin{aligned}
应纳税额＝&\sum(每级距应纳税所得额×适用税率) \\
＝&每月(次)应纳税所得额×适用税率-速算扣除数
\end{aligned}
$$

【例 7-2】 201×年 4～7 月，美国 ABC 公司派遣职员詹姆斯到中国分公司工作。在中国工作期间，詹姆斯每月领取工资 18 600 元；5 月份为中国的腾诺公司提供技术咨询获得劳务报酬 8 000 元；6 月份在中国的 ZUA 出版社出版了一本专著获得稿酬 17 000 元；7 月份将自己的一项专利技术许可给中国的千度公司使用，获得特许权使用费 35 000 元。7 月底在中国工作结束后立即返回美国。请分析计算詹姆斯在中国被代扣的个人所得税税额。

(1) 计算每月工资所得应代扣税额：

每月工资所得应代扣税额＝(18 600－5 000)×20％－1 410＝1 310(元)

（2）计算劳务报酬所得应代扣税额：

劳务报酬所得应代扣税额＝8 000×(1－20％)×10％－210＝430(元)

（3）计算稿酬所得应代扣税额：

稿酬所得应代扣税额＝17 000×(1－20％)×70％×10％－210＝742(元)

（4）计算特许权使用费所得应代扣税额：

特许权使用费所得应代扣税额＝35 000×(1－20％)×25％－2 660＝4 340(元)

（二）经营所得应纳税额的计算

纳税人取得的经营所得，按照税法规定的方法确定应纳税所得额后，适用3％～35％的5级超额累进税率计算应纳税额。计算公式为：

$$应纳税额＝\sum(每级距应纳税所得额×适用税率)$$
$$＝全年应纳税所得额×适用税率－速算扣除数$$

【例7-3】 中国公民王喆为经营日用品的个体工商户，201×年的收入总额为1 250 000元，进货成本为750 000元，发生销售费用、管理费用130 000元，发生货物毁损5 000元。该年度王喆每月向税务机关依法缴纳基本养老保险、基本医疗保险及住房公积金共计2 150元。该年度1月1日开始，王喆在职攻读国内某大学的MBA学位，支付该年度学费28 000元。请分析计算王喆该年度应交纳的个人所得税税额。

（1）计算应纳税所得额：

应纳税所得额＝1 250 000－750 000－130 000－5 000－60 000－2 150×12－400×12
＝274 400(元)

（2）计算应纳税额：

应纳税额＝274 400×20％－10 500＝44 380(元)

（三）财产租赁所得应纳税额的计算

财产租赁所得按税法确定应纳税所得额后，适用20％的比例税率计算应纳税额。计算公式为：

（1）每次收入不超过4 000元的：

应纳税额＝(每次收入额－800)×20％

（2）每次收入超过4 000元的：

应纳税额＝[每次收入额×(1－20％)]×20％

但是，依据财税〔2000〕125号文件的规定，自2001年1月1日起，对个人出租房屋取得的所得暂减按10％的税率征收个人所得税。纳税义务人出租财产取得财产租赁收入，在计算征税时，除可依法减除规定费用和有关税费外，还准予扣除能够提供有效、准确凭证，证明由纳税义务人负担的该出租财产实际开支的修缮费用。允许扣除的修缮费用,以每次800元为限,一次扣除不完的,准予在下一次继续扣除,直到扣完为止。如果个人出租财产是转租行为,则按照如下次序进行扣除并确定应纳税所得额:①财产租赁过程中缴纳的税费;②向出租方支付的租金;③由纳税人负担的租赁财产实际开支的修缮费用;④税法规定的费用扣除标准。

(1) 每次(月)收入不超过4 000元的:

$$应纳税额=[每次(月)收入额-准予扣除税费-修缮费用(800元为限)-800]×20\%$$

(2) 每次(月)收入超过4 000元的:

$$应纳税额=[每次(月)收入额-准予扣除税费-修缮费用(800元为限)]×(1-20\%)×20\%$$

【例7-4】 中国公民赵涵居住在某省会城市,今年初将其在该城市自有的房屋一套出租给刘某居住,租赁期限为1年。赵涵每月获得租金收入3 000元,并按规定交纳了增值税(税率1.5%)、城市维护建设税、教育费附加、房产税(税率4%)等,在3月份,赵涵对该套房屋又进行了修缮,发生修缮费用2 000元,能够提供有效、准确的凭证。分析计算赵涵3月份应交纳的个人所得税税额。

> 应交纳增值税、城市维护建设税及教育费附加=3 000×1.5%×(1+7%+3%)=49.5(元)
> 应交纳房产税=3 000×4%=120(元)
> 应纳个人所得税税额=(3 000-49.5-120-800-800)×10%=123.05(元)

修缮费用2 000元在3月份扣除了800元,在4月继续扣除800元,剩余400元在5月份扣除完毕。

(四)财产转让所得应纳税额的计算

财产转让所得按税法确定应纳税所得额后,适用20%的比例税率计算应纳税额。计算公式为:

$$应纳税额=(每次收入额-财产原值-合理税费)×20\%$$

【例7-5】 李萌将自己拥有的一套住房转让,取得转让收入220 000元。该套住房购进时的原价为180 000元,转让时支付有关税费15 000元。计算李萌转让住房应交纳的个人所得税税额。

> 应纳税所得额=220 000-180 000-15 000=25 000(元)
> 应纳税额=25 000×20%=5 000(元)

(五)利息、股息、红利所得应纳税额的计算

利息、股息、红利所得,以每次收入额为应纳税所得额,适用20%的比例税率计算应纳税额。计算公式为:

$$应纳税额=应纳税所得额×适用税率=每次收入额×20\%$$

依据《关于上市公司股息红利差别化个人所得税政策有关问题的通知》(财税〔2015〕101号)的规定,个人从公开发行和转让市场取得的上市公司股票,持股期限在1个月以内

（含 1 个月）的,其股息红利所得全额计入应纳税所得额;持股期限在 1 个月以上至 1 年(含 1 年)的,暂减按 50％计入应纳税所得额;持股期限超过 1 年的,暂免征个人所得额。上述所得统一适用 20％的税率计征个人所得税。

【例 7-6】 杨森通过民生证券公司购买了 ABC 上市公司的股票,持有期限 8 个月,某年 ABC 公司宣布派发现金股利,杨森获得现金股利 5 000 元。计算杨森应交纳的个人所得税税额。

$$应纳税额＝5\ 000×50％×20％＝500(元)$$

（六）偶然所得应纳税额的计算

偶然所得也是以每次收入额为应纳税所得额,适用 20％的比例税率计算应纳税额。计算公式为:

$$应纳税额＝应纳税所得额×适用税率＝每次收入额×20％$$

【例 7-7】 陈昊在参加百货商场的有奖销售过程中,中奖所得共计 20 000 元。计算陈昊应交纳的个人所得税税额。

$$应纳税额＝20\ 000×20％＝4\ 000(元)$$

三、个人所得税应纳税额计算的特殊情况

（一）扣除捐赠款后应纳税额的计算

捐赠额的扣除以不超过纳税人申报应纳税所得额的 30％为限。

$$捐赠扣除限额＝申报的应纳税所得额×30％$$
$$应纳税额＝(应纳税所得额－允许扣除的捐赠额)×适用税率－速算扣除数$$

如果实际捐赠额小于捐赠扣除限额时,允许扣除的捐赠额为实际捐赠额;如果实际捐赠额大于捐赠扣除限额时,则按捐赠扣除限额进行扣除。

【例 7-8】 香港歌唱演员刘某(非居民个人),参加华益姐妹文化传播有限公司在 A 市举办的演唱会,取得出场费收入 80 000 元,刘某决定将其中 30 000 元通过 A 市教育局捐赠给某希望小学。计算刘某取得的出场费收入应交纳的个人所得税税额。

（1）未扣除捐赠款的应纳税所得额＝80 000×(1－20％)＝64 000(元)。

（2）捐赠扣除限额＝64 000×30％＝19 200(元)。

因为实际捐赠额 30 000 元大于捐赠扣除限额 19 200 元,所以,只能按扣除限额进行扣除。

（3）应纳税额＝(64 000－19 200)×30％－4 410＝9 030(元)。

（二）境外所得已纳税额抵免的计算

居民个人从中国境外取得的所得,可以从其应纳税额中抵免已在境外缴纳的个人所得税税额,但抵免额不得超过该纳税人境外所得依照《个人所得税法》规定计算的应纳税额。

已在境外缴纳的个人所得税税额,是指居民个人来源于中国境外的所得,依照该所得

来源国家(地区)的法律应当缴纳并且实际已经缴纳的所得税税额。纳税人境外所得依照《个人所得税法》规定计算的应纳税额,是居民个人抵免已在境外缴纳的综合所得、经营所得以及其他所得的所得税税额的限额(以下简称抵免限额)。除国务院财政、税务主管部门另有规定外,来源于中国境外一个国家(地区)的综合所得抵免限额、经营所得抵免限额以及其他所得抵免限额之和,为来源于该国家(地区)所得的抵免限额。

居民个人在中国境外一个国家(地区)实际已经缴纳的个人所得税税额,低于依照上述规定计算出的来源于该国家(地区)所得的抵免限额的,应当在中国缴纳差额部分的税款;超过来源于该国家(地区)所得的抵免限额的,其超过部分不得在本纳税年度的应纳税额中抵免,但是可以在以后纳税年度来源于该国家(地区)所得的抵免限额的余额中补扣。补扣期限最长不得超过5年。

【例 7-9】 中国某公司聘用一位加拿大籍工程师鲍勃,已在该公司工作2年。201×年度继续在该公司工作,鲍勃每月领取工资23 000元,未从工资中扣除基本养老保险、基本医疗保险、失业保险及住房公积金。鲍勃与妻子雷文斯共同抚养一个孩子,在国内的某国际学校就读小学三年级,双方约定孩子的教育支出全部从鲍勃的所得中扣除。另外,鲍勃原来在加拿大任职的公司每月还支付其工资、薪金折合人民币9 800元,被代扣个人所得税980元。201×年度,鲍勃将其在加拿大的一辆汽车出租,月租金折合人民币15 000元,在该国已缴纳个人所得税2 000元。分析计算鲍勃201×年度在中国应交纳的个人所得税税额。

(1) 境内综合所得应纳税所得额=23 000×12−60 000−1 000×12=204 000(元)。

(2) 境内综合所得应纳税额=204 000×20%−16 920=23 880(元)。

(3) 境外综合所得应纳税所得额=9 800×12−60 000=57 600(元)。

(4) 境外综合所得的抵免限额=57 600×10%−2 520=3 240(元)。

(5) 境外综合所得已在境外缴纳的税额=980×12=11 760(元)。

(6) 境外财产租赁所得的抵免限额=15 000×(1−20%)×20%×12=28 800(元)。

(7) 境外财产租赁所得已在境外缴纳的税额=2 000×12=24 000(元)。

(8) 境外所得抵免限额之和=3 240+28 800=32 040(元)。

(9) 境外所得已在境外缴纳的税额之和=11 760+24 000=35 760(元)。

(10) 境外所得已在境外缴纳税额超过限额=35 760−32 040=3 720(元)。

(11) 该年度实际应交纳的税额=23 880(元)。

鲍勃该年度在加拿大取得的所得实际缴纳税额超过来源于加拿大所得的抵免限额3 720元,该年度在汇算清缴时不能从应纳税额中抵免,但是可以在以后5个纳税年度来源于加拿大所得的抵免限额的余额中补扣。

(三) 多人同项所得应纳税额的计算

两个或者两个以上的个人共同取得同一项目收入的,应当对每个人取得的收入分别按照个人所得税法规定减除费用后计算纳税。即按照"先分、后扣、再税"的程序进行计算。

【例 7-10】 假设甲、乙、丙三人(均为居民个人)将共同投资拥有的一套商铺对外出租,每月获得租金收入50 000元。根据三人的投资比例,甲获得40 000元,乙获得7 000元,丙获得3 000元。计算甲、乙、丙三人各自每月应交纳的个人所得税税额。

甲、乙、丙三人的收入为共同取得的财产租赁所得,应该分别按各自取得的收入计税。

(1) 甲应纳税额＝40 000×(1－20%)×20%＝6 400(元)。

(2) 乙应纳税额＝7 000×(1－20%)×20%＝1 120(元)。

(3) 丙应纳税额＝(3 000－800)×20%＝440(元)。

(四)兼有境内外多项所得应纳税额的计算

居民个人从境内和境外取得的综合所得或者经营所得,应当分别合并计算应纳税额;从境内和境外取得的其他所得应当分别单独计算应纳税额。

个人独资企业、合伙企业及个人从事其他生产、经营活动在境外营业机构的亏损,不得抵减境内营业机构的盈利。

(五)居民个人预扣预缴应纳税额的计算

《个人所得税法》规定,居民个人取得综合所得,按年计算个人所得税;有扣缴义务人的,由扣缴义务人按月或者按次预扣预缴税款。

1. 居民个人工资、薪金所得预扣税款的计算

扣缴义务人向居民个人支付工资、薪金所得时,应当按照累计预扣法计算预扣税款,并按月办理全员全额扣缴申报。具体计算公式如下:

$$本期应预扣预缴税额 = \left(累计预扣预缴应纳税所得额 × 预扣率 - 速算扣除数\right) - 累计减免税额 - 累计已预扣预缴税额$$

$$累计预扣预缴应纳税所得额 = 累计收入 - 累计免税收入 - 累计减除费用 - 累计专项扣除 - 累计专项附加扣除 - 累计依法确定的其他扣除$$

其中:累计减除费用,按照5 000元/月乘以纳税人当年截至本月在本单位的任职受雇月份数计算。上述公式中,计算居民个人工资、薪金所得预扣预缴税额的预扣率、速算扣除数,按《个人所得税预扣率表一》(见表7-4)执行。

表7-4

个人所得税预扣率表一

(居民个人工资、薪金所得预扣预缴适用)

级数	累计预扣预缴应纳税所得额	预扣率	速算扣除数
1	不超过36 000元的部分	3%	0
2	超过36 000元至144 000元的部分	10%	2 520
3	超过144 000元至300 000元的部分	20%	16 920
4	超过300 000元至420 000元的部分	25%	31 920
5	超过420 000元至660 000元的部分	30%	52 920
6	超过660 000元至960 000元的部分	35%	85 920
7	超过960 000元的部分	45%	181 920

【例7-11】 某公司职员小明2015年入职,2019年每月应发工资均为10 000元,每月减除费用5 000元,"三险一金"等专项扣除为1 500元,从1月起享受子女教育专项附加扣除

1 000元,没有减免收入及减免税额等情况。请计算小明2019年前3个月工资、薪金所得应预扣预缴的个人所得税税额。

1月份应预扣预缴税额=(10 000−5 000−1 500−1 000)×3%=75(元)·

2月份应预扣预缴税额=(10 000×2−5 000×2−1 500×2−1 000×2)×3%−75=75(元)

3月份应预扣预缴税额=(10 000×3−5 000×3−1 500×3−1 000×3)×3%−75−75=75(元)

进一步计算可知,小明全年累计预扣预缴应纳税所得额为30 000元,一直适用3%的税率,因此,各月应预扣预缴的税款相同。

【例7-12】 某公司职员小红2015年入职,2019年每月应发工资均为30 000元,每月减除费用5 000元,"三险一金"等专项扣除为4 500元,享受子女教育、赡养老人两项专项附加扣除共计2 000元,没有减免收入及减免税额等情况。请计算小红2019年前3个月工资、薪金所得应预扣预缴的个人所得税税额。

1月份应预扣预缴税额=(30 000−5 000−4 500−2 000)×3%=555(元)

2月份应预扣预缴税额=(30 000×2−5 000×2−4 500×2−2 000×2)×10%−2 520−555

=625(元)

3月份应预扣预缴税额=(30 000×3−5 000×3−4 500×3−2 000×3)×10%−2 520−555−625

=1 850(元)

上述计算结果表明,由于2月份累计预扣预缴应纳税所得额为37000元,已适用10%的税率,因此2月份和3月份应预扣预缴有所增高。

2. 居民个人劳务报酬所得、稿酬所得、特许权使用费所得预扣税款的计算

居民个人劳务报酬所得、稿酬所得、特许权使用费所得以收入减除费用后的余额为收入额。其中,稿酬所得的收入额减按70%计算。劳务报酬所得、稿酬所得、特许权使用费所得每次收入不超过4 000元的,减除费用按800元计算;每次收入4 000元以上的,减除费用按20%计算。

劳务报酬所得、稿酬所得、特许权使用费所得,以每次收入额为预扣预缴应纳税所得额。劳务报酬所得适用20%至40%的超额累进预扣率(见表7-5《个人所得税预扣率表二》),稿酬所得、特许权使用费所得适用20%的比例预扣率。

劳务报酬所得应预扣预缴税额=预扣预缴应纳税所得额×预扣率−速算扣除数

稿酬所得、特许权使用费所得应预扣预缴税额=预扣预缴应纳税所得额×20%

表7-5

个人所得税预扣率表二

(居民个人劳务报酬所得预扣预缴适用)

级数	预扣预缴应纳税所得额	预扣率	速算扣除数
1	不超过20 000元的部分	20%	0
2	超过20 000元至50 000元的部分	30%	2 000
3	超过50 000元的部分	40%	7 000

【例7-13】 假如某居民个人小静取得劳务报酬所得40 000元,请计算小静的劳务报酬所得应预扣预缴的个人所得税税额。

$$预扣预缴应纳税所得额＝40\,000×(1-20\%)＝32\,000(元)$$
$$应预扣预缴税额＝32\,000×30\%-2\,000＝7\,600(元)$$

【例 7-14】 假如某居民个人小梅取得稿酬所得 50 000 元,请计算小梅的稿酬所得应预扣预缴的个人所得税税额。

$$预扣预缴应纳税所得额＝50\,000×(1-20\%)×70\%＝28\,000(元)$$
$$应预扣预缴税额＝28\,000×20\%＝5\,600(元)$$

四、个人所得税的申报与缴纳

个人应当凭纳税人识别号实名办税。纳税人有中国居民身份证件号码的,以中国居民身份证件号码为纳税人识别号;纳税人没有中国居民身份证件号码的,由税务机关赋予其纳税人识别号。扣缴义务人扣缴税款时,纳税人应当向扣缴义务人提供纳税人识别号。

（一）源泉扣缴

由于个人的应税所得项目较多,并且较为分散不容易控制,因此,个人所得税的申报与缴纳主要以源泉扣缴为主。税法规定,个人所得税以所得人为纳税人,以支付所得的单位或者个人为扣缴义务人。扣缴义务人向个人支付应税款项时,应当依照《个人所得税法》的规定预扣或代扣税款,按时缴库,并专项记载备查。

扣缴义务人应当按照国家规定办理全员全额扣缴申报,并向纳税人提供其个人所得和已扣缴税款等信息。具体是指扣缴义务人在代扣税款的次月 15 日内,向主管税务机关报送其支付所得的所有个人的有关信息、支付所得数额、扣除事项和数额、扣缴税款的具体数额和总额以及其他相关涉税信息资料。

（二）自行申报

由于社会经济的不断发展,个人的收入也在不断增长,税务机关对于个人所得税的征收与管理也在不断加强。有下列情形之一的,纳税人应当依法办理纳税申报:

(1) 取得综合所得需要办理汇算清缴。包括下列情形:①从两处以上取得综合所得,且综合所得年收入额减除专项扣除的余额超过 6 万元;②取得劳务报酬所得、稿酬所得、特许权使用费所得中一项或者多项所得,且综合所得年收入额减除专项扣除的余额超过 6 万元;③纳税年度内预缴税额低于应纳税额;④纳税人申请退税。

(2) 取得应税所得没有扣缴义务人。

(3) 取得应税所得,扣缴义务人未扣缴税款。

(4) 取得境外所得。

(5) 因移居境外注销中国户籍。

(6) 非居民个人在中国境内从两处以上取得工资、薪金所得。

(7) 国务院规定的其他情形。

（三）汇算清缴及退税

纳税人可以委托扣缴义务人或者其他单位和个人办理汇算清缴。纳税人办理汇算清缴退税或者扣缴义务人为纳税人办理汇算清缴退税的,税务机关审核后,按照国库管理的有关规定办理退税。

纳税人申请退税时提供的汇算清缴信息有错误的,税务机关应当告知其更正;纳税人更正的,税务机关应当及时办理退税。扣缴义务人未将扣缴的税款解缴入库的,不影响纳税人按照规定申请退税,税务机关应当凭纳税人提供的有关资料办理退税。

对扣缴义务人按照所扣缴的税款,付给2%的手续费。应当填开退还书,扣缴义务人凭退还书,按照国库管理有关规定办理退库手续。

（四）专项附加扣除的信息管理

居民个人向扣缴义务人提供专项附加扣除信息的,扣缴义务人按月预扣预缴税款时应当按照规定予以扣除,不得拒绝。

居民个人取得工资、薪金所得时,可以向扣缴义务人提供专项附加扣除有关信息,由扣缴义务人扣缴税款时减除专项附加扣除。纳税人同时从两处以上取得工资、薪金所得,并由扣缴义务人减除专项附加扣除的,对同一专项附加扣除项目,在一个纳税年度内只能选择从一处取得的所得中减除。居民个人取得劳务报酬所得、稿酬所得、特许权使用费所得,应当在汇算清缴时向税务机关提供有关信息,减除专项附加扣除。

（五）协助办税机制

公安、人民银行、金融监督管理等相关部门应当协助税务机关确认纳税人的身份、金融账户信息。教育、卫生、医疗保障、民政、人力资源社会保障、住房城乡建设、公安、人民银行、金融监督管理等相关部门应当向税务机关提供纳税人子女教育、继续教育、大病医疗、住房贷款利息、住房租金、赡养老人等专项附加扣除信息。

个人转让不动产的,税务机关应当根据不动产登记等相关信息核验应缴的个人所得税,登记机构办理转移登记时,应当查验与该不动产转让相关的个人所得税的完税凭证。个人转让股权办理变更登记的,市场主体登记机关应当查验与该股权交易相关的个人所得税的完税凭证。

（六）纳税申报表

《个人所得税扣缴申报表》的格式如表7-6所示。该表适用于扣缴义务人向居民个人支付工资、薪金所得,劳务报酬所得,稿酬所得和特许权使用费所得的个人所得税全员全额预扣预缴申报;向非居民个人支付工资、薪金所得,劳务报酬所得,稿酬所得和特许权使用费所得的个人所得税全员全额扣缴申报;以及向纳税人(居民个人和非居民个人)支付利息、股息、红利所得,财产租赁所得,财产转让所得和偶然所得的个人所得税全员全额扣缴申报。国家税务总局将陆续制定和发布个人所得税申报的其他表格。

表 7-6

个人所得税扣缴申报表

税款所属期: 年 月 日至 年 月 日

扣缴义务人名称:

扣缴义务人纳税人识别号(统一社会信用代码): □□□□□□□□□□□□□□□□□□

金额单位: 人民币元(列至角分)

序号	姓名	身份证件类型	身份证件号码	纳税人识别号	是否为非居民个人	所得项目	本月(次)情况														累计情况(工资、薪金)									减按计税比例	准予扣除的捐赠额	应纳税所得额	税款计算						备注
							收入额计算				专项扣除				其他扣除						累计收入额	累计减除费用	累计专项扣除	累计专项附加扣除					累计其他扣除				税率/预扣率	速算扣除数	应纳税额	减免税额	已扣缴税额	应补(退)税额	
							收入	费用	免税收入	减除费用	基本养老保险费	基本医疗保险费	失业保险费	住房公积金	年金	商业健康保险	税延养老保险	财产原值	允许扣除的税费	其他				子女教育	赡养老人	住房贷款利息	住房租金	继续教育											
1	2	3	4	5	6	7	8	9	10	11	12	13	14	15	16	17	18	19	20	21	22	23	24	25	26	27	28	29	30	31	32	33	34	35	36	37	38	39	40
合 计																																							

谨声明: 本扣缴申报表是根据国家税收法律法规及相关规定填报的, 是真实的、可靠的、完整的。

扣缴义务人(签章):

代理机构签章:

代理机构统一社会信用代码:

经办人签字:

经办人身份证件号码:

受理人:

受理税务机关(章):

受理日期: 年 月 日

第三节　个人所得税的会计处理

一、企业代扣代缴个人所得税的会计处理

企业为了核算预扣预缴及代扣代缴的个人所得税，一般应设置"应交税费——代扣代缴个人所得税"科目，该科目贷方登记按照税法规定实际预扣或代扣的个人所得税税额，借方登记实际上缴预扣或代扣的个人所得税税额，期末余额一般在贷方，表示尚未缴纳的预扣或代扣的个人所得税税额。

（一）对居民个人综合所得预扣预缴个人所得税的会计处理

企业如果向居民个人支付综合所得，企业是法定的代扣代缴义务人，可以按照规定对支付的综合所得按月或按次进行预扣预缴。预扣税额时，借记"应付职工薪酬"等科目，贷记"应交税费——代扣代缴个人所得税"科目；上缴预扣的税额时，借记"应交税费——代扣代缴个人所得税"科目，贷记"银行存款"科目。

【例 7-15】　中国境内甲出版社 2019 年 3 月新入职一名职员小倩（居民个人），每月领取工资 12 000 元，基本养老保险、基本医疗保险、失业保险及住房公积金等专项扣除为 2 600 元，从 3 月起享受住房租金专项附加扣除为 1 500 元，无减免收入及减免税额等情况。本月向张某（居民个人）支付稿酬 8 600 元，该项所得由出版社按次预扣个人所得税。计算甲出版社 3 月份对小倩和张某应预扣预缴的个人所得税税额并作会计处理。

（1）预扣小倩工资、薪金所得个人所得税税额时：

应预扣预缴的个人所得税税额＝(12 000－5 000－2 600－1 500)×3％＝87(元)

借：应付职工薪酬　　　　　　　　　　　　　　　　　　　　12 000
　　贷：银行存款（库存现金）　　　　　　　　　　　　　　　　　9 313
　　　　应交税费——代扣代缴个人所得税　　　　　　　　　　　　　87
　　　　其他应付款　　　　　　　　　　　　　　　　　　　　　2 600

（2）预扣张某稿酬所得个人所得税税额时：

应预扣预缴的个人所得税税额＝8 600×(1－20％)×70％×20％＝963.2(元)

借：其他应付款　　　　　　　　　　　　　　　　　　　　　8 600
　　贷：银行存款（库存现金）　　　　　　　　　　　　　　　　7 636.8
　　　　应交税费——代扣代缴个人所得税　　　　　　　　　　　963.2

（2）预缴个人所得税税额时：

借：应交税费——代扣代缴个人所得税　　　　　　　　　　　1 050.2
　　贷：银行存款　　　　　　　　　　　　　　　　　　　　　1 050.2

（二）对非居民个人综合所得代扣代缴个人所得税的会计处理

扣缴义务人向非居民个人支付工资、薪金所得，劳务报酬所得，稿酬所得和特许权使用

费所得时,应当按月或者按次代扣代缴个人所得税。代扣税额时,借记"应付职工薪酬"等科目,贷记"应交税费——代扣代缴个人所得税"科目;上缴代扣的税额时,借记"应交税费——代扣代缴个人所得税"科目,贷记"银行存款"科目。

【例7-16】 中国境内甲公司向李某(非居民个人)支付劳务报酬20 000元,计算甲公司应代扣李某的个人所得税税额并作会计处理。

(1)代扣李某劳务报酬所得个人所得税税额时:

应代扣的个人所得税税额=(20 000-20 000×20%)×20%-1 410=1 790(元)

借:其他应付款	20 000
贷:银行存款(库存现金)	18 210
应交税费——代扣代缴个人所得税	1 790

(2)上缴代扣的个人所得税税额时:

| 借:应交税费——代扣代缴个人所得税 | 1 790 |
| 贷:银行存款 | 1 790 |

(三)支付其他项目所得代扣代缴个人所得税的会计处理

企业向居民个人或非居民个人支付财产租赁费所得,财产转让所得,利息、股息、红利所得,偶然所得等项目时,一律由支付单位作为扣缴义务人进行代扣代缴。企业向个人支付这些项目所得时,借记"管理费用""财务费用""销售费用""应付股利""固定资产"等科目,贷记"应交税费——代扣代缴个人所得税"科目;上缴代扣的个人所得税税额时,借记"应交税费——代扣代缴个人所得税"科目,贷记"银行存款"科目。

【例7-17】 中国公民田某将自己拥有的一套写字楼转让给甲公司,取得转让收入3 200 000元。该套写字楼购进时的原价为2 700 000元,转让时支付各种税费合计150 000元。计算甲公司应代扣田某的个人所得税税额并作会计处理。

(1)计算代扣田某的个人所得税税额:

应纳税所得额=3 200 000-2 700 000-150 000=350 000(元)

应代扣税额=350 000×20%=70 000(元)

(2)甲公司支付田某款项时:

借:固定资产	3 200 000
贷:银行存款	3 130 000
应交税费——代扣代缴个人所得税	70 000

(3)上缴代扣的个人所得税税额时:

| 借:应交税费——代扣代缴个人所得税 | 70 000 |
| 贷:银行存款 | 70 000 |

二、经营所得个人所得税的会计处理

《个人所得税法》规定,纳税人取得经营所得,按年计算个人所得税,由纳税人在月度或者季度终了后 15 日内向税务机关报送纳税申报表,并预缴税款;在取得所得的次年 3 月 31 日前办理汇算清缴。纳税人按月或按季度预缴个人所得税时,借记"应交税费——应交个人所得税"科目,贷记"银行存款"科目;次年 3 月 31 日前汇算清缴时,借记"所得税费用"科目,贷记"应交税费——应交个人所得税"科目。

如果预缴不足需要补缴个人所得税时,借记"应交税费——应交个人所得税"科目,贷记"银行存款"科目;如果多缴退回个人所得税时,借记"银行存款"科目,贷记"应交税费——应交个人所得税"科目。

【例 7-18】 中国公民王某为经营五金用品的个人独资企业投资人,201×年收入总额为 2 000 000 元,进货成本为 1 400 000 元,销售费用、管理费用为 300 000 元,该年度发生货物毁损 20 000 元;王某每月向税务机关缴纳基本养老保险、基本医疗保险、失业保险及住房公积金合计 1 350 元;王某是家里独子,父母由其赡养;无综合所得、减免收入及减免税额等情况;王某每个季度向税务机关预缴个人所得税 6 000 元,次年 3 月 31 日前汇算清缴。计算王某该年度应缴纳的个人所得税税额并作会计处理。

(1)每个季度预缴个人所得税时:

借:应交税费——应交个人所得税	6 000
贷:银行存款	6 000

(2)计算王某全年应缴纳的个人所得税税额时:

应纳税所得额=2 000 000-1 400 000-300 000-20 000-60 000-1 350×12-2 000×12
=179 800(元)

应纳税额=179 800×20%-10 500=25 460(元)

借:所得税费用	25 4600
贷:应交税费——应交个人所得税	25 460

(3)王某补缴个人所得税税额时

借:应交税费——应交个人所得税	1 460
贷:银行存款	1 460

思 考 题

1. 个人所得税法规定的纳税人是什么?如何判断和区别居民个人和非居民个人?
2. 个人所得税法规定的应税所得项目有哪些?
3. 个人所得税法设置的税率有哪几种?
4. 如何确定应税所得项目中的"次"?
5. 个人所得税的应纳税所得额及应纳税额如何计算?
6. 个人所得税能否全部实行自行申报?
7. 中国的个人所得税法还应该如何进行改革?

练 习 题

习题一

一、目的:练习居民个人各所得项目应纳税所得额及应纳税额的计算。

二、资料:张先生(居民个人)是郑州市某大学教授,某年1～12月收入情况及相关资料如下:

(1) 每月取得工资 13 000 元,每月从工资中扣除的基本养老保险、基本医疗保险、失业保险及住房公积金共计 2 990 元。

(2) 张先生与妻子育有一女,正在读高一,双方约定孩子的教育支出由张先生全部扣除。张先生是家里独子,父母由其赡养。

(3) 2 月,张先生为郑州市另一所大学讲学获得收入 5 000 元。

(4) 5 月,张先生的一本专著出版,从出版社获得稿酬 12 000 元。

(5) 8 月,张先生将家庭的另外一套住房转让,获得转让收入 1 650 000 元,该套住房购买时的价格为 1 300 000 元,转让过程中发生各种税费共计 78 000 元。

(6) 11 月,张先生购买中国福利彩票中奖获得 48 000 元。

三、要求:根据上述资料,计算下列项目的应纳税额。

(1) 计算张先生该年度综合所得应缴纳的个人所得税税额。

(2) 计算张先生财产转让所得应缴纳的个人所得税税额。

(3) 计算张先生偶然所得应缴纳的个人所得税税额。

习题二

一、目的:练习经营所得应纳税所得额及应纳税额的计算。

二、资料:中国公民蒋先生与妻子在北京市开办了一家培训机构,主要开设面向小学生的舞蹈、乐器、绘画等艺术类课程,某年度的主要生产经营资料如下:

(1) 获得收入总额 1 680 000 元,采购教学使用的办公设备、耗材等 530 000 元,支付授课教师劳务费用 740 000 元,发生销售费用、管理费用等 120 000 元,发生教学耗材毁损 6 000 元。

(2) 蒋先生每月向税务机关依法缴纳基本养老保险、基本医疗保险及住房公积金共计 1 850 元。

(3) 蒋先生与妻子育有一女,正在读小学五年级,双方选择由蒋先生 100% 扣除子女教育支出。

(4) 蒋先生与妻子在北京没有自有住房,由蒋先生与房东签订了租赁合同,租住了一套两居室,租期 5 年,每月支付租金 2 500 元,已经居住了两年。

(5) 当年 8 月,蒋先生购买了一份符合税法规定的商业健康保险产品,当年缴纳保费 2 800 元,税法规定每年的扣除限额为 2 400 元。

三、要求:根据上述资料,计算下列项目的金额。

(1) 计算蒋先生该年度的应纳税所得额。

(2) 计算蒋先生该年度应纳个人所得税税额。

习题三

一、目的:练习预扣预缴及代扣代缴个人所得税的计算及会计处理。

二、资料：甲公司是中国境内的上市公司，假设某年12月份发生下列支付业务：

(1) 向本月刚入职员工黎某(居民个人)支付工资 4 500 元，未从其工资中扣除"三险一金"。

(2) 向美国技术人员怀特(非居民个人)支付咨询费 6 800 元。

(3) 向杨某(居民个人)支付汽车租赁费 2 500 元。

(4) 向国内某大学教授苏某(居民个人)支付一项专利使用费 60 000 元。

三、要求：根据上述资料，计算下列项目的应纳税额并作会计处理。

(1) 计算预扣黎某的个人所得税税额并作会计处理。

(2) 计算代扣怀特的个人所得税税额并作会计处理。

(3) 计算代扣杨某的个人所得税税额并作会计处理。

(4) 计算代扣苏某的个人所得税税额并作会计处理。

第八章　资源税会计

本章导读

　　资源税是为了保护和促进国有自然资源的合理开发与利用,适当调节资源级差收入而征收的一种税收。我国现行资源税的征收范围包括原油、天然气、煤炭、稀土、钨、钼、金属矿、非金属矿和盐等。随着资源税改革的全面推开,其计税方式也由从量计征改为从价计征。

　　本章介绍资源税的税制要素、税款计算与纳税申报及相关会计处理。通过本章学习,应掌握资源税的税制构成要素;掌握资源税计税依据的确定与应纳税额的计算以及资源税的会计处理。

第一节　资源税概述

一、资源税的概念及特点

(一)资源税的概念

　　资源税是以特定自然资源为征税对象,对我国领域及管辖海域从事应税矿产品开采或者生产盐的单位和个人课征的一种税。其主要目的是调节资源级差收入,体现资源有偿开采,促进资源节约使用和保护自然资源。

　　现代资源税按征收目的不同,可分为一般资源税和级差资源税两类。

　　一般资源税是对占用、开发国有自然资源者普遍征收的一种资源税,目的是体现国有资源有偿占用原则;级差资源税是对占用、开发国有自然资源者因资源条件差异而获得的级差收入征收的一种资源税,目的侧重于调节因资源条件差异给纳税人带来的资源级差收入,以利于企业之间平等竞争。在税收实践中,资源税实施"普遍征收、级差调节"的原则,既对占用、开发国有自然资源者普遍征收,又根据资源条件差异对不同纳税人采用差别税收负担,兼具一般资源税和级差资源税的性质。

(二)资源税的特点

　　资源税的特点主要表现为对特定资源征税,普遍征收、级差调节和具有受益税等方面。

1. 对特定资源征税

我国的资源税,是以各种自然资源为课税对象的一种税。自然资源是指自然界存在的天然物质财富,包括矿产资源、森林资源、土地资源、植物资源、动物资源、海洋资源、太阳能资源和水资源等。但是,我国资源税的征税对象既不是全部的自然资源,也非对具有商品属性的所有资源征税,而只是对部分级差收入差异较大、资源较为普遍、易于征收管理的矿产品和盐两类资源列为征税范围。

2. 普遍征收、级差调节

按照"资源条件好、收入多的多征;资源条件差、收入少的少征"的原则,根据矿产资源等级分别确定不同的税额(税率),以有效地调节资源级差收入。

3. 具有受益税性质

个别税种事先明确规定使用范围和方向,税款的交纳与受益更直接地联系在一起,称之为受益税。在我国,国家既是政治权力的行使者,又是自然资源的所有者。资源税的征收是国家政治权力和所有权的统一。它一方面体现了税收强制性、固定性的特征,另一方面主要体现了对国有资源的有偿占用性。单位或个人开发经营国有自然资源,既应当为拥有开发权而付出一定的"代价";又因享受国有自然资源而有义务支付一定的"费用"。

(三)资源税的改革历程

我国1984年开征资源税,采用普遍征收、从量定额计征的方式,对在我国境内从事原油、天然气、煤炭等矿产资源开采的单位和个人征收资源税。

1993年12月25日中华人民共和国国务院令第139号发布《中华人民共和国资源税暂行条例》,对资源税进行了改革,进一步扩大征收范围,征税对象包括原油、天然气、煤炭、其他非金属矿原矿、黑色金属矿原矿、有色金属矿原矿和盐7大类,并实行从量定额征收办法。

但随着我国经济的发展,这种计税方法已不适应经济发展和构建资源节约型社会的要求。为进一步完善资源税制度,2010年6月1日,我国率先在新疆开展原油、天然气资源税从价计征改革,拉开了资源税制度改革的序幕。2011年11月1日起施行修订后的《中华人民共和国资源税暂行条例》及其实施细则,经过6年的探索实践,资源税改革率先在原油、天然气、煤炭、稀土、钨、钼6个品目建立了从价计征机制,实现了资源税收入与矿价直接挂钩,有效克服了原从量定额征收方式缺乏弹性和逆向调节的问题,也为全面推开资源税从价计征改革摸清了方向,积累了经验。

2016年7月1日起资源税改革全面推开,通过全面实施清费立税、从价计征改革,理顺资源税费关系,建立规范公平、调控合理、征管高效的资源税制度,有效发挥其组织收入、调控经济、促进资源节约集约利用和生态环境保护的作用。基本原则包括:①清费立税。着力解决当前存在的税费重叠、功能交叉问题,将矿产资源补偿费等收费基金适当并入资源税,取缔违规、越权设立的各项收费基金,进一步理顺税费关系。②合理负担。兼顾企业经营的实际情况和承受能力,借鉴煤炭等资源税费改革经验,合理确定资源税计税依据和税率水平,增强税收弹性,总体上不增加企业税费负担。③适度分权。结合我国资源分布不均衡、地域差异较大等实际情况,在不影响全国统一市场秩序前提下,赋予地方适当的税政管理权。④循序渐进。在煤炭、原油、天然气等已实施从价计征改革基础上，对其他矿产资源全面实施改革。积极创造条件，逐步对水、森林、草场、滩涂等自然资源开征资源税。

二、资源税的纳税人与扣缴义务人

在中华人民共和国领域及管辖海域开采应税矿产品或者生产盐的单位和个人，为资源税的纳税人。单位是指企业、行政单位、事业单位、军事单位、社会团体及其他单位。个人是指个体工商户和其他个人。

收购未税矿产品的单位为资源税的扣缴义务人。扣缴义务人履行代扣代缴的适用范围是：收购的除原油、天然气、煤炭以外的资源税未税矿产品。

未税矿产品是指纳税人在销售其矿产品时不能向扣缴义务人提供资源税管理证明的矿产品。资源税管理证明是证明销售的矿产品已交纳资源税或已向当地税务机关办理纳税申报的有效凭证。

收购未税矿产品的单位是指独立矿山、联合企业和其他单位。独立矿山是指只有采矿或只有采矿和选矿、独立核算、自负盈亏的单位，其生产的原矿和精矿主要用于对外销售。联合企业是指采矿、选矿、冶炼（或加工）连续生产的企业或采矿、冶炼（或加工）连续生产的企业，其采矿单位一般是该企业的二级或二级以下核算单位。其他单位也包括收购未税矿产品的个体户在内。

凡开采销售应税矿产品的单位和个人，在销售其矿产品时，应当向当地主管税务机关申请开具"资源税管理证明"，作为销售矿产品已申报纳税免予扣缴税款的依据。购货方（扣缴义务人）在收购矿产品时，应主动向销售方（纳税人）索要"资源税管理证明"。凡销售方不能提供"资源税管理甲种证明"的或超出"资源税管理乙种证明"注明的销售数量部分，一律视同未税矿产品，由扣缴义务人依法代扣代缴资源税，并向纳税人开具代扣代缴税款凭证。

三、资源税的课税范围

（一）现行资源税的征收范围

我国现行资源税的征收范围包括原油、天然气、煤炭、其他非金属矿原矿、黑色金属矿原矿、有色金属矿原矿和盐。

（1）原油，是指开采的天然原油，不包括人造石油。

（2）天然气，是指专门开采或与原油同时开采的天然气，暂不包括煤矿生产的天然气。

（3）煤炭，是指原煤和以未税原煤加工的洗选煤。

（4）其他非金属矿原矿，是指上列产品和井矿盐以外的非金属矿原矿。

（5）金属矿产品原矿，包括黑色金属矿原矿、有色金属矿原矿。

（6）盐，包括固体盐和液体盐。固体盐，是指海盐原盐、湖盐原盐和井矿盐。海盐分为北方海盐（指辽宁、河北、天津、山东、江苏五省、市所产的海盐）和南方海盐（指浙江、福建、广东、海南、广西五省、自治区所产的海盐）。

液体盐是指氯化钠含量达到一定浓度的溶液，是用于生产碱和其他产品的原料。

（二）扩大资源税征收范围改革试点

（1）2016 年 7 月 1 日起，扩大资源税征收范围，先在河北省开展水资源税试点。采取水资源费改税方式，将地表水和地下水纳入征税范围，实行从量定额计征，对高耗水行业、超计划用水以及在地下水超采地区取用地下水，适当提高税额标准，正常生产生活用水维持原有负担水平不变。

2017 年 11 月 28 日，中国财政部、国家税务总局、水利部对外公布《扩大水资源税改革试点实施办法》，决定在河北省率先实施水资源税改革试点的基础上，自 2017 年 12 月 1 日起，在北京、天津、山西、内蒙古、河南、山东、四川、陕西、宁夏 9 省（直辖市、自治区）扩大水资源税改革试点。

在总结试点经验基础上，财政部、国家税务总局将选择其他地区逐步扩大试点范围，条件成熟后在全国推开。

（2）逐步将其他自然资源纳入征收范围。鉴于森林、草场、滩涂等资源在各地区的市场开发利用情况不尽相同，对其全面开征资源税条件尚不成熟，此次改革不在全国范围统一规定对森林、草场、滩涂等资源征税。各省、自治区、直辖市（以下统称省级）人民政府可以结合本地实际，根据森林、草场、滩涂等资源开发利用情况提出征收资源税的具体方案建议，报国务院批准后实施。

四、资源税的税目、税率

经国务院批准，我国自 2010 年起先后实施了原油、天然气、煤炭、稀土、钨、钼 6 个品目资源税从价计征改革，并全面清理相关收费基金。其资源税税目、税率见表 8-1。

表 8-1

资源税税目税率表

税 目	税 率
一、原油	6%
二、天然气	6%
三、煤炭	2%～10%
四、稀土	轻稀土按地区执行不同的适用税率，其中，内蒙古为 11.5%、四川为 9.5%、山东为 7.5%；中重稀土资源税适用税率为 27%。
五、钨	6.5%
六、钼	11%

2016 年 7 月 1 日起，《关于全面推进资源税改革的通知》（财税〔2016〕53 号）中《资源税税目税率幅度表》列举了铁矿、金矿、石墨、海盐等 21 个税目，由从量定额改为从价定率计征，未列举名称的其他金属矿全部改为从价计征，未列举名称的其他非金属矿按照从价计征为主、从量计征为辅的原则，由省级人民政府确定计征方式。金属矿、非金属矿和盐的税目税率表见表 8-2。

表 8-2

资源税税目税率幅度表

序号	税 目		征税对象	税率幅度
1	金属矿	铁矿	精矿	1%～6%
2		金矿	金锭	1%～4%
3		铜矿	精矿	2%～8%
4		铝土矿	原矿	3%～9%
5		铅锌矿	精矿	2%～6%
6		镍矿	精矿	2%～6%
7		锡矿	精矿	2%～6%
8		未列举名称的其他金属矿产品	原矿或精矿	税率不超过20%
9	非金属矿	石墨	精矿	3%～10%
10		硅藻土	精矿	1%～6%
11		高岭土	原矿	1%～6%
12		萤石	精矿	1%～6%
13		石灰石	原矿	1%～6%
14		硫铁矿	精矿	1%～6%
15		磷矿	原矿	3%～8%
16		氯化钾	精矿	3%～8%
17		硫酸钾	精矿	6%～12%
18		井矿盐	氯化钠初级产品	1%～6%
19		湖盐	氯化钠初级产品	1%～6%
20		提取地下卤水晒制的盐	氯化钠初级产品	3%～15%
21		煤层(成)气	原矿	1%～2%
22		黏土、砂石	原矿	每吨或立方米 0.1 元～5 元
23		未列举名称的其他非金属矿产品	原矿或精矿	从量税率每吨或立方米不超过30元;从价税率不超过20%
24	海盐		氯化钠初级产品	1%～5%

注:氯化钠初级产品是指井矿盐、湖盐原盐、提取地下卤水晒制的盐和海盐原盐,包括固体和液体形态的初级产品。

　　对《资源税税目税率幅度表》中列举名称的资源品目,由省级人民政府在规定的税率幅度内提出具体适用税率建议,报财政部、国家税务总局确定核准。对未列举名称的其他金属和非金属矿产品,由省级人民政府根据实际情况确定具体税目和适用税率,报财政部、国家税务总局备案。省级人民政府在提出和确定适用税率时,要结合当前矿产企业实际生产经营情况,遵循改革前后税费平移原则,充分考虑企业负担能力。

五、资源税的税收优惠

1.《关于资源税改革具体政策问题的通知》(财税〔2016〕54号)规定的优惠政策

(1) 对依法在建筑物下、铁路下、水体下通过充填开采方式采出的矿产资源,资源税减征50%。

充填开采是指随着回采工作面的推进,向采空区或离层带等空间充填废石、尾矿、废渣、建筑废料以及专用充填合格材料等采出矿产品的开采方法。

(2) 对实际开采年限在15年以上的衰竭期矿山开采的矿产资源,资源税减征30%。

衰竭期矿山是指剩余可采储量下降到原设计可采储量的20%(含)以下或剩余服务年限不超过5年的矿山,以开采企业下属的单个矿山为单位确定。

(3) 对鼓励利用的低品位矿、废石、尾矿、废渣、废水、废气等提取的矿产品,由省级人民政府根据实际情况确定是否给予减税或免税。

(4) 为促进共伴生矿的综合利用,纳税人开采销售共伴生矿,共伴生矿与主矿产品销售额分开核算的,对共伴生矿暂不计征资源税;没有分开核算的,共伴生矿按主矿产品的税目和适用税率计征资源税。

2.《关于调整原油、天然气资源税有关政策的通知》(财税〔2014〕73号)规定的资源税优惠政策

(1) 对油田范围内运输稠油过程中用于加热的原油、天然气免征资源税。

(2) 对稠油、高凝油和高含硫天然气资源税减征40%。

(3) 对三次采油资源税减征30%。

(4) 对低丰度油气田资源税暂减征20%。

(5) 对深水油气田资源税减征30%。

符合上述减免税规定的原油、天然气划分不清的,一律不予减免资源税;同时符合上述两项及两项以上减税规定的,只能选择其中一项执行,不能叠加适用。

3.《关于实施煤炭资源税改革的通知》(财税〔2014〕72号)规定的资源税优惠政策

(1) 对衰竭期煤矿开采的煤炭,资源税减征30%。衰竭期煤矿,是指剩余可采储量下降到原设计可采储量的20%(含)以下,或者剩余服务年限不超过5年的煤矿。

(2) 对充填开采置换出来的煤炭,资源税减征50%。

纳税人开采的煤炭,同时符合上述减税情形的,纳税人只能选择其中一项执行,不能叠加适用。

另外,进口的矿产品和盐不征收资源税,出口应税产品也不免(退)已纳资源税。

纳税人的减税、免税项目,应当单独核算销售额或者销售数量;未单独核算或者不能准确提供销售额或者销售数量的,不予减税或者免税。

六、资源税纳税期限、纳税环节与纳税地点

(一)纳税义务发生时间与纳税期限

纳税人销售应税产品,纳税义务发生时间为收讫销售款或者取得索取销售款凭据的当

天;自产自用应税产品,纳税义务发生时间为移送使用的当天。

资源税纳税人的纳税期限为1日、3日、5日、10日、15日或者1个月,由主管税务机关根据实际情况具体核定。不能按固定期限计算纳税的,可以按次计算纳税。

纳税人以1个月为一期纳税的,自期满之日起10日内申报纳税;以1日、3日、5日、10日或者15日为一期纳税的,自期满之日起5日内预缴税款,于次月1日起10日内申报纳税并结清上月税款。

（二）纳税环节与纳税地点

资源税在应税产品的销售或自用环节计算交纳。纳税人开采或者生产应税产品,自用于连续生产应税产品的,不交纳资源税;自用于其他方面的,视同销售,交纳资源税。

以自采原矿加工精矿产品的,在原矿移送使用时不交纳资源税,在精矿销售或自用时交纳资源税。纳税人以自采原矿加工金锭的,在金锭销售或自用时交纳资源税。纳税人销售自采原矿或者自采原矿加工的金精矿、粗金,在原矿或者金精矿、粗金销售时交纳资源税,在移送使用时不交纳资源税。

以应税产品投资、分配、抵债、赠与、以物易物等,视同销售,依照有关规定计算交纳资源税。

纳税人应当向矿产品的开采地或盐的生产地交纳资源税。纳税人在本省、自治区、直辖市范围开采或者生产应税产品,其纳税地点需要调整的,由省级地方税务机关决定。

第二节　资源税的计算与纳税申报

一、资源税的计算

资源税采用从价计征或者从量计征的办法,计税依据为应税产品的销售额或销售数量。分别以应税产品的销售额乘以纳税人适用的比例税率或者以应税产品的销售数量乘以纳税人具体适用的定额税率计算应纳税额。基本计算公式:

$$应纳税额=应税产品销售额×比例税率$$

或
$$=应税产品销售数量×定额税率$$

（一）应税销售额的确定

应税销售额是指纳税人销售应税产品向购买方收取的全部价款和价外费用,不包括增值税销项税额和运杂费用。

运杂费用是指应税产品从坑口或洗选（加工）地到车站、码头或购买方指定地点的运输费用、建设基金以及随运销产生的装卸、仓储、港杂费用。运杂费用应与销售额分别核算,凡未取得相应凭证或不能与销售额分别核算的,应当一并计征资源税。

为公平原矿与精矿之间的税负,对同一种应税产品,征税对象为精矿的,纳税人销售原矿时,应将原矿销售额换算为精矿销售额交纳资源税;征税对象为原矿的,纳税人销售自采原矿加工的精矿,应将精矿销售额折算为原矿销售额交纳资源税。

$$精矿销售额＝原矿销售额×换算比$$

换算比或折算率应按简便可行、公平合理的原则,由省级财税部门确定,并报财政部、国家税务总局备案。征税对象规定为精矿的,本省如果没有销售原矿的情况,则不必确定换算比;其征税对象规定为原矿的,本省如果没有销售精矿的情形,则不必确定折算率。

纳税人申报的应税产品销售额明显偏低并且无正当理由的、有视同销售应税产品行为而无销售额的,除财政部、国家税务总局另有规定外,按下列顺序确定销售额:

(1) 按纳税人最近时期同类产品的平均销售价格确定。

(2) 按其他纳税人最近时期同类产品的平均销售价格确定。

(3) 按组成计税价格确定。组成计税价格为:

$$组成计税价格＝成本×(1＋成本利润率)÷(1－税率)$$

公式中的成本是指:应税产品的实际生产成本。公式中的成本利润率由省、自治区、直辖市税务机关确定。

纳税人以人民币以外的货币结算销售额的,应当折合成人民币计算。其销售额的人民币折合率可以选择销售额发生的当天或者当月1日的人民币汇率中间价。纳税人应在事先确定采用何种折合率计算方法,确定后1年内不得变更。

纳税人用已纳资源税的应税产品进一步加工应税产品销售的,不再交纳资源税。纳税人以未税产品和已税产品混合销售或者混合加工为应税产品销售的,应当准确核算已税产品的购进金额,在计算加工后的应税产品销售额时,准予扣减已税产品的购进金额;未分别核算的,一并计算交纳资源税。

(二) 应税销售量的确定

采用从量计征消费税的应税产品以销售量作为资源税计税依据。销售数量包括纳税人开采或者生产应税产品的实际销售数量和视同销售的自用数量。

2016年7月,资源税从价计征改革后,对经营分散、多为现金交易且难以控管的粘土、砂石,按照便利征管原则,实行从量定额计征。对《资源税税目税率幅度表》中未列举名称的其他非金属矿产品,按照从价计征为主、从量计征为辅的原则,由省级人民政府确定计征方式。

如果征税对象为原矿,纳税人销售精矿的,应当将精矿的销售数量换算为原矿的销售数量;如果征税对象为精矿,纳税人销售原矿的,应当将原矿的销售数量换算为精矿的销售数量。

纳税人不能准确提供应税产品销售数量的,以应税产品的产量或者主管税务机关确定的折算比换算成的数量为计征资源税的销售数量。

纳税人开采或者生产不同税目应税产品的,应当分别核算不同税目应税产品的销售额或者销售数量;未分别核算或者不能准确提供不同税目应税产品的销售额或者销售数量的,从高适用税率。纳税人的减税、免税项目,应当单独核算销售额或者销售数量;未单独核算或者不能准确提供销售额或者销售数量的,不予减税或者免税。

【例 8-1】 2 月，A 油田企业生产原油 25 万吨，当月销售 20 万吨，加热、修井用 2 万吨，将剩余 3 万吨原油赠送给协作单位；开采天然气 700 万立方米，当月销售 600 万立方米，待售 100 万立方米。该企业的原油销售单价为每吨 4 700 元(不含增值税，下同)，天然气每立方米 2 元。原油、天然气的资源税税率均为 6%，计算 A 油田企业 2 月应纳资源税额。

纳税人应按照原油和天然气的实际销售数量计算交纳资源税；用于加热、修井的原油免征资源税。

该油田企业 2 月应交纳资源税=(20+3)×4 700×6%+600×2×6%=6 558(万元)

【例 8-2】 某油气田企业(一般纳税人)主要从事原油、天然气的开采销售，1 月、2 月发生下列业务：

(1) 1 月份，开采原油 50 000 吨，采用分期收款方式销售自行开采的原油 12 000 吨，不含税销售额 5 400 万元，合同规定，货款分两个月支付，本月支付 60%，其余货款于 2 月 15 日前支付。由于购货方资金紧张，1 月支付货款 1 800 万元。采用预收货款方式向甲企业销售原油 10 000 吨，不含税销售额 4 500 万元，当月收取 20%定金，不含税金额为 900 万元，合同规定 2 月 5 日发货，并收回剩余货款。销售天然气 1 000 万立方米，取得不含税销售额 3 000 万元。从一般纳税人购进低值易耗品及办公用品，取得增值税专用发票，注明不含税价款 500 万元，支付不含税运费 12 万元，并取得运输部门(一般纳税人)开具的增值税专用发票。

(2) 2 月份，5 日向甲企业发出原油 10 000 吨，收回剩余的 80%货款，不含税金额为 3 600 万元；销售原油 15 000 吨，取得不含税销售额 6 750 万元，另向购货方收取延期付款利息 58.5 万元。购进机器设备一台，取得增值税专用发票中注明的增值税 80 万元，支付购货运费 5 万元，取得运输企业开具的增值税专用发票注明税额 0.5 万元。当月将开采出来的 1 000 吨原油赠送给长期合作的炼油企业。

原油、天然气资源税税率为 6%。购进货物取得的增值税专用发票和运费增值税专用发票符合税法规定，均在当月认证并申报抵扣。根据上述资料，分别计算 1 月、2 月企业应交的资源税和增值税。

(1) 1 月份：

采用分期收款方式销售原油，根据税法规定，纳税人采用分期收款结算方式销售应税产品的，其纳税义务发生时间为销售合同规定的收款日期的当天。

应纳资源税=5 400×60%×6%=194.4(万元)

增值税销项税额=5 400×60%×16%=518.4(万元)

采用预收款方式销售原油，因为纳税人采用预收款方式销售应税产品的，其纳税义务发生时间为发出应税产品的当天，所以 1 月份销售原油并不交纳资源税和增值税。

销售天然气应纳资源税=3 000×6%=180(万元)

销售天然气增值税销项税额=3 000×10%=300(万元)

购进低值易耗品及办公用品可以抵扣的进项税=500×16%+12×10%=81.2(万元)

1 月份应纳资源税=194.4+180=374.4(万元)

1 月份应纳增值税=518.4+300-81.2=737.2(万元)

（2）2月份：

本月向甲企业发出原油，纳税义务发生，应全额纳税

该业务应纳资源税＝（900＋3 600）×6％＝270（万元）

该业务增值税销项税额＝（900＋3 600）×16％＝720（万元）

2月份销售原油应纳资源税＝（6 750＋58.5÷1.16）×6％＝408.03（万元）

增值税销项税额＝（6 750＋58.5÷1.16）×16％＝1 088.07（万元）

准予抵扣的进项税＝80＋0.5＝80.5（万元）

将自产原油对外赠送，要视同销售交纳增值税和资源税。

应纳资源税＝6 750÷15 000×1 000×6％＝27（万元）

增值税销项税额＝6 750÷15 000×1 000×16％＝72（万元）

1月份采用分期收款方式销售原煤的，2月份应就其中的40％交纳资源税

应纳资源税＝5 400×40％×6％＝129.6（万元）

增值税销项税额＝5 400×40％×16％＝345.6（万元）

2月份应纳资源税合计＝270＋408＋27＋129.6＝834.6（万元）

2月份应纳增值税合计＝720＋1 088.07＋72＋345.6－80.5＝2 145.17（万元）

【例8-3】　某煤矿企业（增值税一般纳税人），4月份向某电厂销售优质原煤4 500吨，开具增值税专用发票注明不含税价款54万元，支付从坑口到车站的运输费用3万元（不含增值税）；向某煤场销售选煤，开具增值税普通发票列明销售额11.6万元。该煤矿原煤资源税税率为6％，选煤折算率为92％。计算该煤矿本月应纳资源税税额。

当月应纳资源税＝54×6％＋11.6÷（1＋16％）×92％×6％＝3.79（万元）

【例8-4】　某煤矿本月外销自产原煤20万吨，每吨售价400元，外销以自产原煤加工的选煤50万吨，每吨不含税售价600元。当地洗选煤折算率为70％，原煤资源税税率为4％。计算该煤矿本月应纳资源税税额。

对外销售原煤应纳税额＝200 000×400×4％＝3 200 000（元）

外销以自产原煤加工的选煤应纳资源税＝500 000×600×70％×4％＝8 400 000（元）

则该煤矿本月资源税应纳税额＝3 200 000＋8 400 000＝11 600 000（元）

【例8-5】　M独立矿山3月份收购未税铝土矿原矿60 000吨，每吨收购价（含资源税）300元，该铝土矿资源税税率为5％，计算该矿山当月应代扣代缴的资源税税额。

收购铝土矿应代扣代缴的资源税额＝60 000×300×5％＝900 000（元）

二、资源税的纳税申报

资源税纳税申报是指资源税纳税人依照税收法律法规规定或主管税务机关依法确定的申报期限，向主管税务机关办理资源税纳税申报的业务。纳税人不论本期是否发生应税行为，均应按期进行纳税申报。

根据实施资源税全面改革的需要，国家税务总局对原资源税纳税申报表进行了修订，

形成了一张主表、三张附表，即《资源税纳税申报表》《资源税纳税申报表附表（一）》（原矿类税目适用）、《资源税纳税申报表附表（二）》（精矿类税目适用）、《资源税纳税申报表附表（三）》（减免税明细），自 2016 年 7 月 1 日起施行。主表反映从计税依据（包括计税销售量、计税销售额）到应纳税额和应补（退）税额的计算过程，简明扼要。附表主要反映计税依据的计算过程以及减免税项目有关情况，反映应税产品销售额需要折算、换算或者扣减运杂费、外购矿购进金额等情况。纳税人在填写附表后，主表相关数据项由系统自动生成，一般无需纳税人再次填写，仅需签章确认。

《资源税纳税申报表》及附表格式见表 8-3、表 8-4、表 8-5、表 8-6。

表 8-3

资源税纳税申报表

税款所属时间：自　年　月　日至　年　月　日

填表日期：　年　月　日

纳税人识别号：

金额单位：元至角分

纳税人名称	（公章）	法定代表人姓名		注册地址		生产经营地址	
开户银行及账号			登记注册类型			电话号码	

税目	子目	折算率或换算比	计量单位	计税销售量	计税销售额	适用税率	本期应纳税额	本期减免税额	本期已缴税额	本期应补（退）税额
1	2	3	4	5	6	7	8①＝6×7；8②＝5×7	9	10	11＝8－9－10
合　计	—	—	—	—	—					

授权声明	如果你已委托代理人申报，请填写下列资料： 　　为代理一切税务事宜，现授权　（地址）为本纳税人的代理申报人，任何与本申报表有关的往来文件，都可寄予此人。 　　　　　　　　　授权人签字：		申报人声明	本纳税申报表是根据国家税收法律法规及相关规定填写的，我确定它是真实的、可靠的、完整的。 　　　　声明人签字：

主管税务机关：　　　　　　　　接收人：　　　　　　　　接收日期：　年　月　日

表 8-4

资源税纳税申报表附表（一）（原矿类税目适用）

纳税人识别号：

纳税人名称： （公章）

税款所属时间：自　年　月　日至　年　月　日　　　　　金额单位：元至角分

序号	税目	子目	原矿销售额	精矿销售额	折算率	精矿折算为原矿的销售额	允许扣减的运杂费	允许扣减的外购矿购进金额	计税销售额	计量单位	原矿销售量	精矿销售量	平均选矿比	精矿换算为原矿的销售量	计税销售量
	1	2	3	4	5	6=4×5	7	8	9=3+6−7−8	10	11	12	13	14=12×13	15=11+14
1															
2															
3															
4															
5															
6															
7															
8															
合计															

表 8-5

纳税人名称：
税款所属时间：自　　年　　月　　日至　　年　　月　　日
纳税人识别号：

资源税纳税申报表附表（二）（精矿类税目适用）

（公章）

金额单位：元至角分

序号	税目	子目	原矿销售额	精矿销售额	换算比	原矿换算为精矿的销售额	允许扣减的运杂费	允许扣减的外购矿购进金额	计税销售额	计量单位	原矿销售量	精矿销售量	平均选矿比	原矿换算为精矿的销售量	计税销售量
	1	2	3	4	5	6=3×5	7	8	9=4+6−7−8	10	11	12	13	14=11÷13	15=12+14
1															
2															
3															
4															
5															
6															
7															
8															
合计															

表 8-6

资源税纳税申报表附表(三)(减免税明细)

纳税人名称： （公章）

税款所属时间:自 年 月 日至 年 月 日

纳税人识别号： 金额单位:元至角分

序号	税目	子目	减免项目名称	计量单位	减免税销售量	减免税销售额	适用税率	减免性质代码	减征比例	本期减免税额
	1	2	3	4	5	6	7	8	9	$10①=6×7×9$ $10②=5×7×9$
1										
2										
3										
4										
5										
6										
7										
8										
合 计	—	—					—	—	—	

第三节 资源税的会计处理

为了核算和监督资源税的计算和交纳情况,企业应设置"应交税费——应交资源税"科目核算。

一、企业销售、自产自用应税产品的资源税

企业计算出销售应税产品应交纳的资源税,借记"税金及附加"等科目,贷记"应交税费——应交资源税"科目;企业计算出自产自用的应税产品应交纳的资源税,借记"生产成本""制造费用"等科目,贷记"应交税费——应交资源税"科目。上交资源税时,借记"应交税费——应交资源税"科目,贷记"银行存款"科目。

【例 8-6】 承[例 8-1],A 油田本月应纳资源税税额 6 558 万元,该油田按月交纳资源税,做出计算应交税款及实际交纳的会计分录。

(1)计算应纳资源税税额时:

借:税金及附加 65 580 000
　　贷:应交税费——应交资源税 65 580 000

(2)实际交纳税款时:

借：应交税费——应交资源税 65 580 000

    贷：银行存款 65 580 000

二、企业收购未税矿产品代扣代缴的资源税

企业收购未税矿产品,按实际支付的收购款,借记"材料采购"等科目,贷记"银行存款"等科目;按代扣代缴的资源税,借记"材料采购"等科目,贷记"应交税费——应交资源税"科目;上交资源税时,借记"应交税费——应交资源税"科目,贷记"银行存款"科目。

【例8-7】 承例[8-5],做出收购未税铝土矿及交纳资源税的会计分录。

收购未税矿产品时(不考虑增值税):

借：材料采购(或在途物资) 18 900 000

    贷：应交税费——应交资源税 900 000

       银行存款 18 000 000

交纳资源税时:

借：应交税费——应交资源税 900 000

    贷：银行存款 900 000

三、企业外购液体盐加工固体盐的资源税

企业外购液体盐加工固体盐,在购入液体盐时,按所允许抵扣的资源税,借记"应交税费——应交资源税"科目;按外购价款扣除允许抵扣资源税后的数额,借记"材料采购"等科目;按应支付的全部价款,贷记"银行存款""应付账款"等科目。企业加工成固体盐后,在销售时,按计算出的销售固体盐应交的资源税,借记"税金及附加"科目,贷记"应交税费——应交资源税"科目。将销售固体盐应纳资源税扣抵液体盐已纳资源税后的差额上交时,借记"应交税费——应交资源税"科目,贷记"银行存款"科目。

思 考 题

1. 什么是资源税? 其主要特点是什么?
2. 简述我国资源税改革历程及改革方向。

练 习 题

习题一

一、目的:练习资源税的计算及会计处理。

二、资料:

某原油、天然气开采企业,12月开采天然气3 600万立方米,销售2 000万立方米,开具增值税专用发票列明售价为3 200万元;油田范围内运输稠油过程中用于加热的天然气

1 800立方米。原油、天然气资源税税率为6%。

三、要求：根据上述业务，计算企业本月应交纳资源税并进行会计处理。

习题二

一、目的：综合练习资源税、增值税的计算及会计处理。

二、资料：

某煤矿企业是增值税一般纳税人，2月发生下列业务：

（1）开采原煤6 000吨，将其中3 000吨直接销售，取得不含增值税销售额400 000元；将其余3 000吨连续加工洗选煤，销售洗选煤1 200吨，取得不含增值税销售额200 000元，当地洗选煤折算率85%；上述款项已收存银行。

（2）采煤过程中开采天然气500 000立方米全部销售，取得价税合并收入金额150 000元，款项未收到。

（3）销售旧机器一台，价税合并收取16 000元，款项已收存银行。该机器购入时未抵扣增值税额。

（4）当期购买采煤机械取得的增值税专用发票上注明价款100 000元，税款16 000元，外购材料支付买价240 000，税款38 400元并取得了增值税专用发票，该批材料用于生产加工煤炭制品；款项已用银行存款支付。

（5）销售煤炭支付运费，取得运输公司开具的增值税专用发票，不含税运费金额12 000元；购买材料支付运费，取得税务机关为小规模纳税人代开的增值税专用发票，不含税运费金额4 000元。

假定上述需要认证的票据均经过了认证，该煤矿企业煤炭增值税率16%，资源税税率8%；天然气增值税率10%，资源税率为6%。

三、要求：

（1）按业务顺序编制会计分录。

（2）计算该企业当期应纳的资源税并编制会计分录。

第九章　土地增值税会计

本章导读

土地增值税是对有偿转让国有土地使用权及地上建筑物和其他附着物产权的单位和个人，就其转让房地产所取得的增值额征收的一种税。现行土地增值税的基本规范，是《中华人民共和国土地增值税暂行条例》《土地增值税暂行条例实施细则》。

本章主要介绍土地增值税的税制构成要素、土地增值税的计算与纳税申报和土地增值税会计处理。通过本章学习，应掌握土地增值税的税制构成要素；熟练掌握土地增值税应纳税额的计算及其会计处理。为了简化计算及会计处理，本章不考虑增值税问题。

第一节　土地增值税概述

一、土地增值税的概念及特点

土地增值税是对有偿转让国有土地使用权及地上建筑物和其他附着物产权，取得增值收入的单位和个人征收的一种税。土地增值税的特点主要是征税面比较广、以转让房地产的增值额为计税依据、实行超率累进税率、按次征收等。

1. 征税面广

凡在我国境内转让房地产并取得收入的单位和个人，不论其经济性质，也不分内、外资企业或中、外籍人员，无论专营或兼营房地产业务，均有交纳土地增值税的义务。

2. 以转让房地产的增值额为计税对象

增值额为纳税人转让房地产的收入，减除税法规定准予扣除项目金额后的余额。

3. 实行超率累进税率

土地增值税的税率以转让房地产增值率为依据，实行四级超率累进税率。增值率越高，纳税越多。

4. 按次征收

土地增值税在房地产转让环节征收，房地产每发生一次转让行为，纳税人就应根据每次取得的增值额交纳一次税。

二、土地增值税的纳税人

土地增值税的纳税人是转让国有土地使用权、地上建筑物及其附着物（以下简称转让房地产）并取得收入的单位和个人。包括：机关、团体、部队、企业事业单位、个体工商户及国内其他单位和个人；外商投资企业、外国企业及外国机构、华侨、港澳台同胞及外国公民等。

土地增值税的纳税人是以有偿转让房地产来界定的，而不论转让者是法人还是自然人，不论经济性质还是部门，内资还是外资企业、中国公民还是外籍个人，只要有偿转让房地产，都是土地增值税的纳税人。

三、土地增值税的课税范围

（一）土地增值税课税范围的判断标准

土地增值税的课税范围包括转让国有土地使用权、地上建筑物及其附着物。在实际工作中，可以通过以下几条标准来判定。

1. 转让土地的使用权是否为国家所有

根据《中华人民共和国宪法》和《中华人民共和国土地管理法》（以下简称《土地管理法》）的规定，城市的土地属于国家所有。农村和城市郊区的土地除由法律规定属于国家所有的以外，属于集体所有。国家为了公共利益，可以依照法律规定对集体土地实行征用，依法被征用后的土地属于国家所有。对于上述法律规定属于国家所有的土地，其土地使用权在转让时，按照《土地增值税暂行条例》规定，属于土地增值税的征税范围。而农村集体所有的土地，根据《土地管理法》《城市房地产管理法》及国家其他有关规定，是不得自行转让的，只有根据有关法律规定，由国家征用以后变为国家所有时，才能进行转让。对于目前违法将集体土地转让给其他单位和个人的情况，应在有关部门处理、补办土地征用或出让手续变为国家所有之后，再纳入土地增值税的征税范围。

2. 土地使用权、地上建筑物及其附着物的产权是否发生转让

这里需要注意区分土地使用权的转让与出让。国有土地使用权的转让是指土地使用者通过出让等形式取得土地使用权后，将土地使用权再转让的行为，包括出售、交换和赠与，它属于土地买卖的二级市场。土地使用权转让，其地上的建筑物、其他附着物的所有权随之转让。土地使用权的转让，属于土地增值税的征税范围。而国有土地使用权出让，是指国家以土地所有者的身份将土地使用权在一定年限内让与土地使用者，并由土地使用者向国家支付土地使用权出让金的行为，属于土地买卖的一级市场。土地使用权的出让不属于土地增值税的征税范围。

3. 是否取得收入

无论是单独转让国有土地使用权，还是房屋产权与国有土地使用权一并转让的，只要取得收入，均属于土地增值税的征税范围。

（二）土地增值税课税范围的具体界定

（1）以继承、赠与方式无偿转让房地产的行为。没有取得相应收入，不属于土地增值税的征税范围。

（2）房地产的出租。出租人虽取得了收入，但没有发生房产产权、土地使用权的转让，不属于征税土地增值税的范围。

（3）房地产的抵押。房产的产权、土地使用权在抵押期间产权并没有发生权属的变更，在抵押期间不交纳土地增值税。待抵押期满后，视该房地产是否转移占有而确定是否征收土地增值税。对于以房地产抵债而发生房地产权属转让的，应列入土地增值税的征税范围。

（4）房地产的交换。即一方以房地产与另一方的房地产进行交换的行为，既发生了房产产权、土地使用权的转移，交换双方又取得了实物形态的收入，它属于土地增值税的征税范围。但对个人之间互换自有居住用房地产的，经当地税务机关核实，可以免征土地增值税。

（5）以房地产进行投资、联营。投资、联营的一方以土地（房地产）作价入股进行投资或作为联营条件，将房地产转让到所投资、联营的企业中时，暂免征收土地增值税。对投资、联营企业将上述房地产再转让的，应征收土地增值税。

（6）合作建房。对于一方出地，一方出资金，双方合作建房，建成后按比例分房自用的，暂免征收土地增值税；建成后转让的，应征收土地增值税。

（7）企业兼并转让房地产。在企业兼并中，对被兼并企业将房地产转让到兼并企业中的，暂免征收土地增值税。

（8）房地产的代建房行为。即房地产开发公司代客户进行房地产的开发，开发完成后向客户收取代建收入的行为。对于房地产开发公司而言，虽然取得了收入，但没有发生房地产权属的转移，其收入属于劳务收入性质，不属于土地增值税的征税范围。

（9）房地产评估增值。房地产虽然有增值，但其既没有发生房地产权属的转移，房产产权、土地使用权人也未取得收入，不属于土地增值税的征税范围。

四、土地增值税的税率

土地增值税实行四级超率累进税率，最高税率为增值额的60%，体现了高收益高税负的量能征税原则。土地增值税要视增值率的大小，采取分段计算应纳土地增值税税额的方式，如对增值额超过扣除项目金额200%的，分别适用30%、40%、50%和60%的税率，并不是全部按60%的税率计征。计算土地增值税税额，可按增值额乘以适用的税率减去扣除项目金额乘以速算扣除系数的简便方法计算。具体见表9-1。

增值额是土地增值税的本质所在，是土地增值税纳税人转让房地产所取得的收入减除规定的扣除项目金额后的余额。由于土地增值税是以增值额与扣除项目金额的比率大小按相适用的税率累进计算的，所以，增值额占扣除项目金额的比率越大，适用的税率越高，交纳的税款越多。

表 9-1

土地增值税四级超率累进税率

级次	增值额占扣除项目金额的比率	税率	速算扣除系数
1	不超过 50% 的部分	30%	0%
2	超过 50%~100% 的部分	40%	5%
3	超过 100%~200% 的部分	50%	15%
4	超过 200% 的部分	60%	35%

五、土地增值税的税收优惠

(一)建造普通标准住宅的税收优惠

纳税人建造普通标准住宅出售,增值额未超过扣除项目金额 20% 的,免征土地增值税;增值额超过扣除项目金额 20% 的,应就其全部增值额按规定计税。这一规定旨在鼓励开发商向开发普通标准住宅倾斜。对于纳税人既建普通标准住宅又有其他房地产开发的,应分别核算增值额。不分别核算增值额或不能准确核算增值额的,其建造的普通标准住宅不能适用这一免税规定。各省、自治区、直辖市要根据实际情况,制定本地区享受优惠政策普通住房的具体标准。

(二)国家征用收回房地产的税收优惠

因国家建设需要依法征用、收回的房地产,免征土地增值税。因城市实施规划、国家建设的需要而搬迁,由纳税人自行转让原房地产的,免征土地增值税。

(三)个人转让房地产的税收优惠

个人因工作调动或改善居住条件而转让原自用住房,经向税务机关申报核准,凡居住满 5 年或 5 年以上的,免缴土地增值税;居住满 3 年未满 5 年的,减半交纳土地增值税;居住未满 3 年的,按规定计缴土地增值税。

六、土地增值税纳税期限与纳税地点

纳税人应在转让房地产合同签订后的 7 日内,到房地产所在地主管税务机关办理纳税申报,并向税务机关提交房屋及建筑物产权、土地使用权证书,土地转让、房产买卖合同,房地产评估报告及其他与转让房地产有关的资料。纳税人转让房地产坐落在两个或两个以上地区的,应按房地产所在地分别申报纳税。纳税人因经常发生房地产转让而难以在每次转让后申报的,经税务机关审核同意后,可以定期进行纳税申报,具体期限由税务机关根据情况确定。

纳税人按照税务机关核定的税额及规定的期限交纳土地增值税。

纳税人在项目全部竣工结算前转让房地产取得的收入,由于涉及成本确定或其他原因而无法据以计算土地增值税的,可以预缴土地增值税,待该项目全部竣工、办理结算后再进行清算,多退少补。

第二节　土地增值税的计算与纳税申报

一、土地增值税的计税依据

土地增值税按照纳税人转让房地产所取得的增值额和规定的税率计算征收。增值额是纳税人转让房地产所取得的收入减除规定扣除项目金额后的余额。

（一）纳税人转让房地产取得的收入

根据《土地增值税暂行条例》及其实施细则的规定,纳税人转让房地产取得的应税收入,包括转让房地产的全部价款及有关的经济收益,但不包括收取的增值税销项税额。从收入的形式来看,包括货币收入、实物收入和其他收入。

（二）非直接销售和自用房地产的收入

1. 非直接销售房地产的收入
房地产开发企业将开发产品用于职工福利、奖励、对外投资、分配给股东或投资人、抵偿债务、换取其他单位和个人的非货币性资产等,发生所有权转移时应视同销售房地产,其收入按下列方法和顺序确认:
（1）按本企业在同一地区、同一年度销售的同类房地产的平均价格确定。
（2）由主管税务机关参照当地当年、同类房地产的市场价格或评估价值确定。

2. 自用房地产的收入
房地产开发企业将开发的部分房地产转为企业自用或用于出租等商业用途时,如果产权未发生转移,不征收土地增值税,在税款清算时不列收入,不扣除相应的成本和费用。

（三）计算增值额的扣除项目金额

1. 取得土地使用权所支付的金额
取得土地使用权所支付的金额是指纳税人为取得土地使用权所支付的地价款和按国家统一规定交纳的有关费用。
以协议、招标、拍卖等出让方式取得土地使用权的,地价款为纳税人所支付的土地出让金;以行政划拨方式取得土地使用权的,地价款为按照国家有关规定补交的土地出让金;以转让方式取得土地使用权的,地价款为向原土地使用权人实际支付的地价款。
按国家统一规定交纳的有关费用是指纳税人在取得土地使用权过程中为办理有关手续,按国家统一规定交纳的有关登记、过户手续费。
房地产开发企业为取得土地使用权所支付的契税,应视同按国家统一规定交纳的有关费用,计入取得土地使用权所支付的金额中。

2. 房地产开发成本

房地产开发成本是指纳税人房地产开发项目实际发生的成本,包括土地征用及拆迁补偿费、前期工程费、建筑安装工程费、基础设施费、公共配套设施费、开发间接费用。

土地征用及拆迁补偿费,包括土地征用费、耕地占用税、劳动力安置费、地上和地下附着物拆迁补偿的净支出、安置动迁用房支出等。

前期工程费,包括规划、设计、项目可行性研究和水文、地质、勘察、测绘、"三通一平"等支出。

建筑安装工程费,是指以出包方式支付给承包单位的建筑安装工程费,以自营方式发生的建筑安装工程费。

基础设施费,包括开发小区内道路、供水、供电、供气、排污、排洪、通讯、照明、环卫、绿化等工程发生的支出。

公共配套设施费,包括不能有偿转让的开发小区内公共配套设施发生的支出。

开发间接费用,是指直接组织、管理开发项目发生的费用,包括工资、职工福利费、折旧费、修理费、办公费、水电费、劳动保护费、周转房摊销等。

土地增值税扣除项目涉及的增值税进项税额,允许在销项税额中计算抵扣的,不计入扣除项目,不允许在销项税额中计算抵扣的,可以计入扣除项目。

3. 房地产开发费用

房地产开发费用是指与房地产开发项目有关的销售费用、管理费用、财务费用。房地产开发费用按规定的标准计算扣除,见表9-2。

表9-2

允许扣除的房地产开发费用

纳税人情况	允许扣除的房地产开发费用
能够按转让房地产项目计算分摊财务费用,并能提供金融机构证明的	利息+(取得土地使用权所支付的金额+房地产开发成本)×5%以内
不能够按转让房地产项目计算分摊财务费用,或不能提供金融机构证明的	(取得土地使用权所支付的金额+房地产开发成本)×10%以内

注:表中允许扣除的利息最高不能超过按商业银行同类同期贷款利率计算的金额。

房地产开发企业既向金融机构借款,又有其他借款的,其房地产开发费用计算扣除时不能同时适用表9-2两种办法。

4. 与转让房地产有关的税金

与转让房地产有关的税金是指在转让房地产时交纳的城市维护建设税、印花税等。因转让房地产交纳的教育费附加,也可视同税金予以扣除。

注意,在计算该项目时,应区分纳税人的情况,房地产开发企业在转让时交纳的印花税因已纳入管理费用在开发费用中扣除,所以不得在此扣除,其他纳税人转让房地产交纳的印花税允许扣除。

5. 其他扣除项目

(1) 房地产开发企业可加计扣除。计算公式为:

$$加计扣除金额＝（取得土地使用权所支付的金额＋房地产开发成本）×20\%$$

为了抑制炒买炒卖地皮的投机行为,取得土地使用权后未进行开发即转让的,只允许扣除取得土地使用权所支付的金额(包括地价款和交纳的有关费用)以及在转让环节交纳的有关税金,不得加计扣除。

（2）房地产开发企业开发建造的与清算项目配套的居委会和派出所用房、会所、停车场(库)、物业管理场所、变电站、热力站、水厂、文体场馆、学校、幼儿园、托儿所、医院、邮电通讯等公共设施,按以下原则处理:建成后产权属于全体业主所有的,其成本、费用可以扣除;建成后无偿移交给政府、公用事业单位用于非营利性社会公共事业的,其成本、费用可以扣除;建成后有偿转让的,应计算收入,并准予扣除成本、费用。

（3）房地产开发企业销售已装修的房屋,其装修费用可以计入房地产开发成本。房地产开发企业的预提费用,除另有规定外,不得扣除。属于多个房地产项目共同的成本费用,应按某个项目可售建筑面积占多个项目可售总建筑面积的比例或其他合理的方法,计算确定该项目的扣除金额。

（4）纳税人成片受让土地使用权后,分期分批开发、转让房地产的,其扣除项目金额的确定,可按转让土地使用权的面积占总面积的比例计算分摊,或按建筑面积计算分摊,也可按税务机关确认的其他方式计算分摊。按转让土地使用权的面积占总面积的比例,计算分摊扣除项目金额的公式为:

$$扣除项目金额＝\dfrac{扣除项目}{的总金额}×\left(\dfrac{转让土地使用权的}{面积或建筑面积}÷\dfrac{受让土地使用}{权的总面积}\right)$$

6. 转让旧房的准予扣除项目

转让已使用的房屋及建筑物时,应按房屋及建筑物的评估价格、取得土地使用权所支付的地价款和按国家统一规定交纳的有关费用及转让环节交纳的税金作为扣除项目金额。对取得土地使用权时未支付地价款或不能提供已支付地价款凭据的不允许扣除。

旧房及建筑物的评估价格,是指在转让已使用的房屋及建筑物时,由政府批准设立的房地产评估机构评定的重置成本价乘以成新度折扣率后的价格(即:评估价格＝重置成本价×成新度折扣率)。评估价格须经当地税务机关确认。

《财政部 国家税务总局关于土地增值税若干问题的通知》(财税〔2006〕21号)规定,纳税人转让旧房及建筑物,凡不能取得评估价格,但能提供购房发票的,经当地税务部门确认,扣除项目中取得土地使用权所支付的金额、旧房及建筑物评估价格的金额,可按发票所载金额并从购买年度起至转让年度止每年加计5%计算。对纳税人购房时交纳的契税,凡能提供契税完税凭证的,准予作为与转让房地产有关的税金扣除,但不作为加计5%的基数。

对于转让旧房及建筑物,既没有评估价格,又不能提供购房发票的,地方税务机关可以根据《中华人民共和国税收征收管理法》的规定,实行核定征收。

除另有规定外,扣除取得土地使用权所支付的金额、房地产开发成本、费用及与转让房地产有关税金,须提供合法有效凭证;不能提供合法有效凭证的,不予扣除。

二、应纳土地增值税的计算

土地增值税应纳税额按照纳税人转让房地产所取得的增值额和规定税率计算。

（一）基本方法

$$应纳税额＝土地增值额×适用税率$$

（1）计算增值额。

$$土地增值额＝转让房地产的不含增值税总收入－扣除项目金额$$

（2）计算增值率。

土地增值税采用超率累进税率计算，必须计算出土地增值率才能选择适用税率。并且土地增值率越高，适用的税率越高，交纳的税款越多。

$$增值率＝增值额÷扣除项目金额×100\%$$

（3）计算应纳税额。

$$应纳税额＝\sum（每级距的土地增值额×适用税率）$$

（二）速算扣除法

在实际工作中，为了简化计算，一般采用速算扣除法计算土地增值税应纳税额。计算公式为：

$$应纳税额＝土地增值额×适用税率－扣除项目金额×速算扣除系数$$

【例9-1】 A房地产开发公司，转让一块已开发的土地使用权，取得的不含增值税收入为7 000万元，开发该项目的有关支出为：取得土地使用权支付金额为1 280万元，拆迁安置费为80万元，勘察设计及前期工程准备费为50万元，建筑安装工程费为130万元，管理费用为30万元，贷款利息为54万元（未超过按银行同类同期贷款利率计算的金额），允许扣除的与转让房地产有关的税费310.8万元。计算其应纳土地增值税的税额。

（1）计算增值额。

$$转让土地使用权取得的收入＝7 000万元$$
$$取得土地使用权所支付的金额＝1 280万元$$
$$开发成本＝80＋50＋130＝260万元$$
$$开发费用＝30＋54＝84万元$$

开发费用未超过前两项合计1 540万元的10%，可据实扣除。

$$扣除项目金额合计＝（1 280＋260）×（1＋20\%）＋84＋310.8＝2 242.8（万元）$$
$$增值额＝7 000－2 242.8＝4 757.2（万元）$$

（2）计算增值率。

$$增值率＝4 757.2÷2 242.8×100\%＝212.11\%$$

（3）计算应纳税额。

$$应纳税额＝4 757.2×60\%－2 242.8×35\%＝2 854.32－784.98＝2 069.34（万元）$$

【例9-2】 B企业转让旧厂房，当初造价600万元，无偿取得土地使用权。按现行市价的重置成本为 3 000 万元。该厂房 6 成新,不含增值税售价 2 000 万元,支付允许扣除的有关税费 111 万元。计算 B 企业转让旧厂房应纳的土地增值税额。

（1）计算增值额。

$$转让收入 2\ 000\ 万元$$

$$评估价格＝3\ 000×60\%＝1\ 800（万元）$$

$$允许扣除的税费＝111\ 万元$$

$$允许扣除项目的金额＝1\ 800＋111＝1\ 911（万元）$$

$$增值额＝2\ 000－1\ 911＝89（万元）$$

（2）计算增值率。

$$增值率＝89÷1\ 911×100\%＝4.66\%$$

（3）计算应纳税额。

$$应纳税额＝89×30\%－1\ 911×0＝26.7（万元）$$

三、土地增值税纳税申报

为加强土地增值税规范化管理,国家税务总局于 2016 年 7 月修订了土地增值税纳税申报表。修订后的土地增值税纳税申报表包括适用于从事房地产开发纳税人的土地增值税项目登记表和土地增值税纳税申报表(一)(二)(四)(见表 9-3、9-4、9-5、9-6),适用于非从事房地产开发纳税人的土地增值税纳税申报表(三)(见表 9-7)。

表 9-3

土地增值税项目登记表

（从事房地产开发的纳税人适用）

纳税人识别号：　　　　　　　纳税人名称：　　　填表日期：　　年　月　日

金额单位：　元(列至角分)　　　　　　　　　　　面积单位：　平方米

项目名称		项目地址		业　别	
经济性质		主管部门			
开户银行		银行账号			
地　　址		邮政编码		电　话	
土地使用权受让(行政划拨)合同号			受让(行政划拨)时间		
建设项目起讫时间		总预算成本		单位预算成本	
项目详细坐落地点					
开发土地总面积		开发建筑总面积		房地产转让合同名称	

（续表）

转让次序	转让土地面积（按次填写）	转让建筑面积（按次填写）	转让合同签订日期（按次填写）	
第1次				
第2次				
……				
备　注				

以下由纳税人填写：

纳税人声明	此纳税申报表是根据《中华人民共和国土地增值税暂行条例》及其实施细则和国家有关税收规定填报的,是真实的、可靠的、完整的。		
纳税人签章		代理人签章	代理人身份证号

以下由税务机关填写：

受理人		受理日期	年 月 日	受理税务机关签章	

填表说明：

1. 本表适用于从事房地产开发与建设的纳税人,在立项后及每次转让时填报。

2. 纳税人在填报土地增值税项目登记表时,应同时向主管税务机关提交土地使用权受让合同、房地产转让合同等有关资料。

表 9-4

土地增值税纳税申报表（一）

（从事房地产开发的纳税人预征适用）

税款所属时间： 年 月 日至 年 月 日 填表日期： 年 月 日

项目名称： 项目编号： 金额单位:元至角分; 面积单位:平方米

纳税人识别号：

房产类型	房产类型子目	收入				预征率（%）	应纳税额	税款交纳	
		应税收入	货币收入	实物及其他收入	视同销售收入			本期已缴税额	本期应交税额计算
	1	2=3+4+5	3	4	5	6	7=2×6	8	9=7−8
普通住宅									
非普通住宅									
其他类型房地产									
合　计	—								

房产类型	房产类型子目	收 入				预征率（%）	应纳税额	税款交纳	
		应税收入	货币收入	实物及其他收入	视同销售收入			本期已缴税额	本期应交税额计算

以下由纳税人填写：

纳税人声明	此纳税申报表是根据《中华人民共和国土地增值税暂行条例》及其实施细则和国家有关税收规定填报的，是真实的、可靠的、完整的。			
纳税人签章		代理人签章		代理人身份证号

以下由税务机关填写：

受理人		受理日期	年 月 日	受理税务机关签章

表 9-5

土地增值税纳税申报表（二）
（从事房地产开发的纳税人清算适用）

税款所属时间： 年 月 日至 年 月 日 填表日期： 年 月 日

金额单位：元至角分 面积单位：平方米

纳税人识别号：

纳税人名称		项目名称		项目编号		项目地址	
所属行业		登记注册类型		纳税人地址		邮政编码	
开户银行		银行账号		主管部门		电 话	
总可售面积			自用和出租面积				
已售面积		其中：普通住宅已售面积		其中：非普通住宅已售面积		其中：其他类型房地产已售面积	

项 目	行次	金 额			
		普通住宅	非普通住宅	其他类型房地产	合计
一、转让房地产收入总额 1＝2＋3＋4	1				
其中　货币收入	2				
其中　实物收入及其他收入	3				
其中　视同销售收入	4				
二、扣除项目金额合计 5＝6＋7＋14＋17＋21＋22	5				
1. 取得土地使用权所支付的金额	6				
2. 房地产开发成本 7＝8＋9＋10＋11＋12＋13	7				

项 目		行次	金 额			
			普通住宅	非普通住宅	其他类型房地产	合计
其中	土地征用及拆迁补偿费	8				
	前期工程费	9				
	建筑安装工程费	10				
	基础设施费	11				
	公共配套设施费	12				
	开发间接费用	13				
3. 房地产开发费用 14＝15＋16		14				
其中	利息支出	15				
	其他房地产开发费用	16				
4. 与转让房地产有关的税金等 17＝18＋19		17				
其中	城市维护建设税	18				
	教育费附加	19				
5. 财政部规定的其他扣除项目		20				
6. 代收费用		21				
三、增值额 22＝1－5		22				
四、增值额与扣除项目金额之比（％） 23＝22÷5		23				
五、适用税率（％）		24				
六、速算扣除系数（％）		25				
七、应交土地增值税税额 26＝22×24－5×25		26				
八、减免税额 27＝29＋31＋33		27				
其中	减免税（1） 减免性质代码（1）	28				
	减免税额（1）	29				
	减免税（2） 减免性质代码（2）	30				
	减免税额（2）	31				
	减免税（3） 减免性质代码（3）	32				
	减免税额（3）	33				
九、已缴土地增值税税额		34				
十、应补（退）土地增值税税额 35＝26－27－34		35				

项 目	行次	金 额			
		普通住宅	非普通住宅	其他类型房地产	合计
以下由纳税人填写：					
纳税人声明		此纳税申报表是根据《中华人民共和国土地增值税暂行条例》及其实施细则和国家有关税收规定填报的，是真实的、可靠的、完整的。			
纳税人签章		代理人签章		代理人身份证号	
以下由税务机关填写：					
受理人		受理日期	年 月 日	受理税务机关签章	

表 9-6

土地增值税纳税申报表（四）
（从事房地产开发的纳税人清算后尾盘销售适用）

税款所属时间： 年 月 日至 年 月 日 填表日期： 年 月 日

金额单位：元至角分

面积单位：平方米

纳税人识别号：

纳税人名称		项目名称		项目编号		项目地址	
所属行业		登记注册类型		纳税人地址		邮政编码	
开户银行		银行账号		主管部门		电话	

项 目		行次	金 额			
			普通住宅	非普通住宅	其他类型房地产	合计
一、转让房地产收入总额 1＝2＋3＋4		1				
其中	货币收入	2				
	实物收入及其他收入	3				
	视同销售收入	4				
二、扣除项目金额合计		5				
三、增值额 6＝1－5		6				
四、增值额与扣除项目金额之比（％）7＝6÷5		7				
五、适用税率(核定征收率)（％）		8				
六、速算扣除系数（％）		9				
七、应交土地增值税税额 10＝6×8－5×9		10				
八、减免税额 11＝13＋15＋17		11				
其中	减免税(1) 减免性质代码(1)	12				
	减免税额(1)	13				
	减免税(2) 减免性质代码(2)	14				
	减免税额(2)	15				
	减免税(3) 减免性质代码(3)	16				
	减免税额(3)	17				

项 目	行次	金 额			
		普通住宅	非普通住宅	其他类型房地产	合计
九、已缴土地增值税税额	18				
十、应补(退)土地增值税税额 19＝10−11−18	19				

以下由纳税人填写：

纳税人声明	此纳税申报表是根据《中华人民共和国土地增值税暂行条例》及其实施细则和国家有关税收规定填报的，是真实的、可靠的、完整的。		
纳税人签章		代理人签章		代理人身份证号	

以下由税务机关填写：

受理人		受理日期	年 月 日	受理税务机关签章	

表 9-7

土地增值税纳税申报表(三)

（非从事房地产开发的纳税人适用）

税款所属时间： 年 月 日至 年 月 日 填表日期： 年 月 日

金额单位:元至角分 面积单位:平方米

纳税人识别号：

纳税人名称		项目名称		项目地址	
所属行业		登记注册类型		纳税人地址		邮政编码	
开户银行		银行账号		主管部门		电 话	

项 目	行次	金 额
一、转让房地产收入总额 1＝2＋3＋4	1	
其中 货币收入	2	
其中 实物收入	3	
其中 其他收入	4	
二、扣除项目金额合计(1)5＝6＋7＋10＋15 (2)5＝11＋12＋14＋15	5	
(1)提供评估价格 1. 取得土地使用权所支付的金额	6	
(1)提供评估价格 2. 旧房及建筑物的评估价格 7＝8×9	7	
(1)提供评估价格 其中 旧房及建筑物的重置成本价	8	
(1)提供评估价格 其中 成新度折扣率	9	
(1)提供评估价格 3. 评估费用	10	
(2)提供购房发票 1. 购房发票金额	11	
(2)提供购房发票 2. 发票加计扣除金额 12＝11×5％×13	12	
(2)提供购房发票 其中:房产实际持有年数	13	
(2)提供购房发票 3. 购房契税	14	

项 目	行次	金 额
4. 与转让房地产有关的税金等 15＝16＋17＋18	15	
其中　城市维护建设税	16	
印花税	17	
教育费附加	18	
三、增值额 19＝1－5	19	
四、增值额与扣除项目金额之比（%）20＝19÷5	20	
五、适用税率（%）	21	
六、速算扣除系数（%）	22	
七、应交土地增值税税额 23＝19×21－5×22	23	
八、减免税额（减免性质代码：＿）	24	
九、已缴土地增值税税额	25	
十、应补（退）土地增值税税额 26＝23－24－25	26	

以下由纳税人填写：

纳税人声明	此纳税申报表是根据《中华人民共和国土地增值税暂行条例》及其实施细则和国家有关税收规定填报的，是真实的、可靠的、完整的。				
纳税人签章		代理人签章		代理人身份证号	

以下由税务机关填写：

受理人		受理日期	年　月　日	受理税务机关签章	

四、土地增值税的预缴与清算

（一）土地增值税的预缴

土地增值税自 1993 年税制改革推出后，由于房地产经济一度不景气，一直没有正式征收。从 2003 年起，国家逐步对房地产行业进行税收调控，国内各个地区对土地增值税基本上是要求房地产企业按照预（销）售商品收入 1‰～3‰的比例进行预缴，而部分地区则尚未开始预征。

《关于土地增值税若干问题的通知》（财税〔2006〕21 号）要求各地进一步完善土地增值税预征办法，根据本地区房地产业增值水平和市场发展情况，区别普通住房、非普通住房和商用房等不同类型，科学合理地确定预征率，并适时调整。对未按预征规定期限预缴税款的，从限定的交纳税款期限届满的次日起，加收滞纳金。

《国家税务总局关于加强土地增值税征管工作的通知》（国税发〔2010〕53 号）要求各地对预征率进行调整。除保障性住房外，东部地区省份预征率不得低于 2%，中部和东北地区省份不得低于1.5%,西部地区省份不得低于1%,各地要根据不同类型房地产确定适当的预征率。对尚未预征或暂缓预征的地区,应切实按照税收法律法规开展预征,确保土地增值税在预征阶段及时、充分发挥调节作用。

(二)土地增值税的清算

1.土地增值税清算的含义

土地增值税清算是指纳税人在符合土地增值税清算条件后,依照税收法律、法规及土地增值税有关政策规定,计算房地产开发项目应交纳的土地增值税税额,并填写《土地增值税清算申报表》,向主管税务机关提供有关资料,办理土地增值税清算手续,结清该房地产项目应交纳土地增值税税款的行为。土地增值税清算是纳税人应尽的法定义务,组织土地增值税清算工作是实现土地增值税调控功能的关键环节。

2.土地增值税清算的条件

纳税人符合下列条件之一的,应进行土地增值税的清算:

(1)房地产开发项目全部竣工、完成销售的。

(2)整体转让未竣工决算房地产开发项目的。

(3)直接转让土地使用权的。

对符合以下条件之一的,主管税务机关可要求纳税人进行土地增值税清算:

(1)已竣工验收的房地产开发项目,已转让的房地产建筑面积占整个项目可售建筑面积的比例在85%以上,或该比例虽未超过85%,但剩余的可售建筑面积已经出租或自用的。

(2)取得销售(预售)许可证满三年仍未销售完毕的。

(3)纳税人申请注销税务登记但未办理土地增值税清算手续的,应在办理注销登记前进行土地增值税清算。

(4)省(自治区、直辖市、计划单列市)税务机关规定的其他情况。

3.土地增值税清算时收入的确认

土地增值税清算时,已全额开具商品房销售发票的,按照发票所载不含增值税金额(下同)确认收入;未开具发票或未全额开具发票的,以交易双方签订的销售合同所载的售房金额及其他收益确认收入。销售合同所载商品房面积与有关部门实际测量面积不一致,在清算前已发生补、退房款的,应在计算土地增值税时予以调整。

4.土地增值税清算时扣除项目的确定

(1)房地产开发企业未支付的质量保证金扣除项目金额的确定。房地产开发企业在工程竣工验收后,根据合同约定,扣留建筑安装施工企业一定比例的工程款,作为开发项目的质量保证金,在计算土地增值税时,建筑安装施工企业就质量保证金对房地产开发企业开具发票的,按发票所载金额予以扣除;未开具发票的,扣留的质保金不得计算扣除。

(2)土地增值税清算时,已经计入房地产开发成本的利息支出,应调整至财务费用中计算扣除。

(3)房地产开发企业逾期开发交纳的土地闲置费不得扣除。

(4)拆迁安置土地增值税计算。①房地产企业用建造的房地产安置回迁户的,安置用房视同销售处理,按规定确认收入,同时将安置用房确认为房地产开发项目的拆迁补偿费。房地产开发企业支付给回迁户的补差价款,计入拆迁补偿费;回迁户支付给房地产开发企业的补差价款,应抵减该项目拆迁补偿费。②开发企业采取异地安置,异地安置的房屋属于自行开发建造的,房屋价值按规定计算并计入该项目的拆迁补偿费;异地安置的房屋属于购入的,以实际支付的购房支出计入拆迁补偿费。③货币安置拆迁的,房地产开发企业凭合法有效凭据计入拆迁补偿费。

5. 清算土地增值税的补缴

纳税人按规定预缴土地增值税后,清算补缴的土地增值税,在主管税务机关规定的期限内补缴的,不加收滞纳金。

对于应进行土地增值税清算的项目,纳税人应当在满足条件之日起90日内到主管税务机关办理清算手续。对于税务机关可要求纳税人进行土地增值税清算的项目,由主管税务机关确定是否进行清算;对于确定需要进行清算的项目,由主管税务机关下达清算通知,纳税人应当在收到清算通知之日起90日内办理清算手续。应进行土地增值税清算的纳税人或经主管税务机关确定需要进行清算的纳税人,在上述规定的期限内拒不清算或不提供清算资料的,主管税务机关可依据有关规定处理。

第三节　土地增值税的会计处理

一、房地产开发企业土地增值税的会计处理

采取一次性全额收款方式销售开发产品的,应于实际收讫价款或取得索取价款凭据(权利)之日确认收入的实现。采取分期收款方式销售开发产品的,应按销售合同或协议约定的价款和收款日确认收入的实现。付款方提前付款的,在实际付款日确认收入的实现。采取银行按揭方式销售开发产品的,应按销售合同或协议约定的价款确定收入额,其首付款应于实际收到日确认收入的实现,余款在银行按揭贷款办理转账之日确认收入的实现。

（一）主营房地产开发企业土地增值税的会计处理

1. 商品房预售

按照《中华人民共和国城市房地产管理法》的规定,商品房预售应当符合下列条件:

(1) 已交付全部土地使用权出让金,取得土地使用权证书。

(2) 持有建设工程规划许可证。

(3) 按提供预售的商品房计算,投入开发建设的资金达到工程建设总投资的25%以上,并已经确定施工进度和竣工交付日期。

(4) 向县级以上人民政府房产管理部门办理预售登记,取得商品房预售许可证明。

在商品房预售的情况下,商品房交付使用前一次性收款或分次收款的,收到购房款时,借记"银行存款"科目,贷记"预收账款"科目;按规定预缴土地增值税时,借记"应交税费——应交土地增值税"科目,贷记"银行存款"等科目;待该商品房交付使用后,开出发票结算账单交给购房者时,确认收入实现,借记"预收账款"科目,贷记"主营业务收入"等科目,同时计算已实现的营业收入负担的土地增值税,借记"税金及附加"科目,贷记"应交税

费——应交土地增值税"科目。土地增值税清算中需要补缴税款时,借记"应交税费——应交土地增值税"科目,贷记"银行存款"等科目;收到退回多缴的土地增值税时作相反会计分录。

【例 9-3】 A 房地产公司 3 月份对某项目一期工程已封顶的普通标准住宅,按售价的30%进行预售,取得预售收入 1 500 万元(不含增值税,下同),按当地税务机关规定,应预缴2%的土地增值税。同年 12 月,该批房屋竣工销售,收到购房人补交购房款 3 500 万元,A公司又按规定预缴了土地增值税。不考虑增值税假定此时不具备规定的清算条件,做出 A房地产公司有关会计分录(不考虑增值税)。

(1)收到预收款时:

借:银行存款	15 000 000
贷:预收账款	15 000 000

(2)取得预售款预缴土地增值税时:

借:应交税费——应交土地增值税	300 000
贷:银行存款	300 000

(3)实现收入时:

借:预收账款	15 000 000
银行存款	35 000 000
贷:主营业务收入	50 000 000

(4)12 月按已实现收入计算应交纳土地增值税时:

借:税金及附加	1 000 000
贷:应交税费——应交土地增值税	1 000 000

(5)实际上缴土地增值税时:

借:应交税费——应交土地增值税	700 000
贷:银行存款	700 000

2. 现房销售

在现房销售情况下,采用一次收款、房地产交付使用、发票账单提交购房者的,应以房地产移交和发票账单提交购房者时确认收入的实现,同时,计算应由实现的收入负担的土地增值税,借记"税金及附加"科目,贷记"应交税费——应交土地增值税"科目。

采用分期收款方式销售房地产的,应以合同规定的收款时间确认收入实现,分次结转收入,并按规定的预征率预缴土地增值税。

(二)兼营房地产开发企业土地增值税的会计处理

兼营房地产业务的企业,转让房地产取得的收入,计算应由当期营业收入负担的土地增值税时,借记"税金及附加"等科目,贷记"应交税费——应交土地增值税"科目。企业实际交纳土地增值税时,借记"应交税费——应交土地增值税"科目,贷记"银行存款"等科目。

【例 9-4】 H 公司兼营房地产业务,建造并出售了一栋楼房,取得收入 7 000 万元(不含增值税），假定交纳允许扣除的有关税费 388.5 万元。H 公司建该写字楼支付地价 840 万元，投入的房地产开发成本为 2 100 万元，按规定的标准允许扣除的房地产开发费用为 560 万元。计算 H 公司出售该楼房应交纳的土地增值税并进行相关会计处理（不考虑增值税）。

（1）应交纳的土地增值税。

转让收入 7 000 万元。

扣除项目金额＝840＋2 100＋560＋388.5＝3 888.5（万元）

增值额＝7 000－3 888.5＝3 111.5（万元）

增值率＝3 111.5÷3 888.5×100%＝80.02%

应纳土地增值税额＝3 111.5×40%－3 888.5×5%＝1 244.6－194.43＝1 050.17（万元）

（2）相关会计处理。

① 取得转让收入：

借：银行存款 70 000 000

　贷：其他业务收入 70 000 000

② 计提城建税土地增值税等：

借：税金及附加 14 386 700

　贷：应交税费——应交城建税等 3 885 000

　　　应交税费——应交土地增值税 10 501 700

③ 实际交纳税款：

借：应交税费——应交城建税等 3 885 000

　　应交税费——应交土地增值税 10 501 700

　贷：银行存款 14 386 700

二、一般企业土地增值税的会计处理

企业转让旧房及建筑物，土地使用权与地上建筑物及其附着物一并在"固定资产"等科目核算的，借记"固定资产清理"等科目，贷记"应交税费——应交土地增值税"科目。

企业转让的土地使用权在"无形资产"科目核算的，按实际收到的金额，借记"银行存款"科目，按应交的土地增值税，贷记"应交税费——应交土地增值税"科目，同时冲销土地使用权的账面价值，贷记"无形资产"科目，按其差额，借记"营业外支出"科目或贷记"营业外收入"科目。实际交纳土地增值税时，借记"应交税费——应交土地增值税"科目，贷记"银行存款"等科目。

【例 9-5】　A 企业为一般企业，将旧车间出售，取得不含增值税收入 360 万元，该车间账面原值为 135 万元，已提折旧 63 万元，经房地产评估机构评定，该车间重置成本为 300 万元，成新度折扣率为六成新。交纳城建税、教育费附加及印花税共计 19.98 万元，用银行存款支付清理费用 3.6 万元。计算 A 企业应纳土地增值税并进行有关会计处理（不考虑增值税）。

（1）计算 A 企业应纳土地增值税。

$$扣除项目金额＝(300×60\%)+19.98＝199.98(万元)$$
$$增值额＝360-199.98＝160.02(万元)$$
$$增值率＝160.02÷199.98＝80.02\%$$
$$应交土地增值税额＝160.02×40\%-199.98×5\%＝54.01(万元)$$

（2）有关会计处理。

① 旧车间转入清理：

借：固定资产清理	720 000
累计折旧	630 000
贷：固定资产	1 350 000

② 取得转让收入：

借：银行存款	3 600 000
贷：固定资产清理	3 600 000

③ 计算应交土地增值税、城建税、教育费附加及印花税等：

借：固定资产清理	739 900
贷：应交税费——应交土地增值税	540 100
应交税费——应交城建税等	199 800

④ 交纳税金：

借：应交税费——应交土地增值税	540 100
应交税费——应交城建税等	199 800
贷：银行存款	739 900

⑤ 支付清理费用：

借：固定资产清理	36 000
贷：银行存款	36 000

⑥ 结转出售损益：

借：固定资产清理	2 104 100
贷：资产处置损益	2 104 100

转让以行政划拨方式取得的国有土地使用权，转让时应补交的土地出让金记入"无形资产"科目，应交纳的土地增值税，借记"税金及附加"，贷记"应交税费——应交土地增值税"；如果国有土地使用权连同地上建筑物及附着物一并转让，应借记"固定资产清理"，贷记"应交税费——应交土地增值税"。

【例 9-6】 A 企业为非房地产企业，转让以行政划拨方式取得的土地使用权，应补交土地出让金为 21 万元，取得不含增值税转让收入 84 万元，假设允许扣除的城建税等相关税费 4.2 万元。计算该公司应交纳的土地增值税，并进行有关会计处理（不考虑增值税）。

（1）计算应交纳的土地增值税。

转让收入＝84万元

扣除项目金额＝21＋4.2＝25.2(万元)

增值额＝84－25.2＝58.8(万元)

增值率＝58.8÷25.2＝233.33％

应纳税额＝58.8×60％－25.2×35％＝35.28－8.82＝26.46(万元)

（2）有关会计处理。

① 补交土地出让金时：

借：无形资产 210 000

　　贷：银行存款 210 000

② 取得转让收入时：

借：银行存款 840 000

　　贷：其他业务收入 840 000

③ 计算应交城建税、土地增值税时：

借：税金及附加 306 600

　　贷：应交税费——应交城建税等 42 000

　　　　应交税费——应交土地增值税 264 600

④ 实际交纳税款时：

借：应交税费——应交城建税等 42 000

　　应交税费——应交土地增值税 264 600

　　贷：银行存款 306 600

思 考 题

1. 界定土地增值税征税范围的标准有哪些？
2. 简述计算土地增值税增值额的扣除项目。
3. 转让旧房时准予扣除项目如何确定？
4. 简述应纳土地增值税的计算方法。
5. 什么是土地增值税清算？什么情况下要进行土地增值税清算？

练 习 题

习题一

一、目的：练习房地产开发企业土地增值税的计算与会计处理。

二、资料：A房地产开发公司建设并销售一幢高级公寓取得不含增值税转让收入5 000万元，开发该高级公寓有关支出为：土地使用权费用及开发成本合计为1 700万元，该公司没有按房地产项目计算分摊银行借款利息，该高级公寓所在地规定的计征土地增值税时房地产开发费用扣除比例的10％，销售该高级公寓交纳的允许扣除的城建税等有关税费共计

275 万元。假定不考虑增值税因素。

三、要求:计算该公司销售高级公寓应交纳的土地增值税,并进行相关会计处理。

习题二

一、目的:房地产开发企业土地增值税的计算与会计处理。

二、资料:某县城一家房地产开发企业支付土地使用权价款及相关税费共计 1 802.5 万元取得一宗土地的使用权,将其中 80% 的面积用于开发建造 10 栋住宅楼,当年建成后,80% 的建筑面积直接对外销售,取得不含增值税销售收入 7 648 万元。与该住宅楼开发相关的账面记录的成本、费用有:企业账面的房地产开发成本 2 620 万元,其中包括前期拆迁补偿费 90 万元,直接建筑成本 2 100 万元,环卫绿化工程费用 60 万元,利息费用 370 万元(利息费用未超过同期银行贷款利率,但无法提供银行贷款证明)。发生管理费用 450 万元、销售费用 280 万元。允许扣除的与转让房地产有关的城建税等 420.64 万元。当地政府规定,房地产开发费用的扣除比例为 9%。假定不考虑增值税因素。根据上述资料,计算该房地产开发企业应交纳的土地增值税。

三、要求:计算该公司应交纳的土地增值税,并进行有关土地增值税的会计处理。

习题三

一、目的:房地产开发企业土地增值税的计算与会计处理。

二、资料:某房地产开发企业开发一住宅小区,从 2013 年 6 月开始向外预售,2014 年 10 月全部售完,共取得不含增值税销售收入 18 600 万元。为开发该小区企业共支出土地出让金 2 700 万元,开发成本 5 600 万元,允许扣除的与转让房地产相关的税金 957.9 万元,当地政府规定可按土地出让费和开发成本的 10% 扣除房地产开发费用。假设税务机关核定企业从 2013 年 7 月起,每月预缴土地增值税 100 万元,到 2014 年 10 月底已预缴土地增值税 1 400 万元。假定不考虑增值税因素。

三、要求:计算该企业应纳土地增值税额,并进行相关会计处理。

第十章　其他税会计

本章导读

其他税包括除前面各章介绍的流转税、所得税等主体税种以外的主要小税种,即城市维护建设税、印花税、契税、房产税、车船税、车辆购置税、城镇土地使用税、耕地占用税和烟叶税等。这些税种纳税全额较小,但征收范围广泛,具有重要的经济调节效应,是国家主体税种不可缺少的补充。

本章介绍其他税种的税制要素、税款计算与纳税申报及相关会计处理。学习本章,应掌握印花税、城市维护建设税及房产税等税制构成要素;掌握各税种计税依据的确定与应纳税额的计算;重点掌握印花税、城市维护建设税等的会计处理。

第一节　城市维护建设税会计

一、城市维护建设税概述

（一）城市维护建设税的概念及特点

城市维护建设税简称城建税,是我国为了加强城市的维护建设、补充城市维护建设资金的不足开征的一个税种。城建税的特点主要表现在以下几方面。

1. 属于一种附加税

城市维护建设税与其他税种不同,没有独立的征税对象或税基,而是以纳税人实际交纳的增值税、消费税税额之和为计税依据,随增值税、消费税同时附征,本质上属于一种附加税。

2. 税款专款专用,具有受益税性质

一般情况下,税收收入都直接纳入国家预算,由中央和地方政府根据需要,统一安排使用到国家建设和事业发展的各个方面,税法并不规定各个税种收入的具体使用范围和方向。但城市维护建设税不同,它是为了筹集城市维护和建设资金的不足而开征的,其所征税款要保证专门用于城市的公用事业和公共设施的维护和建设。

3. 根据城镇规模设计税率

为了因地制宜地进行城市的维护和建设,城市维护建设税是根据纳税人所在城镇的规模及其资金需要设计的。城镇规模大的,税率较高;城镇规模小的,税率较低。

4. 征收范围较广

增值税、消费税是对商品、劳务和服务课税,在我国现行税制体系中居主体税种的地位,占全部税收收入总额的70%左右,其课税范围基本上包括了我国境内所有经营行为的单位和个人。城市维护建设税以增值税、消费税税额之和作为税基,几乎是对所有纳税人的课税。

(二)城市维护建设税的纳税人

城市维护建设税的纳税人是指负有交纳增值税、消费税义务的单位和个人。任何单位和个人,只要交纳增值税就必须同时交纳城市维护建设税。

(三)城市维护建设税计税依据

城市维护建设税的计税依据是指纳税人实际交纳的增值税、消费税税额。纳税人违反增值税、消费税有关税法而加收的滞纳金和罚款,不作为城建税的计税依据,但纳税人在被查补增值税、消费税和被处以罚款时,应同时对其偷漏的城建税进行补税、征收滞纳金和罚款。

(四)城市维护建设税的税率

城市维护建设税的税率,是指纳税人应交纳的城市维护建设税税额与纳税人实际交纳的增值税、消费税税额之间的比率。城建税按纳税人所在地的不同,设置了三档地区差别比例税率,纳税人所在地为市区的,税率为7%;纳税人所在地为县城、镇的,税率为5%;纳税人所在地不在市区、县城或者镇的,税率为1%。

城市维护建设税的适用税率,应当按纳税人所在地的规定税率执行。但是,对下列两种情况,可按交纳增值税、消费税所在地的规定税率就地交纳城建税:由受托方代扣代缴、代收代缴增值税、消费税的单位和个人,其代扣代缴、代收代缴的城建税按受托方所在地适用税率执行;流动经营等无固定纳税地点的单位和个人,在经营地交纳增值税、消费税的,其城建税的交纳按经营地适用税率执行。

(五)城市维护建设税的减免

城市维护建设税以增值税、消费税税额为计税依据并同时征收,如果减(免)增值税、消费税,则同时减(免)城建税。海关对进口产品代征的增值税、消费税,免征城建税;对出口产品退还增值税、消费税的,不退还已交纳的城建税。

(六)城市维护建设税的纳税期限与纳税地点

城市维护建设税应当与增值税、消费税同时交纳,其纳税期限和纳税地点也与增值税、消费税相同。

二、城市维护建设税的计算与纳税申报

按照实际交纳的增值税、消费税计算交纳城市维护建设税,计算公式为:

$$应纳税额 = (纳税人实际交纳的增值税 + 消费税) \times 城建税适用税率$$

企业应当于月度终了后在进行增值税、消费税申报的同时,进行城市维护建设税的纳税申报。

三、城市维护建设税的会计处理

企业应当在"应交税费"科目下设置"应交城市维护建设税"明细科目,专门用来核算企业应交城市维护建设税的发生和交纳情况。企业按规定计算出的城市维护建设税,借记"税金及附加"科目,贷记"应交税费——应交城市维护建设税"科目。实际交纳时,借记"应交税费——应交城市维护建设税"科目,贷记"银行存款"科目。

四、教育费附加及地方教育附加的会计处理

教育费附加及地方教育附加是指对缴纳增值税、消费税的单位和个人,就其实际缴纳的税额为计算依据征收的一种附加费。教育费附加征收比率为3%,地方教育附加征收率为2%。计算公式为:

$$应交教育费附加 = (纳税人实际缴纳的增值税 + 消费税) \times 征收比率(3\%)$$
$$应交地方教育附加 = (纳税人实际缴纳的增值税 + 消费税) \times 征收比率(2\%)$$

与城市维护建设税一样,教育费附加及地方教育附加是以增值税、消费税税额为计税依据计算征收的,其纳税人、征税范围、计税依据、税收优惠政策及征收管理等都与城市维护建设税的规定一致。

企业按规定计算出的教育费附加及地方教育附加,借记"税金及附加"科目,贷记"应交税费——应交教育费附加""应交税费——应交地方教育附加"科目。实际缴纳时,借记"应交税费——应交教育费附加""应交税费——应交地方教育附加"科目,贷记"银行存款"科目。

【例 10-1】 A 公司设在某县城,6 月份销售货物实际缴纳增值税 300 000 元,缴纳消费税 150 000 元,计算该公司本月应纳城市维护建设税、教育费附加及地方教育附加,并进行相关会计处理。

(1)计提应交城市维护建设税及教育费附加时:

$$应交城市维护建设税税额 = (300\ 000 + 150\ 000) \times 5\% = 22\ 500(元)$$
$$应交教育费附加 = (300\ 000 + 150\ 000) \times 3\% = 13\ 500(元)$$
$$应交地方教育附加 = (300\ 000 + 150\ 000) \times 2\% = 9\ 000(元)$$

会计分录为：

借：税金及附加   45 000
  贷：应交税费——应交城市维护建设税   22 500
    应交税费——应交教育费附加   13 500
    应交税费——应交地方教育附加   9 000

（2）实际缴纳时：

借：应交税费——应交城市维护建设税   22 500
  应交税费——应交教育费附加   13 500
  应交税费——应交地方教育附加   9 000
  贷：银行存款   45 000

第二节　印花税会计

一、印花税概述

（一）印花税的概念及特点

印花税是以经济活动和经济交往中书立、领受应税凭证的行为为课税对象征收的一种税。由于它是在凭证上粘贴印花税票作为完税标志，故称印花税。

印花税具有征税范围广、税负轻、纳税人自行贴花纳税、多缴不退不抵等特点。

（二）印花税的纳税人

印花税的纳税人，是在中国境内书立、使用、领受印花税法所列举的凭证并应依法履行纳税义务的单位和个人。按照书立、使用、领受应税凭证的不同，可以分别确定为立合同人、立据人、立账簿人、领受人和使用人5种。

凡由两方或两方以上当事人共同书立的应税凭证，其当事人各方都是印花税的纳税人，应各就其所持凭证的计税金额履行纳税义务。

（三）印花税的税目、税率

1. 税目

印花税的税目，指印花税法明确规定的应当纳税的项目，它具体划定了印花税的征税范围。纳入征税范围的有5大类凭证，共有13个税目，包括合同或具有合同性质的凭证、产权转移书据、营业账簿、权利许可证照、经财政部确定征税的其他凭证，详见印花税税目税率表10-1。

表 10-1

印花税税目、税率表

税目	范围	计税依据及税率	纳税人	说明
1. 购销合同	包括供应、预购、采购、购销结合及协作、调剂、补偿、易货等合同	按购销金额3‰贴花	立合同人	
2. 加工承揽合同	包括加工、定做、修缮、修理、印刷、广告、测绘、测试等合同	按加工或承揽收入5‰贴花	立合同人	
3. 建设工程勘察设计合同	包括勘察、设计合同	按收取费用5‰贴花	立合同人	
4. 建筑安装工程承包合同	包括建筑、安装工程承包合同	按承包金额3‰贴花	立合同人	
5. 财产租赁合同	包括租赁房屋、船舶、飞机、机动车辆、机械、器具、设备等合同	按租赁金额1‰贴花。税额不足1元按1元贴花	立合同人	
6. 货物运输合同	包括民用航空运输、铁路运输、海上运输、内河运输、公路运输和联运合同	按运输费用5‰贴花	立合同人	单据作为合同使用的,按合同贴花
7. 仓储保管合同	包括仓储、保管合同	按仓储保管费用1‰贴花	立合同人	仓单或栈单作为合同使用的按合同贴花
8. 借款合同	银行及其他金融组织和借款人(不包括银行同业拆借)所签订的借款合同	按借款金额0.5‰贴花	立合同人	单据作为合同使用的按合同贴花
9. 财产保险合同	包括财产、责任、保证、信用等保险合同	按收取的保险费收入1‰贴花	立合同人	单据作为合同使用的,按合同贴花
10. 技术合同	包括技术开发、转让、咨询、服务等合同	按所记载金额3‰贴花	立合同人	
11. 产权转移书据	包括财产所有权和版权、商标专用权、专利权、专有技术使用权等转移书据、土地使用权出让合同、土地使用权转让合同、商品房销售合同	按所记载金额5‰贴花	立据人	
12. 营业账簿	生产、经营用账册	记载资金的账簿。按实收资本和资本公积的合计金额5‰贴花。其他账簿按件贴花5元	立账簿人	2018年5月1日起,资金账簿减半征收,其他账簿免征
13. 权利、许可证照	包括政府部门发给的房屋产权证、工商营业执照、商标注册证、专利证、土地使用证	按件贴花5元	领受人	

2. 税率

现行印花税税率采用比例税率和定额税率两种。比例税率有四档,即 1‰、5‰、3‰ 和 0.5‰。在印花税的 13 个税目中,适用定额税率的是"权利许可证照"和"营业账簿"税目中的其他账簿,均为按件计税贴花,每件税额为 5 元。

3. 证券(股票)交易印花税

股票交易印花税是从普通印花税发展而来的,是专门针对股票交易发生额征收的一种税。我国税法规定,对证券市场上买卖、继承、赠与所确立的股权转让依据,按确立时实际市场价格计算的金额征收印花税。现行证券交易印花税为单边征收,即只对卖出方(或继承、赠与 A 股、B 股股权的出让方)征收证券(股票)交易印花税,税率为 1‰。

(四)印花税的税收优惠

(1)对已交纳印花税凭证的副本或者抄本免税。但以副本或者抄本视同正本使用的,应另贴印花。

(2)对财产所有人将财产赠给政府、社会福利单位、学校所立的书据免税。

(3)对国家指定的收购部门与村民委员会、农民个人书立的农副产品收购合同免税。

(4)对无息、贴息贷款合同免税。

(5)对外国政府或国际金融组织向我国政府及国家金融机构提供优惠贷款所书立的合同免税。

(6)对房地产管理部门与个人签订的用于生活居住的租赁合同免税。

(7)对农牧业保险合同免税。

(8)对特殊货运凭证免税。这类凭证包括:

① 军事物资运输凭证,即附有军事运输命令或使用专用的军事物资运费结算凭证。

② 抢险救灾物资运输凭证,即附有县级以上(含县级)人民政府抢险救灾物资运输证明文件的运费结算凭证。

③ 新建铁路的工程临管线运输凭证,即为新建铁路运输施工所需物料,使用工程临管线专用的运费结算凭证。

(9)企业改制过程中有关印花税征免规定

① 资金账簿的印花税。a. 实行公司制改造的企业在改制过程中成立的新企业(重新办理法人登记的),其新启用的资金账簿记载的资金或因企业建立资本纽带关系而增加的资金,凡原已贴花的部分可不再贴花,未贴花的部分和以后新增加的资金按规定贴花。b. 以合并或分立方式成立的新企业,其新启用的资金账簿记载的资金,凡原已贴花的部分可不再贴花,未贴花的部分和以后新增加的资金按规定贴花。c. 企业债权转股权新增加的资金按规定贴花。d. 企业改制中经评估增加的资金按规定贴花。e. 企业其他会计科目记载的资金转为实收资本或资本公积的资金按规定贴花。

② 各类应税合同的印花税。企业改制前签订但尚未履行完的各类应税合同,改制后需要变更执行主体的,对仅改变执行主体、其余条款未作变动且改制前已贴花的,不再贴花。

③ 产权转移书据的印花税。企业因改制签订的产权转移书据免予贴花。

④ 股权分置试点改革转让的印花税。股权分置改革过程中因非流通股股东向流通股股东支付对价而发生的股权转让,暂免征收印花税。

10. 对于企业集团内具有平等法律地位的主体之间自愿订立、明确双方购销关系、据以供货和结算、具有合同性质的凭证,应按规定征收印花税。对于企业集团内部执行计划使用的、不具有合同性质的凭证,不征收印花税。车间、门市部、仓库设置的不属于会计核算范围的或虽属会计核算范围,但不记载金额的登记簿、统计簿、台账等,不征收印花税。

（五）印花税的纳税期限与纳税地点

根据税额大小、贴花次数以及税收征收管理的需要,印花税的纳税分别采用以下三种办法。

1. 自行贴花

印花税票为有价证券,其票面金额以人民币为单位,分为1角、2角、5角、1元、2元、5元、10元、50元、100元9种。

纳税人应该在应纳税凭证书立、领受或者使用时(即合同签订时、证照领受时和账簿启用时),自行计算应纳税额,自行购买印花税票,自行一次贴足印花税票并加以注销或划销。对已贴花的凭证,修改后所载金额增加的,其增加部分应当补贴印花税票。凡多贴印花税票者,不得申请退税或者抵用。自行贴花法一般适用于应税凭证较少或者贴花次数较少的纳税人。

2. 汇贴或汇缴

一份凭证应纳税额超过500元的,应向当地税务机关申请填写缴款书或者完税证,将其中一联粘贴在凭证上或者由税务机关在凭证上加注完税标记代替贴花。这就是通常所说的"汇贴"办法。同一种类应纳税凭证,需频繁贴花的,纳税人可以根据实际情况自行决定是否采用按期汇总交纳印花税的方式,汇总交纳的期限为1个月。采用按期汇总交纳方式的纳税人应事先告知主管税务机关。交纳方式一经选定,1年内不得改变。对采用按期汇总交纳方式交纳印花税的纳税人,应加强日常监督、检查。汇贴或汇缴办法,一般适用于应纳税额较大或者贴花次数频繁的纳税人。

3. 委托代征办法

即通过税务机关的委托,经由发放或者办理应纳税凭证的单位代为征收印花税税款。所谓发放或者办理应纳税凭证的单位,是指发放权利、许可证照的单位和办理凭证的鉴证、公证及其他有关事项的单位。发放或者办理应纳税凭证的单位,负有监督纳税人依法纳税的义务。

印花税一般实行就地纳税。对于全国性商品物资订货会(包括展销会、交易会等)上所签订合同应纳的印花税,由纳税人回其所在地后及时办理贴花完税手续;对地方主办、不涉及省际关系的订货会、展销会上所签合同的印花税,其纳税地点由各省、自治区、直辖市人民政府自行确定。

另外,凡是在上海、深圳证券登记的公司集中托管的股票,在办理法人协议转让和个人继承、赠与等非交易转让时,其证券交易印花税统一由上海、深圳证券登记公司代扣代缴。证券登记公司扣缴的A种股票税款,以1个交易周为解缴期,自期满之日起5日内将税款解缴入库,于次月1日起10日内结清上月代扣的税款;证券登记公司扣缴的B种股票税款,以两个交易周为解缴期,自期满之日起10日内将税款解缴入库,于次月1日起10日内结清上月代扣的税款;证券登记公司扣缴的非交易转让税款,以1个月为解缴期,于次月1

日起 10 日内将税款解缴入库。

二、印花税计算与纳税申报

（一）印花税的计算

1. 计税依据的确定

印花税的计税依据为各种应税凭证上所记载的计税金额。具体规定为：

（1）购销合同的计税依据为合同记载的购销金额。

（2）加工承揽合同的计税依据是加工或承揽收入的金额。具体规定：①对于由受托方提供原材料的加工、定做合同，凡在合同中分别记载加工费金额和原材料金额的，应分别按"加工承揽合同"、"购销合同"计税，两项税额相加数，即为合同应贴印花；若合同中未分别记载，则应就全部金额依照加工承揽合同计税贴花。②对于由委托方提供主要材料或原料，受托方只提供辅助材料的加工合同，无论加工费和辅助材料金额是否分别记载，均以辅助材料与加工费的合计数，依照加工承揽合同计税贴花。对委托方提供的主要材料或原料金额不计税贴花。

（3）建设工程勘察设计合同的计税依据为收取的费用。

（4）建筑安装工程承包合同的计税依据为承包金额。

（5）财产租赁合同的计税依据为租赁金额。

（6）货物运输合同的计税依据为取得的运输费金额（即运费收入），不包括所运货物的金额、装卸费和保险费等。

（7）仓储保管合同的计税依据为收取的仓储保管费用。

（8）借款合同的计税依据为借款金额。

（9）财产保险合同的计税依据为支付（收取）的保险费，不包括所保财产的金额。

（10）技术合同的计税依据为合同所载的价款、报酬或使用费。为了鼓励技术研究开发，对技术开发合同，只就合同所载的报酬金额计税，研究开发经费不作为计税依据。对合同约定按研究开发经费一定比例作为报酬的，应按一定比例的报酬金额贴花。

（11）产权转移书据的计税依据为所载金额。

（12）营业账簿税目中资金账簿的计税依据为"实收资本"与"资本公积"两项的合计金额。其他账簿的计税依据为应税凭证件数。

（13）权利、许可证照的计税依据为应税凭证件数。

2. 应纳税额的计算

根据应纳税凭证的性质，分别按比例税率或者定额税率计算，其计算公式为：

$$应纳税额 = 应税凭证计税金额（或应税凭证件数） \times 适用税率$$

（二）印花税的纳税申报

印花税一般在纳税缴款后申报。纳税人应及时办理纳税申报，并如实填写《印花税纳税申报表》。证券交易印花税统一由上海、深圳证券登记公司代扣代缴。

三、印花税的会计处理

纳税人交纳的印花税,一般是自行计算、购买印花税票、贴花、注销,不会形成税款债务。因此,企业交纳的印花税不需要通过"应交税费"科目核算,直接借记"税金及附加"科目,贷记"银行存款"科目。

【例10-2】 A公司年初开业,工商营业执照、商标注册证、领受房产权证、土地使用证各一件,订立转移专用技术使用权书据一件,所载金额300万元;订立产品销货合同一件,所载金额900万元;订立借款合同一份,所载金额120万元;订立财产保险合同一份,保险费金额5.4万元。此外,企业营业账簿中资金账簿记载实收资本金和资本公积金两项合计金额为1 000万元;其他账簿8册。计算A公司应纳印花税额并作会计分录。

(1)计算A公司应纳印花税额。

领受权利许可证照应纳税额为:$4 \times 5 = 20$(元)

产权转移证书应纳税额为:$3 000 000 \times 5‰ = 1 500$(元)

销售合同应纳税额为:$9 000 000 \times 3‰ = 2 700$(元)

借款合同应纳税额为:$1 200 000 \times 0.5‰ = 60$(元)

财产保险合同应纳税额为:$54 000 \times 1‰ = 54$(元)

资金账簿应纳税额为:$10 000 000 \times 5‰ = 5 000$(元)

其他账簿8册应纳税额为:$8 \times 5 = 40$(元)

A公司应交纳印花税额为:

$$20 + 1 500 + 2 700 + 60 + 54 + 5 000 + 40 = 9 374(元)$$

(2)实际购买印花税票,交纳印花税时的会计分录。

借:税金及附加　　　　　　　　　　　　　　　　　　　　　　　9 374
　　贷:银行存款　　　　　　　　　　　　　　　　　　　　　　　　　9 374

第三节　契税会计

一、契税概述

(一)契税的概念及特点

契税是以所有权发生转移变动的不动产为征税对象,向产权承受人征收的一种财产税。契税的特点主要在于以下两个方面。

1. 契税在房地产的转让环节征收

契税以权属发生转移的土地和房屋为征税对象,具有对财产转移课税性质,每转让一次就征收一次契税。

2. 契税由取得土地、房屋权属的一方交纳

一般税种都确定销售者为纳税人。对买方征税的主要目的,在于承认不动产转移生效,承受人纳税以后,便可拥有转移过来的不动产的产权或使用权,法律保护纳税人的合法权益。

（二）契税的纳税人

在中华人民共和国境内转移土地、房屋权属（即土地使用权、房屋所有权）,承受的单位和个人为契税的纳税人,应当依法交纳契税。"承受"是指以受让、购买、受赠、交换等方式取得土地、房屋权属的行为。

（三）契税的课税对象

契税的课税对象是境内转移的土地、房屋权属。具体包括以下 5 项内容:

（1）国有土地使用权出让,是指土地使用者向国家交付土地使用权出让费用,国家将国有土地使用权在一定年限内让予土地使用者的行为。

（2）土地使用权转让,是指土地使用者以出售、赠与、交换或者其他方式将土地使用权转移给其他单位和个人的行为。不包括农村集体土地承包经营权的转移。

（3）房屋买卖,是指房屋所有者将其房屋出售,由承受者交付货币、实物、无形资产或者其他经济利益的行为。

（4）房屋赠与,是指房屋所有者将其房屋无偿转让给受赠者的行为。

（5）房屋交换,是指房屋所有者之间相互交换房屋的行为。

土地、房屋权属以下列方式转移的,视同土地使用权转让、房屋买卖或者房屋赠与征税:以土地、房屋权属作价投资、入股;以土地、房屋权属抵债;以获奖方式承受土地、房屋权属;以预购方式或者预付集资建房款方式承受土地、房屋权属。

（四）契税的税率

考虑到我国经济发展的不平衡,各地经济差别较大的实际情况,契税实行 3%～5% 的幅度税率。契税的适用税率,各省、自治区、直辖市人民政府可以在规定范围内,按照本地区的实际情况决定,并报财政部和国家税务总局备案。

（五）契税的税收优惠

（1）国家机关、事业单位、社会团体、军事单位承受土地、房屋用于办公、教学、医疗、科研和军事设施的,免征契税。

（2）城镇职工按规定第一次购买公有住房的,免征契税。

（3）因不可抗力灭失住房而重新购买住房的,酌情准予减征或者免征;不可抗力是指自然灾害、战争等不能预见、不能避免、并不能克服的客观情况。

（4）土地、房屋被县级以上人民政府征用、占用后,重新承受土地、房屋权属的,是否减征或者免征契税,由省、自治区、直辖市人民政府确定。

（5）纳税人承受荒山、荒沟、荒丘、荒滩土地使用权,用于农、林、牧、渔业生产的,免征契税。

（6）依照我国有关法律规定以及我国缔结或参加的双边和多边条约或协定的规定应当予以免税的外国驻华使馆、领事馆、联合国驻华机构及其外交代表、领事官员和其他外交人

员承受土地、房屋权属的,经外交部确认,可以免征契税。

经批准减征、免征契税的纳税人改变有关土地、房屋的用途,不再属于规定的减征、免征契税范围的,应当补缴已经减征、免征的税款。

（六）契税的纳税期限与纳税地点

契税的纳税义务发生时间是纳税人签订土地、房屋权属转移合同的当天,或者纳税人取得其他具有土地、房屋权属转移合同性质凭证的当天。纳税人应当自纳税义务发生之日起10日内,向土地、房屋所在地的契税征收机关办理纳税申报,并在契税征收机关核定的期限内交纳税款。纳税人符合减征或者免征契税规定的,应当在签订土地、房屋权属转移合同后10日内,向土地、房屋所在地的契税征收机关办理减征或者免征契税手续。纳税人因改变土地、房屋用途应当补缴已经减征、免征契税的,其纳税义务发生时间为改变有关土地、房屋用途的当天。

纳税人办理纳税事宜后,契税征收机关应当向纳税人开具契税完税凭证。纳税人应当持契税完税凭证和其他规定的文件材料,依法向土地管理部门、房产管理部门办理有关土地、房屋的权属变更登记手续。纳税人未出具契税完税凭证的,土地管理部门、房产管理部门不予办理有关土地、房屋的权属变更登记手续。

二、契税计算与纳税申报

（一）契税计算

1. 计税依据的确定

国有土地使用权出让、土地使用权出售、房屋买卖,以成交价格为计税依据;土地使用权赠与、房屋赠与,由征收机关参照土地使用权出售、房屋买卖的市场价格核定;土地使用权交换、房屋交换,以所交换的土地使用权、房屋的价格的差额为计税依据。成交价格明显低于市场价格并且无正当理由的,或者所交换土地使用权、房屋的价格的差额明显不合理并且无正当理由的,由征收机关参照市场价格核定。

2. 契税应纳税额的计算

$$契税应纳税额＝计税依据×税率$$

（二）契税纳税申报

纳税人应当自纳税义务发生之日起10日内,向土地、房屋所在地的契税征收机关办理纳税申报,并在契税征收机关核定的期限内交纳税款。

三、契税的会计处理

企业取得土地使用权、房屋按规定交纳的契税,由于是按实际取得的不动产的价格计税,按照规定的税额一次性征收的,不存在与税务机关结算或清算的问题,因此,也不需要通过"应交税费"科目核算。不需要通过"应交税费"科目核算的税金包括印花税、耕地占用税、车辆购置税、契税等。企业取得契税凭证应计入所取得土地使用权和房屋的成本。企业按规定计算交纳的契税,借记"固定资产""无形资产""管理费用"等科目,贷记"银行存款"科目。

【例 10-3】 A 公司本月发生下列业务:收到投资者以土地使用权作价 5 000 000 元投入企业作为资本。购入办公房一幢,价值 9 600 000 元。将其拥有的库房 10 间,与乙企业拥有的一座厂房相交换,双方协议规定由 A 公司补付现金 800 000 元,假如当地政府规定契税税率为 4%,计算 A 公司应交的契税并作会计分录。

(1) 以土地使用权投资应视同地使用权转让,接受投资方应交纳契税。

$$应纳税额 = 5\,000\,000 \times 4\% = 200\,000(元)$$

企业应作如下会计分录:

借:无形资产——土地使用权   200 000
   贷:银行存款   200 000

若该土地使用权为无偿取得,则一般不将该土地使用权作为无形资产入账,相应地,企业交纳的契税,可作为当期管理费用入账。

(2) 对于企业承受房屋权属应交纳的契税,不管是有偿取得还是无偿取得,按规定都应当计入固定资产价值。购入办公房应纳税额为:

$$应纳税额 = 9\,600\,000 \times 4\% = 384\,000(元)$$

企业在实际交纳契税时作如下会计分录:

借:固定资产   384 000
   贷:银行存款   384 000

(3) 房屋置换中由支付补价一方交纳契税:

$$应纳税额 = 800\,000 \times 4\% = 32\,000(元)$$

甲企业在实际交纳契税时作如下会计分录:

借:固定资产   32 000
   贷:银行存款   32 000

或者将上述业务合并作一笔会计分录:

借:无形资产   200 000
    固定资产   416 000
   贷:银行存款   616 000

第四节 房产税会计

一、房产税概述

(一)房产税的概念及特点

房产税是以房屋为征税对象,按房屋的计税余值或租金收入为计税依据,向产权所有人征收的一种财产税。房产税的特点主要有以下几点。

1. 房产税属于财产税中的个别财产税

财产税按征收方式分类,可分为一般财产税与个别财产税。一般财产税也称综合财产税,是对纳税人拥有的财产综合课征的税收。个别财产税是对纳税人所有的土地、房屋、资本或其他财产分别课征的税收。我国现行房产税属于个别财产税,征税对象只是房屋。

2. 征税范围限于城镇的经营性房屋

房产税的征税范围是在城市、县城、建制镇和工矿区,不涉及农村。另外,对某些拥有房屋但自身没有纳税能力的单位,如国家拨付行政经费、事业经费和国防经费的单位自用的房产,税法也通过免税的方式将这类房屋排除在征税范围之外。

3. 按房屋的经营使用方式规定征税办法

房产税根据纳税人经营形式不同,确定对房屋征税可以按房产计税余值征收,又可以按租金收入征收,使其符合纳税人的经营特点。

（二）房产税的纳税人

房产税的纳税人为产权所有人。产权属于国家所有的,由经营管理单位交纳。产权属集体和个人所有的,由集体单位和个人纳税。产权所有人、承典人不在房产所在地的,或者产权未确定及租典纠纷未解决的,由房产代管人或者使用人交纳。无租使用其他单位房产的应税单位和个人,依照房产余值代交纳房产税。产权出典的房产,由承典人依照房产余值交纳房产税。融资租赁的房产,由承租人自融资租赁合同约定开始日的次月起依照房产余值交纳房产税。合同未约定开始日的,由承租人自合同签订的次月起依照房产余值交纳房产税。产权所有人、经营管理单位、承典人、房产代管人或者使用人、融资租赁承租人,统称为纳税义务人。

（三）房产税的课税对象

房产税的课税对象是房产。纳税范围是城市、县城、建制镇和工矿区。城市是指经国务院批准设立的市,城市的征税范围为市区、郊区和市辖县县城,不包括农村。县城是指未设立建制镇的县人民政府所在地。建制镇是指经省、自治区、直辖市人民政府批准设立的建制镇。建制镇的征税范围为镇人民政府所在地,不包括所辖的行政村。工矿区是指工商业比较发达,人口比较集中,符合国务院规定的建制镇标准,但尚未设立镇建制的大中型工矿企业所在地。开征房产税的工矿区须经省、自治区、直辖市人民政府批准。

房地产开发企业建造的商品房属于其存货,不属房产,在出售前不交纳房产税;但对出售前房地产开发企业已使用或出租、出借的商品房应按规定交纳房产税。

（四）房产税的税率

现行房产税采用比例税率。依照房产余值计算交纳的,税率为1.2%;依照房产租金收入计算交纳的,税率为12%。从2001年1月1日起,对个人按市场价格出租的居民住房,用于居住的,可暂减按4%的税率征收房产税。

（五）房产税的税收优惠

下列房产免纳房产税：

（1）国家机关、人民团体、军队自用的房产。

（2）由国家财政部门拨付事业经费的单位自用的房产。

（3）宗教寺庙、公园、名胜古迹自用的房产（公园、名胜古迹中附设的营业单位，如影剧院、饮食部、茶社、照相馆等所使用的房产及出租的房产，应征收房产税）。

（4）个人所有非营业用的房产（个人所有的房产用于出租的，不分用途，均应征收房产税）。

（5）经财政部批准免税的其他房产。主要包括：①损坏不堪使用的房屋和危险房屋，经有关部门鉴定，在停止使用后，可免征房产税。②房屋大修停用在半年以上的，经纳税人申请，税务机关审核，在大修期间可免征房产税。③在基建工地为基建工地服务的各种工棚、材料棚、休息棚和办公室、食堂、茶炉房、汽车房等临时性房屋，在施工期间，一律免征房产税。④对非营利性医疗机构、疾病控制机构和妇幼保健机构等卫生机构自用的房产，免征房产税。⑤老年服务机构自用的房产。⑥从2001年1月1日起，对按政府规定价格出租的公有住房和廉租住房，包括企业和自收自支事业单位向职工出租的单位自有住房，房管部门向居民出租的公有住房，落实私房政策中带户发还产权并以政府规定租金标准向居民出租的私有住房等，暂免征收房产税。⑦对邮政部门坐落在城市、县城、建制镇、工矿区范围以外的尚在县邮政局内核算的房产，在单位财务账中划分清楚的，从2001年1月1日起不再征收房产税。⑧向居民供热并向居民收取采暖费的供热企业暂免征收房产税。⑨自2006年1月1日起至2011年12月31日，对为高校学生提供住宿服务并按高教系统收费标准收取租金的学生公寓，免征房产税。对从原高校后勤管理部门剥离出来而成立的进行独立核算并有法人资格的高校后勤经济实体自用的房产，免征房产税。

除上述规定者外，纳税人纳税确有困难的，可由省、自治区、直辖市人民政府确定，定期减征或者免征房产税。

（六）房产税的纳税期限与纳税地点

1. 纳税义务发生时间

纳税人将原有房产用于生产经营，从生产经营之月起交纳房产税。纳税人自行新建房屋用于生产经营，从建成之次月起交纳房产税。纳税人委托施工企业建设的房屋，从办理验收手续之次月起交纳房产税。纳税人购置新建商品房，自房屋交付使用之次月起交纳房产税。纳税人购置存量房，自办理房屋权属转移、变更登记手续，房地产权属登记机关签发房屋权属证书之次月起，交纳房产税。纳税人出租、出借房产，自交付出租、出借房产之次月起，交纳房产税。房地产开发企业自用、出租、出借本企业建造的商品房，自房屋使用或交付之次月起，交纳房产税。自2009年1月1日起，纳税人因房产的实物或权利状态发生变化而依法终止房产税纳税义务的，其应纳税款的计算应截止到房产的实物或权利状态发生变化的当月末。

2. 纳税期限

房产税实行按年征收，分期交纳。纳税期限一般规定按季或按半年征收一次。

3. 纳税地点

房产税在房产所在地交纳。房产不在同一地方的纳税人，应按房产的坐落地点分别向房产所在地的税务机关交纳。

二、房产税计算与纳税申报

（一）房产税的计税依据

房产税采用从价计税。计税依据分为按计税房产余值计税和按租金收入计税两种。房产余值，是指房产原值一次减除 10%～30% 后的余值。具体减除幅度，由省、自治区、直辖市人民政府规定。房屋原价应根据国家有关会计准则（制度）规定进行核算。没有房产原值作为依据的，由房产所在地税务机关参考同类房产核定。房产出租的，以房产租金收入为房产税的计税依据。

（二）房产税应纳税额的计算

1. 按计税房产余值计税

$$地上建筑物房产税应纳税额＝应税房产原值×（1－税法规定的扣除比例）×1.2\%$$

根据《关于房产税城镇土地使用税有关问题的通知》（财税〔2009〕128 号）规定，产权出典的房产，由承典人依照房产余值交纳房产税，税率为 1.2%。

自用的地下建筑，按以下方式计税：

（1）工业用途房产，以房屋原价的 50%～60% 作为应税房产原值。

（2）商业和其他用途房产，以房屋原价的 70%～80% 作为应税房产原值。房屋原价折算为应税房产原值的具体比例，由各省、自治区、直辖市和计划单列市财政和地方税务部门在上述幅度内自行确定。

（3）对于与地上房屋相连的地下建筑，如房屋的地下室、地下停车场、商场的地下部分等，应将地下部分与地上房屋视为一个整体，按照地上房屋建筑的有关规定计算征收房产税。

2. 按租金收入计税

计征房产税的租金收入不含增值税。如果租金收入包含增值税，应进行价税分离，计算出不含增值税的租金收入。

$$应纳税额＝不含增值税的租金收入×12\%（或 4\%）$$

出租的地下建筑，按照出租地上房屋建筑的有关规定计算征收房产税。

（三）房产税的纳税申报

纳税人应根据税法的规定，将现有房屋的坐落地点、结构、面积、原值、出租收入等情况，据实向当地税务机关办理纳税申报。

三、房产税的会计处理

房产税应纳税款的核算,通过"应交税费——应交房产税"科目进行核算。月份终了,企业计算出按规定应交纳的房产税税额,借记"税金及附加"等科目,贷记"应交税费——应交房产税"科目。企业按照规定的纳税期限交纳房产税时,借记"应交税费——应交房产税"科目,贷记"银行存款"科目。

【例 10-4】 A 公司 12 月 31 日"固定资产——房产"账面原值为 3 000 000 元。第二年 2 月 1 日,企业将房产原值为 1 000 000 元的房屋租给其他单位使用,每年收取租金收入(不含增值税)150 000 元。当地政府规定,按房产原值扣除 30% 后作为房产余值,适用税率 1.2%;对于出租房屋取得租金的房产,适用税率 12%;房产税按年计算,分季交纳。计算 A 公司第二年 1~3 月应纳房产税额并进行会计处理。

(1) 1 月份按房产余值计算应纳税额。

$$年应纳税额=3\ 000\ 000×(1-30\%)×1.2\%=25\ 200(元)$$

$$月应纳税额=25\ 200÷12=2\ 100(元)$$

则 1 月份应纳税额为 2 100 元。

(2) 2 月份企业应按房产余值和租金收入分别计算应纳税额。

按房产余值计算的应纳税额:

$$年应纳税额=(3\ 000\ 000-1\ 000\ 000)×(1-30\%)×1.2\%$$
$$=16\ 800(元)$$
$$月应纳税额=16\ 800÷12=1\ 400(元)$$

按租金收入计算的应纳税额为:

$$年应纳税额=150\ 000×12\%=18\ 000(元)$$

$$月应纳税额=18\ 000÷12=1\ 500(元)$$

则 2 月份、3 月份应纳房产税税额均为:

$$月应纳税额=1\ 400+1\ 500=2\ 900(元)$$

(3) 有关会计分录。

1 月末:

借:税金及附加 2 100

 贷:应交税费——应交房产税 2 100

2 月末、3 月末企业应分别作如下会计分录:

借:税金及附加 2 900

 贷:应交税费——应交房产税 2 900

企业实际交纳一季度房产税时:

借：应交税费——应交房产税   7 900
    贷：银行存款   7 900

第五节　车船税会计

一、车船税概述

（一）车船税的概念及特点

车船税是以车船为征税对象，向拥有车船的单位和个人征收的一种税。车船税的特点主要表现在：

（1）车船税属于财产税，在保有环节征收。

（2）具有单项财产税的特点。从财产税的角度看，车船税属于单项财产税。征税对象仅限于车船类运输工具，而且，对不同的车、船还规定了不同的征税标准。

（3）实行分类、分级（项）定额税率。车船税首先划分车辆与船舶，规定它们各自的定额税率。车辆税采用分类、分项幅度税额，船舶税实行分类、分级固定税额，以保持全国税负的大体均衡。

（二）车船税的纳税人

在中华人民共和国境内，应税车辆、船舶（以下简称车船）的所有人或者管理人，为车船税的纳税人。

车船管理人是指对车船具有管理使用权，不具有所有权的单位。通常情况下，车船的所有人与车船的管理人是一致的。但在我国实践中，经常会出现车船的所有权与管理权分离的情形，如国家机关拥有所使用车船的管理使用权，其所有权属于国家所有。因此，就出现了车船的所有人与车船的管理人是不一致的情况。如果让抽象意义上的国家作为车船的所有人去交纳车船税，在实践中是无法操作的。所以，车船税法将车船管理人也规定为车船税的纳税人。

从事机动车第三者责任强制保险业务的保险机构为机动车车船税的扣缴义务人，应当在收取保险费时依法代收车船税，并出具代收税款凭证。

（三）车船税的征税范围

从车船税财产税性质和公平税负的角度出发，凡车船税法规定的车船，不论车船是否应向管理部门登记，都应纳入征税范围。车辆包括机动车辆和非机动车辆。船舶包括机动船舶和非机动船舶。车船税的税目包括乘用车、商用车客车、商用车货车、挂车、其他车辆专用作业车、其他车辆轮式专用机械车、摩托车、船舶机动船舶、船舶游艇。

（四）车船税税目税额表

车船税实行定额税率，即对征税的车船规定单位固定税额。车船税的适用税额，依照

《车船税税目税额表》执行。车辆的具体适用税额由省、自治区、直辖市人民政府依照《车船税税目税额表》规定的税额幅度和国务院的规定确定。船舶的具体适用税额由国务院在《车船税税目税额表》规定的税额幅度内确定。车船税税目税额表见表10-2。

表 10-2

车船税税目税额表

税 目		计税单位	每年税额(元)	备 注
乘用车【发动机汽缸容量(排气量)】(升)	1.0(含)以下	每辆	60~360	核定载客人数 9 人(含)以下
	1.0~1.6(含)	每辆	300~540	核定载客人数 9 人(含)以下
	1.6~2.0(含)	每辆	360~660	核定载客人数 9 人(含)以下
	2.0~2.5(含)	每辆	660~1 200	核定载客人数 9 人(含)以下
	2.5~3.0(含)	每辆	1 200~2 400	核定载客人数 9 人(含)以下
	3.0~4.0(含)	每辆	2 400~3 600	核定载客人数 9 人(含)以下
	4.0 以上	每辆	3 600~5 400	核定载客人数 9 人(含)以下
商用车	客车	每辆	480~1 440	核定载客人数 9 人以上,包括电车
	货车	整备质量每吨	16~120	包括半挂牵引车、三轮汽车和低速载货汽车等
挂车		整备质量每吨	按货车税额的 50%计算	
其他车辆	专用作业车	整备质量每吨	16~120	不包括拖拉机
	轮式专用机械车	整备质量每吨	16~120	不包括拖拉机
摩托车		每辆	36~180	
船舶	机动船舶	净吨位每吨	3~6	拖船、非机动驳船分别按照机动船舶税额的 50%计算
	游艇	艇身长度每米	600~2 000	

表 10-2 中,机动车的整备质量是指自重,也叫整车装备质量,是指汽车在正常条件下准备行驶时,尚未载人(包括驾驶员)、载物时的空车质量,包括润滑油、燃料、随车工具、备胎等所有装置的质量。以汽车制造商出厂标准为依据。

专项作业车是指装置有专用设备或者器具,用于承担专门运输任务或专项作业的机动车。例如,环卫环保部门的洒水车、路面清扫车、环境监测车;卫生部门的医疗手术车;专用于建筑作业的混凝土搅拌车、沥青撒布车,等等。

轮式专用机械车是指具有装卸、挖掘、平整等设备的轮式自行机械。例如,翻斗车、轮式挖掘车。

(五)车船税税收优惠

下列车船免征车船税:

（1）捕捞、养殖渔船。

（2）军队、武装警察部队专用的车船。

（3）警用车船。

（4）依照法律规定应当予以免税的外国驻华使领馆、国际组织驻华代表机构及其有关人员的车船。

对节约能源、使用新能源的车船可以减征或者免征车船税；对受严重自然灾害影响纳税困难以及有其他特殊原因确需减税、免税的，可以减征或者免征车船税。具体办法由国务院规定，并报全国人民代表大会常务委员会备案。

省、自治区、直辖市人民政府根据当地实际情况，可以对公共交通车船，农村居民拥有并主要在农村地区使用的摩托车、三轮汽车和低速载货汽车定期减征或者免征车船税。

（六）车船税的纳税期限与纳税地点

车船税纳税义务发生时间为取得车船所有权或者管理权的当月。纳税人未按照规定到车船管理部门办理应税车船登记手续的，以车船购置发票所载开具时间的当月作为车船税的纳税义务发生时间。对未办理车船登记手续且无法提供车船购置发票的，由主管地方税务机关核定纳税义务发生时间。

车船税的纳税地点为车船的登记地或者车船税扣缴义务人所在地。依法不需要办理登记的车船，车船税的纳税地点为车船的所有人或者管理人所在地。

二、车船税计算与纳税申报

（一）车船税的计税依据

乘用车计税依据是排气量。客车、摩托车以辆作为计税依据。货车、专项作业车和轮式专用机械车、挂车以自重为计税依据。机动船舶以净吨位作为计税依据。游艇以艇身长度为计税依据。

（二）车船税应纳税额的计算

$$应纳车船税税额＝计税依据×适用单位税额$$

其中：

某排气量乘用车应纳车船税税额＝该排气量车辆数×适用单位税额

客车应纳车船税税额＝车辆数×适用单位税额

货车、专用作业车、轮式专用机械车应纳车船税税额＝自重吨位数×适用单位税额

机动船舶应纳车船税税额＝净吨位数×适用单位税额

拖船、非机动驳船应纳车船税税额＝净吨位数×适用单位税额×50%

游艇应纳车船税税额＝艇身长度×适用单位税额

购置的新车船，购置当年的应纳税额自纳税义务发生的当月起按月计算。计算公式为：

$$购置当年应纳车船税税额＝年应纳税额÷12×应纳税月份数$$

（三）车船税的纳税申报

车船税按年申报交纳。

三、车船税的会计处理

企业的车船税，应通过"应交税费——应交车船税"科目进行核算。月份终了，企业计算出应交纳的车船使用税税额，借记"税金及附加"科目，贷记"应交税费——应交车船税"科目。按规定，车船税按年申报交纳。企业在交纳税款时，借机"应交税费——应交车船税"科目，贷记"银行存款"科目。

【例 10-5】 A航运公司拥有机动船舶45艘，其中净吨位为600吨的18艘，2 000吨的12艘，5 000吨的15艘。600吨的单位税额3元、2 000吨的单位税额4元、5 000吨的单位税额5元。计算该航运公司应纳车船税税额，并进行会计处理。

（1）该公司应纳车船税税额为：

$$18×600×3＋12×2\ 000×4＋15×5\ 000×5$$
$$＝32\ 400＋96\ 000＋375\ 000$$
$$＝503\ 400（元）$$

月应纳车船税税额＝503 400÷12＝41 950（元）

（2）每月计提应交车船税时：

借：税金及附加　　　　　　　　　　　　　　　　　　　41 950
　　贷：应交税费——应交车船税　　　　　　　　　　　　　　41 950

（3）实际交纳当年车船税时：

借：应交税费——应交车船税　　　　　　　　　　　　　503 400
　　贷：银行存款　　　　　　　　　　　　　　　　　　　　503 400

第六节　车辆购置税会计

一、车辆购置税概述

车辆购置税是以车辆为课税对象，在特定环节向我国境内购置规定车辆的单位和个人征收的一种财产税。具有征收范围单一，征收环节单一，税率单一，征收方法单一，价外征收，税负不发生转嫁等特点。

（一）车辆购置税纳税人

车辆购置税的纳税人是指在我国境内购置应税车辆的单位和个人。其中购置是指购买使用行为、进口使用行为、受赠使用行为、自产自用行为、获奖使用行为以及以拍卖、抵债、走私、罚没等方式取得并使用的行为,这些行为都属于车辆购置税的应税行为。

确定车辆购置税的纳税人,要符合以下条件:①发生了购置车辆的行为(即应税行为);②这种行为发生在中国境内(即所谓征税区域);③所购置的车辆属于规定征税的车辆。只有同时符合这三个条件的单位或个人,才构成车辆购置税的纳税人。

车辆购置税的纳税人具体是指:"单位",包括国有企业、集体企业、私营企业、股份制企业、外商投资企业、外国企业以及其他企业,还包括事业单位、社会团体、国家机关、部队以及其他单位。"个人",包括个体工商户及其他个人,既包括中国公民又包括外国公民。

（二）车辆购置税的纳税范围

车辆购置税的征收范围包括汽车、摩托车、电车、挂车、农用运输车。

（三）车辆购置税的税率

车辆购置税的税率为10%。车辆购置税税率的调整,由国务院决定并公布。

（四）车辆购置税的税收优惠

（1）外国驻华使馆、领事馆和国际组织驻华机构及其外交人员自用的车辆,免税。

（2）中国人民解放军和中国人民武装警察部队列入军队武器装备订货计划的车辆,免税。

（3）设有固定装置的非运输车辆,免税。

（4）有国务院规定予以免税或者减税的其他情形的,按照规定免税或者减税。目前主要有以下几种:①防汛部门和森林消防部门用于指挥、检查、调度、报汛(警)、联络的设有固定装置的指定型号的车辆。②回国服务的留学人员用现汇购买1辆自用国产小汽车。③长期来华定居专家1辆自用小汽车。

（五）车辆购置税的纳税期限与纳税地点

1. 纳税期限

纳税人购买自用的应税车辆,自购买之日起60日内申报纳税;进口自用的应税车辆,应当自进口之日起60日内申报纳税;自产、受赠、获奖和以其他方式取得并自用的应税车辆,应当自取得之日起60日内申报纳税。

车辆购置税的征税环节为使用环节,即最终消费环节。纳税人应当在向公安机关等车辆管理机构办理车辆登记注册手续前,交纳车辆购置税。

2. 纳税地点

纳税人购置应税车辆,应当向车辆登记注册地(指车辆的上牌落籍地或落户地)的主管税务机关申报纳税;购置不需办理车辆登记注册手续的应税车辆,应当向纳税人所在地主管税务机关申报纳税。

车辆购置税实行一次征收制度,纳税人应当一次缴清车辆购置税税款。购置已征车辆购置税的车辆,不再征收车辆购置税。

二、车辆购置税计算与纳税申报

（一）车辆购置税计税依据的确定

1. 购买自用应税车辆计税依据

纳税人购买自用的应税车辆，计税依据为支付给销售者的全部价款和价外费用，不包括增值税税款。

2. 进口自用应税车辆计税依据

纳税人进口自用的应税车辆以组成计税价格为计税依据，计算公式为：

$$组成计税价格＝关税完税价格＋关税＋消费税$$

3. 其他自用应税车辆计税依据

纳税人自产、受赠、获奖或者以其他方式取得并自用的应税车辆，凡不能或不能准确提供车辆价格的，由主管税务机关依国家税务总局核定的、相应类型的应税车辆的最低计税价格确定。最低计税价格由国家税务总局依据全国市场的平均销售价格制定。

纳税人购买或进口自用应税车辆，申报的计税价格低于同类型应税车辆的最低计税价格，又无正当理由的，按照最低计税价格征收车辆购置税。

（二）车辆购置税应纳税额的计算

车辆购置税实行从价定率、价外征收的方法计算应纳税额，计算公式为：

$$应纳税额＝计税依据×税率$$

免税、减税车辆因转让、改变用途等原因不再属于免税、减税范围的，应当在办理车辆过户手续前或者办理变更车辆登记注册手续前交纳车辆购置税。

$$应纳税额＝同类型新车最低计税价格×[1－（已使用年限÷规定使用年限）]×100％×税率$$

（三）车辆购置税的纳税申报

车辆购置税实行一车一申报制度。纳税人在办理纳税申报时应如实填写《车辆购置税纳税申报表》，同时提供车主身份证明、车辆价格证明、车辆合格证明及税务机关要求提供的其他资料的原件和复印件，经车购办审核后，由税务机关保存有关复印件。

三、车辆购置税的会计处理

企业购置或者以其他方式取得并自用应税车辆，按规定交纳的车辆购置税应当作为所购置车辆的成本，借记"固定资产"等科目，贷记"银行存款"科目。企业购置车辆时交纳的车船税、保险费计入管理费用。

【例 10-6】 A 公司为一般纳税人，1 月份从某汽车有限公司购买一辆小汽车，支付了含增值税税款在内的款项 348 000 元，取得该汽车有限公司开具的机动车销售统一发票。

计算 A 公司应纳车辆购置税并进行会计处理。(不考虑其他税费)

(1) 计算应纳车辆购置税

$$计税依据＝348\,000÷(1＋16\％)＝300\,000(元)$$

$$应纳车辆购置税额＝300\,000×10\％＝30\,000(元)$$

(2) 会计分录

购买汽车时：

借：固定资产	330 000
应交税费——应交增值税——进项税额	48 000
贷：银行存款	378 000

交纳车辆购置税时：

借：固定资产	30 000
贷：银行存款	30 000

第七节　城镇土地使用税会计

一、城镇土地使用税概述

城镇土地使用税是以城镇土地为征税对象,对拥有土地使用权的单位和个人征收的一种税(简称土地使用税)。城镇土地使用税是目前土地保有环节征收的唯一税种。

(一)城镇土地使用税的纳税人

在城市、县城、建制镇、工矿区范围内使用土地的单位和个人,为城镇土地使用税的纳税人。城镇土地使用税的纳税人通常包括以下几类:

(1) 拥有土地使用权的单位和个人。

(2) 拥有土地使用权的单位和个人不在土地所在地的,其土地的实际使用人和代管人为纳税人。

(3) 土地使用权未确定或权属纠纷未解决的,其实际使用人为纳税人。

(4) 土地使用权共有的,共有各方都是纳税人,由共有各方以其实际使用的土地面积占总面积的比例,分别计算交纳土地使用税。

(二)城镇土地使用税的课税范围

凡在我国境内的土地(除农业用地外)都是土地使用税的课税对象。征税范围包括在城市、县城、建制镇和工矿区内的国家所有和集体所有的土地。城市、县城、建制镇和工矿区分别按以下标准确认:

(1) 城市是指经国务院批准设立的市。城市的土地包括市区和郊区的土地。

(2) 县城是指县人民政府所在地。县城的土地指县人民政府所在地的城镇的土地。

（3）建制镇是指经省、自治区、直辖市人民政府批准设立的建制镇。建制镇的土地是指镇人民政府所在地的土地。

（4）工矿区是指工商业比较发达，人口比较集中，符合国务院规定的建制镇标准，但尚未设立建制镇的大中型工矿企业所在地，工矿区须经省、自治区、直辖市人民政府批准。

自 2009 年 1 月 1 日起，公园、名胜古迹内的索道公司经营用地，应按规定交纳城镇土地使用税。自 2009 年 12 月 1 日起，对在城镇土地使用税征税范围内单独建造的地下建筑用地，按规定征收城镇土地使用税。

（三）城镇土地使用税的税率

城镇土地使用税采用定额税率，采用有幅度的差别税额，按大、中、小城市和县城、建制镇、工矿区分别规定每平方米土地使用税年应纳税额。

城镇土地使用税税率见表 10-3。

表 10-3

城镇土地使用税税率

级　别	人口（人）	每平方米税额（元）
大城市	50 万以上	1.5～30
中等城市	20 万～50 万	1.2～24
小城市	20 万以下	0.9～18
县城、建制镇、工矿区		0.6～12

土地使用税规定幅度税额主要考虑到我国各地区存在着悬殊的土地级差收益，同一地区内不同地段的市政建设情况和经济繁荣程度也有较大的差别。把土地使用税税额定为幅度税额，以调节不同地区、不同地段之间的土地级差收益，尽可能地平衡税负。各省、自治区、直辖市人民政府可根据市政建设情况和经济繁荣程度在规定税额幅度内，确定所辖地区的适用税额幅度。经济落后地区，土地使用税的适用税额标准可适当降低，但降低额不得超过上述规定最低税额的 30％。经济发达地区的适用税额标准可以适当提高，但须报财政部批准。

（四）城镇土地使用税的税收优惠

1. 下列土地免缴土地使用税

（1）国家机关、人民团体、军队自用的土地。

（2）由国家财政部门拨付事业经费的单位自用的土地。

（3）宗教寺庙、公园、名胜古迹自用的土地。但其生产、经营用地和其他用地，不属于免税范围。

（4）市政街道、广场、绿化地带等公共用地。

（5）直接用于农、林、牧、渔业的生产用地（即直接从事于种植、养殖、饲养的专业用地，不包括农副产品加工场地和生活、办公用地）。在城镇土地使用税征收范围内经营采摘、观光业的单位和个人，其直接用于采摘、观光的种植、养殖、饲养的土地。

（6）经批准开山填海整治的土地和改造的废弃土地，从使用的月份起免缴土地使用税5年至10年。

（7）对非营利性医疗机构、疾病控制机构和妇幼保健机构等卫生机构自用的土地。对营利性医疗机构自用的土地自2000年起免征城镇土地使用税3年。

（8）企业办的学校、医院、托儿所、幼儿园，其用地能与企业其他用地明确区分的。

（9）免税单位无偿使用纳税单位的土地（如公安、海关等单位使用铁路、民航等单位的土地）。纳税单位无偿使用免税单位的土地，纳税单位应照章交纳城镇土地使用税。纳税单位与免税单位共同使用、共有使用权土地上的多层建筑，对纳税单位可按其占用的建筑面积占建筑总面积的比例交纳城镇土地使用税。

（10）行使国家行政管理职能的中国人民银行总行（含国家外汇管理局）所属分支机构自用的土地。

2. 国家重点扶植项目用地的税收优惠

为了体现国家的产业政策，支持重点产业的发展，对石油、电力、煤炭等能源用地，民用港口、铁路等交通用地和水利设施用地，三线调整企业、盐业、采石场、邮电等一些特殊用地划分了征免税界限和给予政策性减免税照顾。

城镇土地使用税政策性较强，税收优惠条款繁多，纳税人应关注相关内容及其变化，为企业谋取最大的税收利益。

（五）城镇土地使用税的纳税期限与纳税地点

1. 纳税期限

（1）购置房产。纳税人购置新建商品房，自房屋交付使用之次月起，交纳城镇土地使用税。纳税人购置存量房，自办理房屋权属转移、变更登记手续，房地产权属登记机关签发房屋权属证书之次月起，交纳城镇土地使用税。

（2）出租、出借房产。纳税人出租、出借房产，自交付出租、出借房产之次月起，交纳城镇土地使用税。

（3）有偿取得土地使用权。以出让或转让方式有偿取得土地使用权的，应由受让方从合同约定交付土地时间的次月起交纳城镇土地使用税；合同未约定交付时间的，由受让方从合同签订的次月起交纳。

（4）新征用的土地。纳税人新征用的耕地，自批准征用之日起满1年时开始交纳土地使用税。纳税人新征用的非耕地，自批准征用次月起交纳土地使用税。

纳税人因土地的权利发生变化而依法终止城镇使用税纳税义务的，其应纳税款的计算应截止到土地权利发生变化的当月末。

城镇土地使用税实行按年计算、分期交纳的征收方法。纳税人应当按照当地税务机关确定的纳税期限，按照纳税申报表确定的应纳税额，及时足额地交纳城镇土地使用税。

2. 纳税地点

土地使用税在土地所在地交纳。纳税人使用的土地不属于同一省、自治区、直辖市管辖的，由纳税人分别向土地所在地的税务机关交纳土地使用税；在同一省、自治区、直辖市管辖范围内，纳税人跨地区使用的土地，其纳税地点由各省、自治区、直辖市地方税务局确定。

二、城镇土地使用税计算与纳税申报

（一）计税依据的确定

城镇土地使用税以纳税人实际占用的土地面积（平方米）为计税依据。纳税人实际占用的土地面积，按下列办法确定：

（1）由省、自治区、直辖市人民政府确定的单位组织测定的土地面积。

（2）尚未组织测量，但纳税人持有政府部门核发的土地使用证书的，以证书确认的土地面积为准。

（3）尚未核发土地使用证书的，应由纳税人据实申报土地面积，待核发土地使用证以后再作调整。

对在城镇土地使用税征税范围内单独建造的地下建筑用地，已取得地下土地使用权证的，按土地使用权证确认的土地面积计算应征税款；未取得地下土地使用权证或地下土地使用权证上未标明土地面积的，按地下建筑垂直投影面积计算应征税款。对上述地下建筑用地暂按应征税款的50％交纳城镇土地使用税。

（二）应纳税额的计算

城镇土地使用税的应纳税额可以通过纳税人实际占用的土地面积乘以该土地所在地段的适用税额求得。计算公式为：

$$全年应纳税额＝实际占用应税土地面积（平方米）×适用税额$$

（三）纳税申报

城镇土地使用税的纳税人应按照有关规定及时办理纳税申报。纳税人有多宗土地的，按照土地的不同坐落地点分别向坐落地主管地方税务机关申报交纳土地使用税，并如实填写《城镇土地使用税纳税申报表》。

三、城镇土地使用税的会计处理

企业按规定计算出应交纳的城镇土地使用税时，借记"税金及附加"科目，贷记"应交税费——应交城镇土地使用税"科目。实际交纳时，借记"应交税费——应交城镇土地使用税"科目，贷记"银行存款"科目。

【例10-7】 A商场实行统一核算，土地使用证上载明，该企业实际占用土地情况为：总店占地面积为15 000平方米，一分店占地9 000平方米，二分店占地7 500平方米，企业仓库占地12 000平方米，企业自办幼儿园占地750平方米。经税务机关确认，该企业所占用土地分别适用市政府确定的以下税额：总店位于一等地段，每平方米年税额7元；一分店和幼儿园位于二等地段，每平方米年税额5元；二分店位于三等地段，每平方米年税额4元；仓库位于五等地段，每平方米年税额1元。另外，该市政府规定，企业自办托儿所、幼儿园、学校用地免征城镇土地使用税。计算A商场年应纳城镇土地使用税税额并进行有关会计处理。

（1）计算 A 商场年应纳城镇土地使用税税额：

$$总店占地应纳税额＝15\,000×7＝105\,000（元）$$
$$一分店占地应纳税额＝9\,000×5＝45\,000（元）$$
$$二分店占地应纳税额＝7\,500×4＝30\,000（元）$$
$$仓库占地应纳税额＝12\,000×1＝12\,000（元）$$

幼儿园占地免税。

$$A 商场全年应纳城镇土地使用税＝105\,000＋45\,000＋30\,000＋12\,000＝192\,000（元）$$

（2）会计分录

计算出应交纳的城镇土地使用税时：

借：税金及附加　　　　　　　　　　　　　　　　　　　　192 000
　贷：应交税费——应交土地使用税　　　　　　　　　　　192 000

实际交纳时：

借：应交税费——应交土地使用税　　　　　　　　　　　　192 000
　贷：银行存款　　　　　　　　　　　　　　　　　　　　192 000

第八节　耕地占用税会计

一、耕地占用税概述

（一）耕地占用税的概念及特点

耕地占用税是对占用耕地建房或从事其他非农业建设的单位和个人，就其实际占用的耕地面积征收的一种税，它属于对特定土地资源占用课税。

耕地占用税作为一个出于特定目的、对特定的土地资源课征的税种，与其他税种相比，具有比较鲜明的特点，主要表现在以下 4 个方面。

1．性质特殊

耕地占用税以占用农用耕地建房或从事其他非农用建设的行为为课税对象，兼具资源税与特定行为税的性质，以约束纳税人占用耕地的行为、促进土地资源的合理运用为课征目的，除具有资源占用税的属性外，还具有明显的特定行为税的特点。

2．因地制宜

耕地占用税采用地区差别税率，根据不同地区的具体情况，分别制定差别税额，具有因地制宜的特点。

3．一次性课征

耕地占用税在纳税人获准占用耕地的环节征收，除对获准占用耕地后超过两年未使用者须加征耕地占用税外，此后不再征收耕地占用税。因而，耕地占用税具有一次性征收的特点。

4. 补偿性

耕地占用税收入按规定应用于建立发展农业专项基金，主要用于开展宜耕土地开发和改良现有耕地，具有"取之于地、用之于地"的补偿性特点。

（二）耕地占用税的纳税人

耕地占用税的纳税义务人，是占用耕地建房或从事非农业建设的单位和个人。

经申请批准占用耕地的，纳税人为农用地转用审批文件中标明的建设用地人；农用地转用审批文件中未标明建设用地人的，纳税人为用地申请人。未经批准占用耕地的，纳税人为实际用地人。

（三）耕地占用税的课税范围

耕地占用税的征税范围包括纳税人为建房或从事其他非农业建设而占用的国家所有和集体所有的耕地。耕地是指种植农业作物的土地，包括菜地、园地。其中，园地包括花圃、苗圃、茶园、果园、桑园和其他种植经济林木的土地。

纳税人临时占用耕地，应当交纳耕地占用税。临时占用耕地是指纳税人因建设项目施工、地质勘查等需要，在一般不超过 2 年内临时使用耕地并且没有修建永久性建筑物的行为。纳税人在批准临时占用耕地的期限内恢复所占用耕地原状的，全额退还已经交纳的耕地占用税。因污染、取土、采矿塌陷等损毁耕地的，由造成损毁的单位或者个人交纳耕地占用税。超过 2 年未恢复耕地原状的，已征税款不予退还。

（四）耕地占用税的税率

耕地占用税采用地区差别定额税率。以县级行政区域为单位，按照人均耕地拥有量，确定每平方米应征的税额标准。具体规定为：

（1）人均耕地不超过 1 亩的地区，每平方米为 10～50 元。

（2）人均耕地超过 1 亩但不超过 2 亩的地区，每平方米为 8～40 元。

（3）人均耕地超过 2 亩但不超过 3 亩的地区，每平方米为 6～30 元。

（4）人均耕地超过 3 亩的地区，每平方米为 5～25 元。

国务院财政、税务主管部门根据人均耕地面积和经济发展情况确定各省、自治区、直辖市的平均税额，见表 10-4。

表 10-4

各省、自治区、直辖市耕地占用税平均税额表

地　　区	每平方米平均税额（元）
上海	45
北京	40
天津	35
江苏、浙江、福建、广东	30
辽宁、湖北、湖南	25

地　　区	每平方米平均税额（元）
河北、安徽、江西、山东、河南、重庆、四川	22.5
广西、海南、贵州、云南、陕西	20
山西、吉林、黑龙江	17.5
内蒙古、西藏、甘肃、青海、宁夏、新疆	12.5

各地适用税额，由省、自治区、直辖市人民政府在规定的税额幅度内，根据本地区情况核定。其核定适用税额的平均水平，不得低于规定的平均税额。经济特区、经济技术开发区和经济发达且人均耕地特别少的地区，适用税额可以适当提高，但是提高的部分最高不得超过当地适用税额的50%。占用基本农田的，适用税额应当在当地适用税额的基础上提高50%。

（五）耕地占用税的税收优惠

1. 免征耕地占用税
（1）军事设施占用耕地。
（2）学校、幼儿园、养老院、医院占用耕地。
（3）建设直接为农业生产服务的生产设施占用农用地的，不征收耕地占用税。

2. 减征耕地占用税
（1）铁路线路、公路线路、飞机场跑道、停机坪、港口、航道占用耕地，减按每平方米2元的税额征收耕地占用税。根据实际需要，国务院财政、税务主管部门商国务院有关部门并报国务院批准后，可以对上述情形免征或者减征耕地占用税。

（2）农村居民占用耕地新建住宅，按照当地适用税额减半征收耕地占用税。

农村烈士家属、残疾军人、鳏寡孤独以及革命老根据地、少数民族聚居区和边远贫困山区生活困难的农村居民，在规定用地标准以内新建住宅交纳耕地占用税确有困难的，经所在地乡（镇）人民政府审核，报经县级人民政府批准后，可以免征或者减征耕地占用税。

按规定免征或者减征耕地占用税后，纳税人改变原占地用途，不再属于免征或者减征耕地占用税情形的，应当按照当地适用税额补缴耕地占用税。

二、耕地占用税计算与纳税申报

（一）应纳税额的计算

耕地占用税以纳税人实际占用的耕地面积（包括经批准占用的耕地面积和未经批准占用的耕地面积）为计税依据，以每平方米土地为计税单位，按照规定的适用税额标准计算应纳税额，实行一次性征收。其计算公式为：

$$应纳税额＝实际占用耕地面积（平方米）×适用定额税率$$

如果审批用地通知书是以市亩为计量单位的，在计税时，则应将市亩换算成统一的计量单位，即平方米，然后再乘以适用的税率。市亩和平方米的换算关系为：1市亩＝666.67平方米。

（二）纳税申报

经批准占用耕地的,耕地占用税纳税义务发生时间为纳税人收到土地管理部门办理占用农用地手续通知的当天。未经批准占用耕地的,耕地占用税纳税义务发生时间为纳税人实际占用耕地的当天。

纳税人占用耕地或其他农用地,应当在耕地或其他农用地所在地申报纳税。

土地管理部门在通知单位或者个人办理占用耕地手续时,应当同时通知耕地所在地同级地方税务机关。获准占用耕地的单位或者个人应当在收到土地管理部门的通知之日起30日内交纳耕地占用税。土地管理部门凭耕地占用税完税凭证或者免税凭证和其他有关文件发放建设用地批准书。

三、耕地占用税的会计处理

企业购建固定资产交纳的耕地占用税,按是否形成固定资产价值分为两种处理方法:企业购建固定资产交纳的耕地占用税,计入固定资产价值的,借记"在建工程"等科目,贷记"银行存款"科目。企业交纳的耕地占用税,不形成固定资产价值的部分,计入管理费用。

企业交纳的耕地占用税,是在批准占用之后,实际占用之前一次性交纳的,因此,企业按规定交纳的耕地占用税也可以不通过"应交税费"科目核算,而直接计入有关项目的成本费用之中。

【例 10-8】 某企业经批准占用耕地 7 000 平方米兴建厂房,该地区适用的耕地占用税税额为 20 元/平方米。计算该企业应纳的耕地占用税并进行有关会计处理。

$$应纳税额＝7\ 000×20＝140\ 000(元)$$

（1）计算应交纳的耕地占用税时:

借：在建工程 140 000
　贷：应交税费——应交耕地占用税 140 000

（2）交纳耕地占用税时:

借：应交税费——应交耕地占用税 140 000
　贷：银行存款 140 000

第九节　烟叶税会计

一、烟叶税概述

（一）烟叶税的概念及特点

烟叶税是国家对收购烟叶的单位,按照收购金额的一定比例征收的一种税。

烟叶税的特点主要表现在:

（1）向收购方征收。烟叶税与其他税种截然不同,它不像流转税的各个税种向销售方或提供劳务方征收,而是向收购方征收,这就使它明显地具有了保护烟草种植者利益的色彩。但是税负是否能够真正落到法律主体身上,主要取决于供求关系,而非征收环节的设计。

（2）征收范围窄。只有单一的烟叶产品。

（二）纳税人

在中华人民共和国境内收购烟叶的单位为烟叶税的纳税人。也就是指依照《中华人民共和国烟草专卖法》的规定有权收购烟叶的烟草公司或者受其委托收购烟叶的单位。

（三）纳税范围及税率

烟叶税的纳税范围包括晾晒烟叶、烤烟叶。烟叶税实行比例税率,税率为20%。

二、烟叶税的计算与纳税申报

（一）烟叶税的计算

烟叶税的计税依据是纳税人收购烟叶的收购金额,具体包括纳税人支付给烟叶销售者的烟叶收购价款和价外补贴。价外补贴统一暂按烟叶收购价款的10%计入收购金额。

收购金额的计算公式为:

$$收购金额＝收购价款×(1＋10\%)$$
$$应纳税额＝烟叶收购金额×税率＝烟叶收购价款×(1＋10\%)×税率$$

（二）烟叶税的纳税申报

烟叶税在烟叶收购环节交纳。纳税人收购烟叶,应当向烟叶收购地的主管税务机关（指县级地方税务局或者其所指定的税务分局、所）申报纳税,纳税义务发生时间为纳税人收购烟叶的当天,具体指纳税人向烟叶销售者付讫收购烟叶款项或者开具收购烟叶凭证的当天。烟叶税按月计征,纳税人应当于纳税义务发生月份终了之日起15日内申报并缴纳税款。

三、烟叶税的会计处理

烟叶税是价内税,收购环节应交纳的烟叶税构成收购烟叶成本的组成部分。由于烟草公司从烟农那里收购烟叶时无法取得增值税专用发票,因此,烟草公司在进行会计处理时,要注意进项税额是根据烟叶收购金额和烟叶税及法定扣除率（12%）加以确定的。

【例10-9】 某增值税一般纳税人收购烟叶支付给烟叶销售者收购价款和价外补贴,支付的收购价款80 000元,价外补贴8 000元。价外补贴与烟叶收购价格在同一张农产品收购发票或者销售发票上分别注明。计算其应纳烟叶税税额及收购烟叶的成本,并进行有关会计处理。

（1）应纳税额的计算。

烟叶收购金额＝88 000(元)

应纳烟叶税税额＝88 000 元×20％＝17 600(元)

（2）计算收购烟叶的成本。

准予抵扣的增值税进项税额＝(88 000＋17 600)×12％＝12 672(元)

收购烟叶的成本＝烟叶收购价款＋价外补贴＋烟叶税－准予抵扣的烟叶的进项税额

＝80 000＋8 000＋17 600－12 672＝92 928(元)

（3）有关会计分录。

购进烟叶时：

借：原材料 92 928

  应交税费——应交增值税(进项税额) 12 672

  贷：银行存款 88 000

    应交税费——应交烟叶税 17 600

交纳烟叶税时：

借：应交税费——应交烟叶税 17 600

  贷：银行存款 17 600

第十节 环境保护税会计

一、环境保护税概述

（一）环境保护税的概念及特点

为了保护和改善环境，减少污染物排放，推进生态文明建设，自 2018 年 1 月 1 日起，我国开征环境保护税。环境保护税是指对在中华人民共和国领域和中华人民共和国管辖的其他海域，直接向环境排放应税污染物的企事业单位和其他生产经营者征收的一种税。

环境保护税具有以下几个特点：

（1）属于特定行为税。征税项目为 4 种重点污染源：大气污染物、水污染物、固体废物、噪声。以保护环境为目的，针对污染、破坏环境的特定行为课征的专门性税种。

（2）直接排放是应税污染物的必要条件。集中排放或排放到污染物处理场所，进行综合利用和无害化处理不征税。

（3）采用统一定额税和浮动定额税结合的定额税率。

（4）税收收入全部归地方。

（二）环境保护税的纳税人

在中华人民共和国领域和中华人民共和国管辖的其他海域，直接向环境排放应税污染物的企事业单位和其他生产经营者为环境保护税的纳税人。

（三）环境保护税的课税范围及税额

环境保护税的课税范围是《中华人民共和国环境保护税法》所附《环境保护税税目税额表》《应税污染物和当量值》规定的大气污染物、水污染物、固体废物和噪声 4 类应税污染物。

企事业单位和其他生产经营者有下列情形之一的，不属于直接向环境排放污染物，不缴纳相应污染物的环境保护税：①向依法设立的污水集中处理、生活垃圾集中处理场所排放应税污染物的；②在符合国家和地方环境保护标准的设施、场所贮存或者处置固体废物的。

环境保护税的税目税额如表 10-5 所示。

表 10-5

环境保护税税目税额表

税目		计税单位	税额
大气污染物		每污染当量	1.2 元至 12 元
水污染物		每污染当量	1.4 元至 14 元
固体废物	煤矸石	每吨	5 元
	尾矿	每吨	15 元
	危险废物	每吨	1 000 元
	冶炼渣、粉煤灰、炉渣、其他	每吨	25 元
噪声	工业噪声	超标 1～3 分贝	每月 350 元
		超标 4～6 分贝	每月 700 元
		超标 7～9 分贝	每月 1 400 元
		超标 10～12 分贝	每月 2 800 元
		超标 13～15 分贝	每月 5 600 元
		超标 16 分贝以上	每月 11 200 元

（四）环境保护税的税收减免

1. 暂予免征环境保护税的情形

（1）农业生产（不包括规模化养殖）排放应税污染物的。

（2）机动车、铁路机车、非道路移动机械、船舶、航空器等流动污染源排放应税污染物的。

（3）依法设立的城乡污水集中处理、生活垃圾集中处理场所排放相应应税污染物，不超过国家和地方规定的排放标准的。

（4）纳税人综合利用的固体废物，符合国家和地方环境保护标准的。

（5）国务院批准免税的其他情形。

2. 减征

纳税人排放应税大气污染物或者水污染物的浓度值低于国家和地方规定的污染物排

放标准 30％的,减按 75％征收环境保护税。纳税人排放应税大气污染物或者水污染物的浓度值低于国家和地方规定的污染物排放标准 50％的,减按 50％征收环境保护税。

二、环境保护税的计算与纳税申报

（一）环境保护税的计算

1. 计税依据的确定

应税污染物的计税依据,按照下列方法确定:

（1）应税大气污染物按照污染物排放量折合的污染当量数确定。

（2）应税水污染物按照污染物排放量折合的污染当量数确定。

应税大气污染物、水污染物的计税依据,按照污染物排放量折合的污染当量数确定。纳税人有下列情形之一的,以其当期应税大气污染物、水污染物的产生量作为污染物的排放量:①未依法安装使用污染物自动监测设备或者未将污染物自动监测设备与环境保护主管部门的监控设备联网;②损毁或者擅自移动、改变污染物自动监测设备;③篡改、伪造污染物监测数据;④通过暗管、渗井、渗坑、灌注或者稀释排放以及不正常运行防治污染设施等方式违法排放应税污染物;⑤进行虚假纳税申报。

（3）应税固体废物按照固体废物的排放量确定。

（4）应税噪声按照超过国家规定标准的分贝数确定。

纳税人按照规定须安装污染物自动监测设备并与生态环境主管部门联网。纳税人主动安装使用符合国家规定和监测规范的污染物自动监测设备,但未与生态环境主管部门联网的,可以按照自动监测数据计算应税污染物排放量;不能提供符合国家规定和监测规范的自动监测数据的,应当按照监测机构出具的符合监测规范的监测数据或者排污系数、物料衡算方法计算应税污染物排放量。

2. 应纳税额的计算

（1）大气污染物应纳税额的计算公式为:

$$应税大气污染物的应纳税额＝大气污染当量数×单位税额$$
$$大气污染当量数＝污染物的排放量÷该污染物的污染当量值$$

各种污染物的污染当量值按税法《应税污染物和当量值表》规定执行。

（2）水污染物应纳税额的计算公式为:

$$应税水污染物的应纳税额＝水污染当量数×单位税额$$
$$水污染当量数＝水污染物的排放量÷该污染物的污染当量值$$

各种污染物的污染当量值按税法《应税污染物和当量值表》规定执行。

（3）固体废物应纳税额的计算公式为:

$$应税固体废物的应纳税额＝固体废物排放量×单位税额$$

（4）噪声应纳税额的计算公式为:

$$应税噪声的应纳税额＝超过国家规定标准的分贝数对应的具体适用税额$$

一个单位边界上有多处噪声超标，根据最高一处超标声级计算应纳税额；当沿边界长度超过 100 米有两处以上噪声超标，按照两个单位计算应纳税额。一个单位有不同地点作业场所的，应分别计算应纳税额，合并计征。昼夜均超标的环境噪声，昼、夜分别计算应纳税额，累计计征。声源一个月内超标不足 15 天的，减半计算应纳税额。夜间频繁突发和夜间偶然突发厂界超标噪声，按等效声级和峰值噪声两种指标中超标分贝值高的一项计算应纳税额。

（二）环境保护税的纳税申报

纳税义务发生时间为纳税人排放应税污染物的当日。环境保护税按月计算，按季申报缴纳。不能按固定期限计算缴纳的，可以按次申报缴纳。

纳税人申报缴纳时，应当向税务机关报送所排放应税污染物的种类、数量，大气污染物、水污染物的浓度值，以及税务机关根据实际需要要求纳税人报送的其他纳税资料。

纳税人按季申报缴纳的，应当自季度终了之日起 15 日内，向税务机关办理纳税申报并缴纳税款。纳税人按次申报缴纳的，应当自纳税义务发生之日起 15 日内，向税务机关办理纳税申报并缴纳税款。

三、环境保护税的会计处理

纳税人按规定计算出环境保护税时，借记"税金及附加"科目，贷记"应交税费——应交环境保护税"科目；实际缴纳税款时，借记"应交税费——应交环境保护税"，贷记"银行存款"科目。

思　考　题

1. 城建税的计税依据如何确定？如何进行城建税及教育费附加的会计处理？
2. 简述印花税的特点及会计处理。
3. 简述契税的特点及会计处理。
4. 简述房产税的计税依据及其会计处理。
5. 简述车船税和车辆购置税构成要素的主要区别。
6. 简述城镇土地使用税和耕地占用税构成要素的主要区别。
7. 我国为什么要开征环保税？简述环境保护税的特点。
8. 如何确定环境保护税的税目和计税依据？

练　习　题

习题一

一、目的：练习城建税及教育费附加的计算及会计处理。

二、资料：市区某公司本月交纳增值税 10 万元，消费税 30 万元，补缴上月应纳消费税 2 万元，当月取得出口退还增值税 5 万元，获批准出口免抵增值税 4 万元，交纳进口关税 8 万元、进口增值税 20 万元、进口消费税 10 万元。

三、要求:计算本月应交的城建税和教育费附加,并进行会计处理。

习题二

一、目的:练习印花税的计算及会计处理。

二、资料:某加工企业 11 月发生以下业务:

(1) 2 日与甲企业签订一份以货换货合同,用库存 1 200 万元的存货换取甲企业相同金额的原材料。

(2) 8 日与乙企业签订受托加工合同一份,合同约定,由乙企业提供价值 100 万元的主要原材料,加工企业收取乙企业辅助材料费 20 万元和加工费 30 万元。

(3) 23 日与丙银行签订抵押借款合同一份,用价值 3 000 万元的厂房作抵押向银行借款 500 万元,借款期限为 1 年,年利率为 0.8%。

(4) 30 日与丁企业签订财产租赁合同一份,从 12 月 1 日起将企业闲置的厂房出租给丁企业使用,每月租金 3 万元,租期未定。

三、要求:根据上述资料计算该企业本月应交的印花税。

习题三

一、目的:练习车辆购置税的计算。

二、资料:

1. 北京红桥运输公司是一般纳税人,7 月发生如下经济业务:

(1) 从某汽车贸易公司购进 2 辆国产车辆作为固定资产自用,每辆不含税 50 000 元,增值税率为 16%。取得了机动车销售统一发票;

(2) 通过拍卖市场购买一辆小汽车,取得机动车销售统一发票载明的价税合计款 245 700元,增值税率为 16%,货款已付,国家税务总局核定同类型应税车辆的最低计税价格为 350 000 元。

三、要求:根据以上资料,计算该企业本月的车辆购置税并进行会计处理。

主要参考文献

［1］财政部. 企业会计准则［M］. 北京：经济科学出版社，2006.

［2］财政部. 企业会计准则——应用指南［M］. 北京：中国财政经济出版社，2006.

［3］财政部会计司. 企业会计准则讲解［M］. 北京：人民出版社，2010.

［4］财政部. 小企业会计准则［M］. 北京：经济科学出版社，2011.

［5］中国注册会计师协会. 税法［M］. 北京：中国财政经济出版社，2018.

［6］中国注册会计师协会. 会计［M］. 北京：中国财政经济出版社，2018.

［7］全国注册税务师执业资格考试教材编写组. 税法［M］. 北京：中国税务出版社，2016.

［8］盖地. 税务会计学［M］. 8版. 北京：中国人民大学出版社，2016.

［9］王红云等. 纳税会计［M］. 4版. 北京：高等教育出版社，2018.

［10］梁文涛. 纳税会计［M］. 北京：中国人民大学出版社，2018.

相关法律文献

［1］中华人民共和国国务院令〔2018〕第707号《中华人民共和国个人所得税法实施条例》（第四次修订）。

［2］国发〔2018〕41号《关于印发个人所得税专项附加扣除暂行办法的通知》。

［3］国家税务总局公告（2018年第56号）《关于全面实施新个人所得税法若干征管衔接问题的公告》。

［4］国家税务总局公告（2018年第57号）《关于修订〈中华人民共和国企业所得税年度纳税申报表（A类，2017年版）〉部分表单样式及填报说明的公告》。

［5］国家税务总局公告（2018年第26号）《关于发布〈中华人民共和国企业所得税月（季）度预缴纳税申报表（A类，2018年版）〉等报表的公告》。

［6］2016年12月25日，第十二届全国人民代表大会常务委员会第二十五次会议通过的《中华人民共和国环境保护税法》。

［7］中华人民共和国国务院令〔2017〕第693号《中华人民共和国环境保护税法实施条例》。

［8］财税〔2016〕36号《关于全面推开营业税改征增值税试点的通知》。

［9］财政部财会〔2016〕22号《关于印发〈增值税会计处理规定〉的通知》。

［10］财税〔2016〕53号《关于全面推进资源税改革的通知》。